工商管理案例系列丛书

Business Administration Case Study Series

证券投资分析理论精要与实战案例

邓小朱◎著

Theory Essence of Security Investment Analysis and Practice Case

图书在版编目（CIP）数据

证券投资分析理论精要与实战案例/邓小朱著．—北京：经济管理出版社，2016.12

ISBN 978-7-5096-4788-2

Ⅰ.①证…　Ⅱ.①邓…　Ⅲ.①证券投资—投资分析　Ⅳ.①F830.91

中国版本图书馆 CIP 数据核字（2016）第 307682 号

组稿编辑：王　琼　郑　亮
责任编辑：王　琼
责任印制：黄章平
责任校对：赵天宇

出版发行：经济管理出版社
（北京市海淀区北蜂窝 8 号中雅大厦 A 座 11 层　100038）
网　　址：www.E-mp.com.cn
电　　话：(010) 51915602
印　　刷：北京玺诚印务有限公司
经　　销：新华书店
开　　本：720mm×1000mm/16
印　　张：32.75
字　　数：588 千字
版　　次：2017 年 3 月第 1 版　　2017 年 3 月第 1 次印刷
书　　号：ISBN 978-7-5096-4788-2
定　　价：68.00 元

丛书总序

改革开放30多年来，中国经济持续高速增长，成功步入中等收入国家行列，已成为名副其实的经济大国。但随着人口红利衰减、“中等收入陷阱”风险累积、国际经济格局深刻调整等一系列内因与外因的作用，经济发展正进入“新常态”。中国经济的结构性分化正趋于明显，在正视传统的需求管理还有一定优化提升空间的同时，迫切需要改善供给侧环境、优化供给侧机制，通过改革制度供给，大力激发微观经济主体活力，增强我国经济长期稳定发展的新动力。

为适应经济环境的这些变化，找到有针对性的应对措施，充分发挥微观的企业管理在宏观经济管理中的作用，工商管理案例系列丛书编写组组织长期在MBA教学一线的教师编写了该套丛书。“工商管理案例系列丛书”的出版问世，将成为外界全面了解华东交通大学经济管理学院的一个重要窗口。自1983年华东交通大学经济管理系成立，到1999年组建经济管理学院，已有33年。“德学双馨，济世经纬”的经管文化、经管精神一直贯穿于学院工作的方方面面，这套“工商管理案例系列丛书”是学院各方面工作的集中展示。

30多年来，学院已为社会各行各业培养经济管理专业毕业生近万名，众多毕业生已取得突出成就。学院未来将围绕进一步突出交通特色、轨道核心，服务地方经济的工作重点，着力打造工商管理学科群，努力建成一个优势突出、综合实力强的经济管理学院。

一直以来，华东交通大学MBA教育中心都严格按照教指委的培养要求，把案例教学作为主要的教学手段，鼓励教师深入企业实践，熟悉企业管理，撰写教学案例，从根本上提升案例教学的质量和层次。多年来，MBA任课教师积累了大量有价值的案例，绝大多数案例经过深入研究、精心编写，成为

MBA 教育中宝贵的教学资源，成为理论与实践之间的桥梁。同时，学院每年举办大量讲座，讲座嘉宾都是政界、商界和学界的英才，讲座内容涉及工商管理发展的方方面面。通过这些讲座，学员们可以最直接地得到名家大师的授业解惑，优化和丰富知识结构，讲座内容经过完善也能够成为很好的教学案例。

该丛书共 6 册，《物流与供应链管理理论精要与实践案例》《人力资源管理理论精要与实践案例》《市场营销理论精要与实践案例》《财务管理理论精要与实践案例》《证券投资分析理论精要与实战案例》《国际贸易理论精要与实践案例》。该系列丛书可以作为 MBA、工程硕士、本科学生的案例教材或辅助教材，以及企业管理者的参考资料。案例教学已成为现代教学的发展趋势，"工商管理案例系列丛书"为 MBA、工程硕士及本科教学提供了有价值的案例资源，同时也展现了经济管理学院在理论研究、教学实践、学术交流等方面的优秀成果。我们也希望通过"工商管理案例系列丛书"的出版让更多的读者理解经济、管理与社会。

本丛书编写组

2016 年 12 月 9 日

前言

在进行本科及研究生的证券投资分析的教学中，现有的教材过分强调理论，毕业后的学生在实际工作中解决问题、分析问题能力较差。为了满足应用型本科及MBA研究生经济管理类的教学需要，作为金融学专业主讲教师，作者收集整理了所教授的2013级金融专业56位同学的实战案例，并结合自身多年的教学与投资经验，完成了《证券投资分析理论精要与实战案例》的教材编著。

本书广泛吸收了专家学者对证券投资分析市场的研究成果和同学们在实践中的经典案例，突出实务性，并站在证券投资者的角度，全面阐述证券投资市场的基本理论、知识和方法。

本书的特色包括：①以投资为主线，以投资者为主体，按照投资者行为顺序设计全书的内容排列。②体现“实用性”的特点。每章后都有“练习题”，实务操作性较突出。这些实务操作部分内容讲解细致，与实际业务保持一致。③将最新的研究成果收入本书，如各投资标的分析逻辑方法，在本书中都有阐述。④贯穿辩证法的思想。证券市场本身充满了辩证法，所以在本书内容上也充分体现了唯物辩证法的思想。⑤国内与国外分析相结合。除对国内的证券交易制度进行详细分析外，关于国外一些重要的制度和风险防范措施，本书也有针对性地进行了阐述。⑥资料性强。本书详细分析了金融专业学生的一些证券投资分析的最新操作案例，并提供了学生课后巩固知识与技能的相关习题及解析。

华东交通大学经济管理学院2013级金融专业的全体同学参与了案例写作，作者负责全书内容与大纲的设计并对全书进行修改定稿。

在本书的编写过程中，我们参考了大量的国内外学者的著作和文章的观点，还使用了中国证券监督管理委员会、中国期货业协会、上海证券交易所、大连商品交易所、郑州商品交易所、中国金融证券交易所的资料。在此，对以上资料提供者及笔者深表感谢。

在本书即将出版之际，要特别感谢华东交通大学张诚教授、韩士专教授、顾丽琴教授及经济管理出版社王琼编辑，感谢他们的帮助和支持，同时还要感谢在本书的校对过程中付出辛苦劳动的金融专业全体同学。

由于编者水平所限，书中难免有疏漏之处，恳请专家、学者及读者批评指正。

邓小朱

2016 年 7 月 31 日

目　录

第一篇　理论篇

第一章　证券投资分析基础

学习目标

本章让投资者了解证券投资分析的一些基本问题，为进一步学习和研究证券投资分析的基本方法和主要理论打下良好的基础。

第一节　证券投资分析前的知识准备

一、了解证券投资的运行过程

（一）学好证券投资分析的准备工作

要学好证券投资分析，应从以下几个方面入手：

（1）首先了解证券的基础知识，并掌握一些投资理论。

（2）多分析证券案例，培养投资心态。

（3）看实战案例，并运用技术指标分析前人的经历，进行实战演习判断。

（4）拿出少量资金进行实战投资，并逐渐总结和形成一套属于自己的投资方略。

目前有些投资者连交易时间、股票代码、除权除息、每股收益、上市公司什么时候公布定期报告等最基本的知识都不知道，就贸然入市，无异于赌博。对此，作者建议：读者在入市之前，最好能先把证券和交易基础知识弄清楚，学会看行情，再去简单学习一些证券常用的投资技巧。在资金安排上，证券投资应该是家庭财产的一个有机组成部分，这样在心态上才不会过于急功近利，万一投资失败也不至于影响家庭生活。此外，作为新投资者更重要的一点是要学会控制自己的情绪。

（二）投资者明确自己对风险的态度

从新投资者入市的原因和动机分析，多数人之所以开立证券账户进入市场，是受证券走好后形成的强烈而普遍的赚钱效应吸引。因此，每当牛市行情发展到一定阶段后，都会有大量新投资者开户入市。但大家需要注意的是，证券市场首先是一个有风险的市场，新投资者有入市想法后，要注意一些基本规则，尽量减少无谓的损失。

1. 树立风险意识，新投资者入市初期首要是培养风险意识

证券中既充满机遇，也充满陷阱，新投资者刚刚进入证券的时候，不要抱着侥幸的赌博心理而贸然买卖操作。一般在大量新投资者入市的时候，牛市行情已经发展了较长的时间，率先启动的个股股价往往涨到了一个相对高位。等新投资者开户转入资金再追涨进去，往往会面临一定的风险。因此，新投资者需要有风险意识，对市场有基本认识后才能介入。

2. 认真系统学习投资知识，这是每位新投资者在证券市场立足的根本之道

新投资者进入证券市场的第一件事情不是开户后立即买进卖出，而是要熟悉证券市场中基本的游戏规则。刚刚开户的投资者不妨参与一些模拟操作，等具备了一定的投资水平之后再介入实际操作。

3. 不要对证券期望过高

由于新投资者进入证券的时间通常集中于牛市的中后期，那些较早参与牛市行情的投资者一般都获取了一定的收益，使得有些新投资者产生错觉，认为在证券中很容易赚钱。于是，他们会制定出不符合市场实际情况的利润目标，等到市场出现变化时，他们常会为实现原定目标，而不顾实际情况逆市操作，因此蒙受重大损失。

4. 注意自身投资素质的提高

证券市场中那些成功的投资者往往具有优良的心理素质和周密的逻辑思维能力。新投资者要认识到修身养性对证券投资的重要性，不因暴涨而冲动，不因暴跌而恐慌，只有这样，才能在风云变幻的证券中始终保持理性的投资行为。

5. 心态不好不要入市

心态素质较差，或者本身有容易受情绪影响而诱发的疾病，如心脏病等，或容易冲动、情绪化倾向严重、心理承受能力弱的人，尽量不要进入证券市场中。

（三）掌握详尽而准确的市场信息

信息在股票投资分析中起着非常重要的作用，是进行股票投资分析的基础。来自不同渠道的信息最终都将通过各种方式对股票的价格发生作用，影响股票价格的上涨或下跌，从而影响股票的收益率。因此，信息的多寡、质量的高低将直接影响股票投资分析的效果，影响分析报告的最终结论。从信息发布主体和渠道来看，股票市场上各种信息的来源主要有以下几个方面：

1. 政府部门

政府部门是国家宏观经济政策的制定者，是信息发布的主体，是我国证券市场上有关信息的主要来源。针对我国的实际情况，从总体上看，所发布信息可能会对证券市场产生影响的政府部门主要包括国务院、中国证券监督管理委员会、财政部、中国人民银行、国家发展和改革委员会、商务部以及国家统计局。

2. 证券交易所

我国沪、深证券交易所是在中国证监会领导下，不以盈利为目的的会员制事业法人，主要负责提供证券交易的场所和设施，制定证券交易所的业务规则，接受上市申请，安排证券上市，组织、监督证券交易，对会员、上市公司进行监管等事宜。其中，证券交易所向社会公布的证券行情、按日制作的证券行情表以及就市场内成交情况编制的日报表、周报表、月报表和年报表等，既是技术分析中的首要信息来源，也是量价分析的基础。

3. 上市公司

上市公司作为经营主体，其经营状况的好坏直接影响投资者对其价值的判断，从而影响其股价水平的高低。一般来说，上市公司通过定期报告（年度报告和年中报告）和临时公告等形式向投资者披露其经营状况的有关信息，如公司盈利水平、股利政策、增资、减资和资产重组等重大事宜。作为信息发布主体，它所公布的有关信息，是投资者对其证券进行价值判断的重要来源。

4. 中介机构

证券中介机构是指为证券市场参与者，如发行人、投资者等提供各种服务的专职机构。按提供服务的内容不同，证券中介机构可以分为证券经营机构、证券投资咨询机构、证券登记结算机构以及可从事证券相关业务的会计师事务所、资产评估事务所和律师事务所、信用评级机构等。这些机构利用其人才、信息等方面的优势，为不同市场参与者提供相应的专业化服务，有助于投资者分析证券的投资价值，引导其投资方向。其中，由中介机构专业人员在资料收集、整理、分析的基础上撰写的、通常以有偿形式向使用者提供的研究报告，也是信息的一种重要形式。

5. 媒体

首先，媒体是信息发布的主体之一。由于影响证券市场的信息内容繁多，信息量极为庞大，因此，媒体便通过专门的人员对各种信息进行收集、整理、归类和汇总，并按有关规定予以公开披露，从而节省信息使用者的时间，极大地提高工作效率。其中，媒体专业人员通过实地采访与实地调研所形成的新闻报道或报告，是以媒体为发布主体的重要信息形式。

其次，媒体同时也是信息发布的主要渠道。只要符合国家的有关规定，各信息发布主体都可以通过各种书籍、报纸、杂志、其他公开出版物以及电视、广播、互联网等媒体披露有关信息。这些信息包括国家的法律法规、政府部门发布的政策信息及上市公司的年度报告和中期报告等。作为信息发布的主渠道，媒体是连接信息需求者和信息供给者的桥梁。

6. 其他来源

除上述几种信息来源外，投资者还可通过实地调研、专家访谈、市场调查等渠道获得有关信息，也可通过家庭成员、朋友、邻居等获得有关信息，甚至内幕信息。对某些投资者来说，上述渠道有时可能是获取信息的非常重要的渠道。

但必须指出的是，根据有关证券投资咨询业务行为的规定，证券分析师从事面向公众的证券投资咨询业务时所引用的信息仅限于完整、翔实的公开发布的信息资料，并且不得以虚假信息、内幕信息或者市场传言为依据向客户或投资者提供分析、预测或建议。所以，证券分析师应当非常谨慎地处理所获得的非公开信息。

（四）选股时要优先选择如下情况的股票

（1）盘子在5000万~20000万股的。

（2）总资产增长率较高的。

（3）业绩优良的，且有成长潜力的。

（4）被严重低估的一些成长性企业。

（5）全年净资产收益率在10%以上的。

（6）动态市盈率较低的。

（7）国家政策支持，且企业经济效益显著的。

（8）境外上市的个股或板块创历史新高的。

（9）行业复苏的。

（10）行业龙头，且具有持续成长性的。

（五）掌握证券市场运作的基本方式

（六）进行证券购买业务

（七）组织证券投资的合理配置

二、证券投资分析的研究范围

证券投资分析的研究范围是证券投资的运行规律及其投资分析方法。具体地讲，它主要包括证券投资分析的一般理论；证券投资分析的基本方法；证券投资者如何正确地选择证券投资工具；如何规范地参与证券市场运作；如何科学地进行证券投资决策分析；如何成功地使用证券投资方法与技巧；如何有效地进行证券投资获取最大收益；如何防范和规避证券投资风险等。

第二节 证券投资规律与原则

一、投资与证券投资

二、证券投资三大规律

（一）预期收益引导规律

（二）风险收益同增规律

（三）货币证券共振规律

三、证券投资的基本原则

（一）时间充裕原则

（二）把保本放在首位原则

（三）能力充实原则

（四）时刻搜集资讯、关心股市原则

（五）理智投资原则

（六）分散风险原则

（七）要坚定贯彻止亏策略原则

（八）不跟股票“谈恋爱”原则

（九）适当时机持相反观点原则

第三节　证券投资的收益与风险的度量

一、证券投资的收益

证券投资收益是以收入和资本增值的总额占当期投资额的百分比来表示的，称为收益率，一般计算年收益率。其计算公式为：

$$r=\frac{D_1+P_1-P_0}{P_0}\times 100\% \tag{1}$$

公式（1）中：

P_0——证券的期初价格；

P_1——证券的期末价格；

D_1——1 年内的收入。

证券投资收益率的期望值计算公式为：

$$E(r)=\sum_{i=1}^{n} r_i/n \tag{2}$$

公式（2）中：

E(r)——证券投资收益率的期望值；

n——证券收益率的个数。

二、证券投资的风险

（一）证券投资风险的含义

证券投资风险是指投资收益的不确定性。

（二）证券投资风险的种类

证券投资风险可分系统性风险和非系统性风险两大类，统称总风险。

1. 市场风险
2. 企业风险
3. 通货膨胀风险
4. 利率风险

三、证券投资收益与风险的关系

收益与风险间的关系是辩证的，理论上两者存在着正相关关系，收益越高，风险存在的可能性越大；收益越低，风险存在的可能性越小；收益适中，则风险中性。

第四节 证券投资分析的主要方法

一、基本分析法

证券投资的基本分析，就是指从影响证券价格变动的敏感因素出发，分析研究公司外部的投资环境和内部的各种因素，并进行综合整理，从而发现证券价格变动的一般规律，为投资者做出正确的投资决策提供依据。

二、技术分析法

证券投资的技术分析就是直接从股市入手，以股价的动态和规律性为主要对象，结合对股票交易数量和投资心理等市场因素的分析，以帮助投资者选择投资机会和方式，来获得证券投资的收益。

三、现代证券组合理论

现代证券组合理论是证券投资分析一个重要组成部分，它是研究在面临各种相互联系的确定的和不确定的结果的条件下，投资者怎样做出最佳投资选择，把一定数量的资金按合适的比例，分散投资在多种不同的资产上，以实现投资者效用极大化的目标。

本章小结

一、本章重点

1. 证券投资的运行过程。
2. 投资与证券投资的概念。
3. 证券投资的基本原则。
4. 证券投资效益与风险的关系。
5. 证券投资分析的主要方法。

重点：投资与证券投资的概念；证券投资的基本原则；证券投资效益与风

险的关系；证券投资分析的主要方法。

难点：证券投资的收益与风险；证券投资的系统性风险与非系统性风险的概念和分类。

二、难点释疑

1. 证券投资与投机的区别。

证券投资是金融学中的一个重要概念。在证券市场上，投资与投机的问题也是人们经常议论的话题。在本教材中，对证券投资与投机的含义进行了简要介绍，对两者的区别进行了分析，可归纳为在预期收益量、假设风险投资程度以及时间长度上的差别三个方面。

从广义角度看，证券投资本身就包含了投机，证券交易中的投资和投机并没有本质上的区别。从投资与投机区别的分析中，我们看到，两者只是程度上的差别，并无本质上的区别。例如，就收益来看，投机者预期的收益高于投资者预期的收益。但是，有时投机者预期的收益并未高于投资者的预期收益，那么到底谁是投机者，谁又是投资者呢？就风险来看，任何投资无可避免地要冒一定的风险，从而在一定程度上具有投机的因素。任何投机不会总以失败而告终，否则，便不会有投机的行为了。

当然，无可置疑的是，在证券投资市场的发展史上，的确存在操纵市场及造谣、欺诈活动的投机行为，这与投资是有本质区别的。这种投机行为将会受到有关法律法规的制裁。基于投资与投机的难以严格区别，我们认为，关键不在于对投资与投机如何区别，而是要重新清理一下“投机”这个词的含义及正确地估价投机的作用。

2. 证券投资的主要原则。

在教材中，对于证券投资的基本原则归纳为九条。这其中最主要应遵循的原则是理智投资原则和分散风险原则。理性投资是一个专业投资者或成熟投资者的重要标志，也是应该具备的基本素质。而分散投资原则，实际上告诉投资者“不要把鸡蛋放在一个篮子里”，在证券投资活动中，运用投资组合原理，使证券投资分散化，将投资风险降到最低水平，以获得稳定的投资收益。

依据分散风险原则，投资者在进行证券投资时，可选择股票、基金、债券、权证等品种作为投资对象。在每类证券品种中，可再选择其中的某种证券进行投资，如在对股票进行投资时，可分别选择金融股、科技股、地产股等股票进行投资。

3. 债券、基金与股票投资收益的不同。

有价证券的收益性告诉我们，我们是投资股票还是投资债券、基金等，都可以给投资者带来收益。但是，由三种证券的特性所决定的，它们给投资者带来的收益是不同的，具体说明如下：

（1）债券投资收益主要体现在两个方面：一是到期可以获得本金和固定的利息；二是可以在证券市场上买卖，赚取差价收入。

（2）投资基金的收益来源主要由三部分构成，即买卖差价、债券利息收入和股息收入。因此，基金投资者获取的收益主要包括在二级市场上的买卖差价和定期（每个会计年度）获得的基金红利。

（3）股票投资的收益主要由四部分构成：一是在股票市场上的买卖差价收益；二是每年股利；三是新股认购权益；四是无偿增资收益。其中，股票买卖差价收益是投资者最关注的收入来源。

4. 基本分析法与技术分析法的区别

教材中对基本分析法和技术分析法都做了具体介绍。从中看出，基本分析和技术分析各有自己的优点和缺点，倘若我们能够两者兼备，那么便能够互补长短，投资成功。下面把基本分析与技术分析的不同之处归纳如下：

（1）基本分析主要研究影响股票供给、需求两种力量的变动因素，以作为决定股票实质价值的参考。

（2）技术分析主要是通过图表或技术指标的记录，研究市场过去及现在的行为反应，以预测未来价格的变动趋势，但不在乎变动的理由。

（3）基本分析是替投资者选择值得投资的证券（选股），而技术分析就是告诉投资者买卖证券的时间（选时）。

练习题

一、名词解释

1. 证券投资。

2. 系统性风险。

3. 技术分析法。

二、填空题

1. 证券投资是投资者运用持有的资金买卖________获取收益的行为。

2. 各个投资主体为了获得经济效益或社会效益而进行的实物资产购建活动，称为________。

3. 企业或个人用其积累起来的货币购买股票债券等有价证券，借以获取收益的经济行为，称为________。

4. 证券投资的三大规律是预期收益引导规律、________、货币证券共振规律。

5. 债券投资的收益主要由________和________两方面构成。

6. 证券投资风险可分为________、________两大类，统称总风险。

7. 技术分析的方法主要有：股票图示分析法、市场特征分析法、结构分析法和________四种类型。

三、判断题

1. 证券投资分析的目的是测定证券价格的走势，在收益和风险面前做出合理的投资决策。(　　)

2. 证券投资运行过程决定了证券投资分析的研究对象以及证券投资分析的课程内容。(　　)

3. 证券投资与投机的关系，两者不仅是程度上的差异，而且有着本质上的区别。(　　)

4. 股票投资的收益主要由买卖差价和股利两部分组成。(　　)

5. 证券价格与利率表现为同向变动的关系。(　　)

6. 证券投资的收益与风险的关系并不是绝对的，有时表现出多种对应关系。(　　)

7. 基本分析是帮助投资者选股，而技术分析就是告诉投资者买卖的时间。(　　)

四、简答题

简述证券投资的收益与风险的关系。

五、论述题

论述证券投资分析的主要方法。

参考答案

一、名词解释

1. 证券投资是投资者运用持有的现金买卖有价证券获得收益的行为。

2. 系统性风险是指因各种因素影响使整个证券市场发生波动而造成的风险，政治的、经济的以及社会环境的变化是系统风险的来源，所有的证券都存在系统性风险。

3. 技术分析法是以股价的动态和规律性为主要对象，通过图表或技术指标的记录，研究市场过去及现在的行为反映，以推测未来股票价格的变动趋势。

二、填空题

1. 有价证券
2. 直接投资
3. 间接投资
4. 风险收益同增规律
5. 本金　利息差价
6. 系统性风险　非系统性风险
7. 趋势法

三、判断题

1. ✓；2. ✓；3. ×；4. ×；5. ×；6. ✓；7. ✓。

四、简答题

证券投资理论认为，证券投资的收益与风险呈现同增（或同减）规律，即预期收益越高的证券风险也越大。收益与风险的关系是辩证的，理论上两者存在正相关关系，收益越高，风险存在的可能性越大；收益越低，风险存在的可能性越小；收益适中，则风险中性。

证券投资风险是指投资收益的不确定性。在证券投资的实践中，收益与风险的关系并不是绝对的，有时表现出多种对应关系。因此，提高证券投资分析的能力是一项获取投资收益，减少投资风险的重要工作。

五、论述题

证券投资分析的方法主要有三种：

（1）基本分析法。它是指从影响证券价格变动的敏感因素出发，分析研究公司外部的投资环境和公司内部的各种因素，并进行综合整理，从而发现证券价格变动的一般规律，为投资者做出正确的投资决策提供依据。

证券投资的基本分析主要应用于股票市场的分析，其内容包括三个方面：一是对公司所处的外部投资环境的分析；二是对公司本身进行分析；三是对证券的信用等级进行分析。在股票市场上，基本分析主要是研究影响股票供给需求两种力量的变动因素，以作为决定股票实质价值的参考。

（2）技术分析法。技术分析通过图表或技术指标的记录，研究市场过去及现在的行为反映，以推测未来价格的变动趋势，但不在乎变动的理由。技术分析的主要类型：股票图示分析法；趋势法；市场特征分析；结构分析法。技术分析的优缺点：优点包括简单方便，每一只股票的变化通过电脑一目了然；是理性的分析，图表买入或卖出信号是客观的；保障利润，限制损失。缺点包括信号的出现往往和最高或最低价有一段距离，如果投资者不习惯这些价值，未敢采取相应的买卖策略，因而常常错失机会；经常有“走势陷阱”出现；不可能告诉我们每一次价格波动的最高价和最低价，也不可能告诉投资者每一次上升或下跌完结的时间。其实，其他分析也不可能做到这一点。

（3）现代证券组合理论分析法。该方法在研究面临各种相互联系的确定和不确定结果的条件下，指导投资者怎样做出最佳投资选择，把一定数量的资金按合适的比例分散投资，以实现投资者效用极大化的目标。是根据统计方法和数学方法计算证券之间风险通过相关作用影响后的数值，求出一个有效的组合，以便分散风险。有效组合可告诉投资者，在证券一定收益的水平上，其风险为最小，或者在一定的风险水平上，其收益为最高。

投资问答：网上投资的前期准备有哪些？

具备上网条件的投资者要进行网上投资，就需要在证券公司开通网上委托业务，这在办理股票开户手续时可以直接选择开通，投资者开设证券账户的流程如下：

1. 办理深沪证券账户卡

个人投资者需要携带本人有效身份证及复印件，委托他人代办的，还需提供代办人身份证及复印件，然后到相关的证券登记机构办理开户手续，获得深沪证券账户卡。

如果是法人，需要持营业执照及复印件、法人委托书、法人代表证明书和经办人身份证及复印件办理。

2. 开通资金账户

得到深沪证券账户卡后，投资者需要为自己选择合适的券商（证券营业部），由于需要在网上交易，所以需要先选择好网站后，再根据网站与券商的合作关系选择相应的券商。

（1）个人开户需提供身份证原件及复印件、深沪证券账户卡原件及复印件；若是代理人，还需与委托人同时临柜签署《授权委托书》并提供代理人的身份证原件和复印件；法人机构开户，应提供法人营业执照及复印件、法定代表人证明书、证券账户卡原件及复印件、法人授权委托书、被授权人身份证原件及复印件和单位预留印鉴。这里需要说明的是，由于B股是以人民币标明面值，以外币认购和买卖，在境内证券交易所上市交易的外资股，因此，在进行B股开户时还需提供境外商业登记证书及董事证明文件。

（2）填写开户资料并与证券营业部签订《证券买卖委托合同》（或《证券委托交易协议书》），同时签订有关沪市的《指定交易协议书》。

（3）证券营业部为投资者开设资金账户。

（4）需开通证券营业部银证转账业务功能的投资者，注意查阅证券营业部有关此类业务功能的使用说明。

（5）投资者在开户的同时，需要对今后自己采用的交易手段、资金存取方式进行选择，并与证券营业部签订相应的开通手续及协议，例如，电话委托、网上交易、手机投资和银证转账等。

3. 办理银证转账

办理银证转账即开通“银证通”，需要到银行办理开户手续。

（1）持本人有效身份证、银行同名储蓄存折（如没有，可当场开立）、资金账户卡及深沪证券账户卡到已开通“银证通”业务的银行网点办理开户手续。

（2）填写《证券委托交易协议书》和《银券委托协议书》。

（3）表格经过校验无误后，输入交易密码，并领取协议书客户联，即可查询和委托交易。

4. 申请网上交易

一般情况在办理开户手续时，都会顺带完成网上交易的申请，如果开户时没有选择这项业务，可以携带身份证、深沪证券账户卡、资金账户卡到证券营业部的柜台开通。如果符合开户规定，投资者会得到网上交易的CA证书（注意及时修改证书使用密码），并在《客户开户回单》签字。

第二章　证券投资价值分析

学习目标

通过本章教学，使学生了解证券商品的概念与特征，掌握股票与债券价格的决定方法，熟悉开放式基金与封闭式基金的价格决定方法。

证券本身并没有任何使用价值，也没有真正的价值，它只是表示因资本的供求关系而产生的一种权利。这种权利可以给投资者带来收益，这种权利使证券可以在证券市场上进行买卖并形成了一定的价格，从而也使其具有了投资价值。证券的价格围绕证券投资价值上下波动。本章主要分析证券的投资价值和价格及其影响因素。

第一节　证券的价值

一、证券价值的决定

对于证券投资者而言，持有证券便具有在未来的一定时期内获得收入的权利，所以证券的价值取决于它能带来的货币收入流量。持有证券所获的货币收入流量越大，证券价值就越高；反之，证券价值就越低。

在评估证券价值时要充分考虑证券未来收入流量的不确定性（证券投资风险）和收入流量的时间价值。

二、证券价值评价一般模型

先确定证券未来收入的终值，然后通过贴现率确定证券未来收入的现值即证券价值。

根据复利公式，假定证券在未来每期的收入为 f，利率为 i，则证券未来收入经过 n 期后的终值为 F，如果贴现率等于市场利率，那么，证券价值即证券未来收入的现值 P 为：

$$P=\sum_{t=1}^{n}\frac{F}{(1+i)^{n}} \tag{1}$$

公式（1）没有反映证券未来收入的不确定性，即证券投资风险。证券投资风险的存在必然会影响证券的价值。反映证券投资风险的证券价值的评价公式为：

$$P=\sum_{t=1}^{n}\frac{F}{(1+K)^{n}} \tag{2}$$

公式（2）中的 K 表示调整后的贴现率，这是无风险收益与风险补偿之和。因此，证券未来收入的风险因素可以通过调整贴现率来加以体现。

第二节　股票的价值分析

一、股票的价格

（一）股票价格的含义

股票价格，是指在股票交易市场上买卖股票的价格，又称股票行市。股票本身没有价值，它仅仅是一种投资的凭证。股票之所以具有价格，是因为股票能够给它的持有者带来定期的股息收入。

用公式表示为：股票价格=票面价值×股息率/银行利息率

例如，一张票面金额为 1 元的股票，预期每年股息率为 6%，而当时的同期银行存款利息率为 5%，即每 1 元一年能获取 0.05 元的存款利息，则每股股票价格等于预期股息比银行利息率，即 0.06÷0.05=1.2（元）。因此，面额为 1 元的股票，在年股息为 0.06 元和同期银行存款利息率为 5%的条件下，其股票价格为 1.2 元。

（二）股票价格的类别

1. 票面价值

是指每股股票票面所标明的金额。

2. 发行价格

是指股票在发行时向公众投资者出售的价格。股票的发行价格一般高于股票的票面价值。

3. 账面价值

是证券分析学家和其他股票投资者为了分析和计算一定时期内，每股股票在股份公司的会计账面上价值大小而采用的一个会计概念。

4. 内在价值

表示股票的真正投资价值，这是一种理论价值，是在进行股票投资分析时常用的一个概念。

计算股票内在价值的常用方法是折现法，即利用某一折现率将公司未来的各期盈余或股东未来各期可以收到的现金股利折成现值的方法。其计算公式为：

$$P = F_n/(1+i)^n \tag{3}$$

公式（3）中：

P——未来收益的现值；

F_n——第 n 年的收益额；

i——贴现率；

n——时间周期数（通常以年为单位）。

假设股票现价 P_0，持有期限为 n 年，未来各年每股预期股息为 F_1、F_2、F_3、…、F_n，n 年后将股票售出的价格为 m，则

$$P_0 = F_1/(1+i) + F_2/(1+i)^2 + \cdots + F_n(1+i)^n + m/(1+i)^n$$

$$= \sum_{t=1}^{n} \frac{F_t}{(1+i)^t} + \frac{m}{(1+i)^n} \tag{4}$$

公式（4）表明，股票内在价值是由第 1 年至第 n 年每年股息之现值加上第 n 年股票售价的现值之和构成的。这是股票内在价值计算的基本公式。

现假定未来各期的预期股息为固定值 F，且投资者无限期持有股票，则前面公式可演变为：

$$P_0 = \sum_{t=1}^{\infty} \frac{F}{(1+i)^t} + \frac{m}{(1+i)^n} = \frac{F}{i}\left[1 - \frac{1}{(1+i)^{\infty}}\right] + \frac{m}{(1+i)^{\infty}} \tag{5}$$

因为 $\frac{1}{(1+i)^{\infty}}\rightarrow 0$，$\frac{m}{(1+i)^{\infty}}\rightarrow 0$

所以 $P_0=F/i$ (6)

5. 股票的市场价格

（1）股票开盘价。

是指某种股票在每个营业日开市后第一笔成交的价格。如果开市后半小时内某种股票仍无成交，则取前一日的收盘价作为当日的开盘价。

（2）申报价格。

投资者下单买卖股票的意愿价格。

（3）最高价、最低价和最新价。

最高价/最低价是指在某个交易日内，某种股票的最高/最低成交价格。最新价是在某个交易日中，某种股票最新的成交价格。三者都是股票的即时交易价格。

（4）股票的收盘价。

指在某个交易日内，某种股票的最后一笔买卖成交价格。收盘价在分析股票市价的变动中起重要作用。

二、股票市场价格的评价方法

（一）每股净值法

股票每股净值=（资产总额-负债总额）/普通股股数=股东权益/普通股股数

净资产总额也称股东权益，为了充分衡量股价的合理性，一般以每股净值的倍数作为衡量的指标。计算公式为：股价净资产倍率=股票时价/每股净资产。

（二）每股盈余法

这是表示每一普通股所能获得的纯益为多少的方法。其计算公式为：

每股盈余=（税后利润-特别股股利）/普通股股数

计算每股盈余是因为，仅仅用收益指标还不能判断两家公司股票到底哪一家能派发更多的股息。

假定某一会计年度内，甲公司税后利润 500 万元，股本总额 5000 万元。乙公司税后利润 100 万元，股本总额 500 万元。从总收益来看，甲公司税后利润高，效益好。然而，这个结论未必正确。如果两家公司都决定用 50%的税后利润派发股息，则：

甲公司每股股票所获股息：(500 万元×50%)/5000 万股=0. 05 元/股

乙公司每股股票所获股息：(100 万元×50%)/500 万股=0. 1 元/股

因此，尽管甲公司总收益比乙公司高好几倍，但其每股股票所能获取的每股收益比乙公司要低。甲公司的股票价格要比乙公司的股票价格低得多。

(三) 市盈率法

市盈率表示投资者为获取每 1 元的盈余，必须付出多少代价，也称为投资回报年数，即现在付出的投资代价，需要经过多少年才能收回。其计算公式为：

市盈率=股票市价/每股盈余

市盈率一直是投资者进行中长期投资的选股指标。

在实务操作中，常用 1 比 1 年期银行存款利率作为衡量市盈率是否合理的标准。如 1 年期银行存款利率为 10%，则合理的市盈率可为 10；而当利率上升到 12. 5%时，则合理的市盈率应降低到 8；如利率下降到 8%，则合理的市盈率会上升到 12. 5。

三、股价波动的原因

(一) 政治性因素

政治性因素是指足以影响股价变动的国内外政治活动以及政府对股市发展的政策、措施、法令等的制定和变化。例如，战争、政权更替和政府的政策等。

(二) 经济性因素

经济性因素如经济增长与经济景气循环、物价。

(三) 财政金融性因素

财政金融性因素包括利率、汇率、信用、税收等。

(四) 公司性因素

1. 除权除息

上市公司除权除息以后，股价相对较低，容易刺激投资者购买；同时，除权除息的缺口也加大了股票价格的上涨空间，容易诱使市场投机者拉抬股价。除权计算公式为：除权报价=除权日的收盘价/(1+红股股数)

牛市中，除权除息后会出现填权填息的现象，即除权除息后，大市看好，股价上升，将除净价与除权除息前一日收盘价之间缺口填满；而熊市中，除权除息后会出现贴权贴息的现象，即除权除息后，大市看坏，股价下跌，使除净价与除权除息前一日收盘价之间的缺口进一步扩大。

2. 增资配股

上市公司发行新股增资后，股本数增加，每股净值下降，因而会导致股价下跌。增资配股也称有偿配股，即股东用现金方式以低于市场价格的配股价认购股票。这时，除权计算公式为：

$$除权报价=\frac{除权日的收盘价+新股认股数\times 新股每股应缴股款}{1+新股认股数}$$

对于一些业绩优良、财务状况良好的绩优股而言，增资以后股价不仅不会下降，反而会上涨，因为上市公司增资以后将增强公司的经营能力和获利能力，从而会使股东获取更多的投资收益。

3. 减资

当宣布减资时，上市公司资本额随之减少，这或是公司出于经营发展的需要，或是由于公司经营不善、连年亏损、需要重整。减资会使股价大幅波动。

例如，沪市的“申能股份”于1999年12月17日至31日回购并注销国有法人股10亿股，使得原有总股本26.33亿元的大盘股减少到总股本为16.33亿元。由于总股本一次减少了10亿元，使得平均每股收益上升了很多，1999年末每股收益为0.5元，同时导致“申能股份”的股价在2000年上半年有大幅上涨，由原有的11元左右上升到7月末的22元以上。

4. 拆股

上市公司为了使股票更具有吸引力，常把面额较大的股票拆细，变成面额较小的股票。

拆股并不影响上市公司的资本额，只是增加了股本总额，但股票的每股面值拆细了。

拆股以后，每股股票所代表的净产值减少了，从而使股价下跌，有利于投资者认购，对于一些绩优股和成长股而言，拆股以后更有利于股价上涨。

（五）市场性因素

1. 技术力量

对股价未来走势的看涨或是看跌自然形成买和卖两股相反的力量。

2. 人为操纵

股票市场上的人为操纵股价是很难避免和杜绝的一种投机行为。

我国股票市场由于发展不成熟，上市公司股票较少，交易量较小，法律和法规不健全，监管机关力量薄弱，因而短期投机操作、操纵行为很明显，股价由于投机者的人为操纵会产生强烈的震荡。

第三节　债券的价值分析

一、债券价格的评价

（一）债券价格的决定

债券是一张债务凭证，表明一种债权和债务关系，债券持有人能定期获得一定的收益。

债券的价格与持有债券所得的收益成正比。同时，由于债券投资是长期的投资行为，而每期持有债券所得收入需要用一定的贴现率折算成现值后才能精确地衡量债券收益的多少。因此，决定债券价格的变量有两个——每期债息收入和贴现率。

（二）债券价格的公式

（1）一次还本付息单利公式：

$$P=\frac{A}{1+i}+\frac{A}{1+2i}+\cdots+\frac{A}{1+ni}+\frac{M}{1+ni}=\sum_{i=1}^{n}\frac{A}{1+in}+\frac{M}{1+in} \quad (7)$$

公式（7）中：

P——债券价格；

i——贴现率；

n——时期数；

M——债券的票面价格；

A——每一时期的债息收入。

（2）一次还本付息复利公式：

$$P=\frac{A}{1+i}+\frac{A}{(1+i)^2}+\cdots+\frac{A}{(1+i)^n}+\frac{M}{(1+i)^n}=\sum_{t=1}^{n}\frac{A}{(1+i)^t}+\frac{M}{(1+i)^n}$$

$$=A\,\frac{1-(1+i)^{-n}}{i}+\frac{M}{(1+i)^n} \quad (8)$$

公式（8）中：

P——债券价格；

i——贴现率；

n——时期数；

M——债券的票面价格；

A——每一时期的债息收入。

(3) 一年复息一次债券的价格。

由于每期债息收入相同，所以一年付息一次债券的价格公式与一次还本付息债券复利公式相同，只不过用年来表示时期数。

(三) 影响债券价格变动的因素

1. 债券的票面利率

在银行存款利息率不变的前提下，债券的票面利率越高，债券持有人所获得的债息就越多，所以债券价格也就越高；反之，则越低。

2. 债券的期限

债券的期限越长，债券的投资风险也越高，因此要求有较高的收益作为补偿，而收益率高的债券价格也高。

3. 银行利率

银行利率上升，债券价格下降；反之，债券价格则上升。

二、债券信用评级

(一) 债券评级的目的

(二) 债券评级的原则

1. 债券发行者的偿债能力

2. 债券发行者的资信

3. 投资者承担的风险

(三) 债券信用级别的划分

债券的信用级别一般分为十级，最高是 AAA 级，以下依次为 AA 级、A 级、BBB 级、BB 级、B 级、CCC 级、CC 级、C 级，最低是 D 级。在十个信用级别的债券中，大致可以分为投资级与投机级两大类，AAA 级至 BBB 级为投资级。

三、债券投资风险

(一) 利率风险

由于货币市场利率变动引起债券价格的升降，从而影响债券投资收益率的风险。

（二）通货膨胀风险

也称购买力风险，是指由于物价上涨、货币购买力降低所产生的投资损失风险。

（三）期限风险

债券的期限越长，债券投资者承担的风险就越大。

（四）经营风险

债券发行者由于经营不善，给投资者造成的损失可能性。

（五）变现力风险

也称流动能力风险，是指当债券持有人在急需资金时，在短期内将债券变现而发生损失的可能性。

四、债券投资方法

（一）梯形投资方法

梯形投资方法是把全部资金等额分批投资到一个债券品种上，以便每年都有一笔资金由于债券到期而收回，再重新进行投资的一种投资方法。

在运用时，投资者必须首先选定投资的对象，如国债，然后选择投资年限，如10年期。

梯形投资方法简单方便，投资组合固定，由于每年把到期的国债换成新发行的国债，所以投资者每年都可以有一笔债券利息收入。并且，当市场利率变化时，梯形投资方法可以使投资者的投资收益相对稳定。

（二）弹性投资方法

投资者在投资期内只购买一种债券，然后根据市场情况的变化，或持有到期，或中途出售的一种投资方法。

（三）扇形投资方法

投资者同时购买多种不同种类、不同期限的债券进行组合投资的一种投资方法。

投资者在进行债券投资时，可以购买风险较小的短、中、长期国债，也可以购买风险较高的中、长期的公司债券，或同时购买这些不同期限、不同风险的债券，进行组合投资。

第四节 基金的价值分析

一、投资基金价值的评价

（一）基金的资产净值

净值能比较准确地反映基金实际价值，它是基金经营业绩的指示器，也是基金单位买卖价格的计算依据。

基金的资产净值可用如下公式表示：

$$资产净值=\frac{基金资产的市场价值-各种费用}{基金证券数量}$$

（二）开放式基金的价格决定

开放式基金的规模是不定的，经常按投资者要求赎回或者出售基金证券，所以价格分为申购价格和赎回价格两种。

1. 申购价格

$$申购价格=\frac{资产净值}{1-附加费用}$$

如果是不计费的开放式基金，则：申购价格=资产净值。

2. 赎回价格

开放式基金承诺在任何时候可以根据投资者的个人意愿赎回基金证券。收费型开放式基金的赎回价格为：

$$赎回价格=\frac{资产净值}{1+赎回费率}$$

对不收费的开放式基金而言，其赎回价格为：赎回价格=资产净值

（三）封闭式基金的价格决定

封闭式基金的价格除受到基金资产净值的影响外，还受到市场上基金供求状况的影响。由于封闭式基金不承担购回基金证券的义务，只能在交易市场上进行交易后转让，这使封闭式基金的交易价格如同股票的价格一样，存在着很大的波动性。封闭式基金的价格可以用普通股票的价格公式计算。

二、投资基金的投资选择

（一）基金管理公司的选择

1. 基金管理公司业绩
2. 基金管理公司服务品质与收费标准
3. 基金管理公司的市场评价
4. 基金管理公司诚信度
5. 基金管理公司的持续经营能力

（二）单个基金的选择

1. 基金的历史业绩
2. 基金的投资组合
3. 基金周转率
4. 基金规模

本章小结

一、本章重点

1. 证券价值评价的一般模型。
2. 股票价格种类。
3. 股票价格决定方法、模型及影响股价波动的因素。
4. 债券价格决定方法、模型及影响债券价格变动的因素。
5. 债券信用评级目的、原则及级别划分。
6. 开放式基金和封闭式基金的价格决定方法。

二、难点释疑

1. 股价净资产倍率，即市净率。计算公式为：市净率=股票时价/每股净资产

这个公式表明：股票的时价是股票净资产的倍数。倍数越高，表示投资价值越低；倍数越低，则表示投资价值越高。

2. 封闭式基金与开放式基金的区别。

（1）基金数量限制和存续期限不同。开放式基金在原定发行期满后，基金管理人可以随时向投资人发放或赎回基金单位，投资者也可以根据需要随时申购和赎回基金单位，并且基金没有明确的存续期；封闭型基金发行时的基金单位数量是确定的，并在发行时就明确了存续期限，一经发行成功，封闭运

行，基金单位数量和期限不再改变。

（2）交易价格不同。开放式基金买卖的价格以每日计算出的该基金资产的净值为基础，这一价格不受证券市场波动及基金市场供求的影响；封闭型基金的买卖发生在证券二级市场上，其转让价格在交易市场随行就市，受股市行情、基金供求关系及其他基金价格拉动的共同影响。

（3）交易方式不同。开放式基金的申购和赎回发生在“场外”，是属于“柜台交易”，由基金管理人或委托人直接对投资人办理；封闭型基金的申购和转让发生在“场内”，是属于“交易所交易”，在首次发行结束后的存续期内，投资者不能要求将自己持有的基金单位退还于基金管理公司而赎回现金，变现只能在交易市场上卖给其他投资人，或只有到基金期满后才能直接向基金公司赎回现金。

（4）净资产的信息披露时间要求不同。开放式基金应由基金管理公司每日公布资产净值，并按资产净值为基础确定的交易价格每日受理基金的申购与赎回业务；封闭型基金不需要按日公布资产净值，基金管理公司不直接受理基金的申购与赎回。

练习题

一、名词解释

1. 证券价值。
2. 证券的市场价格。
3. 证券价值评价现值法。
4. 股票价格。
5. 股票的票面价值。
6. 股票的发行价格。
7. 时价发行。
8. 股票的账面价值。
9. 股票的内在价值。
10. 股票的市场价格。
11. 市盈率。
12. 债券的经营风险。
13. 梯形投资方法。
14. 弹性投资方法。

二、填空题

1. 证券所具有的投资价值也称为证券的______________，即通常所谓的证券价值。证券价值是______________的基础。

2. 证券的价值取决于它能带来的______________。

3. ______________就是证券未来收入流量的资本化。

4. 买卖股票就是购买或转让一种领取______________的凭证。

5. 某公司发行股票100万股，每股1元，总股本为100万元，则每股对公司资本拥有______________的所有权。

6. 股票不允许以低于面额的价格发行，因为折价发行违反了股份公司______________的原则。

7. 采用时价发行，票面价值和时价的差价收益归______________所有。

8. 计算股票内在价值的常用方法是______________。

9. 上海证券交易所采用____________的方式产生开盘价。

10. 市盈率表示投资者为获取每1元的盈余，必须付出多少代价，也称为____________。

11. 在股票市场上，技术力量是由______________买卖活动而引起的。

12. 债券的期限，即在债券发行时就确定的______________的年限。

13. ______________是一种以分散组合投资为特色，以证券投资为主要投资手段的为大众集合式代理的新的投资方式。

14. 投资者购买基金，不仅是购买基金未来的增值潜力，同时还是购买基金的______________。

三、判断题

1. 证券本身并没有任何使用价值，也没有真正的价值，它只是表示因资本的供求关系而产生的一种权利。(　　)

2. 证券不是劳动产品，因而证券本身没有价值，证券投资者购买证券，是为了获取短期差价收益，因而证券不具有投资价值。(　　)

3. 证券的价值取决于它能带来的货币收入流量。持有证券所获的货币收入流量越大，证券价值就越低；反之，证券价值就越高。(　　)

4. 证券投资者对证券价值的评价，是基于其对该证券所可能带来的收入流量的预期。(　　)

5. 假定证券的未来收入流量已知，则证券的价值就等同于证券的未来收入流量。(　　)

6. 在公司未来股息固定发放的情况下，股票的内在价值和预期股息收益

成正比，与市场利息率成反比。(　　)

7. 如果市场利率上升，会使证券价值上升。(　　)

8. 股票的发行通常是时价发行，即以高于或低于面值的价格出售给投资者。(　　)

9. 股票的内在价值与股票的市场价格基本不一致，所以投资者应该寻觅内在价值高于市场价格的股票，以获取潜在的投资收益。(　　)

10. 投资者一般把净资产倍率高的股票卖出，而买进净资产倍率低的股票。(　　)

11. 一般而言，市盈率越低越好；市盈率越低，表示投资价值越高。(　　)

12. 物价与股价之间有直接的联系。一般来说，物价上涨，会使股价具有上升趋势。(　　)

13. 利率与股价之间具有正比关系。(　　)

14. 当信用收缩时，许多公司为筹集资金，卖出股票，换成现金，这会使股市资金不断退出，从而导致股价不断下降。(　　)

15. 在银行存款利息率不变的前提下，债券的票面利率越高，债券价格也就越高；反之，则越低。(　　)

16. 债券的期限越长，债券的投资风险越低。(　　)

17. 要提高债券的收益率，只有使债券价格降低，才能使债券的收益提高。(　　)

18. 对债券的评级是评价该债券的市场价格、债券投资收益、债券的投资价值以及债券的市场销售好坏。(　　)

19. 债券的变现能力越强，则债券持有人的投资损失可能性越小；反之，则债券持有人的投资损失可能性越大。(　　)

20. 一般而言，投资基金的净资产值与基金单位价格的变动是一致的，这种正比关系在封闭式基金中得到较好体现，在开放式基金中则不然。(　　)

21. 对于基金而言，规模越大，收益就越高，风险便越低。(　　)

22. 如果一个投资基金的周转率高于同类型基金的平均周转水平，则投资这一基金一定好。(　　)

四、单项选择题

1. 形成和影响股票价格的基本因素是预期股息和(　　)。

A. 股息收入　　B. 市场行情　　C. 未来价格　　D. 银行利息率

2. 如果汇率上升，即本国货币升值，这对于(　　)企业是不利的，这些公司的股价将会下降。

A. 涉外旅游型　B. 来料加工型　C. 进口导向型　D. 出口导向型

3. 上市公司的增资配股也称有偿配股，即股东用现金方式以(　　)市场价格的配股价认购股票。

A. ≤　B. >　C. <　D. =

4. 决定债券价格的变量有两个——(　　)和贴现率。

A. 期限　B. 每期债息收入　C. 票面利率　D. 票面价格

5. 对债券的评级主要是评价该债券的(　　)。

A. 市场价格　B. 投资价值　C. 投资收益　D. 市场销售好坏

6. 变现力风险也称(　　)，是指当债券持有人在急需资金时，在短期内将债券变现而发生损失的可能性。

A. 利率风险　B. 通货膨胀风险　C. 流动能力风险　D. 经营风险

7. 在债券投资过程中，一般可采用梯形投资方法、弹性投资方法和(　　)方法。

A. 分散投资　B. 三分法投资　C. 扇形投资　D. 杠铃投资

8. (　　)是基金经营业绩的指示器，也是基金单位买卖价格的计算依据。

A. 基金的市场价格　B. 基金的申购价格

C. 基金的赎回价格　D. 基金的资产净值

9. (　　)公式为：资产净值/(1-附加费用)。

A. 不收费型的开放式基金的申购价格

B. 收费型的开放式基金的申购价格

C. 不收费型的开放式基金的赎回价格

D. 收费型的开放式基金的赎回价格

10. (　　)公式为：资产净值/(1+赎回费率)。

A. 不收费型的开放式基金的申购价格

B. 收费型的开放式基金的申购价格

C. 不收费型的开放式基金的赎回价格

D. 收费型的开放式基金的赎回价格

五、多项选择题

1. 证券的未来收入流量是不确定的，因为它要受到(　　)方面的因素影响。

A. 经济因素　B. 政治因素　C. 社会因素　D. 资金的时间价值

2. 在评估证券价值时要充分考虑(　　)因素。

A. 证券未来收入流量的不确定性　　B. 证券投资风险
C. 收入流量的时间价值　　D. 人为操纵因素

3. 由于分析的角度不同，股票价格一般可分为(　　)。
A. 股票面值　　B. 票面价值　　C. 股票的发行价格
D. 账面价值　　E. 内在价值　　F. 市场价格

4. 股票的票面价值原是代表最初投入到股份公司中的(　　)。
A. 现金　　B. 资产　　C. 劳务数　　D. 每股股份

5. 公司在发行股票时，发行价格的高低一般要根据（　　）等几方面因素来综合决定。
A. 资产增值　　B. 经营状况　　C. 流通市场价格水平
D. 发行股票总量　　E. 市场供求

6. 股票市场价格的评价方法有(　　)。
A. 每股净值法　　B. 每股盈余法　　C. 市盈率法　　D. 比较法

7. 股价波动的主要原因是股票的供求关系的变化。使股票的供求关系发生变化的因素，主要来自于(　　)等方面。
A. 政治性因素　　B. 经济性因素　　C. 财政金融性因素
D. 公司性因素　　E. 市场性因素

8. 公司经营状况的好坏与股价成正比。公司因素分析主要分析公司(　　)等对股价产生的影响。公司性因素只影响单家公司的股价变动。
A. 股票除权除息　　B. 公司增资　　C. 公司减资　　D. 公司资产置换

9. 债券按期限的长短可分为(　　)。
A. 长期债券　　B. 中期债券　　C. 短期债券

10. 证券评级机构在评定债券信用级别的过程中主要考虑(　　)原则。
A. 债券发行者的偿债能力　　B. 债券投资收益　　C. 投资者承担的风险
D. 债券的市场销售好坏　　E. 债券的市场价格　　F. 债券发行者的资信

11. 在进行债券投资时，投资者所要承担的投资风险主要有(　　)。
A. 利率风险　　B. 通货膨胀风险　　C. 期限风险
D. 经营风险　　E. 变现力风险

12. 债券变现力风险的大小，主要取决于(　　)等因素。
A. 证券市场上债券的供求关系　　B. 债券流通能力的强弱
C. 市场利率变动的趋势　　D. 债券发行者的经营管理水平

六、简答题

1. 简述证券价值和证券市场价格的关系。

2. 为什么说证券的未来收入流量是不确定的?
3. 股票的票面价值有什么含义?
4. 利用每股盈余衡量普通股价的方法有几种?
5. 影响股票市盈率变化的因素有哪些?
6. 试述利率与股价之间的关系。
7. 试述汇率与股价之间的关系。
8. 债券信用评级的目的是什么?
9. 为什么说债券的期限越长，债券投资者承担的风险就越大?

七、论述题

1. 试论述股价波动的原因。
2. 试论述影响债券价格变动的因素。

参考答案

一、名词解释

1. 证券价值即证券所具有的投资价值，也称为证券的内在价值。证券价值是证券市场价格的基础，证券的价值可以通过证券的基本面分析来进行评估和确定。

2. 证券的市场价格就是围绕证券价值而上下波动的证券价值。

3. 现值法就是把证券价值定义为证券预期收入的现值。证券价值的评价首先必须确定证券未来收入的终值，然后通过贴现率确定证券未来收入的现值，即证券价值。

4. 股票价格是指在股票交易市场上买卖股票的价格，又称股票行市。股票本身没有价值，它仅仅是一种投资的凭证。股票之所以具有价格，是因为股票能够给它的持有者带来定期的股息收入。

5. 股票的票面价值是指每股股票票面所标明的金额。股票的票面价值原是代表最初投入到股份公司中的现金资产和劳务数，也就是总资本中的每股股份。票面价值可以确定每一股份对公司资本所有权占有的一定比例。

6. 股票的发行价格就是股票在发行时向公众投资者出售的价格。股票的发行价格一般高于股票的票面价值。股票的发行通常是时价发行，即以等于或高于面值的价格出售给投资者。股票不允许以低于面额的价格发行，因为折价发行违反了股份公司资本充实的原则。

7. 时价发行以流通市场的股票时价为基础来确定股票的发行价格，这样确定的股票发行价格都高于股票的面值。采用时价发行，票面价值和时价的差价收益归公司所有。

8. 股票的账面价值是证券分析学家和其他股票投资者为了分析和计算一定时期内，每股股票在股份公司的会计账面上价值大小而采用的一个会计概念。计算普通股每股账面价值，是将一家公司的资产净值除以流通在外的普通股股数。

9. 股票的内在价值是表示股票的真正投资价值，这是一种理论价值，是在进行股票投资分析时常用的一个概念。股票的内在价值只是一种分析结果，主要依据公司的财务状况和其他一些生产经营的状况，分析公司股票的内在投资价值。股票的内在价值与股票的市场价格基本不一致，所以投资者想方设法寻觅内在价值高于市场价格的股票，以获取潜在的投资收益。

10. 股票的市场价格是在股票流通市场上进行交易的价格，是股票买卖双方供求力量共同作用的结果，从本质上反映了交易双方对股票内在价值的不同评价。

11. 市盈率表示投资者为获取每 1 元的盈余，必须付出多少代价，也称为投资回报年数，即现在付出的投资代价，需要经过多少年才能收回。其计算公式为：市盈率=股票市价/每股盈余，一般而言，市盈率越低越好，市盈率越低，表示投资价值越高。

12. 债券的发行者由于经营不善，致使盈利减少或亏损增加，从而给投资者造成的损失可能性，称为债券的经营风险。

13. 梯形投资方法是把全部资金等额分批投资到一个债券品种上，以便每年都有一笔资金由于债券到期而收回，再重新进行投资的一种投资方法。

14. 弹性投资方法是指投资者在投资期内只购买一种债券，然后根据市场情况的变化，或持有到期，或中途出售的一种投资方法。

二、填空题

1. 内在价值　市场价格
2. 货币收入流量
3. 证券价值
4. 股息收入
5. 百万分之一
6. 资本充实
7. 公司
8. 折现法

9. 集合竞价

10. 投资回报年数

11. 投机性

12. 债券还本

13. 投资基金

14. 一系列服务

三、判断题

1. ✓；2. ×；3. ×；4. ✓；5. ×；6. ✓；7. ×；8. ×；9. ✓；10. ✓；11. ✓；12. ×；13. ×；14. ✓；15. ✓；16. ×；17. ✓；18. ×；19. ✓；20. ×；21. ×；22. ×。

四、单项选择题

1. D；2. D；3. C；4. B；5. B；6. C；7. C；8. D；9. B；10. D。

五、多项选择题

1. ABCD；2. ABC；3. ABCDEF；4. ABC；5. ABCDE；6. ABC；7. ABCDE；8. ABC；9. ABC；10. ACF；11. ABCDE；12. ABC。

六、简答题

1. 证券价值即证券所具有的投资价值，也称为证券的内在价值。证券价值是证券市场价格的基础，证券市场价格是围绕证券价值而上下波动的。

2. 证券的未来收入流量是不确定的，原因是它要受到两方面的因素影响：一方面，各种经济因素、政治因素、社会因素以及证券市场中不确定的因素都有可能影响证券价格，从而导致证券未来收入流量发生变化。投资者购买证券，就要承担这种风险。因此，在评价该证券的价值时就要从证券收入流量中扣除一部分作为这种风险的补偿。另一方面，对证券投资者来讲，资金是具有时间价值的，今天的 1 元绝不等于未来的 1 元。一般而言，今天的 1 元价值要高于未来的 1 元价值。由于证券的收入流量是未来的，在运用证券未来收入流量评价证券价值时就要考虑资金的时间价值。因此，证券价值就是证券未来收入流量的资本化。在评估证券价值时要充分考虑证券未来收入流量的不确定性（证券投资风险）和收入流量的时间价值。

3. 股票的票面价值是指每股股票票面所标明的金额。股票的票面价值原是代表最初投入到股份公司中的现金资产和劳务数，也就是总资本中的每股股份。票面价值可以确定每一股份对公司资本所有权占有的一定比例。在股票上市交易以后，股票的票面价值和市场价格就会出现不一致。这时，股票的面值仅表明所占公司股份的比例和公司发放股息红利以及参加股东大会行使股东权利的计算单位。

4. 每股盈余法是表示每一普通股所能获得的纯收益为多少的方法。其计算公式为：

每股盈余=（税后利润-特别股股利）/普通股股数

利用每股盈余衡量普通股价值的方法有以下几种：

（1）将每股盈余与市盈率相乘，即为普通股的价格，这种方法简单方便。这里的市盈率指的是股票市场上的平均市盈率。如果以此方法计算出来的价格，比此种股票的交易价格低，则卖出；反之，则买进。

（2）将上市公司股票的每股盈余，与同行业其他公司的每股盈余相比较，若该公司每股盈余高，则表示其获利能力比其他公司更好。

（3）比较上市公司前后数年的每股盈余，如逐年增加，表示其获利能力在不断增加，则公司股票成长性较好，股价可能会不断上升；反之，则公司股票成长性下降，股价可能会不断下降。

5. 影响股票市盈率变化的因素有以下几个：

（1）预期上市公司获利能力的高低。如预期获利能力高，虽然上市公司目前市盈率较高，也值得投资。因为其市盈率会随获利能力的提高而不断下降。

（2）分析公司的成长能力。如上市公司的成长能力越高，成长的可能性越大，则投资者就越愿意付出较高的代价，以换取未来的成长利益。

（3）投资者所获报酬率的稳定性。报酬率不稳定，表示投资风险高，则市盈率也相应提高。

（4）当利率水平变化时，市盈率也应该做相应调整。在实务操作中，常用1比1年期银行存款利率，作为衡量市盈率是否合理的标准。如1年期银行存款利率为10%，则合理的市盈率可为10；而当利率上升到12.5%时，则合理的市盈率应降低到8；如利率下降到8%，则合理的市盈率则会上升到12.5。市盈率一直是投资者进行中长期投资的选股指标。仔细研究上市公司的市盈率，会给投资者带来优厚的投资报酬。

6. 利率的高低与股价具有密切的关系。一般来说，利率上升，股价下降；利率下降，股价上升；利率与股价之间具有反比关系。

当银行利率提高以后，会使得上市公司的借贷成本增加，从而使上市公司的利息支出增加，而经营利润会相应地减少，上市公司的获利能力也会下降。而股价是上市公司获利能力的反映，所以股价也会下降。

利率的提高也会使投资者对股票的评价改变。这是因为当利率上升以后，上市公司的获利能力下降，从而使得上市公司的每股盈余也下降，在股价不变的情况下，市盈率提高了，从而使得股票的投资价值下降，所以股价下降。

利率的提高会使社会上的闲散资金存入银行，从而形成通货紧缩，社会上投机性的资金减少，会造成股市资金来源短缺，这种高股价将难以得到支持，从而使得股价下降；反之，利率的下降将会使得股价上升。

7. 如果汇率上升，即本国货币升值，这不利于出口，而有利于进口。由于增加了出口的难度，所以对于出口导向型企业是不利的，这些公司的股价将会下降。如果汇率下降，即本国货币贬值，这不利于进口，而有利于出口，另外也有利于吸引国外的投资，有利于本国经济发展，从而导致股价上涨。但是，如果汇率大起大落，大幅波动，则不利于经济的发展，对股市的健康发展也会有不利的影响。

8. 债券信用评级目的是证券评级公司通过对发债公司的综合经营情况和财务状况的分析，评定发债公司的信用级别，向公众投资者说明债券具有的内在投资价值和债券发行者的信誉及偿债的可靠程度，以此向投资者提供有关债券风险的实质情报，供投资者做出债券投资的决策。

9. 债券的期限越长，债券投资者承担的风险就越大。这主要是由两方面的原因导致的：第一，债券的期限越长，债券的市场价格受市场利率波动的影响就越大。债券持有人的投资收益率是随债券的期限的延长而增加的。当市场利率具有上升的趋势时，债券价格就会趋向下降，债券投资者将会遭受损失。第二，债券的期限越长，因通货膨胀而引起的货币实际购买力下降的风险就会增大，债券投资者遭受投资损失的可能性也就越大。

七、论述题

1. 股价波动的主要原因是股票的供求关系的变化。使股票的供求关系发生变化的因素，主要来自于以下几个方面：

（1）政治性因素。政治性因素是指足以影响股价变动的国内外政治活动以及政府对股市发展的政策、措施、法令等的制定和变化。①战争。战争对股市的影响是巨大的。战争对股价的影响，要视战争的性质、结果以及对世界或局部地区的经济影响而定。战争的胜负也会影响投资者的信心，从而导致股价的上升或下降，使整个股市发生震荡。②政权。政局是否稳定、政权的转移或过渡、领袖的更替、政府的行为以及社会的安定性等，都会影响社会公众的投资信心。投资者信心如何，是决定股价的一个重要因素。③政府的政策。政府的社会经济发展规划，经济政策特别是财政政策、货币政策、产业发展政策、贸易政策以及股市发展政策的制定和变化，都会影响股价的变动。一些股市发展法令及管理条例的颁发，也会影响股价的变动。

（2）经济性因素。①经济增长与经济景气循环。国民收入的增长反映了一国在一定时期内经济发展和增长的综合水平。预计国民收入是增长还是下降以及国民收入的增长速度，是影响股价上升或下降的一个重要因素，而经济的景气循环又影响股价的周期波动。②物价。物价与股价之间没有直接的联系。一般来说，物价上涨，会使股价具有上升趋势。这是因为在通货膨胀期间，由于银行存款利率往往低于通货膨胀率，对于手持现金的投资者而言，存款无异于货币贬值，这样必然将储蓄转而投向其他能保值增值的对象。所以购买股票的投资者会相应地增加。尽管如此，物价的上升与股价的上升之间的关系并不十分明显。在通货膨胀期间，有的上市公司利润会增长，但一些受通货膨胀影响严重的上市公司，由于成本上升幅度过大而影响利润，使其利润下降或者产生亏损，其股价就会下降。另外，在通货膨胀期间，政府会采取提高利率、开办保值贴补率等方法，鼓励储蓄，从而会影响股价的上升。这样，使得物价的上涨，在短期内对股价的影响不明显。但是，不管怎样，物价的上涨，会使得股价呈现上升趋势。

（3）财政金融性因素。①利率。利率的高低与股价具有密切的关系。一般来说，利率上升，股价下降；利率下降，股价上升；利率与股价之间具有反比关系。②汇率。如果汇率上升，即本国货币升值，这不利于出口，而有利于进口。由于增加了出口的难度，所以对于出口导向型企业是不利的，这些公司的股价将会下降；如果汇率下降，即本国货币贬值，这不利于进口，而有利于出口，另外也有利于吸引国外的投资，有利于本国经济发展，从而导致股价上涨。但是，如果汇率大起大落，大幅波动，则不利于经济的发展，对股市的健康发展也会有不利的影响。③信用。当信用扩张时，银根松动，货币供给量增加，市场上游资充足，大量的闲散资金把股市作为投资或投机的目标，使得股市投机繁荣，股价亦不断上升；而当信用收缩时，银根抽紧，货币供给量减少，许多公司为筹集资金，卖出股票，换成现金，这会使股市资金不断退出，从而导致股价不断下降。④税收。政府对公司征税、对股票交易征税，会影响股票投资者买卖股票的意愿，从而影响股票的价格。当政府对上市公司加税时，上市公司的所缴税金增加，利润减少。政府对股票交易征税时，使投资者投资股票的所得减少，从而影响投资者对股票的投资的意愿，这样股价就会下跌；反之，股价就会上升。

（4）公司性因素。公司经营状况的好坏与股价成正比。主要分析公司股票除权除息、公司增资减资等对股价产生的影响。公司性因素只影响单家公司的股价变动。

①除权除息。上市公司在以现金方式分红派息或以红股方式派息以后，股价容易产生波动。上市公司除权除息以后，股价相对较低，容易刺激投资者购买；同时，除权除息的缺口也加大了股价的上涨空间，容易诱使市场投机者拉抬股价。②增资配股。上市公司因业务需要会发行新股以增加资本额。新股发行后，上市公司的股本数增加，从而使每股股票的净值下降，因而会导致股价下跌。但对于一些业绩优良、财务状况良好的上市公司的绩优股而言，增资以后股价不仅不会下降，反而会上涨，因为上市公司增资以后将增强公司的经营能力和获利能力，从而会使股东获取更多的投资收益。③减资。当公司宣布减资，即减少资本时，上市公司的资本总额也将随之减少，这主要是公司出于经营发展的战略需要，或由于公司经营不善连年亏损，上市公司需要重新整顿。公司减资会使股价大幅波动。④拆股。上市公司为了使股票更具有吸引力，常把面额较大的股票拆细，变成面额较小的股票。拆股并不影响上市公司的资本额，只是增加了股本总额，但股票的每股面值拆细了。拆股以后，每股股票所代表的净产值也减少，从而使股价下跌，有利于投资者认购，对于一些绩优股和成长股而言，拆股以后更有利于股价上涨。

（5）市场性因素。①技术力量。在股票市场上，技术力量是由投机性买卖活动而引起的。在股市中买卖股票的投机者，对于股价的未来走势，不是看涨，就是看跌，这看涨看跌自然形成买和卖两股相反的力量。当人们普遍看涨时，买进的力量强大，股价上升，股市为多头市场；当人们普遍看跌时，卖出的力量强大，股价下跌，股市为空头市场；而当看涨和看跌的力量均等时，即买进和卖出力量处于势均力敌时，股价便会盘整，股市为牛皮盘整行情。②人为操纵。在股票市场上，人为操纵股价是很难避免和杜绝的一种股票投机行为。在我国，由于股票市场发展不成熟，上市公司股票较少，交易量较小，而且法律和法规不健全，监管机关力量薄弱，因而短期投机操作行为很明显，股价由于投机者的人为操纵会产生强烈的震荡。

2. 影响债券价格变动的因素有：

（1）债券的票面利率。债券的票面利率即债券券面上所载明的利率，在债券到期以前的整个时期都按此利率计算和支付债息。在银行存款利息率不变的前提下，债券的票面利率越高，则债券持有人所获得的债息就越多，所以债券价格也就越高；反之，则越低。

（2）债券的期限。债券的期限即在债券发行时就确定的债券还本的年限，债券的发行人到期必须偿还本金，债券持有人到期收回本金的权利得到法律的保护。债券按期限的长短可分为长期债券、中期债券和短期债券。长期债券期限一般在10年以上，短期债券期限一般在1年以内，中期债券的期限则介于两者之间。债券的期限越长，则债券持有者资金周转越慢，在银行利率上升时有可能使投资收益受到影响。债券的期限越长，债券的投资风险也越高，因此要求有较高的收益作为补偿，而收益率高的债券价格也高。所以，为了获取与所遭受的风险相对称的收益，债券的持有人当然对期限长的债券要求较高的收益率，因而长期债券价格一般要高于短期债券的价格。

（3）银行利率。一般而言，债券的票面利率要高于同期的银行存款利率，以作为投资债券的风险补偿。如果银行利率变化了，债券的收益率也要相应地进行调整。当银行利率上升时，债券的收益率也要相应地上升，才能吸引投资者进行投资，由于债券的券面利率相对固定，因此，要提高债券的收益率，只有使债券价格降低，才能使债券的收益提高。因此，银行利率上升，债券价格则下降；反之，债券价格则上升。

投资问答：如何准确选择所要投资的股票与基金？

（一）投资者在选择股票时可以参考以下几点

（1）业绩优良的股票。无论何种市场，业绩优良是股票上涨的根本因素。因此在选股时尽量选择每股税后利润0.43元以上、市盈率在30倍以下具有成长性的股票。

（2）成长性好，业绩递增或从谷底中回升的股票。具体可以考虑那些主营业务突出、业绩增长率在50%以上或有望超过80%的股票，对于明显的高速成长股，其市盈率可以适当放宽。

（3）行业独特或国家重点扶持的股票。这些股票往往市场占有率较高，在国民经济中起到举足轻重的作用，其市场表现也往往与众不同。

（4）公司规模小，每股公积金较高，具有扩盘能力的股票。在一个行业中，当规模扩大到一定的程度时，成长速度便会放慢，成为蓝筹股，保持相对稳定的业绩。而规模较小的公司，为了达到规模效益，也就有股本大幅扩张的可能性。因此，那些股本较小，业绩较好，发行溢价较高，从而每股公积金较高的股票（尤其是新股）应是投资者首选的股票。

(5) 价位与其内在价值相比或通过横向比较，有潜在的升值空间。在实际交易中，应当尽量选择那些超跌的股票，因为许多绩优成长股往往也是从超跌后大幅度上扬的。

(6) 适当考虑股票的技术走势。

(二) 投资者在选择基金时可以从以下几点入手

1. 通过阅读基金中报和年报找机会

基金的中报和年报回顾了基金过去半年或一年的浮沉跌宕，展现了基金的投资组合，核算了基金的财务状况。在阅读基金年报时，一般应关注以下内容：

(1) 基金经理工作报告。基金经理工作报告一方面是基金经理与广大投资人分享其投资理念和投资决策的陈述，体现了基金经理对投资人的尊重程度；另一方面是投资人判断基金投资风格与自身投资需求契合度的重要依据。

(2) 基金投资组合。基金投资组合说明了期末基金资产在股票、债券和现金上分布的比例，还披露了股票投资的行业分布。投资人可从基金持有股票明细表中了解基金大量持有哪些股票，例如，通过各股票市值占基金资产净值的数据可以发现，基金是否将大量资产集中在少数几只股票上。

(3) 主要财务指标。国内基金的中报和年报在主要财务指标项下，披露了基金的收益、净收益、资产总值、净值、净值增长率等数据，并与上一期间的数据进行比较，多数基金还会将其业绩与相应的业绩标准进行比较。关注业绩指标应结合计算期限的长短，例如，1 年、2 年、3 年的净值增长率。

(4) 会计报告书。基金的会计报告书包括资产负债表、经营业绩表和净值变动表。投资者应留意基金经营业绩表中费用项目下的基金管理人报酬、基金托管费等基金费用支出。

这里需要说明的是：阅读中报和年报只是评价基金的起点。投资者切不能停留于此，可以借助第三方机构的分析，进一步考察基金与同类基金的业绩比较、费用水平以及风险调整后的收益等因素。

2. 进行基金投资组合

投资者在投资基金时需要在风险和收益之间找到平衡点，这就要求投资者根据自身的特点，如风险偏好、风险承受力、期望收益率等，从基金产品池中选择基金形成自己的基金组合套餐。

投资者要根据自己的风险承受力确定一个明确的投资目标，然后选择3~4只业绩稳定的基金，构成核心组合，这是决定整个基金组合长期表现的主要因素。大盘平衡型基金适合作为长期投资目标的核心组合，至于短期投资目标的核心组合，短期和中期波动性较大的基金则比较适合。一种可借鉴的简单模式是，集中投资于几只可为投资者实现投资目标的基金，再逐渐增加投资金额，而不是增加核心组合中基金的数目。

在制定核心组合时，应遵循简单的原则，注重基金业绩的稳定性而不是波动性，即核心组合中的基金应该有很好的分散化投资并且业绩稳定。客户可首选费率低廉、基金经理在位期间较长、投资策略易于理解的基金。

此外，投资者应经常关注这些核心组合的业绩是否良好，如果其连续三年落后于同类基金，应考虑更换。在核心组合外，不妨买进一些行业基金、新兴市场基金以及大量投资于某类股票或行业的基金，以实现投资多元化并增加整个基金组合的收益。小盘基金也适合进入非核心组合，因为其比大盘基金波动性大。

例如，核心组合是大盘基金，非核心搭配则是小盘基金或行业基金。但是这些非核心组合的基金也具有较高的风险，因此对其要小心限制，以免对整个基金组合造成太大影响。对于组合中的各基金的业绩表现，投资者应定期观察，将其风险和收益与同类基金进行比较，并适时考虑更换。风险承受能力不强的投资者，可将投资在债券基金和股票基金之间重新配置。

3. 投资基金前，应该像调查户口一样调查基金的相关信息

（1）了解所买基金的“家庭背景”。要知道所买基金是哪家基金管理公司的，曾经推出过哪些产品，其他产品的收益水平如何。其实，买基金就是买基金公司，公司的整体业绩尤其重要，除了你准备投的基金外，它的兄弟姐妹也应当业绩优异，这才证明投资团队的管理能力。

（2）必须关注所买基金的“年龄”。该基金是诞生于牛市还是熊市。只有牛市里赚钱，熊市里抗跌的基金，才能证明其投资能力和抗风

险能力，才值得长期拥有。现在市场上基金营销活动如火如荼，除了新发基金外，还有基金分红、拆分以及封转开，持续营销之后，不少基金净值都归一。许多基民搞不清其中的差别，误以为面值1元的都是新基金。所以这个时候，你尤其应该看一下它的累计回报，过往每年的收益情况和评级，以判断其是不是优质基金。

（3）必须知道这个基金的类型，具有哪些特点和风格。基金的分类有很多种，一般来说，按照基金的基准资产配置比例，可分为股票型、偏股型、配置型等；从投资理念上，可划分为价值型基金、成长型基金；从投资目标上，可分为成长型、收益型、平衡型。把你的基金对号入座，看看它大致属于哪个阵营，同一阵营的其他公司的基金表现如何，这样更具有可比性。

4. 股票大盘下跌时是否适合购买股票基金

这需要视投资者对市场的态度，如果看好证券后势，那么大盘大跌时申购股票基金是一个恰当的时机。如果大盘正在调整，这也是证券的正常现象，那么建议多观察后再购买。

5. 选择基金赎回的时机

投资者要想准确地算出卖出的最佳时机，不是一件容易的事情。但是，只要遵循几个常见的原则，可以找出相对接近最佳时机的时机，实现较好的收益。

（1）投资基金要卖在行情高涨之时，买在行情低迷之时。

（2）考虑基金的费率规定，选择合适的赎回时机。

（3）基金业绩明显不佳时，要勇于舍弃，转换为其他基金。

（4）发现基金管理人的操作有问题时，应该毫不犹豫地赎回。

6. 选股常见方法

（1）不同的大势有不同的选择。升势的时候选择板块类的个股；盘整的时候突破的个股比较好；跌势的时候不要做板块的，即使做了，除了龙头股以外的个股也不会被带上来。

（2）选择龙头股。如果选择领头的股票赚不到钱，那么选择别的股票又怎能赚钱呢？即使做整个板块，也有一个筹码比较集中的作为“领头羊”。同样，超跌反弹等行情也都有筹码最集中的。

（3）不要被大阳线吓倒。涨幅居前的股票总有几只在明天、后天还会好的。

(4) 尽量在尾盘买。这样一天的图形做完了，可以简单地看出自己意图而不会被迷惑。

(5) 参考大盘。大盘的分析比个股简单得多，牛市阳多阴长，熊市阴多阳长。

(6) 不要相信越跌越买的言论。经过风险的量化可以发现，越跌越买比越涨越买的风险大得多，如果跌到止损位，果断卖出。

(7) 顺势而为。

第三章　证券投资的宏观经济分析

学习目标

通过本章教学，使学生了解影响证券投资的各个因素，掌握经济周期、通货膨胀、通货紧缩、国际收支等对证券市场的影响。

在证券市场中，经济运行在微观和宏观方面都会出现新的变化。证券投资的微观经济分析和宏观经济分析是证券投资基本分析的两项重要内容。证券投资的宏观经济分析主要是分析各种宏观基本因素对证券投资的影响。这些宏观因素主要包括国民经济总体状况、经济周期循环、财政与货币政策以及通货膨胀、国内资本市场因素分析等。这些宏观因素影响证券市场的特点在于波及范围广、干扰程度深。它们或是直接通过影响投资者的心理，使证券价格发生向上或向下的波动；或是通过对产业因素和企业因素的影响，间接地作用于投资者的心理，亦使证券市场价格发生波动，从而影响证券投资的收益。

第一节　宏观经济分析概述

影响整个证券市场走势的经济因素，称为宏观经济因素。宏观经济因素包括宏观经济运行和宏观经济政策两个方面。宏观经济因素是影响证券市场最基本的因素，其变动常常持续的时间长，决定和影响着证券市场的中长期趋势。宏观经济因素对证券行市的影响具有面广、带有根本性和持续时间长的特点。

对反映宏观经济运行状态的基本变量，例如，国内生产总值与经济增长率、消费总量、投资总量、货币供应量、财政收支、失业率、通货膨胀率、利率、国际收支、汇率等进行统计分析，可以判断出宏观经济整体走势。

（1）国内生产总值与经济增长率。国内生产总值（GDP）及增长率是衡量宏观经济运行状态的综合性指标。从理论上看，在上市公司的行业结构和该国的行业结构基本不变的条件下，股票平均价格的变动与 GDP 的变动应呈现一致。一些实证研究结果表明，股票价格的变动与国内生产总值的变化存在密切的相关性。

（2）经济周期。宏观经济运行因受多种因素的影响而呈现出周期性变化的特征。从中长期看，证券行市的波动与宏观经济周期变化应该是一致的，经济运行呈周期性循环的规律，从而导致证券行市也呈周期性变化的特征。证券投资是一种购买预期收益的行为，投资者是根据自己对经济的前景预期行事的。在经济周期实际发生变动之前，投资者一般就会在证券市场上提前对其做出反应。实证研究表明，证券市场的运行在时间上略超前于经济周期的变化。

（3）证券市场与利率。证券价格对市场利率最为敏感。一般而言，证券价格与利率呈反向运动。市场利率升高，证券价格便会下降；相反，利率下降，证券价格便会上升。具体原因是，利率的升降影响证券的预期收益、需求和信用交易。

（4）货币供应量与证券市场。在一定范围内，货币供应量的增加会推动物价上涨，甚至造成轻度的通货膨胀，证券价格一般会随之上涨。其原因：货币投放量增加，物价的上涨能提高公司的盈利水平，从而使股息红利增加，推动股价上涨。货币供应量的增加推动利率下调，流入证券市场的资金增加，从而推动证券价格上涨。在通货膨胀下，公司资产的重估价值大大升值，从而使股票的净资产含量提高，在一定程度上起到保值的作用，推动股价上涨。但严重的通货膨胀会使证券资产相对贬值，导致证券价格下跌；严重的通货膨胀严重影响公众预期，引发证券价格下跌；严重通胀时，政府的紧缩政策不利于证券行市。

（5）货币政策与证券市场关系。通过控制货币发行、改变法定准备率、调整再贴现率、推行公开市场业务等措施实施货币政策。一般来讲，紧缩的货币政策不利于证券市场行情的发展，宽松的货币政策会刺激证券价格上升。

（6）财政政策对证券市场的影响。调整税率、改变政府转移支付水平、调整购买性支出等手段实施财政政策。积极的财政政策有利于证券市场行情的上升，消极的财政政策对证券市场行情起抑制作用。

（7）国际经济因素。国际收支对证券市场的影响；逆差—政府紧缩银根—不利经济发展—证券价格下跌；汇率对证券市场的影响；本币贬值—有利出口、不利进口—出口型企业股价上升，进口型企业股价下跌；本币贬值—资本流出—证券价格下跌；本币贬值—央行干预对证券市场产生影响；国际证券市场对国内证券市场的影响。

第二节 国民经济总体状况分析

国民生产总值及其构成部分的变化。可以反映出整个经济活动水平和不同行业生产形势的变化，投资者从中可以得到许多有用的信息。按支出划分，国民生产总值可分为私人消费、私人投资、净出口和政府购买四个部分。

一、私人消费

二、私人投资

三、净出口

四、政府购买

第三节 经济周期分析

国民经济运行常表现为收缩与扩张的周期性交替。每个周期表现为四个阶段：高涨、衰退、萧条、复苏。当经济从衰退和萧条中开始复苏，继而进入又一个高涨阶段，这就是所谓的经济周期循环即景气变动。经济周期的变动对证券市场的影响力是十分显著的（请读者结合当前的证券市场宏观经济状况，讨论并完善相关内容）。

一、经济周期分析指标

（一）先行指标

（二）重合指标

（三）后续指标

二、经济周期变动分析

第四节　财政、货币政策分析

请读者结合当前的证券市场宏观经济状况，讨论并完善相关内容。

一、财政政策分析

（一）财政政策的基本含义

（二）财政政策的实施及其对证券市场的影响

二、货币政策分析

（一）存款准备金率的调整

（二）贴现率调整

（三）公开市场业务

（四）利率政策

（五）汇率变动

第五节　其他宏观因素分析

一、国际政治经济关系分析

证券市场是一个非常敏感的市场，随着证券市场的日益国际化，国际政治经济关系的细微变化都有可能引致市场上证券的交易价格出现剧烈的波动。影响证券市场的国际政治经济关系，从其变动因素所涉及的方面来看，可分为政治、经济、军事与战争、外交关系等方面。

二、国内政治经济形势和经济政策分析

国内政治经济形势和经济政策对证券市场的影响是多方面的，可以从不同的角度进行分析。

三、通货膨胀分析

通货膨胀可以表述为：因货币供应超过了流通中对货币的客观需求量，而带来的物价上涨的现象，其实质是货币的贬值。通货膨胀是纸币流通条件下的经济现象。

买进卖权同样可以根据是否持有标的股票分成两类：未持有股票现货而买入卖权和持有股票而买入卖权。第一类交易具有较强的投机性，预计股票价格将会下跌，投资者买进卖权，在期权到期日以较低价格买进股票现货，并以较高协议价格卖给期权的空方，投资者将获得差价收益。如果股票价格不降反升，则投资者只损失全部期权费。如果投资者在买进卖权的同时持有标的股票，则其交易目的往往是股票投资的保值。

本章小结

一、本章重点

1. 宏观经济分析的主要方法及其意义。
2. 国民生产总值的变动对证券市场的影响。
3. 经济周期变动与证券价格的关系。
4. 财政、货币政策对证券市场的影响。

二、难点释疑

1. 国民经济总体状况分析。

国民经济总体状况是判断宏观经济发展速度、景气状况的重要标志，是证券投资分析的重要内容。国内生产总值 GDP 是衡量国民经济总体状况的最常用指标，按支出可分为私人消费、私人投资、净出口和政府购买四个部分，投资者可以从以上四方面信息资料判断国民经济发展状况及各行业未来前景，确定证券投资的时机和方向。

2. 经济周期分析。

国民经济的运行常表现为收缩和扩张的周期性交替，每个周期表现为四个阶段：高涨、衰退、萧条、复苏，这种周期性的波动对证券市场有很大的冲击，因为经济复苏可以增强投资者的信心，而危机则使人产生恐惧，不同的心态产生不同的投资行为，从而带来证券市场的波动。

3. 财政、货币政策分析。

财政政策是政府依据客观经济规律制定的指导财政工作和处理财政关系的

一系列方针、准则的总称，财政政策主要通过国家预算、税收、国债、财政补贴、转移支付等来干预国民经济，进而影响证券市场。总的来说，紧的财政政策，控制经济过热，使证券市场走弱；而松的财政政策刺激经济发展，使证券市场走强。

货币政策是中央银行为实现其特定的经济目标而采取的各种控制、调节货币供应量或信用的方针政策的总称。货币政策是通过调整存款准备金率、贴现率、公开市场业务、利率、汇率来影响社会货币供给量，进而影响证券市场资金的状况来影响证券市场价格的。

4. 通货膨胀分析。

通货膨胀是货币供应量大于流通中的货币需求量而带来的物价上涨和货币贬值。由于通货膨胀对经济的不良影响，财政和货币政策都通过减缓货币流通量的增加速度来缓解通货膨胀，从而使得证券市场资金减少，股价下跌。

练习题

一、名词解释

1. 宏观计量经济模型。
2. 经济周期。
3. 财政政策。
4. 再贴现。
5. 汇率。
6. 贴现率。
7. 通货膨胀。
8. 公开市场业务。

二、填空题

1. 宏观经济分析的主要方法有________和________。

2. 用于宏观经济分析的经济指标有________、________和________三类。

3. 宏观经济分析的计量经济模型有________、________和________三大要素。

4. 国内生产总值是一国在一定时期内生产的________的市场价值总和。

5. 按支出划分国内生产总值可分为________、________ 和

____________、____________四部分。

6. ____________的大量增加是经济由复苏转向高涨的重要标志。

7. 存货投资主要指企业对____________、____________和____________的投资。

8. 经济周期表现为____________、____________、____________、____________四个阶段。

9. 重合指标主要包括____________、____________、____________、____________等。

10. 先行指标一般能在总体经济波动发生变化____________达到峰顶和谷底。

11. 财政收支是以财政方式____________和____________的全过程，国家通过____________和____________实现国家的职能。

12. 财政政策分为____________、____________、____________财政政策。

13. 短期财政政策主要通过____________、____________、____________政策手段影响社会总需求数量，促进社会总需求和社会总供给趋向平衡。

14. 财政政策的中长期目标是____________、____________。

15. 货币政策的内容主要包括____________、____________、____________、____________等。

16. 货币政策的目标一般有四个：____________、____________、____________、____________。

17. 存款准备金率是指一国家金融当局规定____________的比率。

18. ____________是商业银行向中央银行办理再贴现时使用的利率。

19. 中央银行通过____________再贴现率以影响商业银行的信用量，达到信用扩张的目的。

20. 我国人民银行公开市场业务操作的主要工具是____________和____________。

21. ____________是衡量国民经济总体状况的最常用指标。

22. 按照调节货币供应量的程度，财政政策可划分为____________、____________和____________。

三、判断题

1. 在计量经济模型中，内生变量是指不能由模型本身加以说明的量，是方程式的已知数。(　　)

2. 只有在经济衰退时，企业存货才会增加。( )

3. 从紧的财政政策有利于控制过热经济，证券市场将走弱。( )

4. 税率的提高，会使证券市场走强。( )

5. 法定存款准备金率的提高，有利于证券市场行情上涨。( )

6. 当市场银根紧缩时，中央银行买进有价证券，增加社会资金供给量。( )

7. 利率上升时，证券市场资金存量减少，证券价格会下降。( )

8. 如果贷款利率下调的幅度比存款利率下调的幅度大，有利于改善银行和其他金融机构的经营环境，其股价自然上升。( )

9. 对于外向型公司而言，汇率上升会使其产品国际竞争力降低，导致股价下跌。( )

10. 对通货膨胀问题的有效调整，势必会使股市下跌。( )

四、多项选择题

1. 宏观经济分析的经济指标( )。

A. 先行指标 B. 同步指标 C. 中期指标 D. 滞后指标

2. 计量经济模型中的变量可分为( )。

A. 内生变量 B. 自变量 C. 外生变量 D. 因变量

3. 国民生产总值的计算方法有( )。

A. 当年价格 B. 不变价格 C. 固定价格 D. 可变价格

4. 私人消费包括( )。

A. 耐用消费品 B. 非耐用消费品 C. 劳务支出 D. 证券投资

5. 经济周期分析指标有( )。

A. 同步指标 B. 先行指标 C. 重合指标 D. 后续指标

6. 财政政策的短期目标是促进经济稳定增长，主要通过( )影响社会需求总量。

A. 预算收支平衡 B. 财政补贴 C. 国债 D. 股票

7. 从财政支出角度看，按使用性质划分，可分为( )。

A. 非生产性基建支出 B. 经济性项目支出

C. 国家行政支出 D. 资本性项目支出

8. 我国中央银行的货币政策手段主要有( )。

A. 法定存款准备金制度 B. 公开市场业务

C. 贴现率 D. 利率

9. 对利率变动方向和时机影响较大的因素主要有( )。

A. 市场商品购销状况　　B. 国外金融市场的利率水平

C. 工业企业的平均资金水平　　D. 证券市场涨跌情况

10. 汇率的表示方法有(　　)。

A. 直接标价法　B. 间接标价法　C. 即期标价法　D. 远期标价法

五、简答题

1. 经济复苏阶段证券市场会如何变化，为什么?
2. 宽松的财政政策对证券市场有何影响?
3. 存款准备金率的调整是如何影响证券市场的?
4. 利率的调整对证券市场有何影响?
5. 简述宏观经济分析的意义。

六、论述题

试论当证券市场不景气时，可采取哪些政策措施改变这一状况。

参考答案

一、名词解释

1. 宏观计量经济模型是指在宏观总量水平上把握和反映经济运行的较全面的动态特征，研究主要宏观经济指标间的相互依存关系，描述国民经济各部门和社会再生产过程中各环节之间的联系，并可用于宏观经济结构分析政策模拟决策研究及发展预测等功能的计量经济模型。

2. 经济周期是指国民经济运行通常表现为收缩和扩张的周期性交替，分为高涨、衰退、萧条、复苏四个阶段，这四个阶段形成一个经济周期。当经济从衰退和萧条中开始复苏，继而进入又一个高涨阶段，这就是所谓的经济周期。

3. 财政政策是政府依据客观经济规律制定的指导财政工作和处理财政关系的一系列方针准则和措施总称，分为长期、中期、短期财政政策。短期财政政策的目标是促进经济稳定增长，中长期目标是资源的合理配置和收入的公平分配。其手段主要有国家预算、税收、国债、转移支付等。

4. 再贴现是指商业银行将贴现买入的未到期商业票据提交中央银行，由中央银行扣除再贴现利息后支付贴现款项，中央银行通过调整再贴现率，达到信用扩张和收缩的目的。

5. 汇率是指两国货币相互兑换的比率，指通过一国的货币来衡量另一国货币的价格，其表示方法为直接标价法和间接标价法。

6. 贴现率是指商业银行向中央银行办理再贴现时使用的利率。

7. 通货膨胀是指因货币供应量超过了流通中对货币的客观需求量，而带来的物价上涨的现象，其实质是货币的贬值。

8. 公开市场业务是指中央银行通过买进或卖出有价证券控制和影响市场货币供应量的一种业务，其主要操作工具是国债和外汇。

二、填空题

1. 经济指标分析对比　计量经济模型概率预测
2. 先行指标　同步指标　滞后指标
3. 经济变量　参数　随机误差
4. 最终产品
5. 私人消费　私人投资　净出口　政府购买
6. 固定资产投资
7. 原材料　各种半成品　制成品
8. 高涨　衰退　萧条　复苏
9. 实际国民生产总值　公司利润率　工业生产指数　失业率
10. 之前6个月
11. 集中社会资金　使用社会资金　组织财政收入　安排财政支出
12. 长期　中期　短期
13. 预算收支平衡　财政补贴　国债
14. 资源的合理配置　收入的公平分配
15. 执行货币政策的机构　货币政策目标　货币政策工具　货币政策传导机制
16. 稳定物价　充分就业　经济增长　国际收支平衡
17. 商业银行提缴存款准备金
18. 贴现率
19. 调低
20. 国债　外汇
21. 国民生产总值（GNP）
22. 扩张性财政政策　紧缩性财政政策　均衡性货币政策

三、判断题

1. ×；2. ×；3. √；4. ×；5. ×；6. √；7. √；8. ×；9. √；10. √。

四、多项选择题

1. ABD；2. AC；3. AB；4. ABC；5. BCD；6. ABC；7. BD；8. ABCD；9. ABC；10. AB。

五、简答题

1. 由于经济运行通常现表为收缩与扩张的周期性交替，并且对证券市场有显著的影响，当经济开始走出低谷时，批发商和零售商逐步扩大商品的购买，增加存货。因为居民购买力增强、产品的销量增加，生产企业也因产品销量的扩大而开始恢复和扩大再生产，增加固定资产投资，从而使各种生产要素的需求量大幅提高，使整体经济形势呈现上涨趋势，进而引起利率、工资、就业水平和收入的上升。在这种情况下，投资者从悲观的预期走出，增强了投资信心，重新参与证券投资。证券市场资金存量增加，市场日趋活跃。而企业生产销售形势转好，也使股价上升，投资者收益提高，证券市场呈现上涨行情。

2. 财政政策是政府依据客观经济规律制定指导财政工作和处理财政关系的一系列方针措施的总称，宽松的财政政策对证券市场的影响可以从财政收入和支出两个角度看，财政收入主要源自国家税收，也有一部分源自国有企业利润和国家信用。在宽松的财政政策条件下，税率相对较低，企业的税后利润较大，可自由支配资金较多，企业可用于扩大再生产、提高工资水平等，则证券市场的资金流入量会有所增加，证券市场大势上涨。财政支出可分为经常性项目支出和资本性项目支出，宽松的财政政策会提高财政支出量，财政支出的增加可以促进国民经济各部门的发展，使个股股价上涨，从而推动整个证券市场的上涨。

3. 存款准备金率是指一国金融当局规定商业银行提缴存款准备金的比率。它的调整对证券市场的影响通过两个层次的传导过程实现。第一个层次是，中央银行调整存款准备金率，影响商业银行的行为，商业银行调整其经营方式，如果存款准备金率调高，则商业银行会提高利率，使流通中货币量收缩。第二个层次是，居民和企业对商业银行行为做出反应，相应调整投资和消费支出，从而影响需求。所以存款准备金率的调整，会影响社会资金流量，进而影响证券市场的资金供给和价格。由于它的变动首先影响的是投资者信心及证券市场的价格，故一段时间后才会带来资金的变化，具有一定时滞性。

4. 利率是借贷资金的利息收入与借贷资金量的比率，它对证券市场的影响主要有以下几个方面：①利率的调整最先影响的是存款人和贷款人的利益分配。提高利率，存款人可获得更多利息，因而提高储蓄积极性，而贷款人的成本提高，则降低了贷款的积极性，从而减少对贷款的需求，使得流通中的货币量减少，进而使得证券市场的资金量减少。②利率的调整会影响上市公司的业绩。提高利率，企业贷款成本升高，利润相应降低，预期收益下降使股价下跌。另外，利率提高，居民储蓄增加，购买力降低，使得商业利润降低，工业产品积压较多，资金周转速度慢，效益低，股价也会下降。③利率的调整对金融板块股票也会产生影响。如果贷款利率调整幅度大于存款利率调整幅度，则商业银行和其他金融机构都会因此降低存贷利差，对其构成直接的利空。

5. 宏观经济分析对于证券投资有重要的意义，国民经济各个部门的整体素质与证券市场息息相关。各行业部门的企业相互影响制约，作用于国民经济的发展速度和质量。为保证经济的健康稳定发展，在市场经济条件下，国家制定相应的财政货币政策调节经济。而投资者也只有进行了正确的宏观经济分析，准确掌握财政货币政策，才可能把握住经济发展的大方向，了解各行业部门的具体发展，也才可能做出正确的投资选择，使得资金做出有利于经济发展的合理配置，促进国民经济快速健康发展。

六、论述题

答案要点：把有利于证券市场上涨的财政货币政策的因素逐一做出分析论述。

投资问答：如何进行大势分析？

对于短线操作的投资者来说，买入股票时，如遇到以下情况应做好大势分析：

(1) 大盘是否处于上升周期的初期。

(2) 宏观经济政策、舆论导向有利于哪一个板块，该板块的代表性股票是哪几只，成交量是否明显大于其他板块。确定5~10只目标个股。

(3) 收集目标个股的全部资料，包括公司地域、流通盘、经营动向、年报、中报、股东大会（董事会）公告、市场评论以及其他相关报道。

(4) 剔除流通盘太大、股性呆滞或经营中出现重大问题暂时又无重组希望的品种。

一、学会不断盈利

不论输赢，一直满仓是大多数投资者的操作习惯，深度套牢被迫当股东的不说了，就是获利出局的朋友，也不愿意让资金多放一天，就立即杀入另一只股票。

在股票市场偶尔赚点钱不难，只要你运气好就可以了，难的是“不断”二字。要想在证券市场不断赚钱，除了知识和经验外，就是必须忍耐，等待赚钱的时机。问问一般的投资者，他们入市资金有多少买了股票？有多少是现金？你会很惊奇地发现，一般投资者几乎把入市资金全部买了股票。不管是牛市还是熊市时，他们都是这样。这些人有一个共同的想法：“我的钱是用来赚钱的。”

股票在大多时是有理性、有规律的。虽然每只股票的个性都不一样，但大同小异，你需要不断研究、不断观察，等你的经验积累到一定地步，就知道怎样顺势而行。等待、忍耐、观察，只有在股票的运动符合你的入场条件时才入场。只有这样，你才能够确定你入场的获胜概率大过50%。在这基础上，不断盈利才有可能。

二、止损的必要性和及时操作原则

止损的道理大家都懂，只是说起来容易做起来难。及时止损主要是对股票价位设置一个止损位置。一般止损本身没有固定的公式条框，可以顺应外界的形势，因势而选择不同的止损方法。如股价止损法、破位止损法、成交量止损法、5 日线止损法、即时走势止损法、整理幅度止损法、整理时间止损法、开盘价止损法、上下影线止损法、涨幅排行榜止损法、流通盘止损法、涨停盘止损法等。

很多人喜欢一种更简单、更有效的方法，即5%~10%的范围止损。这主要是主力洗盘震仓，股价回调幅度一般不会超过10%。如果打压幅度过大，容易破坏股价的上行态势，影响以后散户的跟风追涨；如果打压幅度小于5%，则难以起到洗盘的效果。因此，止损价位的设置，应以下跌5%作为警示位，下跌10%则出局观望。需要注意的是，10%不是一个定值，要根据个人的投资风格和所持股票的特点来决定。例如，金健米业（600127），该股在×年 4 月 8 日之前保持着诱人的上升三角形的形态，但由于大盘的下跌，该股也显出破位的走势。因此，在确认该股破位后可利用破位止损法进行操作。理论上破位的确定是破位调整大于3%的幅度。以该股来看，股价在 4 月 13 日已出现了止损的信号，操作上可以在该股对上升三角形下轨进行回抽的时候出局，即 15 日的上影线中。

投资者应注意以下几点：

(1) 必须在入市之前确定止损盘，之后可以安心观察大势的发展。

(2) 确定止损盘之后，千万不可随意取消，或在失利的情况下将止损盘下移。

(3) 要注意利用“众地莫企”的原理。如果大部分人都将止损盘设立在一价位，你就要远离这个价位止损，以避免一网打尽。

(4) 入市方向正确时，可以将原定止损盘的止损价位随大势的发展而逐步调整。

三、在证券操作中要学会保本

投资的目的是从证券市场赚钱，但想赚钱并不表示投资者就能赚到钱。我们只要在正确的时间做正确的事情，赚钱只是结果。这正确的事首先就是保本，在保本的基础上再考虑怎样赚钱。

投资是用钱赚钱的行业，一旦你的本金没有了，你就失业了。无论你明天有多么好的机会，手头没有本金，你只能干着急。几乎所有的行家，他们的投资建议便是尽量保住你的本金。而做到保本的办法只有两个：一是快速止损；二是别一次下注太多。

四、投资者从无知到成熟的三阶段

一般来说，新投资者要成熟，都得经过三个阶段。

初期阶段特征：首先是容易被诱惑。新投资者入市的时间一般都集中在老投资者赚钱后，常为证券的赚钱效应吸引高位入市。

中期阶段特征：一是深套：因连续征战，一年四季总是满仓，结果全线被套，尝到赔钱的滋味；二是技巧差：虽已懂点儿股票知识和操作方法，但抗风险能力差，浅套时不看大势尽早止损，认为股价还会涨，一味傻等解套，结果越套越深，被迫做长线；三是不甘心：误认为做股票有钱就行，加大资金投放力度，总想尽快挽回损失，股价在高位刚下跌就急忙补仓，结果越补越套，最终弹尽粮绝。

后期阶段特征：吃一堑，长一智，瞻前顾后。具体表现在智、信、严、律、勇五方面。所谓智，指的是证券知识和操作策略的提高；信，指的是自信，“众人皆醉我独醒”，不人云亦云；严，指的是严于律己，相信自己的投资，不随意跟风；律，指的是纪律，该买则买，该卖则卖；勇，即要成非常之事，就必须有非常之勇。

在风云变幻的证券中，始终保持一颗平常的心，不因暴涨而冲动，也不因暴跌而恐慌，这就是新投资者趋向成熟的标志。

五、投资如何减少遗憾

投资遗憾多，参加者却甚众，原因就是“有遗憾也有快乐”。关键是要尽可能最大限度地减少遗憾，自然快乐多多。

(1) 选马。牛市里不乏黑马白马，但马性却很不一致：有的喜欢快跑，有的却只慢步，有的甚至原地踏步。这就要下功夫分析：快马能快多久？慢马能否赶上？原地踏步者是否为主力的后备队？发起总攻时就用它。投资者选什么马，根据自己的投资风格（如激进、稳健、保守）而定，但不能忘了“业绩成长”这条主线。

(2) 上马。马选定后，何时骑上也有技巧。一般可在上升通道中尚未快速拉升前的一二根小阴线介入，较为稳妥。

(3) 骑马。经过多方努力上马后，就要稳住，不要被摔下来。如今年翻几倍的特快马天齐锂业（002466）、二六三（002467）等，当今的福晶科技（002222）、三力士（002224）、神州信息（000555）冲出之前，哪个不是上蹿下跳？少有不被震下者。

(4) 下马。何时下马是个最难把握的问题，俗话说：买是徒弟，卖是师傅。

第四章　市场行为与行业分析

学习目标

本章主要是从宏观角度对证券市场的基本因素中的一些主要方面进行概要分析，包括市场分析、行业分析和区域分析等。通过分析，提高证券投资者的决策水平，增强证券投资的信心。

证券投资分析离不开对证券市场本身的分析。证券市场是证券发行和流通的场所，影响证券市场的因素有许多，有基本因素、技术因素，还有财务因素。技术因素和财务因素将在以后章节中加以研究，本章主要是从宏观角度对证券市场的基本因素中的一些主要方面进行概要分析，以期提高证券投资者的决策水平，增强投资者的证券投资信心。

第一节　市场行为的心理分析

一、证券市场行为的投资分析

（一）如何识别空头陷阱

所谓空头陷阱，简单地说就是市场主流资金大力做空，通过盘面中显现出明显疲弱的形态，诱使投资者得出证券将继续大幅下跌的结论，并恐慌性抛售的市场情况。如果最近一段时间，股价急转直下，龙头股纷纷跳水，指数连续快速地下跌，这时投资者更要谨防空头陷阱。对于空头陷阱的判别主要从消息面、资金面、宏观基本面、技术分析和市场人气等方面进行综合分析：

1. 从成交量分析

空头陷阱在成交量上的特征是随着股价的持续性下跌，量能始终处于不规则萎缩中，有时盘面上甚至会出现无量空跌或无量暴跌现象，盘中个股成交也十分不活跃，给投资者营造出阴跌走势遥遥无期的氛围。恰恰在这种制造的悲观氛围中，主力往往可以轻松地逢低建仓，从而构成空头陷阱。

2. 从消息面分析

主力资金往往会利用宣传的优势，营造做空的氛围。所以当投资者遇到市场利空不断时，反而要格外小心。因为，正是在各种利空消息满天飞的重磅轰炸下，主流资金才可以很方便地建仓。

3. 从宏观基本面分析

需要从根本上了解影响大盘走强的政策因素和宏观基本面因素，分析是否有实质性利空因素，如果在证券政策背景方面没有特别的实质性做空因素，而股价却持续性地暴跌，这时就比较容易形成空头陷阱。

4. 从市场人气方面分析

由于证券长时间的下跌，会在市场中形成沉重的套牢盘，人气也在不断被套中消耗殆尽。然而往往是在市场人气极度低迷的时刻，恰恰说明证券离真正的底部已经为时不远。值得注意的是，在经历长期的低迷熊市后，指数大幅下跌的系统性风险已经很小，过度看空后市，难免会陷入新的空头陷阱中。

5. 从技术形态上分析

空头陷阱在K线走势上的特征往往是连续几根长阴线暴跌，贯穿各种强支撑位，有时甚至伴随向下跳空缺口，引发市场中恐慌情绪的连锁反应。在形态分析上，空头陷阱常常会故意引发技术形态的破位，让投资者误以为后市下跌空间巨大，而纷纷抛出手中持股，从而使主力可以在低位承接大量的廉价股票。在技术指标方面，空头陷阱会导致技术指标上出现严重的背离特征，而且不是其中一两种指标的背离现象，往往是多种指标的多重周期的同步背离。

（二）如何挖掘并持有成长股

证券中有成长股，甚至有成长型大牛股，怎样把它们挖掘出来，并一路持有，这对每个投资者来说都是个十分关键的问题。判断一只股票是不是成长股没有什么公式可用，但是可以用一些数据比较，用量化的方法将其遴选挖掘出来。成长股一般都应具备以下特点：

过去高成长或稳定成长；今后有高速发展的后劲，有好的发展项目；目前股价的市盈率相对较低。

二、市场主体的投资动机及心理因素分析

(一) 证券投资动机分析

1. 主力资本增值动机分析，如何购买热门股

在主升浪展开的日子里，拥有筹码就等于赚钱。证券营业部里人潮汹涌，有人抓着大把的钱买不到股票。不少股票开盘便涨停，全天开盘价、收盘价、最高价、最低价都在同一价位，日K线浓缩成一个“一”字，那么如何才能抢到热门股呢？

(1) 提携证券的“落后分子”。个股上涨的步调不一，除了一些早早封涨停的个股外，也有些“落后分子”在别的个股疯涨时按兵不动，这些慢一拍的个股值得后来者重点关注。

(2) 在涨停的位置排队等候。有些股票虽然以涨停开盘，但盘中却经常出现回落，涨停被打开，若在涨停的位置提前下单排队，一旦涨停打开便能成交。

(3) 利用盘升的机会加买。主力拉升手法较多，有些主力连续数天一开盘便涨停，有的如推土机般一分一分钱往上拱，有的走势相对稳健、盘中缓缓推升等。

2. 灵活性动机分析，正确看待散户十炒九亏的现象

综观中外证券，我们了解其中90%的投资者总是处于亏损状态，亏损的原因有很多种，而典型的有以下几种：

(1) 不及时止损。很多人不是不懂这个道理，就是心太软，下不了手。绝对要设停损点，因为投资者绝不可能知道这只股票会跌多深。一个人是否可以做一个证券投资者，其必备的基本素质不是头脑聪明、思维敏锐，而是要有止损的勇气。

(2) 总想追求利润最大化。本来通过软件特色功能、基本面、技术面已经选了一只好股，走势也可以，只是涨得慢些或在做强势整理，便耐不住性子，通过听消息或看盘面，想抓只热门股先做一下短差，再拣回原来的股票，结果往往是以失败而告终。很多投资者都认识到高抛低吸、滚动操作可以获得比较大的利润，也决心这么做。可一年下来，却没滚动起来，原因就是抛出后没有耐心静等其回落，便经不住诱惑又先去抓一下热点做短差，结果适得其反。还有一些投资者一年到头总是满仓，本想提高资金利用率，可往往一买就深度套牢。毕竟能逆势走强的是少数，而且在下跌周期中经常是今天强明天就弱，很难操作。另外，常满仓会使人身心疲惫，失去敏锐的市场感觉，错过真

正的良机。许多投资者都是这样，钱在手里放不住三天，生怕踏空，究其心理就是想追求利润最大化。这种类型的投资者，不论大户、散户，无不损失惨重。

（3）不相信自己，却轻信别人。很多散户通过学习，也掌握了很多分析方法和实战技巧，有一定的分析水平。可当自己精心研究了一只股票，准备刷卡买进时，只要听旁边的股民随便说说"这只股票不好，不如××有题材"，就立即放弃买入或改买股，结果造成大损失。

（4）用已经公开的消息或题材做短线。

3. 参与决策动机，做到逆势也能赚钱

投资者也可以参照以下方法抓住时机逆势赚钱。

（1）随时捕捉强势股。大盘的调整、大跌并不是针对所有的个股来进行的。一般来讲，主力资金被套、个股基本面良好、强庄股特立独行等都是孕育在大跌中有行情个股的主要特点，这些类型的个股都是市场中强势股的重要组成部分。投资者可以在频繁进入两市涨幅榜前 50 名的个股中寻找，特别是在没有放量的时机快速追盘，在主力对敲放货前逃跑。

（2）短线操作的意义在于，必须能够实现抓热点、抓龙头。市场的股票如果不是属于主流热点和龙头，那么几乎都会处于调整和下跌的趋势中，短线客的精髓就是能够通过自己独特的技术优势，与庄共舞、与庄同行。

（3）短线波段操作的方法，可以尽量避开大盘调整风险。对长线价值投资者来说，也许对这样的做法不屑一顾，认为他们是不想赚大钱，人为地增加了系统风险。有批评者认为，真正的短线客就是为了不参与走势中不确定因素做调整，积极利用自己的技术能力开辟新战场的表现。任何长线投资者在大盘出现巨大跌幅面前，前期的利润被无情吞没是常有的事情，而用短线波段操作的方法，就可以尽量避开这种风险。

（4）只要股票继续向上的攻击力消失，特别是成交量出现异常放大，不管它的业绩如何，基本面情况怎么样，都必须离场，这是短线操作钢铁般的纪律。

（5）有涨早追，有跌早抛。一般来讲，任何个股的启动，都会有个惯性上冲的潜力，当确认个股突破机会降临后，必须果断出击，这个出击的时机应该在早期，在刚开始发动的初期，否则将很可能给庄家抬轿子。如果在买进后，股票价格不涨反跌，那么这已经说明自己判断失误，或者也可以理解为主力要了花招，让你上当，这个时候一旦发现自己判断出错，必须敢于迅速改正错误，这是专业短线高手的必备技术，也是最重要的基本功。

4. 分析不同主体的投机动机，坚持进行逢低吸纳

毫无疑问，现在的证券每天都有很多个股疯狂拉升，可是，一旦看到狂拉的股票就贸然跟进追涨，却很可能买入就吃套。

克服矛盾心理，力争多赚少亏，就需要把握短炒的节奏，关键之关键还是要把握住买点和时机。

要尽量将精力转移到精选个股和买点把握上来。即使是在大盘疯狂拉升之际，也仍然会有不少个股收阴线或虽收小阳却几乎未涨多少，投资者可以从其中精选有可能即将拉升上涨的潜力股，然后在大盘震荡而潜力目标股呈现阴线情况下择低买入。如此操作，十有七八是买入就涨就赚钱，即使买入后一时吃套，也会很快解套且赚钱。这就叫作“追低买入法”。而“追低买入法”重要的一招就是“看龙头抓侧翼”。

这里需要提醒的是：追低短炒要买在潜力目标股在盘中呈现阴线状态的时候，如果能够巧妙地买在该股当天阳线的下影线，赚钱就是必然的。

5. 在确定安全的前提下，妙用逆向投资策略投资

股票市场上存在明显的“二八现象”，即从长期来看，只有 20%的人能获得正收益。因此，投资大师们信仰长期投资策略，即股指长期运行趋势是向上的，投资者应采用购买并持有策略，合理多样化投资就能获得与股指相匹配的长期收益率，这足以战胜市场上 80%的投资者。在国外市场已有很多种策略经受住了考验，创造出了大量的超额收益，逆向投资策略就是其中之一，因此有必要探讨一下其在国内市场的适用性。

所谓逆向投资策略，即在大多数投资者乐观的时候，卖出股票，在大多数投资者悲观的时候，买入股票，从而获得长期超额收益。这一策略对于国内投资者来讲并不陌生，但在认知方面仍存在偏差。

（1）国内没有成熟的逆向指标，因此投资者往往无法量化市场情绪。在美国这一指标体系已经非常完善，目前最常用的是投资者情报局发布的投资者情绪指数。实践表明，当投资者情绪比较高时，随后的市场收益率就会比较低；当投资者情绪比较低时，随后的市场投资率高于市场平均水平。

（2）运用逆向投资策略选择个股。美国市场中存在的“道 10 策略”被誉为有史以来最成功的投资策略之一。“道 10 策略”认为投资者应该购买道琼斯工业指数中股息率最高的 10 只股票。大多数投资者在股票业绩好的时候，过分乐观，而在业绩不好的时候，又过分悲观，“道 10”因为盈利平稳（但有稳定分红），难有大幅成长，因此成为市场中被遗忘的角落。实践表明，运用“道 10 策略”后，长期收益率明显超越市场平均水平。

（3）正确把握逆向投资策略的时间跨度。逆向投资策略不适合短线操作，国外经验表明，运用逆向投资策略进行资金配置在9~12个月方能有效。短期内，我们无法剔除统计噪声的影响，因此我们无法通过基金持仓比例一周的变化来判断大多数投资者对市场的短期看法。同样某些个股短期内会受各种因素影响大幅上涨，而那些高股息率的股票却备受冷遇。但中长期看，逆向投资策略是有效的。

6. 分析机构选择的动机，改正那些常见的错误

散户投资需要改正一些常见的错误

（1）截断亏损，让利润奔跑。止损又叫割肉。割肉是痛苦的，但不妨设想一下，如果不小心被毒蛇咬了，挖掉被咬的这块肉就能活，否则只能等死。有的散户看见止损后没几天股价又涨了回来，下次就抱着侥幸心理不再止损，结果往往亏损惨重。“截断亏损，让利润奔跑”确是至理名言。如果没有自己的盈利模式，结局也就是买入，止损，再买入，再止损。

（2）会买但不会卖。股谚云：“会买的是徒弟，会卖的是师傅，会空仓的是祖师爷。”买入股票很容易，关键是卖出。

（3）分不清牛和熊的模样。追涨跌没错，但要看用在什么时候；买把宰牛刀没错，拿宰牛刀去杀鸡就未必合适。在本次大牛市中，很多朋友天天都在“前怕狼，后怕虎”，买了股票之后涨了怕，跌了更怕，趴着不动还是怕。牛市里谁能耐心守住股票，谁就是大赢家。盲目地买卖股票往往会买在高位，卖在低位。

7. 学会独立思考，挖掘强势股

并非所有大市回调时反而上升的个股均可称为强势股。因为市场中有一种庄家专门逆势操作，即大市上升时它不升，大市下跌时它异军突起，我们把这些股叫作庄股。对于这一类庄股，我们不称它们为强势股，因为它们的势并不强，只是逆大市而动而已。庄家这样操作的理由主要是，这种股票容易引起投资者注意，当大市下跌时它名列涨幅榜上，那当然引人注目，于是总会有人跟风。同时，当大市上升时它不升，则是为了易于派发，如果指数已经升了相当大一段，自然有人去寻找那些涨幅不大的股票买入，以期待补涨。总之，逆势而为的股票纯属庄家行为，不是我们所说的强势股。

强势股是指大市回档时它不回档，而以横盘代替回档，当大市重新向上时，它升幅更为猛烈的个股。这种股票一般具有好的市场属性，有长庄把守，有坚实的群众基础。大市下跌时，持该股的投资者根本不会动摇持股信心，庄家也全力护盘，不让股价下跌，一旦大市转强，庄家立刻奋力上拉，而散户也

大加追捧。

抓住这种股票是最舒服、最放心的，识别这种股票也不难，凡是个股K线图以横向整理代替回档者，表示有主力长期驻守，市场持股者亦皆看好后市，所以卖压极轻，浮动筹码少，往往使此股呈稳健上升之势。

同样的时间，同样的大势，不同股票的表现有天壤之别，所以必须尽量选择强势股操作。到图形上去选择强势股，平常可以不做股票，等到漂亮的图形出现，只抓住强势的、稳赚的股票介入，这样才能使你的资本快速扩张。

8. 学会好奇与挑战机遇，抓涨停板股票

涨停板是“双刃剑”，发现并抓得早才能取得丰厚回报。主力和散户都希望在股票涨停前介入，涨停后了结。作为信息和资金明显占优的主力，总是想方设法在股票涨停前买入、让散户卖出，涨停后卖出、诱散户买入。

（1）涨停前，为不让散户发现主力大单买入的蛛丝马迹，以防散户跟风，盘口出现巨大卖单，一般不会一次性吃掉，而是化整为零、分批消化。

（2）主力建仓涨停板股票，初期单笔买入数量大多有一定规律，或以万股、万股为单位分批买入，或时隔分钟、分钟买入一次，或一旦有人卖出就立即出现新买盘，需求量大、持续时间长，呈现照单全收的“扫货”特征。

（3）在卖盘位置压着的巨大卖单，经常被有规则的撤单所“消化”。与此同时，虽然单位时间内股价涨幅不大，往往分钟、分钟地慢涨，但多数时间总是只涨不跌，一旦涨上去就很难跌下来，不给卖出的投资者以正差接回的机会，导致后者要么踏空，要么只能以更高价格买回。

（4）区别对待主力之招再高，也难以蒙住精明散户之眼。譬如，当发现主力大量吸货、极有可能涨停的股票后，投资者要及时进行委买。委托时，要留有余地、确保成交。多数情况下，涨停之初的“准涨停股”很少理会大盘涨跌，都会走出独立上涨行情。体现在成交上，因股价持续上涨，卖盘容易成交，买盘时常落空。所以，在涨停股上涨初期，投资者在委托买入时，为保险起见，不要选择卖一的价位委买，而要根据上涨趋势高打几个价位委买。经验表明，若以卖三、卖四、卖五的价格委买，成交的机会会大大增加。

（5）如果说涨停之初加仓买入是正确的选择，当涨停后再加仓买入风险就会大大增加。此时，不应加仓买入，而应短线高抛。另外，投资者要明白，短线卖出不是放弃，而是为了再战。多数涨停股行情不会一蹴而就，一般会持续较长时间，但也不是只涨不跌、直线上升，而是会有反复、呈波段渐进式上涨。

（6）灵活操作所有触及涨停的股票，都既有偶然性，也有必然性。多数情况下，最佳进场时机不是让投资者“关注”时跟风追涨，而是无人关照时预先潜伏。当众人或咨询机构开始看好时，涨停股最肥一段“鱼身”往往已失去。投资者若在咨询机构推荐后买入，虽有不少股票收盘时仍封于涨停，但涨幅有限，加之第二天不少股票出现不同程度下跌，即使不考虑交易费用，不盈反亏的可能性依然很大。

9. 放弃弱势股票，学会如何换股

证券如战场，没有永远的对与错，只有认清形势，调整思路，顺势而为，才是制胜之道。在择股、换股上如何顺势而为、有的放矢，可以遵循以下几个原则：

（1）以弱势股替换手中已持有的强势股。我们将股票的走势按阶段大致分成孕育期、发展期、衰老期，其中发展期又可分为启动期、快速发展期、后发展期。当手中持有的筹码已完成主升段，进入了后发展期，也就是说，上攻能量已经散尽，但按照惯性，仍维持着一种强势，实际已是强弩之末。此时将其派发，而选择进入正处于孕育期的相对弱势股，将生命的接力棒传递下去，这是保持长期获利的积极的制胜之法。

（2）用强势股替换手中持有的强势股。两者都属于强势股，但所处阶段不同，前者是刚从启动期即将进入快速发展期，具有强劲的生命力；后者是由快速发展期即将或者已经进入后发展期，能量已快要散尽，只是还保持着冲刺的惯性。这时的换股，就犹如从一辆已经开始减速的列车上跳上了一辆刚开始提速的列车，前途如何，自是一目了然。通常的情况，人们在已有一定获利的前提下，都不愿去追逐其他同样已有一定涨幅的个股，此种换筹方式就要求要克服畏高的心理障碍。所谓心病还要心药医，解决的方法可以在心理上将原来持有的获利股票的利润转移到新进入的股票上，这样价位相对摊低，利润也有保存。这是一种自我心理调整，而非自欺，是为了获胜而采取的积极的手段。

（3）弱势股替换弱势股。在强势市道中，大盘也会有一段时期的休整，在相对的弱市中，大部分的股票都会表现平淡。此时的换股，就是将手中已无前途的弱势股调换成未来有发展前途的弱势股，这一进一出，其未来前景是不可同日而语的：前者在弱市中，就像自由落体，掉入深渊，甚至万劫不复了，即使大盘走强，在整个行情中也未必会有出色的表现；而后者的表现是未可限量的，它会因时机未到而短期内显弱势，但终有见底掉头而上，转为强势的一天。

(二)证券投资心理分析

1. 克服散户投资心理

对散户而言,在操作股票时,喜欢买入很多只股票,买入低价股票,这样是不科学的,应按照以下方法进行操作:

(1)一次只做 1~2 只股票。千万别搞投资组合,东买一点西买一点,名曰组合实则杂烩。如果预计个个都会涨,就介入最有信心的那一个,如果个个吃不准,那就暂时一个也别买。连续抛接三个球的杂耍,你能玩几分钟?保持注意力,才能提高胜率。

(2)买卖果断。买务必买进,卖务必卖出。除非跑道不畅,或者没时间看盘,决不挂单排队。对准卖盘买,对准买盘卖。学会涨停价下 1 分钱处卖出,期待涨停再卖出,则已甚晚。

(3)只追不补全仓运作。小资金要求大收益,一定要全仓运作。可试探建仓,一旦判断正确务必全仓追进,千万别寄希望于留着资金在看走眼时补仓,那时应该是清仓离场了。全仓运作不是时时满仓,而是看准了就要想着集中兵力夺取盈利,不要瞻前顾后,看不准时最好保持空仓。试探建仓能避免就避免,一不当心,试探就变成了黏手胶,心慈手软之下就成了压仓底的私房货。

(4)看错不怕就怕不认错。第一次把事情做对成本最低,是质量管理的要诀。但智者千虑必有一失,证券沉浮靠的是顺势而为和成功率,而不是咬紧牙关硬撑的坚忍,错了就赶快认错,而不是自圆己说,编织长期投资盈利数倍的梦幻,目前真正值得长期投资的股票不能说没有,但很少。股票跌了,眼不见心不烦,千万别跟它较劲,如果非要哪里跌倒哪里爬起来,很有可能心态越做越坏,资金越做越少。

2. 学会解套

投资者在解套时不妨参照以下方法:

(1)作空。此招为高抛低吸,在反弹的时候把股票卖了,哪怕亏损,等低位再回补以降低成本。通过这样不断地高抛低吸来降低成本,最后弥补亏损,完成解套。

(2)盘中 T+0。盘中 T+0 就是在盘中出现明显上升趋势的时候,逢低买入摊低成本,待股价上涨后,出掉与买入相等的份额,这就形成了在一个交易日内的低买高卖,博取利差,从而使成本摊低。此招需要有较好的短线功底,一旦把握不好就很容易做错,最后的结果反倒成了补仓。

(3)反弹减仓。弱势不抢反弹,强势不跟调整。控制仓位十分重要,不要随时都让自己满仓，这样会让自己随时处于高危状态。手中时刻保持有现金看似资金没有得到最大化地利用，但如果做好了不但可以让资金利用率最大化，还可以从容面对市场不断出现的机会。

（4）换股。此招为险中求胜，换股需要相当的眼力，而操作时如果踏错节奏，反而会形成更大的亏损。

（5）死扛。以时间换金钱，所谓无为而为之。这是典型的输时间不输钱的投资策略。但前提是，耐得住性子。

（6）金字塔法。越跌越买。每跌一定的比例，就加倍买入同一只股票，降低平均价格，这样只要股价来一个大反弹就可以很快解套。关键在于股票背后对应的是一家好公司。

（7）斩仓止损。但当发现自己判断失误，而且损失仍可以承受的时候，可以选择斩仓的操作策略，以保存本金。

第二节　行业分析

所谓行业因素，是指影响某一行业证券行市的各种因素。

行业因素分析的目的和任务：就是对影响特定行业证券预期收益、风险水平和供求关系的各种因素及其变化，进行逻辑推理分析，在此基础上对特定行业证券的投资价值及价格走势进行判断，进而做出证券投资方向的选择。

一、行业和市场类型

（一）完全竞争的市场

（二）垄断竞争

（三）寡头垄断

（四）完全垄断

二、行业的生命周期

（一）初创期

（二）成长期

（三）稳定期

（四）衰退期

三、政府、社会倾向及技术对行业的影响

（一）政府的影响作用

（二）社会倾向对行业的影响

（三）技术因素对行业的影响

（四）相关行业变动因素的影响

（五）其他因素的影响

行业在国民经济中的地位、行业的平均利润率水平、行业的市场竞争特征、行业的生产要素特征、行业的风险特征、行业的劳动分工状况、行业的对外开放程度、行业的区域特征、所有制特征等。

（六）行业选择的主要方法

行业增长比较分析；判断该行业是否为周期性行业；比较该行业的增长率与国内生产总值增长率；计算该行业销售额占国内生产总值的比重；行业增长趋势预测；找出决定行业发展的关键性因素，构造计量分析模型，然后运用计量模型进行预测；利用该行业部门历年的增长率资料，运用统计分析方法或自我回归模型进行分析。

四、行业选股的一般步骤

（一）选股常见方法

根据操作方法或操作习惯的不同，选股思路也会有所区别。一般而言，长线炒基本面，中线炒概念，短线炒技术。当然，核心是准确及时地抓住股价上涨的机会从中获利。

（1）目标股票的搜寻。

（2）目标股票的了解。

（3）研究公司所处行业状况。

（4）公司发展战略及投资项目分析。

（5）分析大盘状况，确立操作周期。

（6）个股技术分析。

（7）设定止损点及盈利目标。在选股的时候，不一定要严格按照以上顺序，具体做法因人而异。

（二）捕捉龙头股时的操作技巧

有些投资者在追龙头股上屡屡失手，原因在于追买龙头股，虽然是一种短线快速获利的好方法，但是，它对操作者的心态、操盘技巧、看盘基本功和应

变能力等有非常高的要求。

如果没有在各方面进行细心完善的准备，就贸然追涨龙头股，自然容易遭受挫折。在大盘处于弱势下跌过程中时就必须开始做捕捉龙头股的准备工作：

（1）要选择在未来行情中可能形成热点的板块。

（2）所选的板块容量不能过大。如果出现板块过大的现象，就必须将其细分。

（3）板块设置。将选出的板块和股票设置到分析软件的自定义板块中，便于今后的跟踪分析。

（4）精选个股。选股时要注意：宜精不宜多，多了不利于分析、关注以及快速反应的出击。

（5）跟踪观察。投资者选择的板块和个股未必全部能成为热点，也未必能立刻展开逼空行情，投资者需要长期跟踪观察，把握最佳的介入时机。

（三）学会判断某一板块的衰落

（1）看涨幅，如果在涨幅榜前 20 名中，某一板块的个股已不足总数的 1/4，并且呈现递减的趋势，这时就要警惕该板块上涨空间已经很少，或者已经涨到位了。

（2）看成交量，如果在成交量前 20 名，某一板块的个股已不足总数的 1/4，并且出现递减的趋势，这可证明该板块即将进入整理状态。

（3）看上升空间，一般来说，主力从建仓到派发，至少要有 50%的上升空间，如果在一个级别较大的多头行情中，某一板块启动后，涨幅不足 50%，可视为低风险投资区；涨幅在 50~80%可视为风险投资区；涨幅超过 80%，可视为高风险投机区。当某一板块股价进入风险投资区、高风险投机区时，就要警惕该板块上升动力已经不足，如果出现滞涨就应该意识到该板块已经涨到位了。

（4）看走势，从原来涨势较强的板块中，选出有代表性的个股 5~8 只，看均线是否继续处于向上发散状态还是在逐渐收敛，如果其中大部分个股的均线都处在收敛状态，甚至有些个股的均线开始出现向下发散，则说明该板块即将涨到位，或者已经涨到位了。

（5）看龙头股，若某一个板块的龙头股已经上涨无力，或率先出现调整，说明该板块已日落西山，调整已是近在眼前了。

第三节　区域分析

一、经济的区域格局

我国区域经济发展将呈现以下趋势：

（1）在各地区经济均有较快增长的情况下，东部与中、西部经济发展的绝对差距将继续扩大。但从增长速度来看，中部地区会有所加快，尤其是武汉及其周边地区，可能成为区域经济发展的新增长点。

（2）从政府政策来看，20 世纪末中央提出实施西部大开发战略，这对于推动西部地区经济发展，缩小东西部地区差距，促进东西部地区经济协调发展，具有重要意义。在实施西部大开发政策下，中央仍将坚持综合协调的策略，在保证东部沿海地区高速发展的同时，大力支持中、西部的经济开发，在投资、贷款、扩大自主权等方面将给予一些优惠政策。

（3）东部将逐步和更大规模地参与中、西部的经济开发，中、西部的廉价劳动力、丰富的资源和较大的产品需求市场将为东部的投资提供广阔的场所。

（4）中、西部地区将加大改革开放力度，努力提高自身发展能力，逐步摆脱对中央政府等、靠、要的依赖，凭借巨大的资源优势，努力寻求海内外的经济发展依托。

二、证券市场的区域格局及其影响

我国国内资金的流向一直有从北向南和从西向东的趋势，国内的大部分资金都集中在以上海为中心的东部地区和深圳为中心的南部地区。如此明显的资金流向对证券市场区域格局的形成当然有着十分重要的影响。

三、我国证券市场的“板块”效应

股票市场的“板块”效应是我国证券市场的特殊现象，被投资者广泛应用于整个证券市场。关于股票板块，指的是这样一些股票组成的小集团，这些股票因为某一共同特征而被人为地分类在一起，而这一特征往往是被所谓股市庄家用来进行炒作的题材。这些特征有的可能是地理上的，如“浦东板块”；

有的可能是业绩上的，如“绩优板块”、“成长板块”；有的可能是上市公司经营行为方面的，如“重组板块”；还有的是产业分类方面的，如“金融板块”、“科技板块”等。总之，在证券市场几乎什么股票都可以冠以板块的名称，只有这一名称才可能成为股市炒作的题材或概念。

本章小结

一、本章重点

1. 证券市场两个经济指标分析。
2. 证券投资动机及心理因素分析。
3. 行业市场类型及影响因素分析。
4. 证券市场“板块”比较分析。

二、难点释疑

1. 统计总量指标与统计相对指标分析。统计总量指标可由证券的发行量和交易量指标构成，其中以债券和股票的发行量和交易量为主；统计相对指标是社会经济现象中两个有关指标之比，是现象之间的数量对比关系，这两个指标皆从量上反映证券市场的经济功能。

2. 资本市场线是一条以无风险收益率为截距，向上倾斜的线，可通过大量的证券组合的收益与风险进行回归得到，资本市场线的存在是证券市场有效率的标志。

3. 股票市场的板块效应是我国证券市场的特殊现象，它是按股票某一共同特征而被人为地分类在一起，这一特征是股市庄家炒作的题材；与此同时，还应注意比较分析按上市公司地理划分的地区板块，以进行投资决策。

练习题

一、名词解释

1. 统计总量指标。
2. 统计相对指标。
3. 资本市场线。
4. 完全竞争、垄断竞争、寡头垄断与完全垄断。
5. 股票板块。

二、填空题

1. 证券市场的基本因素分析主要包括______________、______________和______________。

2. 反映证券市场经济功能的指标包括______________和______________两大方面。

3. ______________反映证券市场经济功能，可由证券发行量和交易量构成。

4. ______________是社会经济现象中两个有关指标之比，它表明现象之间的数量对比关系。

5. ______________表明一国举债的规模和水平，而______________则表明债券在流通市场上的流通规模和水平。

6. 债券发行量这个指标的作用在于三个方面：一是用于______________；二是用于______________；三是用于______________。

7. 在目前我国发行的债券中有相当部分是______________，而其他形式的债券如企业债券数量相对较小。

8. 股票的品种数和______________指标表明一国利用股票来筹集资金的规模和水平，而股票的______________则是衡量投资者从事投资的热情程度及证券市场繁荣程度的标志。

9. 证券发行额通过______________和______________来反映，这个指标表明一国利用______________和______________筹集资金在经济中的作用程度。

10. 表明一国经济基础中股份公司发行股票筹集资金在经济中的作用程度的指标是______________。

11. ______________这个指标用于测定一国企业抗经济环境震动的能力及用于考察对经济稳定增长缓冲的作用程度，我们还可以从两个侧面指标______________和______________来进行考察分析。

12. 通常反映证券市场效力的统计相对指标主要有______________、证券发行余额与银行贷款总额的比例、______________和______________。

13. 证券市场有效率的标志是______________的存在。

14. 市场主体包括许多方面的参与者，其中最主要的是______________、______________和______________这几类投资者。

15. 证券投资动机主要表现为______________、灵活性动机、参与决策动机、______________、安全动机、______________、自我表现动机、好奇与挑战动机及____________等。

16. 证券投资者的心理状况对证券价格的影响主要是通过____________起作用的。

17. 证券投资心理的几种表现主要是____________、____________、过度贪求心理、犹豫心理及避贵求廉心理。

18. 心理因素在证券投资市场中亦具有重要作用，主要表现为____________、____________、____________和犹豫心理的作用。

19. 在行业分析中，主要分析行业的____________、____________和____________。

20. 根据行业中企业数量、产品性质、价格制定及其他一些因素，各种行业基本上可划分为____________、____________、____________和____________四种市场类型。

21. 完全垄断指独家的企业生产某种特质产品（没有或缺少相近的替代品）的情形，完全垄断可为____________和____________两种。

22. 行业的生命周期可分为____________、____________、____________和____________。

23. 影响行业发展的有关因素主要包括____________、____________、____________及相关行业变动因素。

24. 在分析相关行业变动对股份的影响时，当相关行业产品价格上升，导致该行业公司股票价格上涨，则表明相关行业的产品与该行业产品是____________关系；若使该行业公司股票价格下跌，则表明相关行业的产品与该行业产品是____________关系，或者相关行业的产品是该行业的____________。

25. 在我国区域经济发展极不平衡的状况下，分析____________因素对证券投资的影响尤其重要。

26. 股票市场的____________是我国证券市场的特殊现象，它是按股票的____________而被人为地分类组成的股票小集团。

三、判断题

1. 证券市场发挥其诸多功能的一个必备条件是：证券发行流通量必须达到一定的数额，它在长短期资本中所占的比例达到相当程度。(　　)

2. 反映证券市场经济功能的指标包括统计总量指标和统计相对指标两大方面。(　　)

3. 统计总量指标由股票发行量和交易量指标构成。(　　)

4. 统计相对指标是社会经济现象中两个有关指标之比，它表明现象之间

数量对比关系，但此指标不利于现象之间进行对比分析。(　　)

5. 债券的发行量这个指标表明一国债券在流通市场上的流通规模和水平。(　　)

6. 债券发行只用于弥补财政赤字和偿还旧债。(　　)

7. 股票的交易量既是衡量投资者从事投资的热情程度的标志，又是衡量证券市场繁荣程度的表征。(　　)

8. 证券发行额通过债券发行额和股票面值来反映，它表明一国利用债券和股票筹集资金在经济中的作用程度。(　　)

9. 一般来讲，经济发达程度与股票市值占 GNP 的比例具有负相关的关系。(　　)

10. 企业资产负债证券化比例指标可用于测定一国企业抗经济环境震动的能力及用于考察对经济稳定增长缓冲的作用程度。(　　)

11. 在证券市场上，风险和收益指标应呈反比例的关系。(　　)

12. 资本市场线的存在是证券市场有效率的标志。(　　)

13. 市场主体的投资动机及心理因素对证券市场没有直接的影响。(　　)

14. 资本增值动机就是指利用价格升降获取差价收益。(　　)

15. 在行业分析中，主要分析行业的市场类型、生命周期和影响行业发展有关因素。(　　)

16. 完全竞争市场中，生产者众多，但生产的产品存在差异。(　　)

17. 许多生产者生产同种但不同质产品的市场情形称为垄断竞争。(　　)

18. 在寡头垄断和完全垄断的市场中都只有一个生产者。(　　)

19. 行业的生命周期可为四个阶段：初创期、成长期、稳定期和衰退期。(　　)

20. 政府实施管理的主要行业有：公用事业、运输部门和金融部门。(　　)

21. 在分析相关行业变动对股价影响时，如果相关行业产品是该行业产品的替代品，则相关行业产品价格上涨会推动该行业股价的下降。(　　)

22. 股票板块是指股票按某一共同特征被人为地分类在一起，这一特征往往是被股市庄家用来炒作的题材。(　　)

四、单项选择题

1. 下列哪个因素分析不属于证券市场的基本因素分析(　　)。

A. 技术分析　　B. 市场分析　　C. 行业分析　　D. 区域分析

2. 由证券的发行量和交易量指标构成，并可反映证券市场经济功能的指标是(　　)。

A. 统计总量指标

B. 统计相对指标

C. 证券发行额占 GNP 比例指标

D. 证券发行余额与银行贷款总额比例指标

3. 用于测定一国企业抗经济环境震动的能力及用于考察对经济稳定增长缓冲的作用程度的指标是(　　)。

A. 证券发行额占 GNP 的比例　B. 证券发行余额与银行贷款总额的比例

C. 企业资产负债的证券化比例　D. 风险与收益的比例

4. 人们参与证券市场投资活动，最基本的动机是获取股息或利息收入，以实现私人资本增值，这一投资动机我们称为(　　)。

A. 投机动机　B. 安全动机　C. 选择动机　D. 资本增值动机

5. 哪种投资者的心理因素的推动，会使股市在出现涨势时，有可能迅速暴升，而处于跌市时，则因预期过度悲观导致股市一发而无法控制。(　　)

A. 投资心理的乘数效应　B. 从众心理效应

C. 投资偏好作用　D. 犹豫心理作用

6. 许多生产者生产同质产品，而且生产者是价格的接受者而非制定者的市场情形，我们称为(　　)。

A. 垄断竞争　B. 完全竞争　C. 寡头竞争　D. 完全垄断

7. 在分析相关行业变动对股市影响时，如果相关行业的产品与该行业生产的产品是互补关系，则相关行业产品价格上升，会导致该行业股价(　　)。

A. 上升　B. 下降　C. 不变　D. 以上都不对

五、多项选择题

1. 反映证券市场经济功能的指标包括(　　)两大方面。

A. 统计总量指标　B. 统计相对指标

C. 债券发行额占 GNP 的比例指标　D. 股票市值占 GNP 的比例指标

E. 证券发行量和交易指标

2. 通常反映证券市场效力的统计相对指标有以下几种(　　)。

A. 证券发行额占 GNP 的比例

B. 证券发行余额与银行贷款总额的比例

C. 企业资产负债的证券化比例

D. 风险与收益的比例

E. 证券发行量和交易量指标

3. 市场主体的证券投资动机主要包括(　　)。

A. 资本增值动机　B. 投机动机　C. 安全动机　D. 选择动机

E. 避税动机

4. 证券投资者的心理主要有以下几种情况(　　)。

A. 盲从心理　B. 赌博心理　C. 过度贪求心理　D. 犹豫心理

E. 避贵求廉心理

5. 行业市场类型基本上可分为如下四种(　　)

A. 完全竞争　B. 垄断竞争　C. 公平竞争　D. 寡头垄断

E. 完全垄断

6. 行业的生命周期可分为(　　)四个阶段。

A. 初创期　B. 成长期　C. 稳定期　D. 高涨期

E. 衰退期

六、简答题

1. 市场主体的投资动机主要包括哪些内容?
2. 试述证券投资心理的表现并对其因素进行分析。
3. 简述行业的市场类型及其特点。

七、论述题

1. 试述证券市场的经济指标分析包括哪些内容?
2. 如何对股票市场的板块进行比较分析?

参考答案

一、名词解释

1. 统计总量指标反映市场功能，可由证券的发行量和交易量指标构成。

2. 统计相对指标是社会现象中两个有关指标之比，表明现象之间的数量对比关系。

3. 资本市场线的存在是证券市场有效率的标志，它是一条以无风险收益率为截距，向上倾斜的线，该线可以通过大量的证券组合的收益与风险进行回归分析得出。

4. 完全竞争是指许多生产者生产同质产品的市场情形。垄断竞争是指许多生产者生产同种但不同质产品的市场情形。寡头垄断是指相对少量的生产者在某种产品的生产上占据极大市场份额的情形。完全垄断是指独家企业生产某种特质产品（指没有或缺少相近的替代品）的情形，完全垄断可分为政府完全垄断和私人完全垄断两种。

5. 股票市场的板块效应是我国证券市场的特殊现象，被投资者广泛应用于整个证券市场，它是指股票按某一共同特征而被人为地分类在一起，而这一特征往往是被股市庄家用来进行炒作的题材。

二、填空题

1. 市场分析　行业分析　区域分析

2. 统计总量指标　统计相对指标

3. 统计总量指标

4. 统计相对指标

5. 债券的发行量　债券的交易量

6. 弥补财政赤字　城市设施建设　发展专项事业偿还旧债

7. 国家债券

8. 发行量　交易量

9. 债券发行额　股票市值　债券　股票

10. 股票市值占 GNP 的比例

11. 企业资产负债的证券化比例　银行借款的各种资金来源的比例　资产证券化的比例

12. 证券发行额占 GNP 的比例　企业资产负债的证券化比例　风险与收益的比例

13. 资本市场线

14. 投资机构　大户　散户

15. 资本增值动机　投机动机　选择动机　避税动机

16. 供求关系

17. 盲从心理　赌博心理

18. 投资心理的乘数效应　从众心理效应　投资偏好作用

19. 市场类型　生命周期　影响行业发展的有关因素

20. 完全竞争　垄断竞争　寡头垄断　完全垄断

21. 政府完全垄断　私人完全垄断

22. 初创期　成长期　稳定期　衰退期

23. 政府　社会倾向　技术因素

24. 替代　互补　投入品

25. 区域经济

26. 板块效应　某一共同特征

三、判断题

1. ✓；2. ✓；3. ✓；4. ×；5. ×；6. ×；7. ✓；8. ×；9. ×；10. ×；11. ×；12. ✓；13. ×；14. ×；15. ✓；16. ×；17. ✓；18. ×；19. ✓；20. ✓；21. ×；22. ✓。

四、单项选择题

1. A；2. A；3. C；4. D；5. A；6. B；7. B。

五、多项选择题

1. AB；2. ABCD；3. ABCDE；4. ABCDE；5. ABDE；6. ABCE。

六、简答题

1. （1）资本增值动机，指获取股息和利息收入，以实现私人资本增值。

（2）灵活性动机，指投资迅速变现的能力。

（3）参与决策动机。

（4）投机动机，即利用价格升降获取差价收益。

（5）安全动机，可防止意外灾害或被盗造成的损失。

（6）选择动机，因边际效用递减规律的作用使投资者增加投资规模时会选择其他种类证券。

（7）自我表现动机。

（8）好奇与挑战动机。

（9）避税动机，指为逃避收益纳税向选择收益免税保护的证券进行投资。

2. （1）盲从心理、赌博心理、过度贪求心理、犹豫心理、避贵求廉心理。

（2）投资心理的乘数效应，指行情好时加倍乐观，行情跌时加倍悲观。从众心理效应，多数投资者看好股市，积极购入股票，则股市就会上涨，反之则下跌。投资偏好作用，投资者始终会购买自己感兴趣的股票。犹豫心理作用，它只改变一些投资者的心理行为，而不改变整个市场的轨迹。

3. 按行业中企业的数量、产品性质、价格制定和其他一些因素，各行业基本可分为四种市场类型。

（1）完全竞争指许多生产者生产同质产品的市场情形。其特点是：①生产者众多，各种生产资料可以完全流动；②生产的产品（有形与无形）是同质的，无差别的；③生产者不是价格的制定者，生产者的盈利基本上由市场对产品的需求来决定；④生产者和消费者对市场情况都非常了解，并可自由进入或退出这个市场。初级产品的市场多与此相似。

（2）垄断竞争指许多生产者生产同种但不同质产品的市场情形。其特点是：①生产者众多，各部生产资料可自由流动；②生产的产品同种但不同质，即产品之间存在差异；③由于产品差异性的存在，生产者可借以树立自己产品的信誉，从而对其产品的价格有一定的控制能力。制成品市场与此类似。

（3）寡头垄断指相对少量的生产者在某种产品的生产中占据极大市场份额的情形。其特点是：该市场上通常存在一家起领导作用的企业，其他的企业随同该企业定价与经营方式的变化而相应地进行某些调整。资本技术密集型产品及少数储量集中的矿产品市场多与此类似。

（4）完全垄断指独家企业生产特质产品（指没有或缺少相近的替代品）的情形。完全垄断可分为政府完全垄断和私人完全垄断两种。其特点是：这种市场中，由于市场被独家企业所控制，产品又没有合适的替代品，因此垄断者能根据市场的供需情况制定理想的价格和产量，在高价少销和低价多销之间进行选择，以获取最大利润。但同时也受到反垄断法和政府管制的约束。公用事业和某些资本技术高度密集型或稀有资源的开采等属于这种市场类型。

七、论述题

1.（1）反映证券市场经济功能的指标包括统计总量指标和统计相对指标两方面。

（2）统计总量指标可由证券的发行量和交易量指标构成，其中主要包括债券的发行量和交易量指标与股票发行量和交易量指标。①债券的发行量指标表明一国举债的规模和水平，而交易量指标则表明债券在流通市场上的流通规模和水平；②股票的品种和发行量指标表明一国利用股票来筹集资金的规模和水平，而股票的交易量既是衡量投资者从事投资的热情程度的标志，又是衡量证券市场繁荣程度的表征。

（3）统计相对指标是社会经济现象中两个有关指标之比，它表明现象之间的数量对比关系。通常有以下几种：①证券发行额占国民生产总值（GNP）的比例，这个指标表明了一国利用债券和股票筹集资金在经济中的作用程度，其中又包括债券发行额占 GNP 比例及股票市值占 GNP 比例。②证券发行余额与银行贷款总额的比例，是证券市场中以各种债券和股票形式存在的金融资产总额与银行贷款形式的金融资产数值的比值。③企业资产负债的证券化比例，用于测定一国企业抗经济环境震动的能力以及用于考察对经济稳定增长缓冲的作用程度。④风险和收益的比例，表明风险和收益呈正比例的关系。

2.（1）股票市场的板块效应是我国证券市场的特殊现象，被投资者广泛应用于整个证券市场。股票板块指的是这样一些股票组成的小集团，这些股票因为某一共同特征而被人为地分类在一起，这一特征往往是被股市庄家用来进行炒作的题材，板块的分类有按地理位置、业绩、公司经营行为、产业分类等。

（2）我们在进行投资决策时，对上市公司按地理位置划分的地区板块的比较分析就具有实际价值，我们可取几个比较重要的板块来分析其市场风险和业绩，并进行比较，通常有以下几种分析结果：业绩较好，但风险却较高；业绩较差，但风险小；风险较小，业绩平平。在具体投资过程中，投资者可据自身风险偏好进行比较，从而做出最佳投资决策。

投资问答：如何进行补仓？

（一）补仓的技巧要点

补仓是被套牢后的一种被动应变策略，在具体应用补仓技巧时要注意以下要点：

1. 大盘未企稳不补仓

大盘处于下跌通道中或中继反弹时都不能补仓，因为股指进一步下跌时会拖累绝大多数个股一起走下坡路，只有极少数逆市走强的个股可以例外。补仓的最佳时机是在指数位于相对低位或刚刚向上反转时。这时上涨的潜力巨大，下跌的可能最小，补仓较为安全。

2. 把握好补仓的时机，力求一次成功

千万不能分段补仓、逐级补仓。首先，普通投资者的资金有限，无法经受得起多次摊平操作。其次，补仓是对前一次错误买入行为的弥补，它本身就不应该再成为第二次错误的交易。所谓逐级补仓是在为不谨慎的买入行为做辩护，多次补仓，越买越套的结果必将使自己陷入无法自拔的境地。

3. 弱势股不补

特别是那些大盘涨它不涨，大盘跌它跟着跌的无庄股。因为补仓的目的是希望用后来补仓的股的盈利弥补前面被套股的损失，既然这样大可不必限制自己一定要补原来被套的品种。补仓要补就补强势股，不能补弱势股。

（二）哪些股票可以优先考虑补仓

投资者在选择股票时，以下股票可以优先考虑：

（1）盘子在 5000 万~20000 万股。

（2）总资产增长率较高的。

(3) 业绩优良的，且有成长潜力的。

(4) 被严重低估的一些成长性企业。

(5) 全年净资产收益率在10%以上的。

(6) 动态市盈率较低的。

(7) 国家政策支持，且企业经济效益显著的。

(8) 境外上市的个股或板块，创历史新高的。

(9) 行业复苏的。

(10) 行业龙头，且具有持续成长性的。

(三) 哪些股票应优先回避

投资者在选择股票的时候，以下股票可以优先回避:

(1) 大股东占用上市公司的企业。

(2) 增发、配股、发债的。

(3) 年净资产收益率低于10%的。

(4) 机构交叉持股，占流通盘20%以上的。

(5) 重组没有实际内容的。

(6) 送股转股后，效益的增长超不过股本扩张速度的。

(7) 业绩的增长只因一些非经营性收益获得的。

(8) 行业已出现拐点的。

(9) 庄股、问题股、业绩差的。

(10) 媒体咨询机构推荐的以及所谓的消息股。

(四) 短线操作中，如何才能“回档杀进”

很多人喜欢看涨买票，但不是每每都有连续上涨的好势，震荡走势也是经常发生的。昨日走势好好的，殊不知今天一变脸股价掉了回来，让在昨日追高的人好不自在。为此，选择回档或者在回档的第二天早市买进，股价经过洗筹保持一天的强势一般没有问题，起码跌下来的可能性比较小，不做冲高而主动回撤就是为了加强攻势。回档杀进要狙击在股价从底部突破后一两次的回档，三次以上的回档要格外小心，除有理由肯定先期是小幅上扬的走势。

当然，也不能见底部出个阳线后面收阴就杀进，对高开落下、冲高回落、猛然一柱天量等还要退避三舍。

(五) 如何看待证券中的“升至前期高点”现象

当股价回调后返升至前期高点处是敏感时刻，突破不过去形成“双头”杀伤力极强，能直接突破过去的属回调，走势按幅度比或对称结构再次上扬的较常见。而这次推出的颇值得重点关注的形态关键在于：升至前期高点或已达理论高度，既不下跌又不连升，倒是停住盘留一段时间然后再实施向上突破，由此看来逢前期高点盘整不是只有下跌一个取向，这种蓄势的形态分两类情形，它们虽然具备同样特点，但由于原先的走势振幅不同，其实破后的表现有相当的差异。

第五章　公司因素分析

学习目标

通过对公司的基本因素、财务报表、财务状况综合分析，判断出某家公司投资价值的高低以及股价的可能变动趋势。

上市公司股票价格的变化，除了受宏观经济形势和公司所处行业的发展趋势影响外，还受到公司内在因素的影响。本章通过对公司的基本因素、财务报表、财务状况综合分析，可以判断出某家公司投资价值的高低以及股价的可能变动趋势。

第一节　公司一般因素分析

一、公司发展前景分析

（一）公司募集资金的投向

（二）公司产品的更新换代

（三）公司业务发展情况

二、公司的竞争能力分析

（一）公司是否是市场的领导者

（二）公司产品的市场需求

（三）原材料价格变动

三、公司经营管理能力分析

（一）公司管理人员的公众形象

（二）公司社会形象

第二节　公司财务报表分析

股价的基本分析包括对公司的财务状况进行分析。公司的财务状况好坏主要通过公司定期公布的主要财务报表得以反映。公司公布的财务报表主要有资产负债表、现金流量表和利润表。

一、资产负债表

资产负债表是反映公司在一个特定日期（某一时点上）的财务状况的财务报表。资产负债表是一种静态的财务报表，它根据“资产=负债+股东权益”这一基本公式进行编制。资产负债表分为左右两方，左方是各项资产，右方为负债和股东权益。资产表示公司所拥有的财产，负债和股东权益表示公司资金的来源和每一种来源提供了多少金额的资金。由于公司所拥有的各项财产都是由债权人和股东提供的，因此，债权人和股东所享有的权利必须和公司的全部资产相等。

（一）资产

（二）负债

（三）股东权益

二、现金流量表

现金流量表是反映某公司在某一会计年度内的现金变化的结果和财务状况变化的原因的一种会计报表。现金流量表中的现金是一个广义的概念，包括现金和现金等价物。现金主要是指库存现金和存入银行及其他金融机构的活期存款。现金等价物指短期国库券、商业票据、货币市场资金等短期内能够变现的投资。现金流量是公司现金流动的金额，即对公司现金流入量和流出量的总称。现金流入量减现金流出量的净额，称为现金净流量。所以，现金流量表就是反映公司在一定时期在各种经济业务活动中所发生的现金流量的一张动态会计报表。

（一）经营活动产生的现金流量

（二）投资活动产生的现金流量

（三）筹资活动产生的现金流量

（四）现金流量净额及补充资料

（五）现金流量表的作用

三、利润表

投资者一般最关注的是公司的获利能力以及公司股利的分配政策。分析公司的获利能力主要看公司的利润表。利润表是反映该公司在某一会计期间利润获取情况和分配情况的会计报表。利润表分为两大部分：第一部分反映公司在某一会计期间所取得的利润大小及其构成情况；第二部分反映利润分配情况以及留存于公司可供营运使用的未分配利润的结余情况。

第三节　公司财务比率分析

一、公司偿债能力分析

（一）流动比率分析

流动比率可以反映公司短期偿债能力的高低，是以流动资产除以流动负债。用公式表示为：流动比率=流动资产/流动负债×100%。

（二）速动比率分析

速动比率也称酸性测试比率，是指从流动资产中扣除存货部分，再除以流动负债所得的比率。其计算公式为：速动比率=（流动资产-存货）/流动负债×100%。

（三）现金比率分析

现金比率是公司的货币资金和短期证券与流动负债的比率。现金比率能够准确地反映公司的直接偿付能力。其计算公式为：现金比率=（货币资金+短期证券）/流动负债×100%。

（四）资产负债率分析

资产负债率是公司的负债总额除以资产总额的比率。资产负债率反映在总资产中有多大比例是通过借债来筹集的，同时也可以衡量公司在资产清算时债权人有多少权益。资产负债率的计算公式为：资产负债率＝负债总额/资产总额×100%。

（五）产权比率分析

公司产权比率也称为债务股权比，它是衡量公司长期偿债能力的一个指标。产权比率的计算公式为：产权比率＝负债总额/股东权益总额×100%。

（六）有形净值债务率分析

公司的有形净值债务率是公司负债总额占有形净值的比率。有形净值是将公司的股东权益减去无形资产净值的差额，即股东所具有所有权的有形资产的净值。其计算公式为：有形净值债务率＝负债总额/（股东权益－无形资产净值）×100%。

（七）已获利息倍数分析

已获利息倍数是指公司经营业务收益与利息费用的比率，用于衡量公司偿付借款利息的能力。其计算公式为：已获利息倍数＝（税后利润＋所得税＋利息费用）/利息费用。

（八）长期债务与营运资金比率分析

长期债务与营运资金比率是用公司的长期债务与营运资金相除计算出来的反映公司偿还债务能力的一项指标。其计算公式为：长期债务与营运资金比率＝长期负债/（流动资产－流动负债）。

二、公司营运能力分析

（一）营运资金占流动资产比率分析

营运资金占流动资产的比率表示公司在营运资金周转运用上的灵活程度。其计算公式为：营运资金占流动资产的比率＝营运资金/流动资产×100%。

（二）营运资金占资产总额比率分析

营运资金占资产总额的比率表示公司理财的适当程度。其计算公式为：营运资金占资产总额的比率＝营运资金/资产总额×100%。

（三）存货周转率分析

存货周转率是衡量和评价公司购入存货、投入生产、销售收入等各环节管理状况的综合性指标。存货周转率是销售成本与平均存货的比率。用时间表示的存货周转率就是存货周转天数。其计算公式为：存货周转率＝销货成本/平均存货×100%。

式中的平均存货=（期初存货+期末存货）/2。

存货周转天数=360/存货周转率=平均存货/销货成本×360。

（四）应收账款周转率分析

其计算公式为：应收账款周转率=销售收入/平均应收账款。

式中的平均应收账款=（年初应收账款余额+年末应收账款余额）/2。

应收账款周转天数=360/应收账款周转率。

（五）总资产周转率分析

总资产周转率是公司销售收入与平均资产总额的比率。其计算公式为：总资产周转率=销售收入/平均资产总额。

式中的平均资产总额=（年初资产总额+年末资产总额）/2。

三、公司盈利能力分析

（一）销售净利率分析

公司销售净利率是指公司净利润占销售收入的百分比。其计算公式为：销售净利率=净利润/销售收入×100%。

（二）资本收益率分析

资本收益率是公司一定时期的税后利润与实收资本（股本）的比率。其计算公式为：资本收益率=净利润/实收资本×100%。

（三）每股盈余分析

每股盈余是衡量公司每一股普通股所能获得的纯收益多少的一个指标。其计算公式为：每股盈余=（税后利润-特别股的股利）/普通股股数×100%。

（四）市盈率分析

市盈率是股票每股市价与每股盈余的比率，也称为本益比。其计算公式为：市盈率=每股市价/每股盈余。

（五）每股股利分析

每股股利是公司股利总额与公司流通股数的比值。其计算公式为：每股股利=股利总额/流通股数。

（六）每股净资产分析

每股净资产即公司每一股普通股票所代表的公司的净资产有多少，一般也称为每股净值。公司的资产总额减去公司的负债总额，得到净资产总额，再以其除以公司股本总额，即为每股净资产。其计算公式为：每股净资产=净资产额/普通股股数。

（七）现金流量比率分析

现金流量比率是用来显示公司偿还即将到期债务能力的一种动态指标。其计算公式为：现金流量比率=经营活动所产生的净现金流量/流动负债。

（八）每股现金流量分析

每股现金流量是公司经营活动所产生的净现金流量减去优先股股利与流通在外的普通股股数的比率。其计算公式为：每股现金流量=（经营活动产生的净现金流量-优先股股利）/流通在外的普通股股数。

第四节 公司财务状况综合分析

一、公司财务状况综合评分法

二、公司经济效益综合评价体系

不断地提高经济效益是公司生产经营的目标。公司的各项生产经营活动、经营成果及财务状况的好坏，最终都可通过经济效益的高低体现出来。因此，对公司经济效益进行综合评价和分析，有利于投资者全面正确地评价公司各个方面的经营与财务状况。我国财政部于 1995 年公布了一套公司经济效益评价指标体系。该套体系共有 10 个指标：

（1）销售利润率=利润总额/销售收入×100%。

（2）总资产报酬率=（利润总额+利息支出）/平均资产总额×100%。

（3）资本收益率=净利润/实收资本×100%。

（4）资本保值增值率=期末所有者权益总额/期初所有者权益总额×100%。

（5）资产负债率=负债总额/资产总额×100%。

（6）流动比率或速动比率：流动比率=流动资产/流动负债×100%；速动比率=速动资产/流动负债×100%。

（7）应收账款周转率=赊销净额/平均应收账款余额×100%。

（8）存货周转率=产品销售成本/平均存货成本×100%。

（9）社会贡献率=公司社会贡献总额/平均资产总额×100%。

式中的公司社会贡献总额包括工资（含奖金、津贴等工资性收入）、劳保退休统筹及其他社会福利支出、利息支出净额、应缴增值税、应缴产品销售税金及附加、应缴所得税及其他税收、净利润等。

（10）社会积累率=上缴国家财政总额/平均资产总额×100%。

本章小结

一、本章重点

1. 公司的发展前景、竞争地位及管理能力分析。
2. 公司资产负债表分析。
3. 公司利润表分析。
4. 公司现金流量表分析。
5. 公司财务比率分析。

二、难点释疑

1. 公司财务报表分析的方法主要有单个年度的财务比率分析、同一项目不同时期的比较分析、与同行业其他公司之间的比较分析等。

2. 财务比率分析。

财务比率分析是同一张财务报表的不同项目之间、不同类别之间，或在两张不同的资产负债表、损益表的有关项目之间，用比率来反映它们的相互关系，这些财务比率涉及公司经营管理的各个方面，因而能从各个不同的侧面反映公司的经营状况。

3. 公司盈利能力分析。

公司的盈利能力是公司获取利润的能力，这是投资者最关心和最重视的一个分析指标。因为公司的盈利能力是公司组织生产活动、销售活动和财务管理水平高低的综合体现。一般通过分析销售净利率、资本收益率、净资产收益率、每股盈余、每股股利、每股净资产等指标来获得信息。

练习题

一、名词解释

1. 资产负债表。
2. 现金流量表。
3. 利润表。
4. 流动比率。
5. 速动比率。

6. 现金比率。
7. 资产负债率。
8. 产权比率。
9. 有形净值债务率。
10. 已获利息倍数。
11. 长期债务与营运资金比率。
12. 营运能力比率。
13. 营运资金占流动资产的比率。
14. 营运资金占资产总额比率分析。
15. 存货周转率。
16. 应收账款周转率。
17. 总资产周转率。
18. 销售净利率。
19. 资本收益率。
20. 每股盈余。
21. 市盈率。
22. 每股股利。
23. 每股净资产。
24. 现金流量比率。
25. 每股现金流量。

二、填空题

1. 公司一般因素分析主要分析公司的______________、______________和______________。

2. 公司发展前景的好坏可以从__________________、______________和______________方面进行分析。

3. 公司的______________具有良好的发展前途，具有良好的盈利能力，是判断公司具有良好的发展前景的关键。

4. 公司公布的财务报表主要有________________、________________和______________。

5. 资产负债表是反映公司在一个特定日期（某一时点上）的财务状况的财务报表。资产负债表是一种______________的财务报表，它根据“______________”这一基本公式进行编制。

6. 资产可分为______________、______________和______________等。

7. 股东权益是指股东所有的以资产总值减去负债总额后剩余资产的权益。股份公司的资金来源于股东投入公司的＿＿＿＿＿＿以及公司通过经营而积累的＿＿＿＿＿＿，两者统称为股东权益，即由公司的全体股东所有。

8. 现金流量表是反映公司在一定时期在各种经济业务活动中所发生的＿＿＿＿＿＿的一张＿＿＿＿＿＿会计报表。

9. 现金流量表的编制方法有两种：一是＿＿＿＿＿＿，二是＿＿＿＿＿＿。

10. 利润表是反映该公司在某一会计期间内＿＿＿＿＿＿情况和＿＿＿＿＿＿的会计报表。

11. 在公司的财务报表中，具有大量的财务数据，利用这些财务数据，可以根据投资者的不同需要，进行＿＿＿＿＿＿。

12. 公司偿债能力分析包括＿＿＿＿＿＿分析、＿＿＿＿＿＿分析和＿＿＿＿＿＿分析。

13. 短期偿债能力是指公司以＿＿＿＿＿＿偿还＿＿＿＿＿＿的能力。

14. 反映公司短期偿债能力的财务比率主要有＿＿＿＿＿＿、＿＿＿＿＿＿和＿＿＿＿＿＿。

15. 反映公司长期偿债能力的财务比率有＿＿＿＿＿＿、＿＿＿＿＿＿和＿＿＿＿＿＿。

16. 偿债能力保障程度主要衡量公司对固定利息费用所提供的保障程度。反映偿债能力保障程度的财务比率有＿＿＿＿＿＿和＿＿＿＿＿＿。

17. 流动比率可以反映公司短期偿债能力的高低，一般而言，生产类上市公司合理的最佳流动比应该是＿＿＿＿＿＿。

18. 一般情况下，公司的＿＿＿＿＿＿流动资产中的＿＿＿＿＿＿和＿＿＿＿＿＿是影响流动比率的主要因素。

19. 速动比率也称＿＿＿＿＿＿，是指从流动资产中扣除＿＿＿＿＿＿部分，再除以＿＿＿＿＿＿所得的比率。一般正常的速动比率为＿＿＿＿＿＿。

20. 资产负债率说明在公司每 100 元资产中，有多少是由负债构成的。通常，公司的资产负债率应控制在＿＿＿＿＿＿左右。

21. 公司产权比率也称为＿＿＿＿＿＿，它是衡量公司＿＿＿＿＿＿的一个指标。

22. 产权比率反映由＿＿＿＿＿＿提供的资本与＿＿＿＿＿＿提供的

资本的相对关系，反映公司基本财务结构是否稳定。

23. 已获利息倍数是指公司________与________的比率，其用于衡量公司偿付借款利息的能力。

24. 营运能力比率也称________，是用来衡量公司资产管理方面的效率的财务比率。

25. 存货周转率是衡量和评价公司购入存货、投入生产、销售收入等各环节管理状况的综合性指标。存货周转率是________与________的比率。用时间表示的存货周转率就是________。

26. 应收账款周转率是反映公司应收账款周转速度的比率，用时间表示的应收账款周转速度为________，也称________或________。它表示公司从获得应收账款的权利到收回款项变成现金所需要的时间。

27. 每股盈余是衡量公司每一股________所能获得的________多少的一个指标。

28. 市盈率是股票________与________的比率，也称为________。

29. 每股净资产即公司每一股普通股票所代表的公司的净资产有多少，一般也称为________。

30. 现金流量比率是用来显示公司偿还即将到期债务能力的一种________指标。现金比率是________与________之间的比率关系。

31. 对公司财务状况进行综合分析主要有________和________两种方法。

32. 现代公司财务评价的主要内容是________、________和________，它们三者之间大致可按________来分配比重。

33. 现代公司财务评价盈利能力的主要指标是________、________和________，三个指标可按2：2：1来分配比重。

34. 现代公司财务评价偿债能力有四个指标：________、________和________、________，这四个指标各占8%的权重。

35. 现代公司财务评价成长能力有三个指标：________、________和________。这三个指标各占6%的权重。

三、判断题

1. 公司的投资项目是否具有良好的发展前途，是否具有良好的盈利能力，是判断一家上市公司是否具有良好的发展前景的关键。(　　)

2. 如果上市公司具有良好的投资项目，则上市公司就一定具有良好的成

长性。( )

3. 如果公司重视产品的技术含量，能开发出适应市场需要的新产品，公司就会牢牢地在市场上占有领先和主导地位。这类公司便会有良好的发展前景。( )

4. 如果公司的高层管理人员经常变更，则说明公司的经营管理能力强，公司股票价格将上升。( )

5. 反映某公司在某一会计年度内的现金变化的结果和财务状况变化的原因的会计报表是资产负债表。( )

6. 反映公司在一个特定日期（某一时点上）的财务状况的财务报表是资产负债表，它是一种动态的财务报表。( )

7. 现金是指公司的库存现金和银行存款。一般来说，凡是银行愿意接受的可以投入流通用作交换媒介的可用来购买商品或劳务以及偿还债务的票据都属现金。现金是公司所有资产中流动性最强的一种资产。( )

8. 公司的资产由流动资产和非流动资产（固定资产）两大类组成。( )

9. 股本是股份公司向社会发行股票所筹集的资本总额。股本为公司永久性的资本，通常可退回。股本的基本单位为股份，是公司股本所有权划分的最小单位。( )

10. 现金流量表也就是反映公司在一定时期内在各种经济业务活动中所发生的现金流量的一张静态会计报表。( )

11. 现金流量表反映上市公司一定会计期间内有关现金和现金等价物流入和流出的信息。对上市公司的现金总量净增加额的评价，一般来说增加了就好，减少就一定不好。( )

12. 从投资者的角度来看，现金及现金等价物净增加额为正值的公司有较高的投资价值。因而我们要特别关注现金流量为正值的公司作为投资对象。( )

13. 判断上市公司经营状况好坏，利润比现金流量更重要。( )

14. 利润分配表是反映公司在某一会计期间内利润获取情况和分配情况的会计报表。( )

15. 计算财务比率所使用的财务报表数据一定反映公司财务的真实情况。这是因为公司财务报表是按会计准则编制的，所以公司财务报表上的财务数据符合企业会计准则的要求。( )

16. 对于公司的投资者及债权人而言，他们仅关心公司的短期偿债能力。短期偿债能力是指公司以流动资产偿还流动负债的能力。( )

17. 流动比率可以反映公司短期偿债能力的高低，是以流动负债除以流动资产。一般而言，生产类上市公司合理的最佳流动比率应该是 2。(　　)

18. 流动比率越高越好。流动比率高表示公司充分有效地运用资金，表示公司财务状况良好。(　　)

19. 债权人一般希望公司的资产负债率越高越好，这样公司的偿债能力有保证，借款的安全系数就高。从公司投资者的角度来看，如果公司全部资本利润率高于借款利息率，则资产负债率越低越好；反之，则越高越好。(　　)

20. 从投资者的角度来分析，产权比率低，是高风险、高报酬的财务结构；产权比率高，是低风险、低报酬的财务结构。(　　)

21. 从公司长期偿债能力来讲，有形净值债务率越高越好。(　　)

22. 已获利息倍数越大，公司到期不能支付利息的风险就越大；反之，公司到期不能支付利息的风险就越小。一般认为，公司已获利息倍数为 3 时，公司即具有良好的偿付利息的能力。(　　)

23. 长期债务与营运资金比率是反映公司偿还债务能力的一项指标。在一般情况下，长期债务不应超过营运资金（流动资产－流动负债）。公司的长期债务会随时间延续不断转化为流动负债，并需要公司用流动资产来偿还。(　　)

24. 公司营运能力的高低主要取决于公司资产与权益周转的速度。公司资产与权益的周转速度越快，公司资金的使用效率就越高，公司的营运能力就越强；反之，公司的营运能力就越差。(　　)

25. 一般而言，公司的营运资金多，则资金周转运用比较灵活。所以，该指标越高越好。(　　)

26. 一般而言，公司存货的周转速度越快，存货的占用水平就越低，流动性越强，存货的变现速度越快。所以，提高存货周转率可以提高存货的变现能力。(　　)

27. 一般而言，公司的应收账款周转率越高，平均收账期越短，说明公司的应收账款回收得快；反之，则公司的营运资金过多地呆滞在应收账款上，会严重影响公司资金的正常周转。(　　)

28. 公司每股盈余是表示一家上市公司盈利能力高低的重要指标，该指标应该是越高越好。(　　)

29. 市盈率是股票每股市价与每股盈余的比率，也称为本益比。市盈率反映股票投资者对每 1 元的利润所愿支付的代价。一般而言，市盈率越低越好。(　　)

30. 现金比率是公司的货币资金和短期证券与流动负债的比率，反映的是一定时点上的公司偿债能力的高低。所以现金比率是流量与存量之间的比率关系。(　　)

31. 现金流量比率是经营活动所产生的净现金流量与流动负债的比率，反映的是一定时期公司偿债能力的高低。所以现金流量比率是存量比率关系。(　　)

32. 一家公司的每股现金流量越高，说明这家公司的每股普通股在一个会计年度内所赚得的现金流量越多；反之，则越少。每股现金流量在短期内比每股盈余更能显示公司在资本性支出和支付股利方面的能力，因此，可以用每股现金流量来代替每股盈余作为考察公司盈利能力的主要指标。(　　)

四、单项选择题

1. 公司的(　　)是判断一家上市公司是否具有良好的发展前景的关键。

A. 业务发展情况　　B. 产品的更新换代
C. 产品的市场需求　　D. 投资项目

2. 反映公司在一个特定日期的财务状况的静态财务报表是(　　)。

A. 现金流量表　　B. 资产负债表
C. 财务状况变动表　　D. 利润表

3. 编制资产负债表时所依据的基本等式是(　　)。

A. 左方=右方　　B. 资产=负债
C. 收入=支出　　D. 资产=负债+股东权益

4. 反映偿债能力保障程度的财务比率是(　　)。

A. 流动比率　　B. 现金流量比率
C. 已获利息倍数　　D. 现金比率

5. (　　)反映股票投资者对每1元的利润所愿支付的代价。

A. 每股股利　　B. 市盈率　　C. 每股净资产　　D. 每股税后利润

6. 在计算速动比率时，要从流动资产中扣除存货部分，再除以流动负债。这样做的原因在于在流动资产中(　　)。

A. 存货的价值较大　　B. 存货的质量不稳定
C. 存货的变现能力较差　　D. 存货的未来销路不定

7. 资产负债率说明在公司每100元资产中，有多少是由负债构成的。通常公司的资产负债率应控制在(　　)为宜。

A. ≥50%　　B. ≤50%　　C. 50%　　D. 50%左右

8. 某公司原流动比率为2：1，速动比率为1：1，现以现金预付半年的房屋租金，则该公司的(　　)。

A. 流动比率下降　　B. 速动比率下降

C. 两种比率均提高　　D. 两种比率均不变

9. 某公司的税前利润总额为 68000 元，利息费用为 8000 元，则该公司的利息保障倍数为(　　)。

A. 85　　B. 75　　C. 95　　D. 105

10. 某公司的期初存货为 60000 元，期末存货为 80000 元，销售收入为 600000 元，毛利率为 30%，则该公司的存货周转率（次数）为(　　)次。

A. 6　　B. 7　　C. 10　　D. 75

五、多项选择题

1. 上市公司股票价格的变化，主要受(　　)的影响。

A. 宏观经济形势　　B. 公司所处行业的发展趋势

C. 公司内在因素　　D. 市场因素

2. 公司一般因素分析主要分析(　　)。

A. 公司的发展前景　　B. 公司的竞争能力

C. 公司的财务报表　　D. 公司经营管理能力

3. 公司发展前景可以从(　　)方面进行分析。

A. 公司募集资金的投向　　B. 公司业务发展情况

C. 公司产品的更新换代　　D. 公司产品的市场需求

4. 流动资产是指在 1 年以内或在正常营业周期以内耗用，或可以转变成现金的资产项目总和，其包括(　　)等。

A. 现金　　B. 银行汇票本票

C. 应收账款应收票据　　D. 预付货款和存货

E. 外国货币和存款　　F. 有价证券

5. 偿债能力分析是指公司偿还各种到期债务的能力，包括(　　)。

A. 短期偿债能力分析　　B. 长期偿债能力分析

C. 现金流量比率　　D. 偿债能力保障程度分析

6. 短期偿债能力是指公司以流动资产偿还流动负债的能力。反映公司短期偿债能力的财务比率主要有(　　)。

A. 流动比率　　B. 现金流量比率　　C. 速动比率　　D. 现金比率

7. 现金流量表的编制方法有(　　)。

A. 权责发生制　　B. 间接法　　C. 收付实现制　　D. 直接法

8. 公司营运能力分析主要从(　　)方面分析展开。

A. 营运资金占流动资产的比率　　B. 营运资金占资产总额的比率

C. 应收账款周转率　　D. 存货周转率

9. 现代公司财务评价公司成长能力的指标有(　　)。

A. 总资产增长率　　B. 销售收入增长率

C. 利润增长率　　D. 人均利润增长率

10. 现代社会对公司财务的分析和评价有了全面和深入的理解，一般认为分析的主要内容是(　　)。

A. 公司的盈利能力　　B. 偿债能力

C. 成长能力　　D. 经营管理能力

六、简答题

1. 如何分析公司的竞争能力？
2. 如何分析公司的经营管理能力？
3. 如何对公司财务报表进行分析？
4. 怎样对上市公司的现金总量净增加额进行评价？
5. 如何分析公司的偿债能力？
6. 如何分析公司流动比率指标？
7. 为什么要用速动比率指标测试公司资产的流动性？
8. 在计算速动比率时，为什么要把存货从流动资产中减去？
9. 为什么说应收账款的变现能力影响速动比率的真实性？
10. 存货周转率和存货周转天数分析的目的是什么？
11. 产权比率指标的含义是什么？
12. 如何分析公司营运能力？
13. 应收账款周转率的含义是什么？哪些因素会影响应收账款周转率的计算？
14. 现金流量比率与现金比率有什么区别？
15. 如何分析公司的盈利能力？
16. 如何分析资产负债率指标？
17. 使用财务比率分析应注意哪些问题？

七、论述题

1. 论述公司因素分析。
2. 论述公司财务比率分析。

参考答案

一、名词解释

1. 资产负债表根据“资产=负债+股东权益”这一基本公式进行编制。资产负债表分为左右两方，左方是各项资产，右方为负债和股东权益。资产表示公司所拥有的财产，负债和股东权益表示公司资金的来源和每一种来源提供了多少金额的资金。由于公司所拥有的各项财产都是由债权人和股东提供的，因此，债权人和股东所享有的权利必须和公司的全部资产相等。

2. 现金流量表是反映公司在某一会计年度内的现金变化的结果和财务状况变化的原因的一种会计报表，也就是反映公司一定时期在各种经济业务活动中所发生的现金流量的一张动态会计报表。现金流量表的编制方法有两种：一是直接法，二是间接法。

3. 利润表是反映公司在某一会计期间内利润获取情况和分配情况的会计报表。利润表分为两大部分：第一部分反映公司在某一会计期间所取得的利润大小及其构成情况；第二部分反映利润分配情况以及留存于公司可供营运使用的未分配利润的结余情况。

4. 流动比率是流动资产除以流动负债的比值，可以反映公司的短期偿债能力的高低。用公式表示为：$流动比率=\frac{流动资产}{流动负债}\times100\%$。

5. 速动比率也称酸性测试比率，是指从流动资产中扣除存货部分再除以流动负债所得的比率。其计算公式为：$速动比率=\frac{(流动资产-存货)}{流动负债}\times100\%$。

6. 现金比率是公司的货币资金和短期证券与流动负债的比率。现金比率能够准确地反映公司的直接偿付能力。其计算公式为：$现金比率=\frac{(货币资金+短期证券)}{流动负债}\times100\%$。

7. 资产负债率是公司的负债总额除以资产总额的比率。资产负债率反映在总资产中有多大比率是通过借债来筹集的，同时也可以衡量公司在资产清算时债权人有多少权益。资产负债率的计算公式为：$资产负债率=\frac{负债总额}{资产总额}\times100\%$。

上述公式中的负债总额不仅包括长期负债，而且也包括短期负债。

8. 公司产权比率也称为债务股权比，它是衡量公司长期偿债能力的一个指标。产权比率的计算公式为：产权比率 $=\frac{\text{负债总额}}{\text{股东权益总额}}\times100\%$。

产权比率反映由债权人提供的资本与股东提供的资本的相对关系，反映公司基本财务结构是否稳定。

9. 公司的有形净值债务率是公司负债总额占有形净值的比率。有形净值是将公司的股东权益减去无形资产净值的差额，即股东所具有所有权的有形资产的净值。其计算公式为：有形净值债务率 $=\frac{\text{负债总额}}{(\text{股东权益}-\text{无形资产净值})}\times100\%$。

10. 已获利息倍数是指公司经营业务收益与利息费用的比率，用于衡量公司偿付借款利息的能力。其计算公式为：已获利息倍数 $=\frac{(\text{税后利润}+\text{所得税}+\text{利息费用})}{\text{利息费用}}\times100\%$。

已获利息倍数越大，公司到期不能支付利息的风险就越小；反之，则公司到期不能支付利息的风险就越大。

11. 长期债务与营运资金比率是用公司的长期债务与营运资金相除计算出来的反映公司偿还债务能力的一项指标。其计算公式为：长期债务与营运资金比率 $=\frac{\text{长期负债}}{(\text{流动资产}-\text{流动负债})}\times100\%$。

12. 营运能力比率也称资产管理比率，是用来衡量公司资产管理方面效率的财务比率。公司营运能力分析主要从两方面展开：一是分析公司营运状况；二是分析公司营运能力的高低。

13. 营运资金占流动资产的比率表示公司在营运资金周转运用上的灵活程度。其计算公式为：营运资金占流动资产的比率 $=\frac{\text{营运资金}}{\text{流动资产}}\times100\%$。

14. 营运资金占资产总额比率表示公司理财的适当程度。其计算公式为：营运资金占资产总额的比率 $=\frac{\text{营运资金}}{\text{资产总额}}\times100\%$。

15. 存货周转率是衡量和评价公司购入存货、投入生产、销售收入等各环节管理状况的综合性指标。存货周转率是销售成本与平均存货的比率。用时间表示的存货周转率就是存货周转天数。其计算公式为：存货周转率 $=\frac{\text{销货成本}}{\text{平均存货}}\times100\%$。

公司存货的流动性如何将直接影响公司的流动比率。一般而言，公司存货的周转速度越快，存货的占用水平就越低，流动性越强，存货的变现速度越快。所以，提高存货周转率可以提高存货的变现能力。

16. 应收账款周转率是反映公司应收账款周转速度的比率。它说明公司应收账款流动的速度，即一定期间内公司应收账款转为现金的平均次数。其计算公式为：$应收账款周转率=\frac{销售收入}{平均应收账款}$；$应收账款周转天数=\frac{360}{应收账款周转率}$。

一般而言，公司的应收账款周转率越高，平均收账期越短，说明公司的应收账款回收得快；反之，则公司的营运资金过多地呆滞在应收账款上，会严重影响公司资金的正常周转。

17. 总资产周转率是公司销售收入与平均资产总额的比率。总资产周转次数越多，周转天数越少，则表明一家公司全部资产的利用效率越高，公司的获利能力就越强。

18. 销售净利率是指公司净利润占销售收入的百分比。其计算公式为：$销售净利率=\frac{净利润}{销售收入}\times 100\%$。

销售净利率与净利润成正比，与销售收入成反比。

19. 资本收益率是公司一定时期的税后利润与实收资本（股本）的比率。其计算公式为：$资本收益率=\frac{净利润}{实收资本}\times 100\%$。

资本收益率用于分析公司投资者投入资本所获取收益的能力。资本收益率越高，说明公司投资者投入资本的获利能力越强。

20. 每股盈余是衡量公司每一股普通股所能获得的纯收益多少的一个指标。其计算公式为：$每股盈余=\frac{(税后利润-特别股的股利)}{普通股股数}\times 100\%$。

公司每股盈余是表示一家上市公司盈利能力高低的重要指标，该指标应该是越高越好。

21. 市盈率是股票每股市价与每股盈余的比率，也称为本益比。其计算公式为：$市盈率=\frac{每股市价}{每股盈余}$。

市盈率反映股票投资者对每 1 元的利润所愿支付的代价。市盈率越低，表示公司股票的投资价值越高；反之，则越低。

22. 每股股利是公司股利总额与公司流通股数的比值。其计算公式为：$每股股利=\frac{股利总额}{流通股数}$。

每股股利反映的是上市公司每一普通股获取股利的大小。每股股利越大，则公司股本获利能力就越强。

23. 每股净资产即公司每一股普通股票所代表的公司的净资产有多少，一般也称为每股净值。其计算公式为：每股净资产 $=\frac{\text{净资产额}}{\text{普通股股数}}$。

由于公司净资产额是属于股东全体所有的，因此也称为股东权益。

24. 现金流量比率是用来显示公司偿还即将到期债务能力的一种动态指标。其计算公式为：现金流量比率 $=\frac{\text{经营活动所产生的净现金流量}}{\text{流动负债}}$。

现金流量比率高，表明公司现金比较充足，短期偿债能力较强；反之，现金流量比率低，表明公司现金比较紧张，短期偿债能力较差。

25. 每股现金流量是公司经营活动所产生的净现金流量减去优先股股利与流通在外的普通股股数的比率。其计算公式为：每股现金流量 $=\frac{(\text{经营活动产生的净现金流量}-\text{优先股股利})}{\text{流通在外的普通股股数}}$。

二、填空题

1. 发展前景　竞争能力　经营管理能力
2. 公司募集资金的投向　公司产品的更新换代　公司业务发展情况
3. 投资项目
4. 资产负债表　现金流量表　利润表
5. 静态　“资产=负债+股东权益”
6. 流动资产　长期投资固定资产　无形资产
7. 股本　留存收益
8. 现金流量　动态
9. 直接法　间接法
10. 利润获取　分配情况
11. 公司财务比率分析
12. 短期偿债能力分析　长期偿债能力分析　偿债能力保障程度分析
13. 流动资产　流动负债
14. 流动比率　速动比率　现金比率
15. 资产负债率　产权比率　有形净值债务率
16. 已获利息倍数　收益对利息本金保障倍数
17. 2

18. 营业周期　应收账款数额　存货的周转速度
19. 酸性测试比率　存货　流动负债　1
20. 50%
21. 债务股权比　长期偿债能力
22. 债权人　股东
23. 经营业务收益　利息费用
24. 资产管理比率
25. 销售成本　平均存货　存货周转天数
26. 应收账款周转天数　平均应收账款回收期　平均收现期
27. 普通股　纯收益
28. 每股市价　每股盈余　市盈率
29. 每股净值
30. 动态　流量　存量
31. 公司财务状况综合评分法　公司经济效益综合评价体系
32. 公司的盈利能力　偿债能力　成长能力　5：3：2
33. 总资产利润率　销售利润率　资本利润率
34. 自有资本比率　流动比率　应收账款周转率　存货周转率
35. 销售增长率　利润增长率　人均利润增长率

三、判断题

1. ✓；2. ×；3. ✓；4. ×；5. ×；6. ×；7. ✓；8. ✓；9. ×；10. ×；11. ×；12. ✓；13. ×；14. ×；15. ×；16. ×；17. ×；18. ×；19. ×；20. ×；21. ×；22. ×；23. ✓；24. ✓；25. ×；26. ✓；27. ✓；28. ✓；29. ✓；30. ×；31. ×；32. ×。

四、单项选择题

1. D；2. B；3. D；4. C；5. B；6. C；7. D；8. B；9. C；10. A。

五、多项选择题

1. ABCD；2. ABD；3. ABD；4. ABCDEF；5. ABD；6. ACD；7. BD；8. ABCD；9. BCD；10. ABC。

六、简答题

1. 公司竞争能力的强弱如何，会引起公司股价的涨跌。公司竞争能力分析可以从以下三个方面入手：

（1）公司是否是市场的领导者。在一个行业中，上市公司在行业中的地位将决定该公司竞争能力的强弱。如果某公司为该行业的领头羊，其产品在市场上占主导地位，其他同行业的企业都无法与其抗衡，则该公司的竞争能力就较强，在行业中有较强的号召力。因而该公司的股价将相对稳定或稳步上扬。

(2) 公司产品的市场需求。公司与同行业中其他公司相对比，其规模大小成长的快慢，都与其产品的市场需求强弱有关。如公司产品市场需求旺盛，产品供不应求，就会促使公司规模不断扩大，成长迅速，公司股价亦会不断上涨。如公司产品销不出去，产品积压，资金周转不灵，这将会使公司股价下降。

(3) 原材料价格变动。公司生产所需原材料供应状况及其价格的波动不但会对公司产生影响，也会使股价发生变化。如原材料价格大幅上扬，则会使公司产品成本上升，从而引起产品价格上涨，在市场竞争中就会处于不利地位。如果因此而导致产品销路不畅、市场需求下降，必然造成公司经营效益下降，从而引起公司股价下降。

2. 上市公司的经营管理水平会引起股价的波动。经营管理好的上市公司，投资者普遍看好，投资时有一种安全感，因而这种公司股票就受到投资者的青睐和追捧。公司的经营管理能力反映在公司的总体形象上，可以从以下几方面入手分析：①公司管理人员的公众形象。上市公司管理人员的素质和管理才能对于公司的发展是非常重要的，投资者也会以此为依据评价公司的成长性。如果公司的高层管理人员素质不高或经常变更，则说明公司的经营管理能力也不强，公司的经营方针、经营策略和发展战略将无法实现，给投资者的印象是公司经常变化，经营不稳定，具有相当大的投资风险，从而导致公司公众形象下降，股票价格下降。②公司社会形象。公司给社会大众的整体形象的好坏，无疑对其股价的变动有很大影响。公司形象一般包括社会责任形象、优良的产品市场形象、公司未来发展形象、公司所倡导的员工精神面貌、公司文化气氛以及公司的经营方针和发展战略等。良好的公司形象能使公司在竞争激烈、变幻莫测的市场上不断发展，向消费者提供优质商品，向股东提供稳定而丰厚的投资收益。

3. 公司的财务状况好坏主要通过公司定期公布的财务报表得以反映。公司公布的财务报表主要有资产负债表、现金流量表和利润表。

(1) 资产负债表：反映公司在一个特定日期（某一时点上）的财务状况的财务报表。资产负债表是一种静态的财务报表，它根据“资产=负债+股东权益”这一基本公式进行编制。资产负债表分为左右两方，左方是各项资产，右方为负债和股东权益。资产表示公司所拥有的财产，负债和股东权益表示公司资金的来源和每一种来源提供了多少金额的资金。由于公司所拥有的各项财产都是由债权人和股东提供的，因此，债权人和股东所享有的权利必须和公司的全部资产相等。

（2）现金流量表：反映某公司在某一会计年度内的现金变化的结果和财务状况变化的原因的一种会计报表。现金流量表中的现金是一个广义的概念，包括现金和现金等价物。现金主要是指库存现金和存入银行及其他金融机构的活期存款。现金等价物是指短期国库券、商业票据、货币市场资金等短期内能够变现的资金。现金流量是公司现金流动的金额，也是对公司现金流入量和流出量的总称。现金流入量减现金流出量的净额，称为现金净流量。所以，现金流量表也就是反映公司一定时期在各种经济业务活动中所发生的现金流量的一张动态会计报表。

（3）利润表：反映该公司在某一会计期间利润获取情况和分配情况的会计报表。利润表分为两大部分：第一部分反映公司在某一会计期间所取得的利润大小及其构成情况。第二部分反映利润分配情况以及留存于公司可供营运使用的未分配利润的结余情况。

4. 对上市公司的现金总量净增加额的评价，很难说增加了一定就好，减少就一定不好。这种评价，既要立足于各家公司的具体情况，还要结合其资产负债表和利润表。一家上市公司如果募集了大笔资金，却未能按时投入募股资金使用项目，由此带来的现金净增加额为巨额正数，却不能称其财务状况正常；一家公司在满足流动资金周转的情况下仍有大量的货币资金存量，如果不能尽快寻找合适的投资项目，就不能称其资金使用效率高，而找到了投资项目后，则势必会产生现金流出，流出对企业来讲未必不好，关键是要看该公司今后由此获取现金的情况如何。

从投资者的角度来看，现金及现金等价物净增加额为正值的公司有较高的投资价值。因为它揭示了公司实际赚到手的钱和真实的支付能力。境外投资者对此数据极为重视，并且境外成熟资本市场的经营管理者也十分精确地计算过投资活动可能产生的收益与资本市场平均收益的问题。所以相当多的公司在收到大量现金的同时，如没有好的投资项目，宁可回购自己公司的股票，也绝不冒险把钱投入到不可把握的项目中。在这一点上，我国的不少上市公司热衷于配股投项目，这种投资饥渴症已使很多公司股本扩张不能为利润增长所弥补。因而我们要特别关注现金流量为正值的公司作为投资对象。

5. 公司偿债能力是指公司偿还各种到期债务的能力。如果公司债务结构不合理，短期内到期的债务比较多，而公司又没有那么多的现金偿还债务，那么公司就会陷入债务危机，如公司又不能融通到足够的资金归还到期债务，则该公司可能会破产。所以，公司偿债能力的大小是任何与公司有关联的人员所关心的重要问题之一。偿债能力分析包括短期偿债能力分析、长期偿债能力分析以及偿债能力保障程度分析。

反映公司短期偿债能力的财务比率主要有流动比率、速动比率、现金比率。

反映公司长期偿债能力的财务比率主要有资产负债率、产权比率、有形净值债务率。

反映公司偿债能力保障程度的财务比率主要有已获利息倍数、收益对利息本金保障倍数。

6. 流动比率可以反映公司的短期偿债能力的高低，是以流动资产除以流动负债。用公式表示为：$流动比率=\frac{流动资产}{流动负债}\times100\%$。

一般而言，生产类上市公司最佳流动比率应该是 2。这是由于在流动资产中，变现能力最差的存货金额约占流动资产总额的一半，剩下的流动性较大的各类流动资产总额至少要等于流动负债，这样公司的短期偿债能力才会有保证。但是，这样计算出来的流动比率，只有与同行业平均流动比率、本公司的历史流动比率进行比较，才能知道这个比率是高还是低。

要分析流动比率高或低的原因，必须分析流动资产和流动负债所包括的内容以及公司经营上的因素。一般情况下，公司流动资产中的应收账款数额和存货的周转速度是影响流动比率的主要因素。

需要注意的是，流动比率并非越高越好。流动比率过高表示公司可能没有充分有效地运用资金，或者是由于存货的超储积压所致。因此，流动比率过高并不一定表示公司财务状况良好。

7. 流动比率越高，公司的偿债能力也就越强，但是流动比率没有考虑公司流动资产中个别资产项目的流动性。流动性即在不需要进行大幅度价格让步的情况下，公司资产转换成现金的能力。一家流动资产主要由现金和应收账款组成的公司比一家流动资产主要由存货组成的公司的资产流动性要快。所以要用速动比率来测试公司资产的流动性。

速动比率也称酸性测试比率，是指从流动资产中扣除存货部分再除以流动负债所得的比率。其计算公式为：$速动比率=\frac{(流动资产-存货)}{流动负债}\times100\%$。

一般正常的速动比率为 1，低于 1 的速动比率被认为是短期偿债能力偏低。在不同的行业中，速动比率会有很大的不同。如采用大量收取现金销售的商业公司，应收账款很少，速动比率大大低于1是很正常的；而一些应收账款较多的工业公司，速动比率可能大于1。

8. 在计算速动比率时，要把存货从流动资产中减去，主要是因为：①在流动资产中，存货的流动性最差；②部分存货可能已经损失但还没有处理；③部分存货可能已抵押给债权人；④存货估价存在成本价与合理市价的差异。因此，把存货从流动资产中减去而计算出的速动比率，所反映的短期偿债能力更加可信。

9. 因为公司会计账面上的应收账款不一定都能变成现金，因此，实际的坏账可能比计提的坏账准备要多。而且，由于公司业务的季节变化，可能使公司财务报表中的应收账款数额不反映平均水平。所以，应收账款的变现能力影响速动比率的真实性。

10. 存货周转率和存货周转天数分析的目的是找出公司存货管理中存在的问题，从而提高存货管理的水平，使存货管理在保证公司生产经营连续性的同时，尽可能少占用公司的经营资金，提高公司资金的使用效率，促进公司管理水平的提高。

11. 产权比率也称为债务股权比，是衡量公司长期偿债能力的一个指标。其计算公式为：$产权比率=\frac{负债总额}{股东股益总额}\times100\%$。

产权比率反映由债权人提供的资本与股东提供的资本的相对关系，反映公司基本财务结构是否稳定。一般而言，股本大于借入资本较好。从投资者的角度来分析，产权比率高，是高风险、高报酬的财务结构；产权比率低，是低风险、低报酬的财务结构。

12. 公司营运能力分析主要从两方面展开：一是分析公司营运状况，二是分析公司营运能力的高低。

（1）分析公司营运状况的指标有：①营运资金占流动资产比率，表示公司在营运资金周转运用上的灵活程度。一般而言，公司的营运资金多，则资金周转运用比较灵活。对于一般制造业公司而言，营运资金占流动资产的比率接近50%较好。营运资金占流动资产的比率过高说明公司闲置资金较多，没有合理运用；比率过低则说明公司的营运资金太少，不能保证公司的正常生产经营需要。②营运资金占资产总额比率。表示公司理财的适当程度。一般而言，营运资金占资产总额的比率维持在25%左右为好。由于在公司总资产中，包含固定资产的成分，而在各种不同类型的公司中，因为固定资产的占有比重不同，而使营运资金占资产总额的比率有所不同。在劳动密集型公司中，固定资产比重较小，该比率应适当高一些；在技术密集型公司中，固定资产比重较大，该比率应适当低一些。

（2）分析公司营运能力高低的指标有：①存货周转率。它是衡量和评价公司购入存货、投入生产、销售收入等各环节管理状况的综合性指标。公司存货的流动性如何，将直接影响公司的流动比率。一般而言，公司存货的周转速度越快，存货的占用水平就越低，流动性越强，存货的变现速度越快。所以，提高存货周转率可以提高存货的变现能力。存货周转率和存货周转天数分析的目的是找出公司存货管理中存在的问题，从而提高存货管理的水平，使存货管理在保证公司生产经营连续性的同时，尽可能少占用公司的经营资金，提高公司资金的使用效率，促进公司管理水平的提高。②应收账款周转率。它是反映公司应收账款周转速度的比率。一般而言，公司的应收账款周转率越高，平均收账期越短，说明公司的应收账款回收得快；反之，则公司的营运资金过多地呆滞在应收账款上，会严重影响公司资金的正常周转。③总资产周转率。它是公司销售收入与平均资产总额的比率。总资产周转次数越多，周转天数越少，表明一家公司全部资产的利用效率越高，公司的获利能力就越强。

13. 应收账款周转率是反映公司应收账款周转速度的比率。它说明公司应收账款流动的速度，即一定期间内公司应收账款转为现金的平均次数。用时间表示的应收账款周转速度为应收账款周转天数，也称平均应收账款回收期或平均收现期。它表示公司从获得应收账款的权利到收回款项变成现金所需要的时间。其计算公式为：应收账款周转率 $=\frac{\text{销售收入}}{\text{平均应收账款}}$；应收账款周转天数 $=\frac{360}{\text{应收账款周转率}}$。

一般而言，公司的应收账款周转率越高，平均收账期越短，说明公司的应收账款回收得快；反之，则公司的营运资金过多地呆滞在应收账款上，会严重影响公司资金的正常周转。

同时，也有一些因素会影响应收账款周转率和周转天数的计算。首先，由于公司生产经营的季节性原因，使应收账款周转率不能正确反映公司销售的实际情况。其次，公司在产品销售过程中大量使用分期付款的方式。再次，有些公司采取大量收取现金方式进行销售。最后，有些公司年末销售量大增或大幅下降。这些因素都会对应收账款周转率或周转天数造成很大的影响。财务报表的分析者应将公司的应收账款周转率和周转天数与公司前期指标与行业平均水平及其他类似公司相比较，来分析判断公司该指标的水平。

14. 现金流量比率与现金比率是有区别的。现金比率是公司的货币资金和短期证券与流动负债的比率，反映的是一定时点上的公司偿债能力的高低。所以现金比率是存量比率关系。现金流量比率是经营活动所产生的净现金流量与流动负债的比率，反映的是一定时期的公司偿还即将到期债务能力高低的一种动态指标。现金流量比率高，表明公司现金比较充足，短期偿债能力较强；反之，现金流量比率低，则表明公司现金比较紧张，短期偿债能力较差。所以现金流量比率是流量与存量之间的比率关系。

15. 公司盈利能力是公司获取利润的能力，是投资者最关心和重视的一个分析指标。

反映公司盈利能力的指标有：①销售净利率，是指公司净利润占销售收入的百分比。销售净利率与净利润成正比，与销售收入成反比。公司在提高销售收入的同时，必须更多地增强净利润，才能提高销售净利率。由于销售净利率反映每1元的销售收入带来的净利润有多少，表示公司销售收入的盈利水平，所以公司销售净利率越高越好。②资本收益率，是公司一定时期的税后利润与实收资本（股本）的比率。它用于分析公司投资者投入资本所获取收益的能力。资本收益率越高，说明公司投资者投入资本的获利能力越强。③每股盈余，是衡量公司每一股普通股所能获得的纯收益多少的一个指标。该指标越高越好。④市盈率，是股票每股市价与每股盈余的比率，也称为本益比。它反映股票投资者对每1元的利润所愿支付的代价。一般而言，市盈率越低越好，市盈率越低，表示公司股票的投资价值越高；反之，则投资价值越低。⑤每股股利，是公司股利总额与公司流通股数的比值。它反映的是上市公司每一普通股获取股利的大小。每股股利越大，公司股本获利能力就越强。⑥每股净资产，指公司每一股普通股票所代表的公司的净资产有多少，一般也称为每股净值。公司的资产总额减去公司的负债总额，得到净资产总额，再以其除以公司股本总额，即为每股净资产。由于公司净资产额属于股东全体所有，因此也称为股东权益。⑦现金流量比率，是用来显示公司偿还即将到期债务能力的一种动态指标，是经营活动所产生的净现金流量与流动负债的比率。现金流量比率高，表明公司现金较充足，短期偿债能力较强；反之，现金流量比率低，则表明公司现金较紧张，短期偿债能力较差。⑧每股现金流量，是公司经营活动所产生的净现金流量减去优先股股利与流通在外的普通股股数的比率。一家公司的每股现金流量越高，说明这家公司的每股普通股在一个会计年度内所赚得的现金流量越多；反之，则表示每股普通股所赚得的现金流量越少。

16. 资产负债率是公司的负债总额除以资产总额的比率。它反映在总资产中有多大比率是通过借债来筹集的，同时也可以衡量公司在资产清算时债权人有多少权益。其计算公式为：资产负债率 $=\frac{负债总额}{资产总额}\times 100\%$。

公式中的负债总额不仅包括长期负债，而且也包括短期负债。因为短期负债作为一个整体，公司总是长期占用着的，所以可以看作长期性资本来源的一部分。

资产负债率说明在公司每 100 元资产中，有多少是由负债构成的。通常公司的资产负债率应控制在 50%左右为宜，由此看来，从公司债权人的立场来讲，债权人最关心借给公司的款项安全性。因此，债权人希望公司的资产负债率越低越好，这样公司的偿债能力有保证，借款的安全系数就高。从公司投资者的角度来看，如果公司全部资本利润率高于借款利息率，则资产负债率越高越好；反之，则越低越好。而从公司经营者角度来看，如果资产负债率很高，超出债权人的心理承受程度，公司就借不到钱。如果公司资产负债率很低，说明公司在经营过程中比较谨慎，不轻易借款进行投资，或者是自有资金比较充足，暂时还不需要大规模的举债。

17. 投资者在使用财务比率分析公司财务状况时，还应注意以下问题：一是财务比率分析所采用的公司财务报表上的财务数据都属于历史数据，对于未来公司财务变动的预测只有一定的参考价值。二是计算财务比率所使用的财务报表数据不一定反映公司财务的真实情况。这是因为公司财务报表是按会计准则编制的，它符合企业会计准则的要求，但不一定完全反映公司财务的客观实际。三是不同公司可能选择不同的会计程序，使它们的财务比率失去可比性。对同一会计事项的账务处理，会计准则又允许使用几种不同的规则或程序，公司可以自行选择。虽然在公司财务报表的附注说明文字中，对公司的主要会计政策有一定的说明，但财务报表的分析不一定能完成各公司财务比率可比性的调整工作。因此，由于以上几方面的原因，投资者只能在有限的范围内使用财务比率，并且不能将其绝对化。

七、论述题

1. 公司因素分析主要分析公司的发展前景、竞争能力和经营管理能力。

（1）公司发展前景分析。公司的股票价格会因公司发展前景的变化而波动。公司具有良好的发展前景，投资者就会看好公司的未来发展趋势，便会买进并持有这类公司的股票，该公司股票价格便会看涨；反之，如公司没有良好的发展前景，投资者就会对公司的未来发展前景担忧，便会出售这类公司股票，该公司股票价格便会看跌。公司发展前景的好坏可以从以下三个方面入手：①公司募集资金的投向。公司募集资金的投资项目是否具有良好的发展前途，是否具有良好的盈利能力，是判断一家上市公司是否具有良好的发展前景的关键。如果上市公司具有良好的投资项目，并且投资进展顺利，则上市公司的投资项目便会成为公司利润的新增长点，公司的未来利润有望不断增长。公司便具有了良好的成长性。②公司产品的更新换代。如果公司重视产品的技术含量，加大新产品的开发力度，能根据市场的不同需求开发出适应市场需要的新产品，公司就会牢牢地在市场上占有领先和主导地位。这类公司便会有良好的发展前景。③公司业务发展情况。由于商品供给的过剩，市场竞争不断加剧，使得公司在加强主营业务的发展以外，还必须全方位地发展、涉足其他的业务经营活动，以寻找到快速发展的机会。所以，分析公司的发展前景还应该密切注意公司的业务经营及发展情况。

（2）公司竞争能力分析。公司竞争能力的强弱会引起公司股价的涨跌。公司竞争能力分析可以从以下三个方面入手：①公司是否是市场的领导者。在一个行业中，上市公司在行业中的地位决定该公司竞争能力的强弱。如果某公司为该行业的“领头羊”，其产品在市场上占主导地位，其他同行业的企业都无法与其抗衡，则该公司的竞争能力就较强，在行业中有较强的号召力，因而该公司的股价将相对稳定或稳步上扬。②公司产品的市场需求。与同行业中其他公司相对比，公司规模大小、成长的快慢，都与其产品的市场需求强弱有关。如公司产品市场需求旺盛，产品供不应求，就会促使公司规模不断扩大，成长迅速，公司股价亦会不断上涨；如公司产品销不出去，产品积压，资金周转不灵，这将会使公司股价下降。③原材料价格变动。公司生产所需原材料供应状况及其价格的波动不但会对公司产生影响，也会使股价发生变化。如原材料价格大幅上扬，会使公司产品成本上升，从而引起产品价格上涨，在市场竞争中就会处于不利地位。如果因此而导致产品销路不畅，市场需求下降，必然造成公司经营效益下降，从而引起公司股价下降。

（3）公司经营管理能力分析。上市公司的经营管理水平会引起股价的波动。经营管理好的上市公司，投资者普遍看好，投资时有一种安全感，因而这种公司股票就受到投资者的青睐和追捧。公司的经营管理能力，反映在公司的总体形象上，可以从以下几方面入手分析：①公司管理人员的公众形象。上市公司管理人员的素质和管理才能，对于公司的发展是非常重要的，投资者也会以此为依据评价公司的成长性。如果公司的高层管理人员素质不高或经常变更，则说明公司的经营管理能力也不强，公司的经营方针、经营策略和发展战略将有可能无法实现，给投资者的印象是公司经常变化，经营不稳定，具有相当大的投资风险，从而导致公司公众形象下降，股票价格下降。②公司社会形象。公司给社会大众的整体形象的好坏，无疑对其股价的变动有很大影响。公司形象一般包括社会责任形象、优良的产品市场形象、公司所倡导的员工精神面貌、公司文化气氛以及公司的经营方针和未来发展战略等。良好的公司形象能使公司在竞争激烈、变幻莫测的市场上不断发展，向消费者提供优质商品，向股东提供稳定而丰厚的投资收益。

2. 在公司的财务报表中，具有大量的财务数据，利用这些财务数据，可以根据投资者的不同需要，计算出很多有意义的财务比率，这些财务比率涉及公司经营管理的各个方面，因而能从各个不同的侧面反映公司的经营状况。

财务比率分析主要包括以下内容：

（1）公司偿债能力分析。它指公司偿还各种到期债务的能力。如果公司债务结构不合理，短期内到期的债务比较多，而公司又没有那么多的现金偿还债务，那么公司就会陷入债务危机，如公司又不能融通到足够的资金归还到期债务，则该公司可能会破产。所以，公司偿债能力的大小是任何与公司有关联的人员所关心的重要问题之一。偿债能力分析包括短期偿债能力分析、长期偿债能力分析以及偿债能力保障程度分析。反映公司短期偿债能力的财务比率主要有流动比率、速动比率、现金比率；反映长期偿债能力的财务比率有资产负债率、产权比率、有形净值债务率；反映偿债能力保障程度的财务比率有已获利息倍数、收益对利息本金保障倍数。

（2）公司营运能力分析。营运能力比率也称资产管理比率，是用来衡量公司资产管理方面的效率的财务比率。公司营运能力分析主要从两方面展开；一是分析公司营运状况；二是分析公司营运能力的高低。分析公司营运状况的指标有营运资金占流动资产比率、营运资金占资产总额比率；分析公司营运能力高低的指标有存货周转率、应收账款周转率、总资产周转率。

（3）公司盈利能力分析。它是公司获取利润的能力，是投资者最关心和重视的一个分析指标。反映公司盈利能力的指标有销售净利率、资本收益率、每股盈余、市盈率、每股股利、每股净资产、现金流量比率、每股现金流量。

此外，投资者在使用财务比率分析公司财务状况时，还应注意以下问题：①财务比率分析所采用的公司财务报表上的财务数据都属于历史数据，对于未来公司财务变动的预测只有一定的参考价值。②计算财务比率所使用的财务报表数据不一定反映公司财务的真实情况。这是因为公司财务报表是按会计准则编制的，它符合企业会计准则的要求，但不一定完全反映公司财务的客观实际。③不同公司可能选择不同的会计程序，使它们的财务比率失去可比性。对同一会计事项的账务处理，会计准则又允许使用几种不同的规则或程序，公司可以自行选择。虽然在公司财务报表的附注说明文字中对公司的主要会计政策有一定的说明，但财务报表的分析不一定能完成各公司财务比率可比性的调整工作。因此，由于以上几方面的原因，投资者只能在有限的范围内使用财务比率，并且不能将其绝对化。

投资问答：上班族如何投资？

（一）上班族在投资时应注意的事项

1. 要分散投资

切不可将全部积蓄投入证券，以免错过其他投资机会，或亏得血本无归，影响家庭的正常生活。最好以 1/3 的积蓄投资，行情好时，也不宜超过一半。

2. 要科学分配资金

在投资证券的资金中，可用 1/3 的资金抽新股，虽然抽中概率比较小，但没有风险，一年里总会抽中一两次，抽中的股票一旦上市，收益十分可观。用 1/3 的资金炒长线，购买绩优股或成长股，长线持有，不论行情如何变化，最终可为赢家。用 1/3 的资金炒短线，可根据基本面和消费面，追涨杀跌，快进快出，有 10% 以上的收益时即可抛出，切不可贪高而错失良机。

3. 要制订合适的投资计划

精心选股，可采用市盈率法、历史最高最低股价法等，选择合适的介入时间和空间。

4. 要合理选择个股

应注意选择朝阳行业、市盈率较低、净资产较高、连续盈利且逐年增大、流通盘较小、市场成交活跃的股票，一般升值潜力较大。

5. 要间断性投资

证券一年中大部分时间在盘整，暴跌暴升的时间毕竟较短，而且长期泡在证券，既影响工作又看不清大势，可能屡买屡套。因此，最好一年中只做两三波行情，证券一年内大多会出现几次较大行情，如能适时介入，可获丰厚利润。

(二) 如何在证券投资中立于不败之地

证券犹如战场，要想在牛市之中立于不败之地，必须学会以下几方面的知识。

1. 转变思路

在熊市当中，个股难以走出长期的上升通道。因此，不少人习惯在弱势中追涨杀跌，这样的成功率往往不高。但现在不一样了，不少个股可以持续数月上涨，让投资者获得稳定的投资收益。因此，在选好质地优良的个股介入后，大可不必在意短线的起伏，而长期持有。

2. 把握趋势

人活的是骨气，股炒的是士气。这士气，说专业点就是趋势。看看近期走得牛的股票，如 2016 年上半年中的黄金板块、白酒板块、次新股板块，哪个板块不是气势如虹？股市中，个股一旦确立上涨趋势，任何一次调整都是买入机会，买了票就等着赚钱吧。

当然，要想在底部买到牛股很难，但只要确认了上涨趋势，后面有的是赚钱机会。举个例子，2016 年养殖行业复苏，养殖类公司业绩开始大幅回升。今年 2 月民和股份（002234）的股价突破前期高点，上涨趋势初步确立，3 月的调整是绝佳的建仓机会，随后的拉升就是享受战果的时候了。

3. 紧盯龙头

牛市最大的特点就是热点持续性强。如本轮行情的龙头板块是量子通信股，其行情发动后会持续炒作 4 个月以上。

找准了龙头板块，龙头股肯定是重点的捕捉对象。追捧龙头股的资金肯定是最积极的，因此成交量往往持续放大，量增价升。看看 600120、002222 的成交量，牛市中急剧放大的成交量是不会骗人的。

4. 抓住题材

股市中，一个实质性的利好题材，其效应往往被无限放大。看看近期被市场热炒的题材——国际黄金价格大涨、公司回购、国企改革、科技产业创新。这些题材实实在在地造就了一大批牛股。

5. 跟踪机构

牛市的形成，与价值投资理念深入人心密不可分。而率先挖掘投资价值的，无疑是基金、QFII、保险资金等机构。如果能够尽早察觉机构的动向，那你就可以等着机构来抬轿子了。

机构买票后一般不会快进快出，如何挖掘机构动向？年报、季报公布的前十大流通股股东名单，是个比较可靠的参考资料。尽管年报季报披露时间有滞后，但结合走势看，基本能够判断机构是否已经出货。

6. 选不好股票就买基金

要在股市中赚钱，关键还是要选好股票。但对普通投资者而言，不是每个人都能抓到牛股。自己选不好股票，可以请人帮着选，那就是买基金。

基金不但掌握了大量资金，还有强大的研究实力，选到牛股不难。看看近期大涨的股票，如黄金股、电子信息股、新能源股等，几乎都被基金重仓持有，也成就了年内基金平均20%以上的惊人业绩，最高的甚至接近50%。买了基金，等于出点小钱请一帮专家来帮自己投资，这样既省时又省心。

（三）如何控制股票风险

根据市场环境，投资者要重点掌握以下几种风险控制原则：

1. 要控制资金投入比例

在行情初期，不宜重仓操作。在涨势初期，最适合的资金投入比例为30%。这种资金投入比例适合空仓或者浅套的投资者采用，对于重仓套牢的投资者而言，应该放弃短线机会，将有限的剩余资金用于长远规划。

2. 适可而止的投资原则

在市场整体趋势向好之际，不能盲目乐观，更不能忘记了风险而随意追高。证券风险不仅存在于熊市中，在牛市行情中也一样有风险。如果不注意，即使是上涨行情也同样会亏损。

3. 选股要回避“险滩暗礁”

证券的“险滩暗礁”是指被基金等机构重仓持有、涨幅巨大的“新庄股”，如近期的新能源股，再如问题股、巨亏股、戴帽戴星股。

不可否认，这类个股中蕴含暴利的机会，但投资者要认识到，这种短线机会往往不是投资者可以随便参与的，万一投资失误，就将损失惨重。

4. 分散投资，规避市场非系统性风险

分散投资要适度，持有股票数过多时，风险将不会继续降低，反而会使收益减少。

5. 克服暴利思维

有的投资者喜欢追求暴利，行情走好时总是一味地幻想大牛市来临，将每一次反弹都幻想成反转，不愿参与利润不大的波段操作或滚动式操作，而是热衷于追涨翻番暴涨股，总是希望凭借炒一两只股就能发家致富。但追涨杀跌的结果却是所获无几。

第六章 证券投资的技术分析

学习目标

技术分析是指直接从证券市场行为入手，通过分析证券市场的供求、价格、时间和投资者心理等因素，利用统计图表等工具，预测证券市场价格变动趋势的方法。

本章共分三节，第一节介绍技术分析的特点、理论基础、基本要素和应注意的问题；第二节阐述道氏理论，包括道氏理论的主要原理、实际应用和不足之处；第三节分析波浪理论，主要有波浪理论的形态分析、涨跌比例与时间、实际应用与不足。技术分析是证券投资分析中极为重要的方法，是投资者进行证券投资实践的经验总结。投资者需要花费较多的时间学习和实践才能熟练掌握。

第一节 技术分析概述

一、技术分析的特点

基本分析与技术分析构成了证券投资分析的主体，但技术分析不同于基本分析。

1. 目的不同

2. 方法与内容不同

3. 用途不同

二、技术分析的理论基础

（一）市场行为涵盖一切信息

（二）价格沿趋势移动，并保持趋势

（三）历史会重演

（四）三大假设的合理性和局限性

三、技术分析的基本要素

（一）价格和成交量

（二）时间和空间

四、技术分析应注意的问题

（1）技术分析必须与基本分析相结合，才能提高准确度，单纯的技术分析是不全面的。

（2）注意多种技术分析方法的综合研判，切忌片面地使用单一的技术分析方法。

（3）已经存在的结论要通过自己的验证并结合具体情况加以运用。

第二节　道氏理论与应用

道氏理论是最古老、最著名的技术分析理论之一，是由美国道琼斯公司的创办人查尔斯·亨利·道（Charles H·Dow）创立，又称道琼斯理论，是指依据纽约证券交易所工业股票价格指数和铁路股票价格指数来预测股价变动趋势的方法。道氏理论是股市技术分析的起源，是各种技术分析方法的理论基础。

一、道氏理论的主要原理

（一）平均指数包容消化一切因素

（二）市场波动可以划分为三种趋势

1. 长期趋势

2. 中期趋势

3. 短期趋势

（三）长期趋势分析

1. 长期上涨趋势

2. 长期下跌趋势

（四）交易量必须验证趋势

（五）两种平均指数必须相互验证

（六）支撑区和阻力区的判断

1. 阻力区是股价的前一个高峰

2. 支撑区是股价的前一个谷底

二、道氏理论的应用与不足

（一）道氏理论的实际应用

1. 上证指数长期上涨趋势分析

2. 上证分类指数互证判断牛熊市

（二）道氏理论的不足之处

主要表现在：

（1）道氏理论主要说明股价的长期趋势，对次级运动和日常波动的判断无能为力，故对中短线投资者无太多帮助。

（2）对股价趋势的预测较为迟缓，往往要等到主要趋势形成后才能确定市场已经转向，会使投资者丧失买卖股票的最佳时机。

（3）道氏理论不能预测股票价格的最高点和最低点，也不能断定市场趋势延续的具体时间，故对市场中主要作短差的投资者用途不大。

（4）各种指数的互证有时滞后，特别是当市场重点炒作某一板块时，几种指数有时很长时间不产生互证的信号，从而使判断失去依据。

第三节 波浪理论及应用

波浪理论是技术分析方法中最为神奇的方法，是以美国人艾略特（R. N. Elliott）的名字命名的一种价格趋势分析理论，全称是艾略特波浪理论，是指根据大海的潮汐及波浪的变化规律来描述和预测股票价格的波动规律及未来走势的方法。波浪理论是股市分析理论中运用最多而又最难了解和精通的方法，需要投资者花大力气去掌握和开启这把神奇的钥匙。

一、波浪理论的形态分析

（一）波浪理论的基本形态

基本形态如图 1 所示。

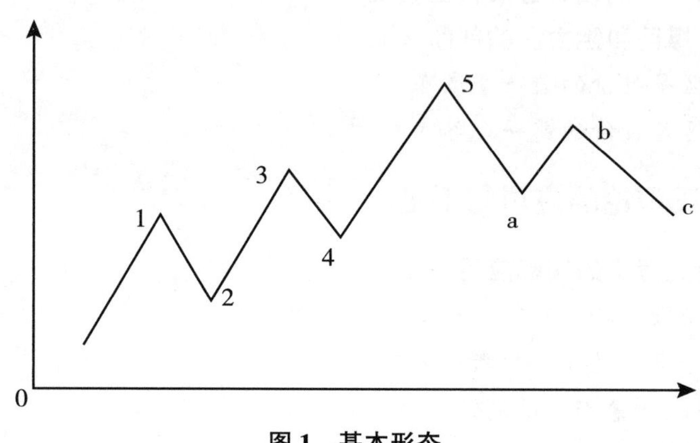

图 1　基本形态

（二）波浪的细分与周期

（三）数浪规则

波浪在运动过程中会有多种形态，投资者可参照以下几点进行划分和判断：

（1）第三浪不是三个上升浪中最短的一浪，反而经常是最长的一浪，具有较强的爆发力和推动性。

（2）第一浪与第四浪不可重叠，即第四浪的浪底不能低于第一浪的浪顶。

（3）所有的波浪形态几乎都是交替和轮流出现的，如第二浪是简单的调整形态（单式），则第四浪应是复杂的形态（复式），反之亦然。

（4）在调整浪中，第四浪回调的低点通常是在前一浪中的第四小浪范围内完成，即第四浪的低点与第三浪中的第四小浪的终点几乎平行。

（四）波浪的表现特征

二、波浪的涨跌比例与时间分析

（一）费波纳奇数列

波浪理论的数学基础是费波纳奇数列。公元 1202 年，意大利数学家费波纳奇发现了一组数字，即 1，2，3，5，8，13，21，34，55，89，144……这些数字有以下几个特点：

（1）任意相邻的两个数字之和，等于两者之后的那个数字。如 5+8=13。

（2）除了最初的四个数字外，任意一个数字与后面的数字比，都接近 0.618。如 13÷21=0.619。

（3）任意一个数字与前面的数字比，比值都趋近 1.618。如 34÷21=1.619。

（4）任意一个数字与其前第二个数字的比值趋近 2.618。如 21÷8=2.625。

（5）任何一个数字与其后第二个数字的比值趋近 0.382。如 8÷21=0.381。

（二）黄金分割与波浪比例

黄金分割是指运用费波纳奇数列中的黄金分割率分析股价走势。即将 1 分为 0.618 和 0.382，预测股价的涨跌幅度及判断股价的阻力位和支撑位。

（1）上涨幅度的判断。

（2）调整幅度的判断。

（3）时间之窗。

三、波浪理论的应用与不足

（一）波浪理论的实际应用

（二）波浪理论的不足之处

（1）波浪理论主要研究的是股价指数的走势，而对个股价格缺乏论证。

（2）很难准确地把握波浪的层次和起始点。

（3）波浪理论只考虑价格形态上的因素，而忽视了成交量方面的影响。

（4）波浪理论对时间因素重视不够。

本章小结

一、本章重点

1. 技术分析的定义和三大假设的内容。
2. 技术分析的四个基本要素。
3. 道氏理论对股价变动趋势的分析。
4. 波浪理论的基本形态与数浪规则。
5. 波浪的涨跌比例与时间之窗分析。

二、难点释疑

1. 技术分析的三大假设。

技术分析的理论基础是基于三个假设，即市场行为涵盖一切信息；价格沿趋势运动，并保持趋势；历史会重演。

三大假设的内容教材中都有详细论述。需要着重说明的是第二个假设，即价格沿趋势运动并保持趋势。这一点对实际操作最具指导意义。当股票市场长期上涨或长期下跌趋势形成后，通常会持续很长的时间，投资者要顺势而为，或持股不动或持币休息。如果没有反转的内部或外部因素发生，投资者没有必要逆势而动。

股市中有句话叫“休息也是投资”。指当投资者判断行情上涨接近顶部区域时，要果断卖出股票，持币休息；当判断股价处于谷底并将要开始上升（反转）时，应果断买进并持股休息；当多次判断失误，心情烦躁时，要暂停投资。

2. 技术分析的四个基本要素。

技术分析的基本要素有价格、成交量、时间和空间。学习时要重点掌握它们之间的对应关系。

价格与成交量之间的关系主要有两种，一是量价一致，二是量价背离。量价一致主要表现为价升量增、价跌量减，这种情况通常意味着多空双方对价格的认识一致，股价仍有上涨或下跌的空间。量价背离主要表现在价跌量增、价升量减，通常表示买卖双方对价格的认识出现分歧，股价的上涨或下跌已得不到成交量的配合与支持，股价运行趋势有可能会发生改变。

时间和空间体现了趋势的宽度和深度，即趋势运行的时间长短和升降幅度。一个已经形成的趋势在短时间内不会发生根本改变，一个已经形成的趋势又不可能永远不变，经过一段时间又会有新的趋势出现。同理，没有只涨不跌的股市，也没有只跌不涨的股市，当股价上涨或下跌达到一定限度时，相反的趋势又会重新开始。有人认为，股价的牛市周期一般为两年，熊市周期是一年半，其间股价的涨跌幅度超过 30%。

3. 道氏理论对股价变动趋势的分析。

道氏理论将股价的波动分为三类，即长期趋势、次级运动和日常波动。长期趋势又分为两类，即长期上涨趋势和长期下跌趋势，每种趋势又分为三个阶段。要注意区分长期趋势三阶段与次级运动和日常波动的区别。

道氏理论的核心内容是对长期趋势的分析。对长期趋势中各阶段的特点都有较详细的描述，但对各阶段投资者应采取的操作策略却没有提及。关于这部分内容可参考投资策略与技巧一章，即牛市中的操作策略与熊市中的操作策略内容。

4. 波浪理论的基本形态与数浪规则。

波浪理论的基本形态是指五个上升浪和三个下跌浪的循环结构。需要强调的是，波浪理论考虑价格形态的跨度是不受限制的。在数八浪时，会涉及将一个大浪划分成很多小浪和将很多小浪合并成一个大浪的问题。处于层次较低的几个浪可以合并成一个层次较高的大浪，而处于层次较高的一个浪又可以细分成几个层次较低的小浪。所谓大浪套小浪，浪中有浪。完整的波浪循环周期可分为 2，8，34，144 个浪形。

数浪规则是波浪理论中使用最多的内容。许许多多的投资者在不断数浪，却不知数浪的方法是否正确。判断数浪是否正确的依据有四个法则：第三浪不能最短，反而经常是最长的一浪；第一浪与第四浪不可重叠；波浪形态交替出现；第四浪的大浪与次小浪出现平行通道。实践中当数浪的结果与市场实际走势出现背离时，必是数浪出现错误，且错误大多是因为未遵循上述四个法则。

5. 波浪的涨跌比例与时间分析。

波浪理论的数学基础是费波纳奇数列，即使用费波纳奇数列中的黄金分割率来判断股价的涨跌幅度，并发现市场转折点的时间之窗。

涨跌幅度的判断主要记住两个大的原则，即当股价从低位开始爬升时，上涨的幅度通常是前一高点的 0.168、1、1.618 等处，据此可判断股价的阻力位；当股价从高位开始回调时，调整的深度通常是前一低点的 0.382、0.5、0.618、1 等地方，投资者可据此寻找股价的支撑位。

时间分析主要是为寻找市场的转折点，当股价从头部或底部算起，往后数到 13、21、34、56、89 个交易日（或周、月）时，在这些交易日发生转向的概率极大。这些交易日即为股价的时间之窗。

在运用波浪理论时，要注意奇异数字在波浪的形态、涨跌比例及时间之窗三个方面的综合分析。如果发现某一波浪的基本形态已经走完，涨跌幅度已经到位，各种尺度的时间之窗又交织在一起，那么在此时间段市场发生转折的机会相当大，重视技术分析的投资者没有理由不把握这重要的市场机遇。

练习题

一、名词解释

1. 技术分析。
2. 道氏理论。
3. 次级运动。
4. 波浪理论。

5. 黄金分割。

6. 时间之窗。

二、填空题

1. ________与________构成了证券投资分析的主体。

2. ________、________、________、________是技术分析的四个基本要素。

3. 股价变动趋势主要有________、________、________。

4. 波浪理论中第______浪与第______浪不可重叠。

5. 波浪理论的数字基础是________数列。

6. 波浪理论主要研究的是股价指数的走势，而对________缺乏论证。

三、判断题

1. 个股价格包容消化了一切市场因素。(　　)

2. 道氏理论将股价变动趋势分为上升、下降、水平三种。(　　)

3. 波浪理论是技术分析方法的理论基础。(　　)

4. 阻力区是股价的前一个高峰，支撑区是股价的前一个谷底。(　　)

5. 波浪理论主要研究的问题可概括为形态、价格和时间。(　　)

四、单项选择题

1. 道氏理论的核心内容是对(　　)进行分析。

A. 长期趋势　B. 中期趋势　C. 短期趋势　D. 平均指数

2. 道氏理论认为(　　)必须验证趋势。

A. 价格　B. 交易量　C. 形态　D. 时间

3. 技术分析者通常建议在股价低于前一个谷底时应(　　)。

A. 购买股票　B. 出售股票　C. 持股不动　D. 休息

4. 波浪理论只考虑价格形态上的因素，而忽视了(　　)的影响。

A. 供给　B. 需求　C. 成交量　D. 涨跌比例

5. 技术分析中的循环周期理论专门阐述了(　　)因素的重要性。

A. 升降幅度　B. 时间　C. 价格　D. 成交量

五、多项选择题

1. 技术分析的假设中包括(　　)。

A. 历史会重演　B. 价格沿趋势移动

C. 投资者得到信息在时间上和内容上相同　D. 投资者分析手段相同

2. 买卖双方对价格走势的认同程度大时会出现(　　)。

A. 价升量增　　B. 价升量减　　C. 价跌量减　　D. 价跌量增

3. 波浪理论主要研究的问题包括(　　)。

A. 价格走势所形成的形态

B. 价格走势图中高点和低点所处的相对位置

C. 波浪运行中各阶段成交量的变化

D. 完成某个形态所经历的时间长短

4. 波浪理论的数浪规则包括(　　)。

A. 第三浪是最短的一浪

B. 第一浪与第四浪不可重叠

C. 所有的波浪形态几乎都是交替和轮流出现的

D. 第四浪的浪底比第一浪的浪顶要低

六、简答题

1. 简述技术分析的含义及理论基础。

2. 简述技术分析的基本要素。

3. 简述市场股价波动的三种类型。

4. 简述长期上涨趋势各阶段的特点。

5. 简述波浪理论的含义及基本形态。

6. 简述波浪理论的数浪规则。

七、论述题

1. 试述波浪理论的重要内容。

2. 以深沪股市某种股票为例，试述投资决策全过程。

参考答案

一、名词解释

1. 技术分析是指直接从证券市场行为入手，通过分析市场的供求、价格、时间和投资者心理等因素，利用统计图表等工具，预测证券市场价格变动趋势的方法。

2. 道氏理论又称道琼斯理论，是指依据纽约证券交易所工业股票价格指数和铁路股票价格指数来预测股价变动趋势的方法。

3. 次级运动是指股价上升趋势中出现急速的下跌（回档），或在股价下跌趋势中出现快速的回升（反弹）的现象。

4. 波浪理论认为股市的发展是依据一组特殊且不断重复的规律进行的，这组规律即以五个上升浪和三个下跌浪作为一次循环交替推进着。三个下跌浪可以理解为是对五个上升浪的调整。

5. 黄金分割是指运用费波纳奇数列中的黄金分割率分析股价走势，即将1分为0.618和0.382，预测股价的涨跌幅度及判断股价的阻力位和支撑位。

6. 时间之窗主要为发现市场的转折点，当股价从头部或底部算起，往后数到13、21、34、55、89个交易日（或周月）时，在这些交易日发生转向的概率很大，这些交易日即为股价的时间之窗。

二、填空题

1. 基本分析　技术分析

2. 价格　成交量　时间　空间

3. 长期趋势　中期趋势　短期趋势

4. 一　四

5. 费波纳奇

6. 个股价格

三、判断题

1. ×；2. ×；3. ×；4. ✓；5. ×。

四、单项选择题

1. A；2. B；3. B；4. C；5. B。

五、多项选择题

1. AB；2. AB；3. ABD；4. BC。

六、简答题

1. 技术分析是指直接从证券市场行为入手，通过分析市场的供求、价格、时间和投资心理等因素，利用统计图表等工具，预测证券市场价格变动趋势的方法。

技术分析的理论基础主要是以下三个假设：

（1）市场行为涵盖一切信息。认为影响证券价格波动的每一个因素，无论是内在的还是外在的、政策的还是心理的因素，都已经反映到市场行为中，作为技术分析者，只需关心这些因素对市场行为的影响效果，而不用关心导致价格变化的具体内容究竟是什么。

（2）价格沿趋势移动，并保持趋势。这一假设是进行技术分析最根本最核心的因素。认为股票价格有保持原来方向运动的惯性，一段时间内价格持续上涨或下跌，今后如果不出意外，价格仍会按同一方向继续上涨或下跌，没有理由改变既定的运动方向。如果没有反转的内部或外部因素，投资者没有必要逆大势而动。

（3）历史会重演。认为相同或相似的场合会得到相同的结果。如果按一种方法操作取得成功，以后遇到相同或相似的情况，就会按同一方法进行操作；如果前一次失败了，就会改变操作方法。

2. 技术分析的要素包括价格、成交量、时间和空间。这几个要素的内容和关系是技术分析的基础。

（1）价格和成交量。买卖双方对价格走势的确认程度需要借助成交量。多空双方对走势的认同程度越大，市场成交量越大；认同程度越小，成交量也越小。反映在价量关系上就会出现这样几种情况：价升量增，价跌量减，价升量减，价跌量增。当价格上升时，成交量未能增加，说明价格得不到多方的确认，价格的上升趋势难以持久；反之，当价格下跌时，成交量萎缩到一定程度不再萎缩，意味着空方不再认可价格的下跌，价格往往离底部不远。

（2）时间和空间。时间和空间体现了趋势的宽度和深度。循环周期理论着重研究的就是时间因素。一方面，一个已经形成的趋势在短时间内不会发生根本改变，中途出现的反方向波动，对原来的趋势不会产生大的影响；另一方面，一个已经形成的趋势又不可能永远不变，经过了一段时间又会有新的趋势出现。

空间因素考虑的是趋势运行的幅度及价格波动的限度。一个涨势或跌势会出现多大的幅度，个股价格波动在空间上能够达到的上下限，也是投资者操作中需要考虑的问题。

3. 股价变动趋势有三类，即长期趋势、中期趋势和短期趋势，三种趋势同时存在、相辅相成。

（1）长期趋势。即股价出现长期上涨或长期下跌的情况。长期趋势持续上升形成了买空或多头市场，即牛市行情，持续时间通常约 25 个月，长期趋势持续下降就形成了卖空或空头市场，即熊市行情，持续时间约为 17 个月。其间股价会增值或贬值 20%以上。

（2）中期趋势。又称次级运动，即在股价上升趋势中出现急速的下跌（回档），或在股价下降趋势中出现迅速地回升（反弹）的现象。持续的时间约为两周到几个月，调整幅度一般为原趋势的 1/3，出现的次数为 2~3 次。

（3）短期趋势。又称日常波动，即股票价格每天的变动。它受市场上技术因素或传言消息的影响，偶然性较大，通常是无法预测的，也无规律可循。

短期趋势对中期趋势有一定影响，一般由三个或三个以上的短期趋势构成一个中期趋势。

4. 长期上涨趋势（牛市）通常包括三个阶段：

第一阶段，投资者对证券发行企业的盈利前景看好，开始买进被悲观者出售的股票，或者卖方因为种种原因使卖出量减少，引致股价的缓慢上升。在此阶段，企业公布的财务报表显示企业的财务状况尚属一般，大部分投资者仍较谨慎，股票交易不很活跃，但交易量已经开始增加。

第二阶段，股价已经上升，企业盈利逐渐好转，经济前景也相当乐观，股票交易量开始持续稳定地增长，许多投资者在此阶段都有获利。

第三阶段，股价已上升到一个高峰，投资者争相入市购买股票，市场一片沸腾，交易量很大。企业收益良好的情况已为广大投资者所熟悉和知晓，企业新股发行量也大量增加，市场投机活动开始泛滥。

5. 波浪理论认为股市的发展是依据一组特殊且不断重复的规律进行的，这组规律即以五个上升浪和三个下跌浪作为一次循环交替推进着。三个下跌浪可以理解为是对五个上升浪的调整。

6. 波浪理论的数浪规则如下：

（1）第一浪不是三个上升浪中最短的一浪，反而经常是最长的一浪，具有较强的爆发力和推动性。

（2）第一浪与第四浪不可重叠，即第四浪的浪底不能低于第一浪的浪顶。

（3）所有的波浪形态几乎都是交替和轮流出现的，如第二浪是单式调整，第四浪则是复式调整，反之亦然。

（4）在调整浪中，第四浪回调的低点通常是在前一浪中的第四小浪范围内完成，即第四浪的低点与第三浪中的第四小浪的终点几乎平行。

七、论述题

1. 波浪理论的重要内容包括：（1）波浪理论认为股市的发展是依据一组特殊且不断重复的规律进行的，这组规律即以五个上升浪和三个下跌浪作为一次循环交替推进着。三个下跌浪可以理解为是对五个上升浪的调整。(图略)

（2）数浪规则。包括四点：第三浪不是最短且经常是最长的一浪；第四浪与第一浪不可重叠；所有的波浪形态几乎都是交替和轮流出现的；第四浪的低点与第三浪中第四小浪的终点几乎平行。

（3）波浪特征。第一浪多数属于构造底部形态的一部分，买方力量不强大。第二浪中很多人认为熊市尚未结束，故调整幅度较大。第三浪涨势较大，属于最具爆发性的一浪。第四浪是调整浪，通常以较复杂的形态出现。第五浪股价达到顶峰，市场乐观情绪高于一切。A 浪大多数人认为行情尚未逆转，误以为是短暂的回档。B 浪成交量不大，升势较为情绪化，是多头逃命线。C 浪是杀伤力最强的一浪，跌幅巨大，持续时间长。

（4）涨跌比例。即使用黄金分割率预测股价的涨跌幅度及判断股价的阻力位和支撑位。当股市从低位开始上升时，上涨的幅度通常是前一高点的 0.618、1.618 等处。当股市从高位开始回调时，调整的幅度通常是前一低点的 0.382、0.5、0.618、1 等处。

（5）时间之窗。当股价从头部或底部算起，往后数到 13、21、34、55、89 个交易日（或周月）时，会发现市场在这些交易日发生转向的概率很大，这些交易日即为股价的时间之窗。

（6）结合上证指数的走势，对波浪理论的形态和涨跌比例进行分析。

2. 股票投资决策全过程主要包括以下方面：

首先，选择一只你所熟悉的股票，如大连国际（000881）；其次，对该股的买卖模拟进行分析，包括买卖原因、买卖时机、买卖地点、买卖过程、买卖结果；再次，结合股价走势图进行技术分析；最后，谈感想和体会，并对投资决策的过程进行评价。

投资问答：如何判断证券中的“平台突破”现象？

股价上升了一段幅度，不继续往上走也并不往下调，而是打起横拉，这种横盘整理的态势。

可上可下。但细致观察，是上升中继强势整理抑或盘整出货，还是能看出些不同趋势的区别之处。强势整理主要包括横盘中上下振幅度窄小或前期上涨时成交量放的不是很大。相反，可能就是盘整出货。强势整理突破是有征兆的，通常在盘局的尾声来一次缩量收阴，我习惯把这称为最后砸一下，多数地量就是这么砸出来的。随后，如果成交量略有放大只是恢复性收回失地，留待明日突破，如果成交量成倍放大那就是大阳直接突破。选择的契机多是走平的 5 日均线等 10 均线上来时。如果认为这样做麻烦，那就什么时候突破什么时候再说。不过，要防备当日早市起升的措手不及。还有就是高位的平台了，由于这类股票都是长庄驻扎锁筹良好，上破后还会有不错的涨幅。操作上没啥大说道，冒出头抓住便是。可是很多人却不敢进，嫌股价涨得太高，有的都已经翻倍。可是，你不进它却涨起来没完。

一、如何看待短线中的“小幅上扬”现象

股价开始以小幅上扬的形式，不急不躁沿着坚挺的5日均线爬行，有的连续收小阳，有的一下收阳一下收阴。靠近5日均线就弹升，离远便回调，因此趁缩量落到5日均线处大胆吸纳，在没有爆发出一次大涨幅之前，不必担心冷不防掉下来。担心的倒是届时犒劳你一块肥肉，能不能吃进嘴里？因为大涨那一天可能就是完结之日，当天保不住全阳是常事，即便能保住过后持股也得格外小心。

二、短线安全买入要点

(1) 大盘短线走势向上，有空间和力度的配合，这是重要的保证，对于选股能力一般的投资者尤为关键。能力较强的投资者如无八成以上把握，不能逆势操作。

(2) 量能充足，必须持续放量。

(3) 所属板块整体走强，最好是市场热点，这对于短线安全和盈利来说至关重要。

(4) 有良好的中线基础或极端的快速连续暴跌。

(5) 短线升幅不大，乖离率较小。

(6) 该个股所属板块不能处于热炒后的整体退潮甚至领跌大盘的状况。

三、如何看待“幅度化联想”的现象

平时，个股走势少有一气呵成完成的，多是采取一段一段地渐进方式，间中留有调整的空当儿，每段涨幅的比例几乎相等，于是把它简说为幅度化。

幅度化控制的是尺度和斜率，时间概念和形态规划不见得雷同。幅度化给我们在操作中的提示不能用别的什么规律来替代，它以独具一格的形式分别预见新的升势来临，持续和将告一段落。比如形态并无迹象显示滞涨时，你还在憧憬未来，它提前预警；这一段涨得差不多了快要调整，此时更不该有买进的念头；股价在涨担心能否继续？

它不时来安抚你，别紧张后面还有戏；在结束一段涨幅后整理完毕，它及时来招呼你，又要起步了快跟上。固然这时还有别类可依，但远没有它那么起眼。此番拟人是督促你在适当的时候主动地去做幅度化的联想。不过，千万不要自作多情，人家没有按照幅度化规律运行，你强往身上套，本来还有涨头你却拿前一次涨幅来量，够尺了就卖，或本来是昙花一现你却以为没到头，还在傻等不会延出的涨幅，所以要找准对象。

四、如何理解短暂整理

短暂整理是指股价从底部大阳线拔升起来，不是一鼓作气把波段做完，而是稍作休整消化获利浮筹，待5日均线跟上来接着飙升，这种形态十分典型，是上乘的介入时机。股价在原来上涨时有成交量放大，当进入短暂整理时成交量萎缩下来，5日均线上来能助涨股价便大胆杀进，否则作罢。

提示：回档整理是一天；短暂整理是两三天；稍长整理是延到四至五天。

五、如何在短线操作中选取强势新股

在短线操作中，投资者在选择强势新股时可以优先考虑以下因素：

（1）选择基本面良好、具成长性、流通盘6000万以下新股观察。

（2）上市首日换手70%以上。或当日大盘暴跌，次日跌势减缓，立即收较大阳线，收复首日阴线23以上。

（3）创新高买入或选择天量法则买点介入。

（4）获利5%~10%出局。

（5）止损设为保本价。

六、短线操作中的成交量法则

（1）成交量有助于分析趋势何时反转：高位放量长阴线是顶部的迹象，而极度萎缩的成交量说明抛压已经消失，往往是底部的信号。口诀：价稳量缩才是底。

（2）个股成交量持续超过5%，是主力活跃其中的明显标志。短线成交量大，股价具有良好弹性，可寻求短线交易机会。

(3) 个股经放量拉升、横盘整理后无量上升，是主力筹码高度集中，控盘拉升的标志，此时成交极其稀少，是中线买入良机。

(4) 如遇突发性高位巨量长阴线，情况不明，要立即出局，以防重大利空导致崩溃性下跌。

七、投资中如何走出技术分析的误区

(1) 技术分析只是一种工具，而不是万试万灵的。在技术分析过程中，往往受各种主客观因素而产生偏差。因此要站在一个高的起点运用技术分析，而不是受技术分析局限，产生错误引导。

(2) 技术分析得出结果的大前提是，市场有产生这个结果的可能性。例如，大盘经过长期调整后，产生反弹还是反转，要视乎整个市场在这个阶段是否有反转的可能性，如果无反转的可能性，则只能是反弹。

(3) 市场永远是对的，不要与市场作对。市场的走势往往有其自身的规律，存在这种走势即为合理。简单地说，就是不要逆市而为，要顺应市场的方向去操作。

(4) 当市场未发生明显反转的技术信号时，尽量不操作，在市场产生一个趋势（上升或下跌）时进行操作。

(5) 市场的规律总在不断变化，技术分析的方式方法也在不断变换，但当大多数人发现市场的规律或技术分析的方法时，这个市场往往会发生逆转。

八、如何从下影线中找黑马

投资者在上影线中寻找黑马的过程中，对于受突发性大盘回调而留下上影线的个股应及时介入，而对于股价连续上涨后再快速拉高留下上影线的应果断离场。而大盘平稳运行时个股留下的长下影线绝大部分是人为的，我们从中寻找规律，可以从长长的下影线中捕捉战机，寻找黑马。

1. 低位下影线要果断跟进

股价长时间在低位运行，突然出现巨量压低，特别是瞬间下跌，一般很快会收复失地，投资者可从瞬间下跌时主动买入，甚至还可以追高。

2. 高位下影线要快进快出

一些庄股在经过一段时间的持续拉升后，使市场失去了追涨的激情，庄家靠拉高出货是行不通的，只好打压出货，由于庄家持有的筹码比例相当大，几个交易日也难以达到出货的目的，特别是行情清淡时更是会出现反复。这种股票只能短线参与，甚至超短线，在低位买入后次日就卖出。

总之对于下影线的出现投资者可以多加留意，如果股价在价值区域中轴线下方出现，投资者可以果断介入，如果股价在价值区域上方出现下影线后要放弃，但可以潜伏在低位，强庄股会反复打压出货和拉高股价，投资者在低位介入后等着庄家制造下影线，以达到获利的目的。低位长下影线是一轮行情的开始，宜中线持有；而高位下影线是庄家出货的开始，宜快进快出，火中取栗。

第七章　K 线形态

学习目标

通过教学，使学生了解证券投资技术分析的基本概念；掌握技术分析的基本原理；掌握 K 线的含义及画法；单根 K 线的 14 种形状及含义；16 种 K 线组合形态的名称及意义。

在证券投资分析中，常用的方法是画线。在这些平常的直线或曲线后面，包含着许多专门的学问。K 线形态是证券投资分析中独具特色的技术分析方法，它简明直观，通俗易懂，非常适合短线操作，是股市中投资者使用最多的一种技术操作工具。

第一节　K 线的起源和画法

K 线又称日本线，英文名称是蜡烛线（Candlestick），起源于日本德川幕府时代大阪堂岛的米市交易，距今已有 200 多年历史。它是采用图示的方法来计算米价每日的涨跌，创始人叫本田宗久，其创立的“酒田战法”曾在米市中取得过连续 100 笔盈利的纪录。后经过投资者的深入研究和改进，将其引入证券市场，出现了多种适合投资者买卖参考的 K 线图形，逐渐成为投资者短线操作的主要依据。

K 线是将每日的开盘价、收盘价、最高价、最低价用蜡烛形连接起来的图形。K 线由影线和实体组成，影线在实体上方的部分叫上影线，下方的部分叫下影线，实体分阳线和阴线，又称红线和黑线（见图1）。

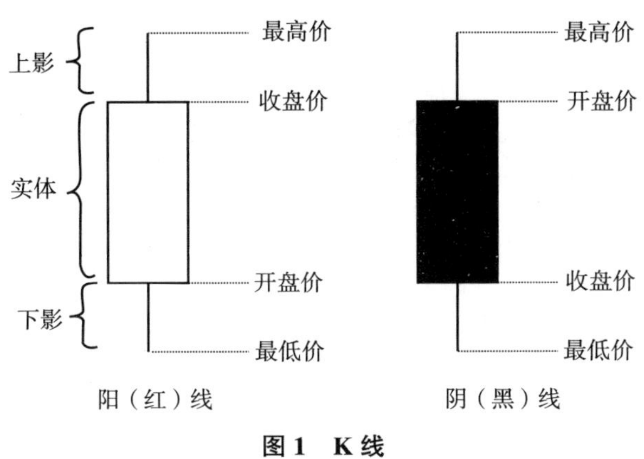

图1　K线

第二节　K线的基本形态

单一K线有多种变形，投资者可依据实体的长度和影线的长短对多空力量进行衡量。一般来说，上影线长，下影线短，阳线实体短，阴线实体长，说明空方势力强；上影线短，下影线长，阳线实体长，阴线实体短，说明多方占据主动和优势。

单根K线主要有14种基本形状。

一、光头光脚大阳线

开盘价为最低价，收盘价为最高价，表示多方势头强大，空方毫无抵抗（见图2）。此形态经常出现在股价脱离底部的初期、回调结束后的再次上升及高位的拉升阶段，有时也在严重超跌后的强劲反弹中出现。

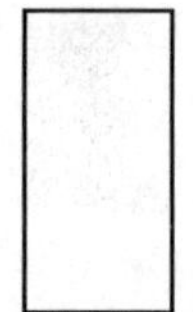

图 2　光头光脚大阳线

二、光头光脚大阴线

开盘价为最高价，收盘价为最低价，表示卖方占绝对优势，多方毫无抵抗（见图 3）。此形态经常出现在头部形成后跌势的初期、反弹结束后或最后的打压过程中。

图 3　光头光脚大阴线

三、光头光脚小阳线

没有上下影线，股价窄幅波动，表示买方力量逐步增加，多头暂占优势（见图 4）。此形态经常在上涨初期、回调结束或横盘的时候出现。

图 4　光头光脚小阳线

四、光头光脚小阴线

没有上下影线，价格波动幅度有限，表示卖方力量有所增加，空方力量略占优势（见图 5）。此形态常在下跌初期、反弹结束或盘整时出现。

图 5 光头光脚小阴线

五、带上影线的阳线

这是上升受阻型，表示多方在上攻途中遇到阻力（见图 6）。此形态常出现在上涨途中、上涨末期或股价从底部启动后遇到成交密集区。上影线越长，表示上档压力越大，阳线实体越长，表示多方力量越强。

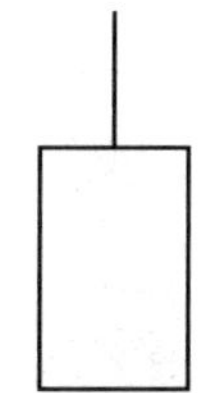

图 6 带上影线的阳线

六、带上影线的阴线

表示股价先涨后跌。阳线实体越长，表示空方势力越强（见图 7）。此形态常出现在阶段性的头部、庄家拉高出货或震仓洗盘时。

图 7 带上影线的阴线

七、带下影线的阳线

表示股价先跌后涨，股价在低位获得买方支撑，卖方受阻（见图 8）。此形态常出现在市场底部区域或市场调整结束时。

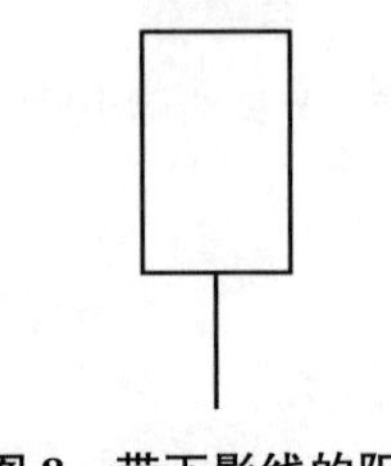

图 8　带下影线的阳线

八、带下影线的阴线

即下跌抵抗型，股价先涨后跌，表示空方力量强大，但在下跌途中又受到买方的抵抗，常出现在下跌中途或市场顶部附近（见图 9）。

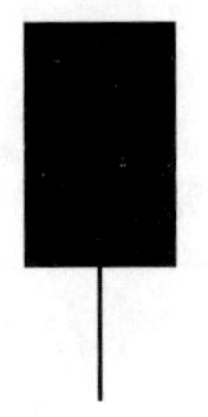

图 9　带下影线的阴线

九、带上下影线的阳线

表示上有压力，下有支撑，但买方占优（见图 10）。此形态常出现在市场的底部，或股价上升途中。上影线长，说明上方阻力大；下影线长，说明下档支撑强。

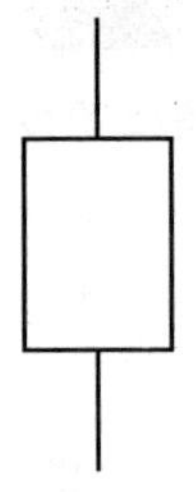

图 10　带上下影线的阳线

十、带上下影线的阴线

表示上有抛压，下有接盘，但空方占优（见图 11）。此形态常出现在市场顶部或股价下跌途中。阴线实体越长，表示空方做空的力量越大。

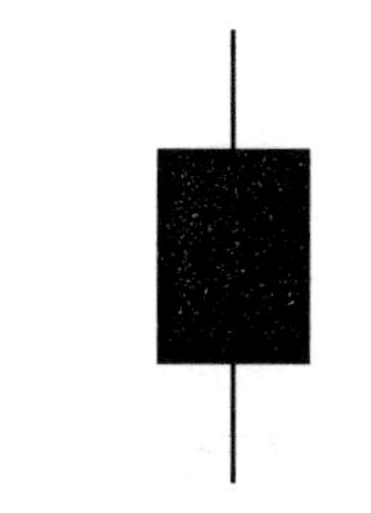

图 11　带上下影线的阴线

十一、十字星形

开盘价等于收盘价，并处于交易区间的中间，表示多家双方斗争激烈，即将分出胜负（见图 12）。此形态经常出现在市场的底部或顶部，是市场将要出现转折点的典型形态。

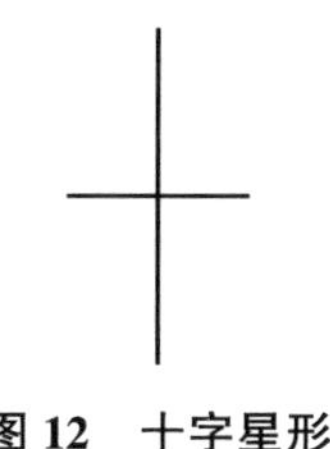

图 12　十字星形

十二、T 字形

又称蜻蜓线。开盘价和收盘价为全日最高价，下影线表示下方有一定的支撑（见图 13）。此形态经常出现在市场的底部，有时也会出现在市场的顶部，是市场的转折信号。

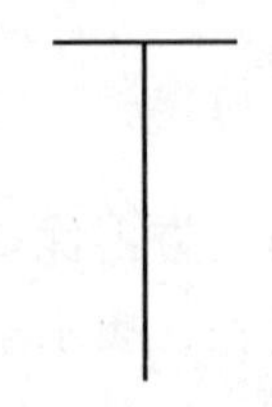

图 13　T 字形

十三、⊥字形

又称墓碑线。开盘价与收盘价为全日最低价，上影线表示上方有一定的压力（见图 14）。如果上影线很长，则有强烈的下降含义。此形态常出现在市场的顶部，偶尔也会出现在市场的底部。

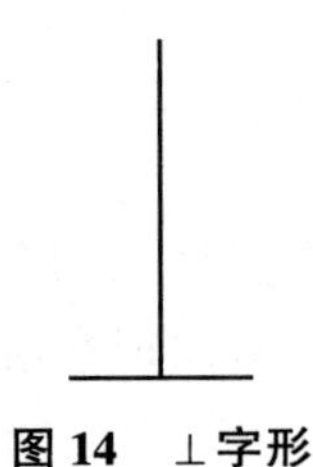

图 14　⊥字形

十四、一字形

开盘价、收盘价、最低价、最高价都相同时，就会出现这种图形，一般出现在开盘后直接达到涨停板或跌停板时，表示多方或空方绝对占优，涨跌停板全天未被打开（见图 15）。

图 15　一字形

第三节 K线组合形态

单根K线只反映股票单日的交易情况，不能说明市场趋势的持续和转折等信息。实践中，投资者还需要研究K线组合形态，即通过观察几根K线组成的复合图形，来分析市场多空力量强弱，判断股价的后期走向。K线组合形态分为反转组合形态和持续组合形态。这里只列举12种典型的反转组合形态和4种持续组合形态。

一、早晨之星

早晨之星是典型的底部反转形态，通常出现在股价连续大幅下跌和数浪下跌的中期底部或大底部。

早晨之星由三根K线组成（见图16）。第一天为长阴线，为下降趋势的继续；第二天是带上下影线的十字星，与第一天之间有一向下跳空缺口，收盘价与开盘价持平；第三天是长阳线，实体长度已上推到第一天阴线实体之内。

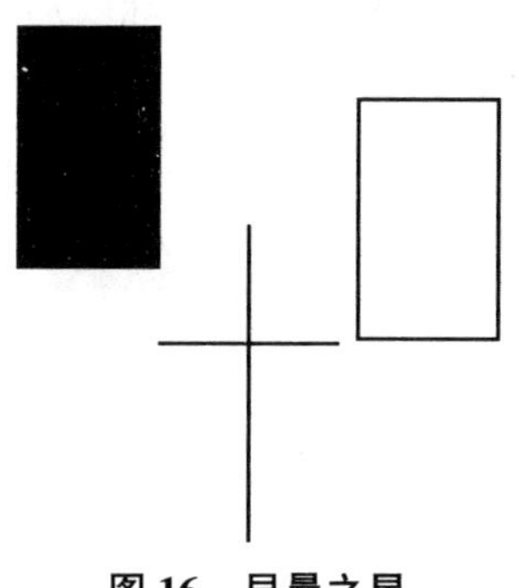

图16 早晨之星

早晨之星的含义是黑暗已经过去，曙光已经来临，多空力量对比已开始发生转变，一轮上升行情将要展开。

二、黄昏之星

黄昏之星与早晨之星正好相反，是典型的顶部反转形态，通常出现在股价连续大幅上涨和数浪上涨的中期顶部和大顶部。

黄昏之星也由三根K线组成（见图17）。第一天是长阳线，为上升趋势的延续；第二天是带上下影线的十字星，通常伴随着向上跳空缺口；第三天是长阴线，实体已插入到第一天阳线实体的内部。

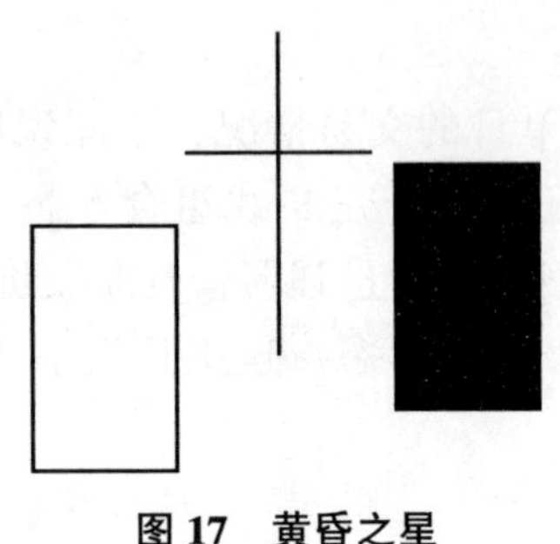

图17　黄昏之星

黄昏之星的出现预示着黑暗已经降临，一轮上涨行情已经结束，投资者应尽快抛股离场。

三、射击之星

射击之星是指一个小实体，上面有一根长长的上影线，似古人拉弓射箭的形状（见图18）。射击之星常出现在连续上涨之后，是市场见顶的信号。

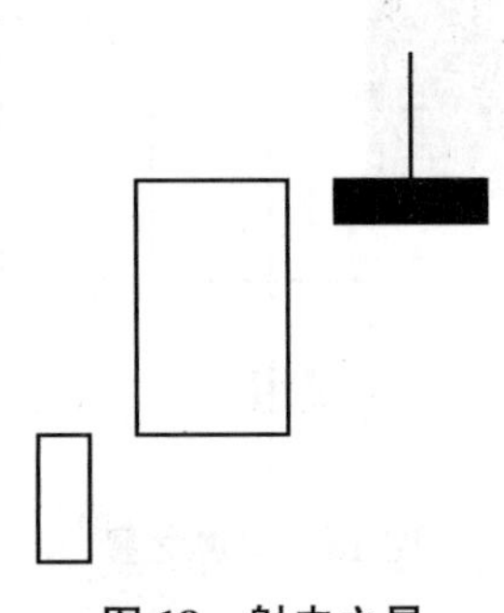

图18　射击之星

射击之星是在上升趋势中，市场跳空向上开盘，出现新高点，最后收盘在较低的位置，留下长长的上影线，上影线长度是实体长度的三倍以上。

射击之星是市场失去上升动能的表现，是主力出货的常见图形。一般说来，后势要想突破射击之星造成的高位，往往需要相当长的时间。投资者应退场观望，以免高位长久被套。

四、锤头

锤头是一个小实体下面带有长长的下影线的 K 线形态，似锤头带着锤把的形状（见图 19）。锤头的出现预示着下跌趋势将结束，表示市场在用锤子夯实底部，是较可靠的底部形态。

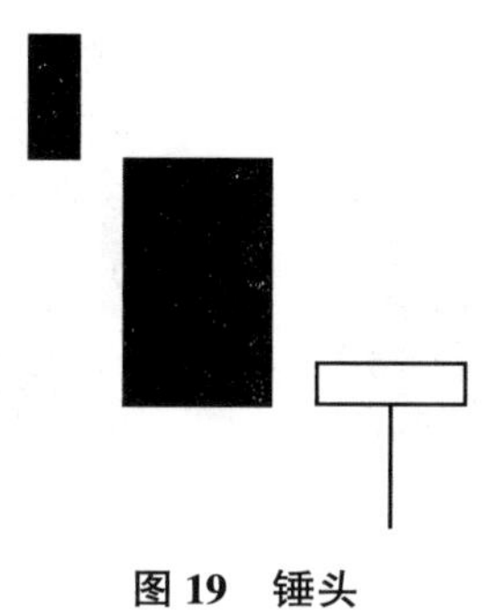

图 19 锤头

锤头是在下降趋势中，市场跳空向下开盘，疯狂卖出被遏制，市场又回到或接近当日最高点，留下长长的下影线。小实体在交易区域的上面，上影线没有或很短。常伴有底部放量，放量越明星，信号越强烈。

五、吊颈

吊颈是在高位出现的小阴实体，并带有长长的下影线，形状像一具上吊的尸体（见图 20）。表示上涨趋势结束，主力正在出货。

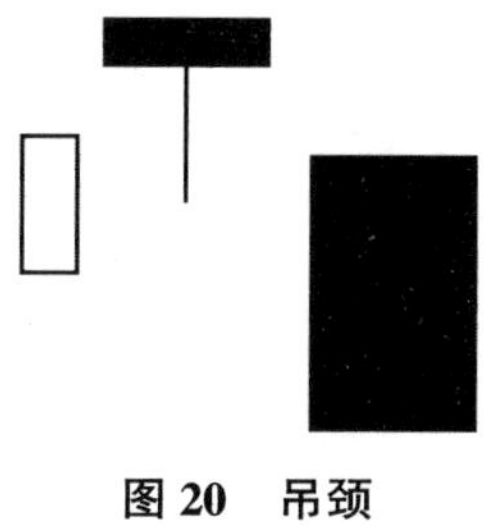

图 20 吊颈

吊颈是在上涨趋势中，当天股价高开低走，盘中出现长阴，主力尾市将股价拉起，几乎以最高点收盘，留下较长下影线。吊颈欺骗性强，杀伤力很大，许多投资者会误认为下档有较强支撑，而买入被套。

吊颈形态出现的第二天多为阴线，且开盘价较低。阴线的长度越长，新一轮跌势开始的概率越大。

六、穿头破脚

穿头破脚有底部和顶部两种形态，是市场中最强烈的反转信号（见图 21）。顶部类似于“崩盘”，而底部多为“井喷”。

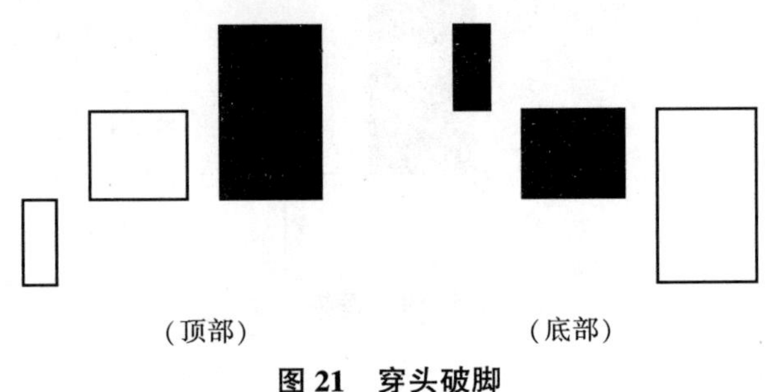

（顶部）　　（底部）

图 21　穿头破脚

顶部穿头破脚是指股价经过较长时间上升后，当天股价高开低走，收出一根长阴线，并将前日阳线全部覆盖。表示主力将股价推至高处后，高开制造假象，吸引跟风盘，随后大肆出货，将跟风者一网打尽。

底部穿头破脚是指股价经过一段时间下跌后，当日股价低开高走，收出长阳，这根长阳线将前日阴线全部覆盖。表示股价跌至低位后，再次杀跌引出割肉盘，随后将股价推高，一举收复前日失地，市场开始快速攀升。

七、乌云盖顶

乌云盖顶也属于拉高出货的顶部反转形态，预示在暴风雨即将来临的前夜，乌云压城城欲摧。乌云盖顶与顶部穿头破脚类似，只是在图形上阴线的收盘仅切入到阳线的 2/3 处（见图 22），具有一定的不确定性，杀伤力也次于穿头破脚。

乌云盖顶是在市场上升后期，出现了一根长阳线，第二天股价跳高开盘，收盘价却下降到阳线实体中间之下。表示趋势反转已经发生，随后将出现较长时间的下跌，投资者应迅速离场。通常第二天阴线刺入前日阳线的程度越深，顶部反转的可能性越大。

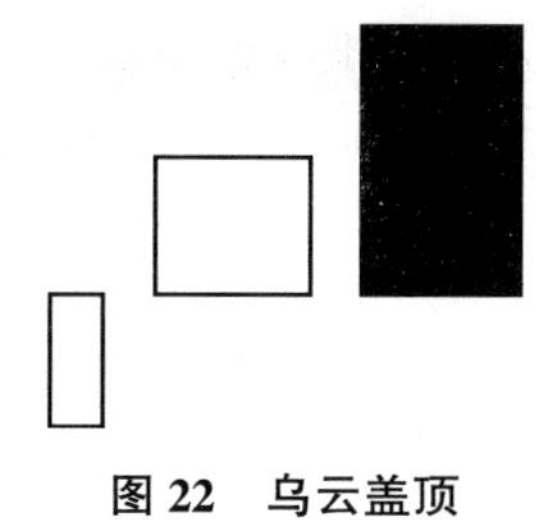

图 22 乌云盖顶

八、双飞乌鸦

双飞乌鸦是指在市场的高位出现了两根并排的阴线，像两只乌鸦在摇摇欲坠的枯树枝上乱叫，预示“祸不单行”，市场将大幅下跌（见图 23）。

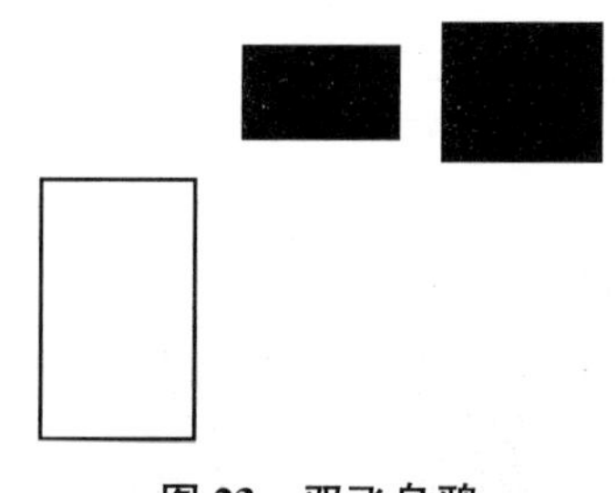

图 23 双飞乌鸦

双飞乌鸦是在股价连续大幅上升之后，第一天是长阳线，第二天高开收出带上升缺口的阴线，表示向上攻击失败，第三天再次跳高开盘，收出阴线，收盘比前一日阴线低，但仍高于第一天阳线的收盘价。此形态说明牛市已被遏制，股价将下跌。

九、双针探底

双针探底是指两根有一定间隔的 K 线，都带有较长的下影线，下影线的位置非常接近（见图 24）。此形态是常见的底部反转形态。

双针探底出现在股价连续下跌之后，表示股价已经过二次探底，下档有较强的支撑，底部确认有效。双针探底经常由一个底部十字星和一个锤头组成，第二根 K 线的低点常比第一根 K 线的低点高。

图 24 双针探底

十、身怀六甲

身怀六甲是指在高位长阳线或低位长阴线之后，在实体中间部位出现的小阳线或小阴线（见图 25）。好像前日 K 线怀中的胎儿。人们常把小阳线称为上涨孕，小阴线称为下跌孕。一般预示着市场上升或下跌的力量已经衰竭，市场已有改变既有趋势的迹象。

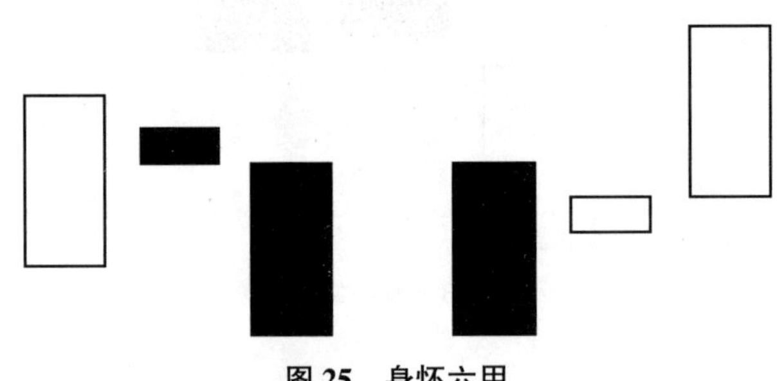

图 25 身怀六甲

身怀六甲常出现在涨势或跌势的后期。由于反转的速度较慢，许多投资者会以为市场处于休整状态而未能及时采取措施。投资者此时可观察成交量，如果前日成交量放大后又突然急剧萎缩，市场反转的可能性大。

十一、三个白武士

三个白武士又被称为红三兵，是指三根连续上升的阳 K 线，收盘价一日比一日高（见图 26）。此形态表示多头力量聚集，武士稳扎稳打，步步紧逼。

三个白武士一般出现在市场见底回升的初期。每日收盘价虽为当天最高点，但开盘价均在前一天的实体之内。因而总体升幅不大，是稳步向上推高。投资者应逢低建仓，及时跟进以免踏空。市场底部出现此形态，常表示后势将加速上涨。

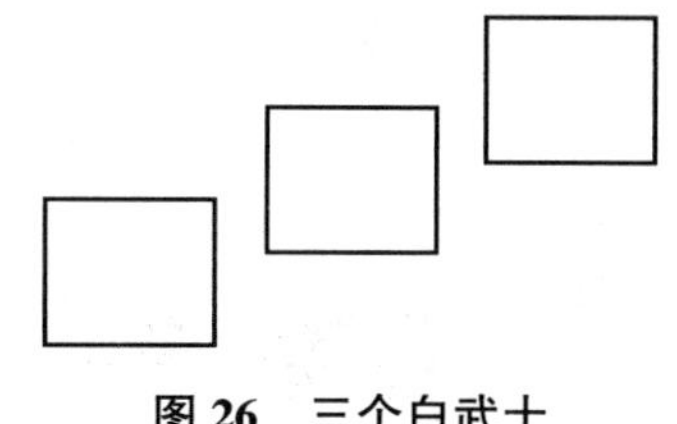

图 26 三个白武士

十二、三只黑乌鸦

三只黑乌鸦是红三兵的反面“副本”，是指三根连续下跌的阴 K 线，收盘价一日比一日低，表示空方力量在逐步加强，后势看淡（见图 27）。

图 27 三只黑乌鸦

三只黑乌鸦一般出现在市场见顶之后，每日的收盘均出现新低点，而每日的开盘价却在前一日的实体之内。下跌的节奏较为平和，空方在缓慢杀跌，后势有可能加速下滑。投资者应果断决策，争取在第一时间平仓离场。

十三、上升三部曲

上升三部曲是持续组合形态，指一根长阳线后接三根较小阴线，再接一根大阳线的组合（见图 28）。这是典型的震荡洗盘手法，表示后市将会继续上涨。

上升三部曲不是转势信号，而是表明升势将继续的整固信号。通常第一天为急升长阳，随后是三根小阴，实体都包含在第一天阳线之内，成交量萎缩，接着又一根阳线拔地而起，收盘价创出新高，市场重归升途。投资者应在整理结束时建仓或加码买进。

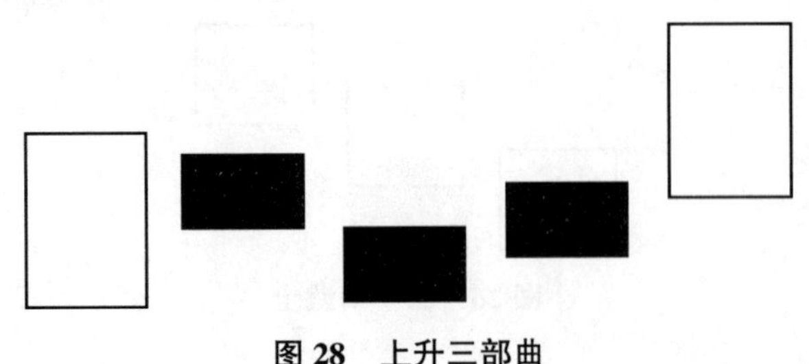

图 28　上升三部曲

十四、下跌三部曲

下跌三部曲也是持续组合形态，是指一根长阴线后接三根小阳线，再接一根大阴线的组合（见图 29）。此形态反映市场极度虚弱，股价大跌小涨，空方占有绝对优势的情况。

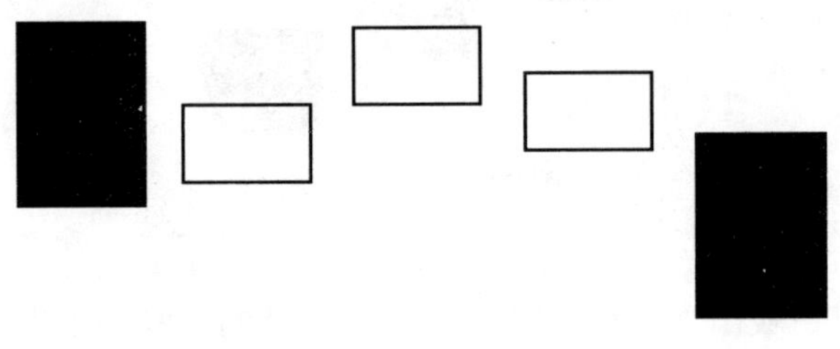

图 29　下跌三部曲

下跌三部曲发生在市场下跌途中，第一天为急跌长阴，随后出现三根细小的反弹阳线，实体都包含在第一根阴线之内，接着又一根阴线破位而下，击穿市场多日形成的盘整巩固区间，市场重新纳入下跌的轨道。

十五、两阳夹一阴

两阳夹一阴属上升中继形态，是指在上升途中一根阴线夹在两根阳线中间，主力震荡洗盘的图形（见图 30）。

两阳夹一阴是常见的上升形态，表示股价在盘升过程中，不断遭到卖方打压，但逢低介入的买方众多，股价回档有限，且顽强上涨。擅长短线操作的投资者可利用冲高和回档之际做短差，但前提是不能丢掉筹码。

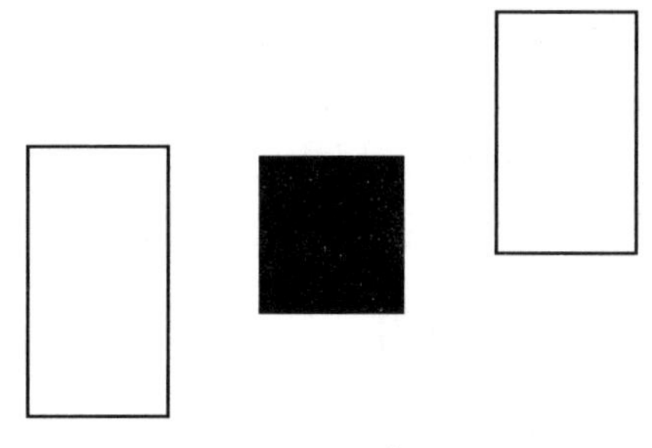

图 30 两阳夹一阴

十六、两阴夹一阳

两阴夹一阳属下跌抵抗形态，是指在下跌途中一根阳线夹在两根阴线之间，主力震荡出货的图形（见图 31）。

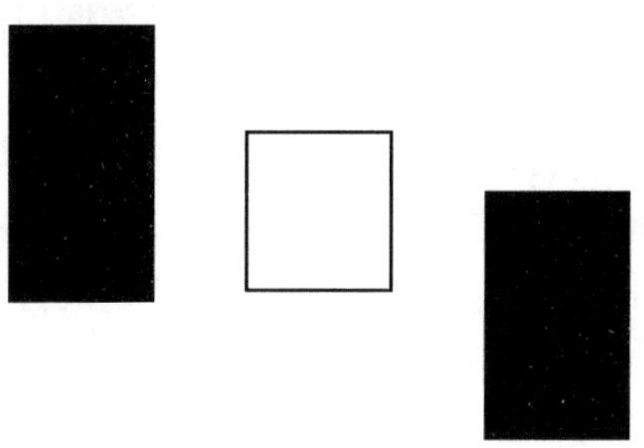

图 31 两阴夹一阳

两阴夹一阳是常见的下跌形态，表示股价在下跌过程中，不断受到买方抵抗，但逢高出货的卖方众多，股价反弹高度有限，且跌势不止。投资者应利用反弹机会逢高卖出，待股价跌到底部后，再重新进场承接。

第四节 K 线的实际应用

一、K 线的实际应用

K 线图形简洁直观，立体感强，而 K 线组合形态信息明确，判断后市准确率较高，故K线理论在股市中深受投资者的欢迎，使用者众多。但在实践中投资者要做到精通K线，利用K线战胜市场，战胜庄家，并不是一件容易的事，需要有扎实的功底和娴熟的使用技巧。因此，投资者应在实践中不断学习，通过实战锻炼，提高自己解析图形、把握大势的能力。

二、应用K线应注意的问题

K线表现市场有很强的视觉效果，是最能表现市场行为的图表之一。尽管如此，由于K线是依靠人类的主观印象建立起来的，是人们对历史走势形态的一种归纳和表达方法，并没有严格的科学逻辑，因此它也并非是一种完美的技术，也存在着一些缺陷。投资者在应用时应注意以下几点：

1. 单根K线分析的出错率是比较高的

K线是一种短线分析方法，是试图用昨天的K线特征去预测今天的走势，再以今天的K线特征去预测明天的走势。而市场的实际变动是复杂的，与投资者的主观判断经常会出现偏差。在盘中操作时依据想象的、不确定的结果进行买卖，成功率不可能很高。

另外，用收市后的K线结果作依据，会导致“顺势难为”和“逆势是否能为”的两难选择。例如，对于已涨停的股票，不到收市前夕不能确定K线的性质，确定了K线的性质又买不进去，若涨停板打开又担心上影线过长，且进一步演变成射击之星形态等。

2. K线方法只能作为战术手段，不能作为战略手段，必须同其他方法结合使用

K线方法常常用于战术决策，并且是作为其他理论的辅助工具来使用。在实践中，如果将K线和趋势分析与指标分析结合使用，优点会十分突出。例如，当使用波浪理论计算目前价位到了某一个技术目标，且恰逢某个重要的时间窗口，K线又发出卖出信号时，这时卖出一般是不会错的，投资者应当机立断采取行动。

3. 投资者要善于使用周K线，周K线对于指导中线投资者操作有比较好的效果

在股市中，多数投资者看日K线，用日K线指导操作。但日K线容易出错，且经常被庄家操纵做出骗线。而周K线反映的是中级行情，时间周期长，庄家做骗线的难度非常大，所以周K线的准确性远高于日K线。例如，当日K线是底部形态，而周K线是持续下跌形态时，说明股价并未见底。

在股市中，一般大周期管中周期，中周期管短周期，因此周K线管日K

线。只有当周 K 线见顶或见底，日 K 线也见顶或见底时，这个顶部或底部才真实可靠。

4. K 线组合分析要根据实际情况进行修改和调整

K 线组合形态是总结历史经验的产物。在实际市场中，完全符合前面所介绍的组合形态的情况并不多见，如果一成不变地照搬组合形态，有可能会错失买入或卖出的良机。如当 K 线组合出现平顶、圆顶或塔形顶时，投资者同样应迅速采取行动。所以，投资者在实战中要根据情况适当地改变组合形态和调整操作策略。

本章小结

一、本章重点

1. K 线的含义及画法。
2. 上下影线和实体的长度对行情判断的意义。
3. 单根 K 线的 14 种形态及含义。
4. 16 种 K 线组合形态的名称及意义。
5. 应用 K 线应注意的 4 个问题。

二、难点释疑

1. 上下影线和实体的长度对行情判断的意义。

从单一 K 线对多空双方力量进行衡量，主要依据的是实体的长度和上下影线的长度。阳线实体越长，越说明多方占优，阳线实体越短，越说明空方占优；阴线实体越长，越说明空方占优，阴线实体越短，越说明多方占优。影线的情况稍微有些复杂，一般说来，上影线越长，下影线越短，越有利于空方；上影线越短，下影线越长，越有利于多方。

2. 从上下影线和实体的长度可对单一 K 线进行归类。

（1）长实体。包括光头光脚大阳线和光头光脚大阴线，带上影线或带下影线的阳线和阴线。这是占主要地位的 K 线，长实体表示当天有大的价格移动，亦表示开盘价与收盘价之间，有相当的不同。要确定实体的长短，可同最靠近的价格移动相比较。K 线分析所依赖的是短期的价格移动，所以确定“长短”通常用短期的方式。

（2）短实体。包括光头光脚小阳线和光头光脚小阴线，带上影线或带下影线的阳线和阴线。这是表示价格所覆盖的区域小，一般发生在交易不活跃的时候。

（3）纺轴线。指带上下影线的小实体K线。在长度方面，影线比实体长，表示多空双方的不可靠性。通常纺轴线实体的颜色并不重要，重要的是影线或实体的长度。

（4）十字星。包括大十字星和小十字星。大十字星有很长的上下影线，表示当天的交易区域在居中的部分，市场大起大落。此形态反映出买卖双方力量对比的不可靠性。

（5）一字线。开盘价、收盘价、最低价、最高价都相同的K线，当数据来源只有收盘价的时候，会出现这种K线。此外，开盘后直接达到涨跌停板也会出现这种K线。一字线出现的机会较少。

3. 从涨跌概率的角度可对单一K线进行归类。

（1）上涨形态。后市通常为上涨的K线形态主要有光头光脚大阳线、带下影线的阳线、带下影线的阴线、T字形、十字星形和一字形。

（2）下跌形态。后市通常为下跌的K线形态主要有光头光脚大阴线、带上影线的阳线、带上影线的阴线、⊥字形、十字星形和一字形。

4. K线组合的上涨和下跌形态。

K线组合比单一K线有更强的实战意义，它可以说明市场趋势的持续或转向，可用来判断股价的后期走向。投资者既可将K线组合划分为反转组合形态和持续组合形态，也可以将K线组合划分为上涨形态和下跌形态。

（1）上涨形态。主要有早晨之星、锤头、底部穿头破脚、双针探底、身怀六甲、三个白武士、上升三部曲、两阳夹一阴。

（2）下跌形态。主要有黄昏之星、射击之星、吊颈、顶部穿头破脚、乌云盖顶、双飞乌鸦、身怀六甲、三只黑乌鸦、下跌三部曲、两阴夹一阳。

练习题

一、名词解释

1. K线。

2. K线组合形态。

3. 红三兵。

二、填空题

1. K线由____________和____________组成。

2. K线组合形态分为____________形态和____________形态。

三、判断题

1. 上影线长，下影线短，阳线实体短，阴线实体长，说明多方势力强。(　　)

2. 上影线短，下影线长，阳线实体长，阴线实体短，说明空方占据主动和优势。(　　)

四、单项选择题

1. 画 K 线涉及 4 个价格，其中(　　)是最重要的价格指标。

A. 开盘价　　B. 收盘价　　C. 最高价　　D. 最低价

2. 投资者要善于使用(　　)，它对指导中线投资者操作有重要意义。

A. 日 K 线　　B. 分时 K 线　　C. 周 K 线　　D. 月 K 线

五、多项选择题

1. 使用单一 K 线时，可依据(　　)对多空双方力量进行衡量。

A. 实体的长度　　B. 实体的颜色　　C. 影线的长短　　D. 收盘价

2. 在 K 线组合形态中，(　　)是底部反转形态。

A. 早晨之星　　B. 黄昏之星　　C. 射击之星　　D. 双针探底

3. 在 K 线组合形态中，(　　)是顶部反转形态。

A. 射击之星　　B. 乌云盖顶　　C. 双飞乌鸦　　D. 双针探底

六、简答题

1. 简述 K 线的含义和画法。

2. 简述 K 线的基本形态及所代表的多空含义。

3. 简述 K 线分析应注意的问题。

七、论述题

试对 12 种 K 线反转形态和 4 种 K 线持续形态进行判断和分析。

参考答案

一、名词解释

1. K 线是将每日的开盘价、收盘价、最高价、最低价用蜡烛形连接起来的图形。

2. K 线组合形态即通过观察几根 K 线组成的复合图形，来分析市场多空力量强弱，判断股价的后期走势。

3. 红三兵又称三个白武士，指三根连续上升的阳 K 线，收盘价一日比一日高。

二、填空题

1. 影线　实体

2. 反转组合　持续组合

三、判断题

1. ×；2. ×。

四、单项选择题

1. B；2. C。

五、多项选择题

1. AC；2. AD；3. ABC。

六、简答题

1. K线是将每日的开盘价、收盘价、最高价、最低价用蜡烛形连接起来的图形。K线由影线和实体组成。影线在实体上方的部分叫上影线，下方的部分叫下影线，实体分阳线和阴线。

K线图形（略）

开盘价是指某个交易日的第一笔成交的价格，是采用集合竞价的方式产生的。

最高价和最低价是某个交易日曾经出现过的最高和最低一笔价格，它们反映的是当天股票价格上下波动的幅度。

收盘价是某个交易日中最后一笔成交价格，反映的是多空双方交战的结果。收盘价是最重要的指标，技术分析中所使用的价格，通常指的都是收盘价。

2. 单根K线有多种变形，投资者可根据实体的长度和影线的长短对多空力量进行衡量。单根K线可分为两类：

（1）上涨形态。后市可能上涨的K线形态有光头光脚大阳线、带下影线的阳线、带下影线的阴线、T字形、十字星、一字形。分别画出图形并解释。

（2）下跌形态。后市可能下跌的K线形态有光头光脚大阴线、带上影线的阳线、带上影线的阴线、⊥字形、十字星、一字形。分别画出图形并解释。

3. K线图形表现市场有很强的视觉效果。所列举的组合形态只是根据经验总结，并没有严格的科学逻辑。在应用时应注意以下几点：

（1）单根K线分析的出错率是比较高的。K线是一种短线分析方法，是试图用昨天的K线特征预测今天的走势，再以今天的K线特征去预测明天的走势。而市场变动是复杂的，投资者的主观判断经常会出现偏差。

（2）K线分析法只能作为战术手段，不能作为战略手段。必须与其他方法结合使用。在实战中，如果将 K 线和趋势分析结合使用，效果会很好。如在做出了买卖决定之后，使用 K 线组合选择具体的买卖时间和价格。

（3）投资者要善于使用周 K 线，周 K 线对于指导中线投资者操作有很大帮助。日 K 线容易出错，且经常被庄家操纵做出骗线，而周 K 线反映的是中级行情，出错概率小。所以周 K 线的准确性高于日 K 线。

（4）K 线组合要根据实际情况进行修改和调整。K 线组合形态是总结历史经验的产物，实践中完全满足 K 线组合形态的情况并不多见，如果一成不变地照搬组合形态，有可能会错失买入和卖出的时机。

七、论述题

首先，要指出 K 线组合的含义，K 线组合是指通过观察几根 K 线组成的复合图形，来分析市场多空力量强弱，判断股价的后期走势。

其次，将 K 线组合图形划分为两大类，即后市可能上涨的形态和后市可能下跌的形态。后市可能上涨的形态有早晨之星、锤头、底部穿头破脚、双针探底、身怀六甲、三个白武士、上升三部曲、两阳夹一阴。后市可能下跌的形态有黄昏之星、射击之星、吊颈、顶部穿头破脚、乌云盖顶、双飞乌鸦、身怀六甲、三只黑乌鸦、下跌三部曲、两阴夹一阳。

再次，将 16 种 K 线组合形态画出，并解释多空含义。

最后，结合沪深股市走势图，利用 K 线组合形态进行分析。

投资问答：如何识别庄家的“盘中对倒”现象？

一、如何识别庄家的盘中对倒

庄家在坐庄的过程中有时需要将跟风者看盘的思路搞乱，使跟风者形成错误的思路，此时庄家就会祭出“对倒”这个骗人的法宝，对倒骗线是庄家成本最低的障眼法。

（1）用大卖单砸盘且封住股价上升趋势。看不到大买单，大卖单却成交了，如真有主动买单吃进时，上面的卖单却不见了，这是庄家常用的试盘和洗盘的手法。

（2）用对倒形成大量买单涌出的假象，股价却不涨反跌。这是以大买单掩护出货，有时也造成股价大涨而成交量却不大，此类股票走势的杀伤力最大。

(3) 要吸引跟风盘的眼球时，自买自卖会产生成交量放大的假象，吸引投资者认为行情即将来到而介入。分析时可见分时图上，买卖挂单中并无大单，但成交大单却时有出现，庄家以此来激活股性，这一般由资金实力不太强的机构炒作或者协议倒仓时采用。

(4) 还有一种手法是在真正倒仓时采用。在某一时段，尤其是开盘或收盘时会出现买卖单大笔成交，股价却不动。这往往是庄家在倒仓。

二、如何判断翻番股

在牛市行情中，哪些个股具备股价翻番的潜力？通过对证券中最近3年来的超级黑马进行统计汇总分析，可以发现股价实现翻番的个股主要具有以下一些特征：

(1) 业绩有明显的改善。相对于业绩始终比较优良的绩优股而言，原来业绩较差，在经过重组或开发新品种、转换经营方向等过程后，业绩有翻天覆地般变化的上市公司有更大的涨升空间。

(2) 启动价位比较低。具有翻番潜力的个股，其启动价往往比较低，一般在3~8元。

(3) 有丰富的潜在题材。股价容易翻番个股大多有实质性的潜在题材作为动力，如资产重组、外资参控股、并购、高比例送转等。但是，中国证券历来有见利好出货的习惯，因此，投资者如果发现个股涨幅巨大，而原有的潜在题材也逐渐明朗化，转变为现实题材了，要注意提防主力借利好出货。

(4) 有市场主流资金入驻其中。不理会大盘涨跌起落，始终保持强者恒强走势的黑马，一般是因为有具备雄厚实力的市场主流资金入驻其中，而且主流资金是属于进入时间不长的新庄。从股价走势上可以看出这些个股在启动前都曾经历过一段时间潜伏期、期间成交量有明显增大迹象、筹码分布逐渐趋于集中。当主流资金得以充分建仓后，一旦时机成熟，股价往往能拔地而起，涨幅惊人。

三、如何选择卖出股票的时机

投资者的目的如果是既定的利润率，在市场给予的利润率达到一定的程度，而这个利润率在短期内进一步上升的可能性较小时，就是投资者卖出股票的时机。“只有傻瓜才会等着股价达到最高位”，要学会“心想事成，见好就收”。

严格按照原则办事，可制订盈利亏损计划：上涨20%就获利了结（个别能量特别大的股票除外），跌入成本价8%的时候止损。如果是在K值小于D值时购买的，而这时的价位一般又较高，所有的利润率不会低，选择此时出仓是较为适宜的。

在行情已经下跌，短期内的利好消息又不足时，即使是在价位较高时进入的，也得割肉出仓，重新选股，要知道，少损失也就是相对地获利，因为它为下一轮行情保留了力量。假如股价在两三周内（8~12天）急速拉升，成交活跃，通常称为“高潮活动期”。这时，考虑卖出股票。

四、如何把握商品期货与证券联动

从各个资本市场的相互联系与影响中去看证券，视野将大大拓展，清晰度也将大大提高。

（1）透过商品期货来透视证券的机会。投资者很难确定风险巨大或机会巨大时，不妨把眼光放到商品期货上去，尤其是当投资标的就是相关的有色金属板块时，更具有实战威力。

商品期货往往具有先行指标的作用，在两市联动日益密切的背景下，从商品期货当时的状态来对应阶段性股票。两者一联系，会发现阶段性对一些股票的看法会变得更为清晰。投资者完全可以借助当时商品期货的状态，坚定选择持仓或加仓的策略。

（2）抓住稍纵即逝的短线机会。由于证券与商品期货的联动日益紧密，在这联动的过程中，相关的机会与风险孕育其中。一方市场大跌另一方市场要懂得规避，等于提前给予了风险提示；一方大涨更要懂得把握住稍纵即逝的联动短线机会。

（3）未来着眼国际市场。很多机会，其实就孕育在商品期货市场与证券之间的联动过程中，中国的商品期货市场已经是比较成熟的市场，基本跟国际接轨，只是一些具体的规则有点区别。中国的商品期货市场目前更多跟随外盘波动，要更好地研究商品期货与证券的联动，视野还必须放到国外，而国外影响期货市场的波动又涉及汇率等因素。

五、如何分析个股阻力位

在判断支撑位和阻力位时，比较准确的办法就是观察个股K线图的历史价格，最高价、最低价以及收盘价，这些往往可以解决何时买进和何时卖出这两个很重要的问题。

下面介绍一种简单但是非常有效的计算个股的阻力价位的方法：一的八分法。

一的八分法就是将数字 1 进行八等分，X1＝0.125，X2＝0.25，X3＝0.375，X4＝0.5，X5＝0.625，X6＝0.75，X7＝0.875，X8＝1。

使用的方法如下所示：

(1) 确定某只股票的一个波段最低点（按最低价确认最低点）。

(2) 用最低点这一天的收盘价（S）乘以 1.125，得出的结果用 P1 表示，即 S×1.125＝P1。

(3) 那么价格 P1 就是该股从波段低点起开始上涨遇到的第一阻力位，从最低点那天开始往后一天接一天的观察，如果哪一天的收盘价大于 P1 了，那么收盘价大于 P1 的第二天就是最佳卖出时机，同理 P2、P3、P4、P5，一样可以计算出第二、第三、第四等一系列阻力位，用这种方法往往可以卖在波段最高点那一天。

六、如何区分和操作善庄股和恶庄股

中国证券是政策市、消息市、主力市。在政策做空的阶段，空仓是最好的选择；而在政策做多的阶段，发现主力的痕迹是获利的最重要手段。消息面决定实战操作的时机。目前政策做多是众所周知的，发现主力应是投资者操作思维中的重中之重。

沪深市场的主力根据实战风格可以分为善庄、恶庄、智庄、笨庄、蝉庄、蛙庄六大类，这些庄家重仓个股的股价活跃特点如下所示：

(1) 善庄。善庄股的最大特点是走势平稳，跟随大市但强于大市的涨跌。投资者买入善庄重仓的股票容易赚钱，即使因为大盘出现较大的下跌导致股票被牵连下跌，但是在其后大盘走稳后该股有机会恢复股价。善庄选择的股票常常具有明显市场热点特征，并且在基本面上有一定的市盈率特征。比如，海虹控股就是一只友善的长庄股，受到熊市的影响，该股顽强抗争后也出现了下跌，但是牛市来临后很快就收复股价失地，有惊无险。又如，新农开发也是一只善庄股，某周初该股发动，但是没有想到大盘受到利空影响，下跌了 100 点，但是其后大盘企稳，该股迅速的出现上涨，让所有的跟风盘解套并赚钱。

(2) 恶庄。恶庄股的最大特点是走势怪异，买进它就跌，卖出它就涨，不动它也不动。恶庄股往往是一些历史上涨幅较大的庄股和一些基本面正在变坏的庄股，有时一些准备融资的普通股票也是这样。需要警醒的是，一些恶庄股的短线涨幅非常大，如果你比庄家还恶，并投机得当的话，收益也容易让人羡慕得淌口水，但是更多的三无概念投资者被恶庄股杀得想吐血的也不在少数，如某一阶段的银河磁体。

(3) 智庄。智庄股的特点是具备盲点机会与创新机会，如某一阶段的 TCL 集团、武钢股份就是典型的智庄股。智庄股往往是一箭三雕，上市公司达到融资目的，中小投资者欢迎，券商的操作无风险。

(4) 笨庄。笨庄股的特点常常带有神经质，活动没有规律，没有任何题材，基本面和大盘配合，突然的上涨或者莫名其妙的下跌。一些持有这些股票的散户在心灵上会感觉：一会儿上老虎凳，一会儿被灌辣椒水，最后的节目往往是美人计，但是 99%的散户挺不过三天大刑就全招了，其结果往往割在最低价上。

(5) 蝉庄。蝉庄股的特点是像蝉爬树一样沿着上升通道缓慢爬升，这种股票往往是基本面发生较大改变的股票，基金重仓的一些股票常常是这种走势。

(6) 蛙庄。蛙庄股的特点是刺激，像青蛙一样急跳，甚至连续涨停，很多散户敢死队做梦都想买进这种股票。

七、如何识破庄家的折磨术

技术分析有两块基石：第一，一切信息都反映在股价走势上；第二，历史会重演，从过去和现在的走势和形态可以预测未来。随着技术分析的日益普及，加速了市场思维和行为的趋同化，于是，如何让广大投资者经不起底部的折磨，把手中筹码杀跌就成了庄家的首要任务。具体表现为：

(1) 技术形态。即利用“死亡交叉”、“一波比一波低”、“走下降通道”、“下降压力线沉重”、“连阴”、“下跌单边市”、“C 浪开始”、“V”字形“网兜”等图形和形态，把低位买进的中长线仓位和割肉盘“一网打尽”。

(2) 重要技术关口。下跌时击穿被视为“生命线”的30日均线，击穿上升趋势线，击穿先前上攻时的巨量换手的平台，一口气将股价打到很低很低，这会引发市场中不堪忍受折磨的恐慌性杀跌盘。

(3) 单边下跌。庄家经常采用拔档、对倒、打压、炸盘等手段，凶狠地“往下做”。不少投资者天真地以为股价已经打到了庄家的成本之下，获利盘早已没了，还能往哪跌？于是奋不顾身地抢反弹，却一次次被套住，直至“弹尽粮绝”，被迫割肉。而庄家凭借资金的优势，在低位加倍补进掼压所损失的筹码，只需做1/2幅度的反弹，就能获利退场，而上方被套的中小投资者只能“在高楼空等电梯”，备受折磨。

(4) 技术指标。刻意让人们十分关注的KDJ、RSI、MACD、威廉指标在低位出现钝化，并以“日K线指数虽在底部，但周K线和月K线指数却在顶部”为由，认为股价还要跌，甚至大跌，奉劝人们多看少动，耐心持币，做好调整几个月的思想准备，以掩护庄家悄悄建仓。

(5) 形成大盘波段与个股波段的背离。随着机构队伍的壮大，各路庄家对个股的运作与大盘的走势往往不一致：一是大盘在底部时，有些个股在顶部，若不分青红皂白地“抄底”，有可能变成“抄顶”。二是大盘在顶部，有些个股却在底部，若慌不择路地“逃顶”，有可能变成“逃底”。不少人往往是在大盘见顶时把整轮行情中未涨过的底部个股也一起割肉，结果错失了获利的机会。原因就在于不能忍受庄家的折磨。

(6) 下台阶在低位长期震荡。有一些个股明明有丰富的题材，庄家大量建仓，换手率达百分之几百，但由于题材和消息走漏，被另外的机构和大户跟风买进几百万股，于是，庄家不计成本对倒打压，在远离市场成本价之下做来回。尽管指数上涨几百点甚至创新高，但庄家就是不让这些股票涨，迫使意志不坚、不堪受折磨的大户和中小散户割肉、换股。庄家这样做既可达到震仓洗盘的目的，又能做差价，降低成本，还可在低位收集到更多的廉价筹码，更可在时机成熟时一举拉高，把对反弹位形成思维定式的贪做差价者的筹码一网打尽。

八、如何跟着大势买卖股票

采用顺势投资法必须确保两个前提：一是涨跌趋势必须明确；二

是必须能够及早确认趋势。这就需要投资者根据证券的某些征兆进行科学准确的判断，就多头市场而言，其征兆主要有：

(1) 不利消息（甚至亏损之类的消息）出现时，股价下跌。

(2) 有利消息见报时，股价大涨。

(3) 除息除权股，很快做填息反应。

(4) 行情上升，成交量趋于活跃。

(5) 各种股票轮流跳动，形成向上比价的情形。

(6) 投资者开始重视纯益、股利，开始计算本益比、本利比等。

第八章　移动平均线

学习目标

通过教学使学生了解移动平均线的概念和作用；熟悉葛兰维八大法则的内容及其对技术分析走势的作用；掌握金叉、死叉及其组合判断。

移动平均分析又叫变动率分析，是利用统计学上移动平均的原理把每天的股价资料根据需要天数进行平均化处理，绘制出移动平均线，以便消除偶然变动，减弱季节和循环变动，在图上显示出长期趋势，进行买卖点分析的方法。

第一节　移动平均线的基本含义

移动平均线是用统计处理的方式，将若干天的股票价格加以平均，然后连接成一条线，用以观察股价的未来走势。移动平均线的理论基础是道·琼斯的“平均成本”概念。移动平均线可分为短期移动平均线、中期移动平均线和长期移动平均线。一般而言，10 日以下的移动平均线称为短期移动平均线；10 日以上 20 日以下的移动平均线为中期移动平均线；20 日以上的移动平均线为长期移动平均线。

平均数的计算方法是将一组数字相加，再除以数字的个数。移动平均数的计算是在一个时间序列中，剔除已被平均的数据的第一个数据，再加入一个新的数据所求出来的另一个平均数。以 5 日移动平均线为例：

（1）将第 1 日至第 5 日的收盘价（或股指）相加求和除以 5，就得到第一个 5 日平均数。

（2）将第 2 日至第 6 日的收盘价相加求和除以 5，就得到第二个 5 日平均数。

（3）依次类推，将第 N 日至第 N+4 日的 5 个收盘价相加求和除以 5，就得到了第 N 个 5 日移动平均数。

（4）最后将这些计算结果画在坐标图上并连成线，即 5 日移动平均线。其他移动平均线均依次类推。

移动平均线公式化后可作如下表示：按时间序列股价为 $P_1, P_2, P_3, \cdots, P_k$，K 项移动平均值 M_n 的表示式为：

$$M_{n1}=\frac{P_1+P_2+P_3+\cdots+P_k}{k}$$

$$M_{n2}=\frac{P_2+P_3+P_4+\cdots+P_{k+1}}{k}$$

$$M_{n3}=\frac{P_3+P_4+P_5+\cdots+P_{k+2}}{k}$$

移动平均线最大的作用是将一段时间内购买股票者的平均成本公开，在知己知彼的情况下，买卖双方可以从未来成本变动方向中做出明智的决定。具体讲有助涨和助跌两种作用。

第二节　移动平均线的研制规则

美国投资专家葛兰维（Gralivile）根据 K 线与移动平均线之间的关系，给出了判断买卖的信号，创立了移动平均线八大法则。其中四个点属买进时机，另四个点则是卖出时机。

一、买进时机

如图 1 所示，①~④点揭示出四个买进时机：

（1）平均线从下降逐渐转为水平，且有往上方抬头迹象，当股价从平均线的下方突破平均线时，便是买进信号。如图 1 中①所示。

（2）股价趋势走在平均线之上，股价下跌而没有跌破平均线，又再度上升，亦为买进信号。如图 1 中②所示。

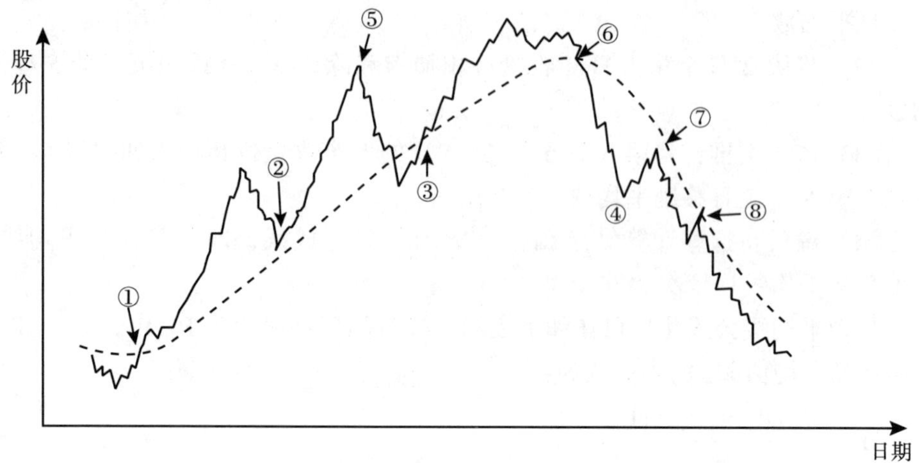

图 1　葛兰维八大法则买卖

（3）股价跌至移动平均线下方，而平均线短期内仍为继续上升趋势，是买进信号。如图 1 中③所示。

（4）股价趋势走在平均线之下时，突然暴跌，距离平均线非常远，极有可能再趋向平均线（这是分久必合的道理），亦为买进时机。如图 1 中④所示。

二、卖出时机

如图 1 所示，⑤~⑧点揭示出了四个卖出时机：

（1）股价在上升中，且走在平均线之上，却离平均线越来越远（股价连续数日大涨），表示近期内购买股票者皆有利可图，随时会产生获利回吐的卖压，卖出较妥。如图 1 中⑤所示。

（2）平均线波动从上升趋势逐渐转为水平线，而且股价从平均线下方突破平均线时，卖压渐重，为卖出时机。如图 1 中⑥所示。

（3）股价趋势在平均线之下，回升时未超越平均线，平均线已有从趋于水平（减缓跌势）再度转向下移的趋势，须卖出持有股票。如图 1 中⑦所示。

（4）股价在平均线上徘徊，而且平均线继续下跌，则宜卖出。如图 1 中⑧所示。

经过长期实验后，葛氏对于上述八法则，认为第三项与第八项比较不能与实际配合，运用时较具风险，若不是非常熟悉平均线，投资人宁可放弃此两项原则，以免承担不必要的风险。

同时若将第一条与第二条合并使用、第六条与第七条合并使用，就会发现：平均线从下降转为水平且有向上波动趋势，股价从平均线下方向上突破平均线，回跌时若不跌破移动平均线，是运用短期移动平均线操作最佳买入时机；平均线从上升转为水平且有向下波动趋势，股价从平均线上方向下突破平均线，回升时无力穿过平均线，是运用短期移动平均线操作最佳卖出时机。第四条和第五条须结合乖离率使用。

第三节 移动平均线的组合分析

一、金叉

所谓“金叉”即短期均线走到上方，稍长些的均线居中，长期均线走到下方。如图 2 所示。

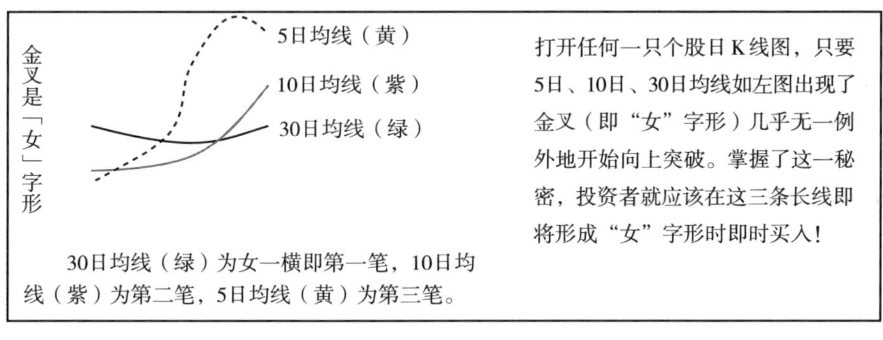

图 2 金叉

二、死叉

所谓“死叉”即长期均线走到上方，稍短些的均线居中，最短的均线走到下方。如图 3 所示。

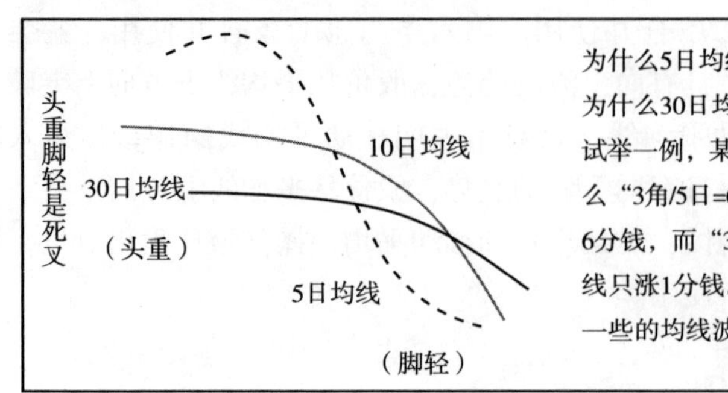

图 3　死叉

三、5 日、10 日、30 日均线

5 日均线又称周线，10 日均线又称半月线，30 日均线又称月线，跌破 30 日均线，强势市场结束。

四、60 日、120 日、250 日均线

60 日均线又称季线，120 日均线又称半年线，250 日均线又称年线。跌破 60 日均线多头市场动摇，跌破半年线，漫长“雨季”来临，跌破年线，熊市“绵绵无绝期”。

五、移动平均线的交叉

1. 黄金交叉

两条移动平均线在上升的市价线下方相交叉，形成多头排列，即短期移动平均线从下方向上穿越长期平均线，这一交叉称为黄金交叉，表示股市行情开始趋向多头，后市看好。

2. 死亡交叉

两条平均线在下跌的市价向上方相交叉，形成空头排列，即短期平均线从上方向下穿越长期平均线。这一交叉就是死亡交叉，表示后市不能再看好。

六、移动平均线的应用

1. 乖离率（BIAS）的计算方法

乖离率是股价偏离移动平均线的百分比值，可分为正乖离率和负乖离率。若股价在平均线之上，则乖离率为正值；若股价在平均线之下，则乖离率为

负值。

2. 股价波动与乖离率

（1）当大势下跌，10 日乖离率小于或等于-10 时，是买进信号。

（2）当大势上升，10 日乖离率小于或等于-5 时，是买进信号。

（3）当大势上升，10 日乖离率大于-10 时，是卖出信号。

（4）当大势下跌，10 日乖离率大于-5 时，是卖出信号。

（5）可以通过在乖离率曲线上画支撑压力线的方法研判买卖时机。

本章小结

一、本章重点

1. 移动平均线的概念和作用。

2. 葛兰维八大法则的内容。

3. 金叉、死叉及其组合判断。

4. 乖离率的计算方法。

5. 葛兰维法则与乖离率的结合应用。

二、难点释疑

1. 领会移动平均线的特点及运用。

（1）移动平均线是一种判断趋势的方法，主要做短期趋势判断。

（2）采用研判移动平均方法消除了随机波动的偶然性、信号比 K 线稳定。

（3）移动平均线在研判中具有支撑线和压力线作用。

（4）移动平均线在判断买卖时机时有滞后性。

（5）盘整时，均线系统会频繁发出买卖信号，要配合其他指标考虑。

2. 灵活运用金叉、死叉进行研判。

金叉：短期移动平均线从下方向上穿越长期移动平均线，也可指股价线从下方上穿一条移动平均线，表明股价近期企稳走高。

死叉：短期移动平均线从上方向下穿越长期移动平均线，也可指股价线从上方下穿一条移动平均线，表明股价近期回落下跌。

研判时要把握整体趋势，行情波动大时，信号可能会有滞后性，不可仅凭一两个指标频繁操作，考虑多指标配合。

3. 乖离率的运用。

主要用于测算目前股价在波动过程中与移动平均线的偏离程度。

指标原理：价格按趋势运行，以均线回归，股价偏离均线程度反映回归要求。

研判标准：

（1）当大势下跌，10 日乖离率小于或等于-10 时，是买进信号。

（2）当大势上升，10 日乖离率小于或等于-5 时，是买进信号。

（3）当大势上升，10 日乖离率大于-10 时，是卖出信号。

（4）当大势下跌，10 日乖离率大于-5 时，是卖出信号。

（5）可以通过在乖离率曲线上画支撑压力线的方法研判买卖时机。

练习题

一、名词解释

1. 黄金交叉。

2. 死亡交叉。

二、填空题

1. 移动平均线的理论基础是______________的“平均成本”概念。

2. 移动平均线可分为____________、____________、____________。

3. 葛兰维八大法则是对______________、______________的判断。

4. 黄金交叉是短期移动平均线______________长期移动平均线所形成的交叉。

5. 葛兰维第（四）五条法则的不确定性可由______________指标弥补。

6. 5 日均线又称______________，10 日均线又称______________，30 日均线又称______________，跌破 30 日均线，强势市场结束。

7. 乖离率能精确显示股价偏离______________的程度。

8. 股价在均线之上，BIAS 为______________，反之为______________；当股价与均线相交，则 BIAS 为______________。

9. 股市下跌平均线居于股价的______________。

10. 当乖离率向上突破压力线时，是______________信号。

三、单项选择题

1. 下列(　　)不是移动平均线的作用。

A. 一段期间内购买股票者平均成本的公开　　B. 助涨作用

C. 助跌作用　　D. 降低成本

2. 根据葛兰维法则，卖出时机是(　　)。

A. 平均线从下降逐渐走平，而股价从平均线的下方突破平均线时

B. 平均线走势从上升逐渐走平，而股价从平均线的上方往下跌破平均线时

C. 股价虽跌入平均线下，而均价线仍在上扬，不久又回复到平均线上时

D. 股价趋势线走在平均线之上，股价突然下跌，但未跌破平均线，股价又上升时

3.（　　）日均线称为月线。

A. 10　　B. 20　　C. 30　　D. 60

4. 乖离率是股价偏离移动平均线的（　　）。

A. 距离　　B. 数值　　C. 百分比值　　D. 大小

5. 在股市下跌行情期间，平均线一般居于股价的（　　）。

A. 下方　　B. 上方　　C. 不一定　　D. 相交一点

6. 5 日均线比 30 日均线（　　）。

A. 反应慢　　B. 反应快　　C. 一样　　D. 难说

参考答案

一、名词解释

1. 两条移动平均线在上升的市价线下方相交叉，形成多头排列，即短期均线上穿长期均线形成的交叉。

2. 两条均线在下跌市价线上方交叉呈空头排列，即短期均线下穿长期均线形成的交叉。

二、填空题

1. 道·琼斯

2. 短期移动平均线　中期移动平均线　长期移动平均线

3. 卖出时机　买入时机

4. 从下方向上穿越

5. 乖离率

6. 周线　半月线　月线

7. 移动平均线

8. 正值　负值　零

9. 上方

10. 买进

三、单项选择题

1. D；2. B；3. B；4. C；5. B；6. B。

投资问答：如何用平均线找黑马？

一、利用平均线找黑马

投资者可以根据以下所提供的方法利用平均线来找黑马：

(1) 选股必须先分析其平均线系统排列的情况，认清该股目前所处的形势。

(2) 在趋势未改变之前不要抛出手中的股票。

(3) 选股应选择均线系统呈多头排列的股票，这些股呈强势，获利的机会大。

(4) 平均线反映的是大众平均持股成本，通过分析股价与均线位置之间的关系，可以估计目前市场上获利抛压及空头回补意愿的强弱。

(5) 强势股也应具有强势均线系统，往往在回档至均线附近即获支持，这正是买入时机。

(6) 选股务必分析短期的乖离率，不宜介入乖离率太大的股票。

(7) 短期均线急速上扬的股票必须注意。

(8) 通过分析均线系统可以得出一系列买卖信号，而均线系统本身反应较慢，所以应该结合日 K 线分析，由它们的位置关系来决定买卖策略。

二、如何观察盘口交易

实时盯盘的基本工作是观察买盘和卖盘，证券中的主力经常挂出巨量的买单或卖单，然后引导价格朝某一方向运动，并时常利用盘口挂单技巧，引诱投资人做出错误的买卖决定。因此，注意盘口观察是实时盯盘的关键。

1. 对敲

主力利用多个账号同时买进或卖出，人为地将股价抬高或压低，以便从中获益。当成交栏中连续出现较大成交量，且买卖队列中没有此价位挂单或成交量远大于买卖队列中的挂单量时，则十有八九是主力刻意对敲所为，此时若股价在顶部多是为了掩护出货，若是在底部则多是为了激活人气。

2. 大单

每笔成交中的大手笔单子。当买卖队列中出现大量买卖盘，且成交大单不断时，往往预示着主力资金活跃。

3. 扫盘

在涨势中常有大单从天而降，将卖盘挂单悉数吞噬，即称扫盘。在股价刚刚形成多头排列且涨势初起之际，若发现有大单一下横扫了买卖队列中的多笔卖盘时，则预示主力正大举进场建仓，是投资人跟进的绝好时机。

4. 隐性买卖盘与买卖队列的关系

在买卖成交中，有的价位并未在买卖队列中出现，却在成交一栏里出现了，这就是隐性买卖盘，其中经常蕴含主力的踪迹。一般来说，上有压板，而出现大量隐性主动性买盘（特别是大手笔），股价不跌，则是大幅上涨的先兆。下有托板，而出现大量隐性主动性卖盘，则往往是主力出货的迹象。

三、如何识别主力建仓

识别主力建仓，是捕捉强势股的关键。但是主力建仓方式绝对不是一成不变的，如果轻易暴露建仓痕迹，势必引来散户跟风，势必引来其他主力的绞杀，因此，主力的建仓必定是隐蔽的，手段只会越来越狡猾。以下是当前应纠正的两个识别主力建仓逻辑错误：

（1）主力建仓一般不会使用千手、百手的整数单。很多人在看盘的时候，喜欢把一些整数买单看作主力建仓数目，事实上，这个分析不准确，在实际操作中，越是有耐心的主力，越喜欢用零散小单试探地买进，而频繁的大买单出现，通常都是发生在拉高出货阶段，这个时候，为了吸引跟风盘的介入，主力就用整数百手、千手单对敲，吸引大众眼球。

（2）一只处于建仓阶段的个股，主力不会让其轻易进入公众视线，特别是两市成交涨幅榜。有很多投资者喜欢通过沪深交易所的公开席位查找每天活跃股的成交回报情况，以试图在公开买进席位上找到主力活动的蛛丝马迹，这个方法，对某些股票的某个特定时期有效，但是，对绝大多数刚刚处于筹码收集阶段的股票来说意义不是很大。通常情况下，处于刚建仓初期的主力，会千方百计控制股价的波动，超过一定价格范围，他会用筹码将价格砸下来，超过一定的换手率，也会采取休息不动的方式。

四、如何在跌势中发现会涨的股

当投资者提出如何把握短线好股票的特征时，杨百万提出了如下几方面的标准：

(1) 买入量较小，卖出量特大而股价不下跌的股票。这种现象说明庄家正在悄悄吸筹。大量的卖盘（而不是成交盘）只是庄家为低价收集筹码而设置的烟幕，因为股价不下跌，正戳穿了庄家的吸筹目的。

(2) 买入量、卖出量均较小，股价轻微上涨的股票。

(3) 放量突破上档重要趋势线的股票。

(4) 头天放巨量上涨，第二天继续强势上涨的股票。

(5) 大市横盘时微涨，大市下行时却逆势上涨的股票。

(6) 个股有利空且放量不跌的股票。

(7) 有规律长时间小幅上涨的股票。

(8) 无量大幅急跌是超短线的好股票。

(9) 送红股除权后继续上涨的股票。

五、如何进行弱势操盘

弱势操盘应该注意以下事项：

(1) 买股票前先进行大势分析。

(2) 中线地量法则。

(3) 短线天量法则。

(4) 强势新股法则。

(5) 成交量法则。

(6) 不买下降通道的股票。

(7) 要敢于买入创新高的股票。

(8) 勇于止损。

(9) 分批买入一次卖出。

六、庄家是如何进行欺骗的

庄家可以利用外盘、内盘的数量来进行欺骗。在大量的实践中，主要有如下情况：

(1) 股价经过了较长时间的数浪下跌，股价处于较低价位，成交量极度萎缩。此后，成交量温和放量，当日外盘数量增加，大于内盘数量，股价将可能上涨，此种情况较可靠。

(2) 在股价经过了较长时间的数浪上涨，股价处于较高价位，成交量巨大，并不能再继续增加，当日内盘数量放大，大于外盘数量，股价将可能继续下跌。

(3) 在股价阴跌过程中，时常会发现外盘大、内盘小，此种情况并不表明股价一定会上涨。

(4) 在股价上涨过程中，时常会发现内盘大、外盘小，此种情况并不表示股价一定会下跌。

(5) 股价已上涨了较大的幅度，如某日外盘大量增加，但股价却不涨，投资者要警惕庄家制造假象，准备出货。

(6) 股价已下跌了较大的幅度，如某日内盘大量增加，但股价却不跌，投资者要警惕庄家制造假象，假打压真吃货。

第九章　形态分析

学习目标

通过教学使学生了解证券投资技术分析的基本方法——形态分析，掌握反转形态、调整形态、缺口形态的股价趋势图。

股价变动在支撑和阻力的相互影响下，配合趋势线的发展，会自然而然地形成多种不同的形态。这种特定形态代表着特定的意义，可以为投资者提供买进或卖出的信号。历史性的图形会反复出现，通过形态分析，可以发现投资者共同表现出来的市场心理、投资偏好的倾向和股价变动的特征及阶段，可以在股价趋势顺着历史线路移动时，及时把握，准备投资。

第一节　形态类型

一般中小投资者都有过下述经历：投资者总想低价买进，高价卖出，可是不能准确判断股价到底进入了低谷还是爬上了顶峰。当股价持续下跌后进入低谷，即将从谷底翻升时，很少有投资者敢下决心趁低价买进，一旦股价反弹时就买不到了；股价上涨一段后，入市成本提高，风险增大，投资者又不敢买，只好等待下一个时机。如果此时冒险跟进，很可能股价正好形成峰顶，行情反转，卖又卖不掉。同理，股价下跌时，投资者又不知道什么时候抛出少一些遗憾。为了能在股市中从容应战，恰到好处地选择买和卖，就得学会技术分析，学会形态分析和买卖点选择艺术。

股价移动规律表明，股价的移动是由多空双方力量大小决定的，股价的移动主要是保持平衡的持续整理和打破平衡的突破这两种过程。股价移动的规律是完全按照多空双方力量对比大小和所占优势的大小而行动的。股价经过一段时间的移动后，在图上即形成一种特殊区域或形态，不同形态显示出不同意义。我们可以从这些形态的变化中摸索一些有规律的东西出来。一般的形态类型可分为反转形态、调整形态和缺口形态等。

反转形态指股价趋势逆转所形成的图形，亦即股价由涨势转为跌势，或由跌势转为涨势的信号。整理形态是显示以往走势的形态，是指股价经过一段时间的快速变动后，即不再前进而在一定区域内上下窄幅变动，等时机成熟后再继续以往的走势。

缺口是指股价在快速大幅变动中有一段价格没有任何交易，显示在股价趋势图上是一个真空区域，这个区域称为“缺口”，它通常又称为跳空。当股价出现缺口，经过几天，甚至更长时间的变动，然后反转过来，回到原来缺口的价位时，称为缺口的封闭，又称补空。

虽然形态的类型有好多分类，但是这些形态中有些是不容易区分其究竟属于哪一类的。例如，一条局部的三垂顶底形态，在一个更大的范围内有可能被认为是矩形形态的一部分。一个三角形态有时也可以被当成反转突破形态，尽管多数时间我们都把它当成持续整理形态。

第二节　反转形态

一、V 形反转

V 形是反转形态中，上升或下降幅度较大，速度较快的一种，它只有一个尖顶或一个尖底。投资者如果能够及时把握，那么差价利润相当可观。但是 V 形很难及时判断，要配合成交量及其他分析方法提前确认，以免错过了买或卖的时机。

（一）正置 V 形

正置 V 形反转四大特征：

（1）出现在相对底部区域。

（2）股价呈加速下跌形态。

（3）突然出现戏剧性变化，拉出了大阳线。

(4) 转势时成交量特别大，在几个交易日内完成V形走势。如图1所示。

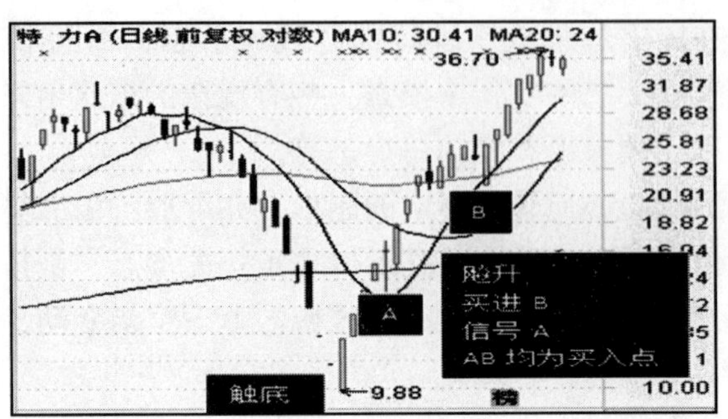

图1　正置V形

(二) 倒置V形

倒置V形三大特征：

(1) 一般出现在行情高位。

(2) 越往上走斜率越陡，成交放大。

(3) 突然转势，连续大阴线下跌，在顶部形成一个倒置的V形，如图2所示。

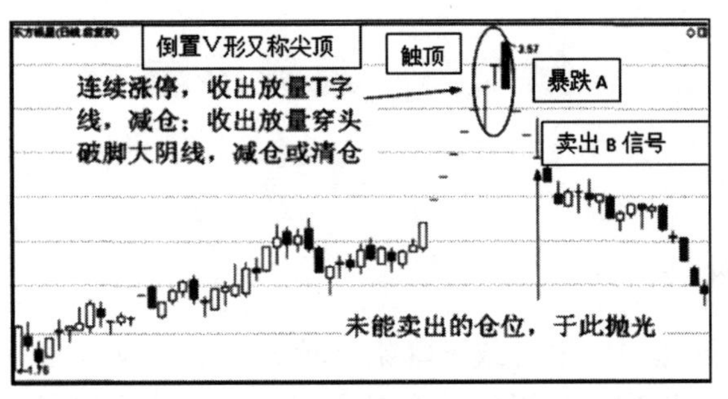

图2　倒置V形

二、M头

M头是典型的卖出信号。M头的形成过程与头肩顶类似，只是M头在股价形成两个差不多的高峰后，突破颈线，进入下跌行情。M头股价向下突破颈线3%时，反转确立，此时也常会有一次股价反弹。M头最小跌幅一般相当于顶部到颈线距离。M头的四大特征如下：

（1）该形态在行情走到高位出现。

（2）出现两个顶点，但两个点不一定一样高。

（3）第二个顶点出现后，快速回落，跌破前一个低点（颈线位）。

（4）在跌破颈线位后会有一个反抽，若反抽过不了颈线位，则确认向下突破有效。

三、W 底

W 底是典型的买进信号。W 底的形成过程与头肩底类似，只是 W 底在股价形成两个差不多的低谷后，突破颈线，进入上升行情。W 底股价向上突破颈线 3%时，反转确立，此时也常会有一次股价反抽。W 底最小涨幅一般相当于底部到颈线距离。W 底有四大特征：

（1）在跌势中出现往往形成两个低点。

（2）两个低点一般高低相差不大，此时成交量极小。

（3）第二个低点出现后即开始放量收阳线，阳线实体越长，则转势力度越强。

（4）在上升突破颈线位后有时会有一个回抽确认，若未跌破颈线，则向上突破有效。

四、圆形反转

也叫碗形、碟形，包括圆弧顶和圆弧底。圆弧底常出现在低面额股票的长期上升趋势中，在形成圆弧底的初期，卖盘压力开始减轻；原来很大的成交量，现在开始减少；股价虽仍在下跌，但跌势趋缓，并逐渐接近水平。股价在底部酝酿一阵后，随着需求的上升，股价开始上涨；成交量也随之快速增长，这种涨势在顶点遇到大盘卖盘后才趋缓。圆弧底中，成交量会形成与股价大致相似的弧形；在圆弧顶中，成交量不太明显。圆弧反转的趋势，开始时比较缓慢。当反转突破时，股价会迅速出现短暂的剧升或剧降；这之后，又继续缓慢变动。圆弧的完成需要相当长的时间，但一旦形成，就是一个很确定的图形。担心风险的投资者比较适合运用圆弧决定买卖时机。

（一）圆弧顶

圆弧顶四大特征：

（1）股价出现在相对高位。

（2）股价虽然不断创出新高，但上升速度已经放缓。

（3）经过一段时间的上升，股价回落后又迅速弹升，但是每个高点却逐渐降低。

（4）成交量不能逐步放大，反而在顶点有逐步减少的现象，如图 3 所示。

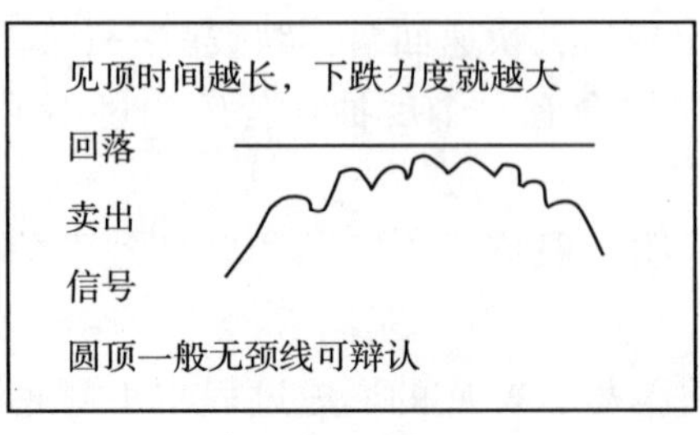

图 3　圆弧顶

（二）圆弧底

圆弧底的四大特征：

（1）圆底是在清淡的市场气氛中悄悄形成的底部形态。

（2）往往要耗时几个月甚至更长时间。

（3）股价下跌到低位，成交量很小，主力机构耐心地压价收集筹码。

（4）在整个形态形成过程中，成交量也是一个圆底形。

五、头肩形反转

头肩形在日本称作三尊形，是最重要的，也是最常见的反转形态，分头肩顶和头肩底两种，分别代表向下和向上的反转趋势。头肩顶由一个主峰，两个低峰组成，起形状很像人的头和两肩。头肩顶的形成开始于一个很强的上升趋势，那时成交量很大；股价在上升一段幅度后每开始下跌，成交量也开始减少，形成一个左肩。随后股价和成交量第二次上升，并超过左肩顶点所在的价位时，再次下跌，并接近前一个下跌底部的价位，形成一个“头”。第三次上升，形成右肩，但成交量相对较少。在第三次下跌穿过颈线，而且以收盘价在这条线下距离为市价 3%左右时，头肩顶正式完成。头肩顶是一个信号，表示股价已经达到顶部，不久，股市将进入下跌行情。但一般还有一次小幅反弹，这是抛股的最后一次好机会，被称作逃命线。头肩底的情形正好相反。

（一）头肩顶

头肩顶的四大特征：

（1）头肩顶包括三个明显的高峰，其中中间一个明显高于其他两个。

（2）成交量方面则出现依次下降的局面。

（3）这是一个长期趋势的转向形态，通常会在牛市的尽头出现。

（4）当时市场多头气氛浓重，而股价开始出现滞涨。

（二）头肩底

头肩底四大特征：

（1）急速地下跌，随后止跌反弹，形成第一个波谷，这就是通常说的“左肩”。

（2）第一次反弹受阻，股价再次下跌，并跌破了前一低点，之后股价再次止跌反弹形成了第二个波谷，这就是通常说的“底部”。

（3）第二次反弹再次在第一次反弹高点处受阻，股价又开始第三次下跌，但跌到与第一个波谷相近的位置后就开始反弹形成一底，这就是通常说的“右肩”。

（4）自“右肩”开始的反弹，成交量显著增加。

六、三角形反转

当股票最高和最低价的变动幅度逐渐缩小时，上下两条倾斜趋势线共同约束股价发展，最终形成尖顶的三角形。三角形的出现，一般表示上涨或下跌趋势的暂时停止，所以三角形态也被归类为调整形态。由于三角形突破后，股价会发生大的反转，我们把它当作反转形态，进行分析。三角形有直角三角形、对称三角形等形式。

（一）对称三角形

对称三角形特征：

（1）在对称三角形形成过程中，由于买卖双方势均力敌，坚持不下，股价变动幅度逐渐变小，成交量也很低。

（2）变动过程中高价连线与低价连线近乎对称，分别作为上下斜边，约束股价波动，形成锐角三角形轨迹。

（3）当股价突破对称三角形，向上或向下发展时，成交量会大量增加。

（二）直角三角形

直角三角形特征：

（1）是由一条水平界线和另一条倾斜界线，在顶点相交形成，它分上升直角三角形和下降直角三角形两种。

（2）上升直角三角形的股价有一个水平上限，当股价突破此上限后，升幅会增大；下降直角三角形股价有一个水平下限，下降走势突破后，股价反转下跌。

（3）直角三角形在能看出其形状时，就可以预先知道今后股价向上或向下的走势，是一种比较稳妥、有把握的反转图形。

七、矩形反转

矩形反转的特征：

(1) 股价在上下两条界线之间变动，形成矩形形状。

(2) 矩形常在股价变动中途转入调整阶段时出现，但当整理结束，股价突破矩形后，行情就会反转上涨或下跌。矩形越长，说明股票买卖双方对峙时间越长，预示着突破上限引起上升或突破下限导致股价下跌的幅度也越大。

(3) 在股价图上出现矩形时，要特别注意它的突破点及其突破方向，以便及时地买进或卖出。

第三节　调整形态

任何一种股票的价格在上升或下跌过程中，由于买卖双方势均力敌，或者股价变动太快，幅度太大，常会回档，再继续朝原来走势发展。此时，股价的变动趋势并没有反转，而是下跌到一个能够支撑或上升到一个有足够压力的股价水平，由于一些不重要的因素促成股价横向变动，这就是股价的整理。整理形态的出现，表示原来趋势的继续。重要的整理形态有三角形、矩形、W 形、M 形、旗形等。

旗形指股价趋势发展途中，出现的形如小旗的狭窄而且倾斜的小长方形，急速上升或下跌的前段股价变动过程形成旗杆。其旗形在上涨趋势中形状下倾，称为上升旗形；在下跌趋势中，形状上倾，称为下降旗形。形成旗形后的继续涨跌幅度，一般是原来已经涨跌幅度的一倍，即等于旗杆的长度。

第四节　缺口理论

在股市中的跳空行情，也就是股价快速变动所形成的一段没有交易的价格范围。在日线图中，缺口表示某种股票某天最低成交价比前一天还低的情形。缺口对日后的发展趋势具有很大的影响，通过对缺口的分析，投资者可以掌握最有利的投资机会。

一、普通缺口或区域缺口

在价格密集的形态中，大部分交易集中在顶线和底线，中间区域形成无成交地带，从而形成区域缺口。这种缺口常发生在整理形态中，一般几天之内就会被填上。普通缺口的认定可以协助短线投资者判断出盘局形态正在酝酿。

二、突破缺口

突破缺口常发生在价格密集形态完成后，股价开始突破盘局区域的界限，而有急速大幅的上涨或下跌时。头肩形颈线的突破，三角形界限的突破等常会出现这种缺口。

大量成交量是股价上升突破缺口的强有力保证。如果在缺口发生之前，股市中已有很大的成交量，而在缺口发生后，成交量反而变得很少，那么股价很可能在下一次级波动中回到原来形态的边界，而把缺口封闭；如果在缺口发生后，还有很大的成交量配合，那么短期内股价很难回档，缺口不易被封闭。

突破缺口的出现是股价已进入急速上升或下降阶段的信号，投资者此时可以坚定信心，加大买卖数量。

三、继续或逃逸缺口

继续或逃逸缺口又称作测量缺口，它出现在一段完整走势的半途，也就是发生在股价某个剧烈变动开始和变动结束之间；投资者可以根据缺口测量股价涨跌幅度，即股价到达缺口后，可能继续变动的幅度一般等于股价从开始移动到这一缺口的幅度。在日线图中，收盘价为当天最高价或接近最高价时，可能发生缺口。继续缺口抗拒力强，不易被封闭。

四、竭尽缺口

表示股价在一个大量上升或下跌的变动趋势中，力量逐渐耗尽，涨或跌的势头即将停止，开始进入整理或反转形态前作最后一次跳跃，而使股价的趋势大幅变动。竭尽缺口是股价上涨或下跌行情结束前的信号，是卖出点或买入点出现的标志。

三个跳空缺口的四大特征：

（1）出现在涨势中。

（2）在上升行情中，由于多方力量占绝对优势，股价跳空高开，留下了向上无成交的空白区域，并保持到收盘，这就形成了上升的缺口。

(3) 三个向上跳空缺口依次为向上突破缺口，向上持续缺口，向上竭尽缺口。

(4) 特别强势中甚至会出现4~5个跳空缺口。

股价在留下向上突破缺口后，可跟进做多，往后出现向上持续缺口，可追加筹码，一旦发现收盘回补完缺口应反手卖出，离场观望。向上竭尽缺口出现后，不宜再追涨，应适时减磅，一旦发现向上竭尽缺口被填补，持股者应立即停损出局。

五、除息、除权缺口

股价在除息日扣除股息或在除权日扣除权值后，与前一天价格相比，在市价图上会留下一段没有成交的价格区域，构成除息或除权缺口。

每当公司发放股息或派购红股时，都要规定一个除息日或除权日，因此，每种股票在除息、除权之后都会出现股价缺口，它是由制度因素引起的，并没有反映供求关系的新变化，其技术分析价值不大。除了除权、除息缺口外，其他缺口的分析是很重要的。区域缺口通常出现在区域密集的价格形态内部，而突破缺口则发生在股价正要突破形态时；逃逸缺口一般没有形态伴随，发生在股价急速或直线变动的时候。从整个股价变动角度看，突破缺口表示这种变动的开始，逃逸缺口是快速变动的中点或接近中点的信号，而竭尽缺口的出现，则表示股价已走到了终点。这些缺口的判断，如果能结合成交量的分析，则更为准确（如逃逸缺口与竭尽缺口的区分，主要在于竭尽缺口的成交量往往特别大）。

本章小结

一、本章重点

1. 掌握反转形态、调整形态、缺口形态的股价趋势图。
2. 熟练判断各种反转形态，并注意其区别。
3. 结合实例，分析股价趋势图的走势。
4. 掌握重要的整理形态。
5. 缺口理论内容和几种常见缺口。

二、难点释疑

1. M头与W底的特征区别，研判时切勿混淆。

总结如表1所示：

表 1　M 头与 W 底特征区别

	M 头	W 底
位置	升势高点时出现	跌势低点时出现
顶/低点	两顶点不一定一样高	两低点高度相差不大
第二顶/低点后	快速回落跌破前一低点	开始放量收阳线
反抽	后市反抽不过颈线，则突破有效	

2. 区别头肩顶与头肩底的形状。

头肩顶如图 4 所示：

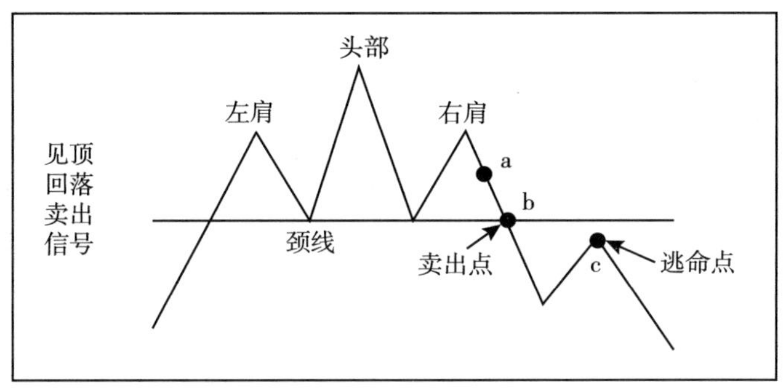

图 4　头肩顶

在 a 点，不可贪心，要冷静观察；

股价跌破 b 点颈线，要卖掉股票；

股价回档到 c 点，果断将手中股票抛空。

头肩底如图 5 所示：

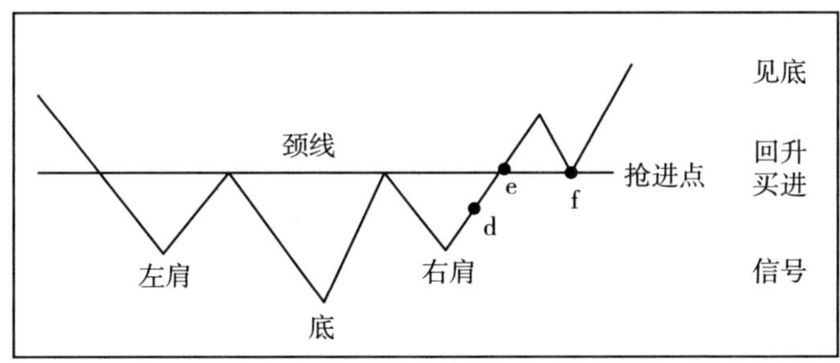

图 5　头肩底

d 点第一次买进机会（先试探性买入）。

当股价超过 e 点颈线且有大成交量配合，头肩底正式形成，放心购股转下行 f 点股价突破颈线，回档后上升，安全买入点。

3. 三角形反转。

当股票最高价和最低价变动幅度逐渐缩小时，上下两条倾斜趋势线共同约束股价发展，形成三角形，一般归为调整形态，突破后，股价发生大的反转。分为以下四种，如图 6 所示：

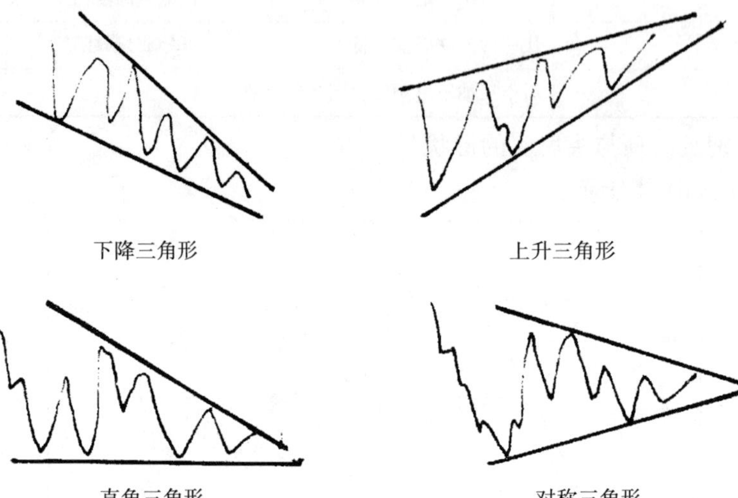

图 6　三角形反转

4. 缺口理论和缺口确认。

一个上升的阶段通常有三个缺口：突破缺口、继续缺口、竭尽缺口。大成交量是股价上升、突破缺口的强有力保证。

继续缺口是出现在完整走势的半途，缺口抗拒力强、不易被封闭。

竭尽缺口是股价上涨或下跌行情结束前的信号。

股价缺口有重要的技术意义。

练习题

一、名词解释

1. 缺口。

2. 反转形态。

二、填空题

1. 股价变动在____________和____________的相互影响下，配合____________的发展，会自然而然形成多种不同形态。

2. 股价移动的规律是完全按照____________大小和____________大

小而行动的。

3. 一般形态类型可分为__________、__________和__________等。

4. 反转形态指股价趋势__________形成的图形。

5. 缺口是指股价在快速大幅度变动中有一段__________没有任何交易，显示股价图上一个__________，缺口又称__________。

6. __________形是反转形态中上升或下降幅度较大，速度较快的一种，只有一个尖顶/底。

7. M 头是典型的__________信号。

8. 矩形越长，说明__________、__________和__________越长。

9. 在股价图上出现矩形，注意它的__________及__________。

10. 每股股票在除息、除权后都会有__________。

11. 逃逸缺口与竭尽缺口区别主要是____________________。

三、判断题

1. 小成交量是股价上升突破缺口的有力保证。(　　)

2. 继续缺口出现在一段完整走势的末端。(　　)

3. 第三个跳空缺口一定是竭尽缺口。(　　)

4. 圆弧顶中，成交量也呈圆弧顶形。(　　)

四、选择题

1. M 头股价向下突破颈线的(　　)，反转确立。

A. 3%　　B. 6%　　C. 10%　　D. 1%

2. 第二个低点出现后即开始放量，收阳线是(　　)的特征。

A. M 头　　B. 圆弧底　　C. V 形底　　D. W 底

3. 下列(　　)不是圆弧底特征。

A. 在清淡气氛中形成　　B. 耗时数月或更长

C. 成交量也显示圆底形　　D. 股价下跌低位，成交量放大

4. 头肩顶的特征(　　)。

A. 成交量依次下降　　B. 两高点高低相同

C. 第二高点后快速回落　　D. 跌势中出现

5. 当股价变动幅度缩小，趋势线共同约束股价形成(　　)。

A. 头肩顶　　B. 三角形　　C. 矩形　　D. 圆弧形

6. 三角形表示涨跌趋势暂时停止，因此归为(　　)。

A. 下降趋势　　B. 调整形成　　C. 缺口形态　　D. 上升形态

7. 竭尽缺口出现应(　　)。

A. 追涨　　　　B. 减磅　　　　C. 观望　　　　D. 止损

8.（多选）下列属于整理形态的是(　　)。

A. 三角形　　　B. 矩形　　　　C. W 形　　　　D. M 开口

E. 旗形

五、简答题

1. 简述倒置 V 形的三大特征。
2. 列举书中所述的几种反转形态。
3. 指出下图①②③形态，说明理由。

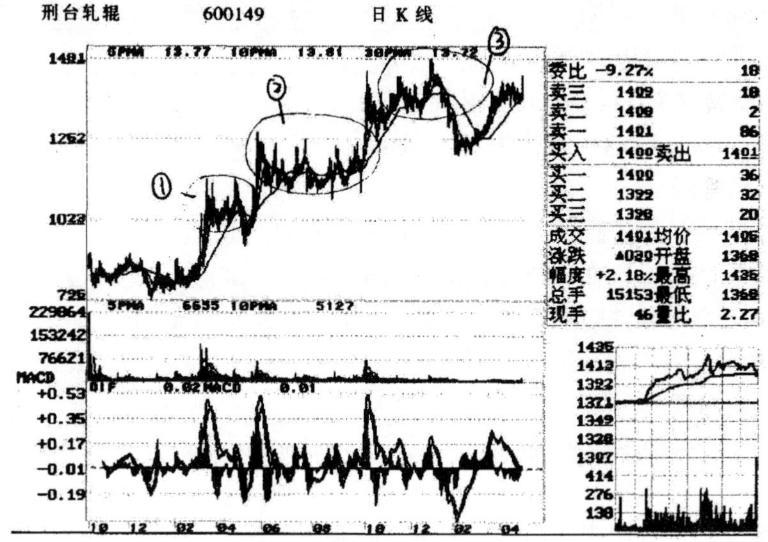

参考答案

一、名词解释

1. 缺口是股价在快速大幅变动中有一段价格没有任何交易，显示在股价趋势图上是一个真空区域，又称跳空。

2. 反转形态是股价趋势逆转所形成的图形，股价由涨转跌或由跌转涨的信号。

二、填空题

1. 支撑　阻力　趋势线
2. 多空双方力量　对此所占优势
3. 反转形态　调整形态　缺口形态

4. 逆转

5. 价格　真空区域　跳空

6. V

7. 卖出

8. 股票　买卖双方　对峙时间

9. 突破点　突破方向

10. 缺口

11. 成交量特别大

三、判断题

1. ×；2. ×；3. ×；4. ×。

四、选择题

1. A；2. D；3. D；4. A；5. B；6. B；7. B；8. ABCDE。

五、简答题

1. （1）一般出现在行情高位；

（2）越往上走斜率越陡，成交放大；

（3）突然转势，连续大阳线下跌，在顶部形成一个倒置的 V 形。

2. （1）V 形反转；（2）M 头；（3）W 底；（4）圆弧顶与圆弧底；（5）头肩顶与头肩底；（6）三角形反转；（7）矩形反转。

3. （1）M 头，上攻行情，两顶点，后快速回落，突破前一低，本轮行情结束遂进入下一轮行情；

（2）圆弧底，整理时间较长，成交量配合圆底形；

（3）M 头，形成于高位，两顶点高度不完全一致，速回落，破前低点。

投资问答：如何选出强于大盘的强庄股？

一、如何选出强于大盘的强庄股

要发现强庄，必须先找到一个参照物，才能衬托出强庄的独立走势出来。通过不同的参照物，可以把强庄大致分为以下三种类型：

1. 大盘之强庄

大盘下跌是个股下跌的重要原因。大盘在下跌的时候，自然成为检验个股庄家实力的试金石。所以，毫无疑问，大盘是个股的最好参照物之一。

以大盘为参照物，与大盘相比较，强庄的走势有以下两种情况。

(1) 当大盘下跌的时候，个股却是横盘或强势上攻。这种情况比较好理解。

(2) 不管大盘跌也好，涨也好，个股却独自横盘不动。

在大盘跌的时候，它能横盘不动，说明庄家的实力很强；大盘涨的时候，一般的股票都会随波逐流往上涨，它也能横盘不动，说明庄家控制盘面的能力很强，庄家并不想借大势往上拉，而是通过大盘涨自己不涨的方法来折磨投资者，当你想追其他的上涨股票时，只好抛出手中的股票，那么庄家也就达到了洗盘的目的。这种洗盘的方法称为“不涨洗盘法”。

这种股票算是最典型的强庄，可谓完全弃大盘于不顾，走势中充满了个股的个性。发现这种类型的强庄主要有两种方法。

一是在指标栏里调出平均股价指数，然后对照个股走势，看看哪些个股在大盘下跌的时候，还能强势横盘或逆势上攻。看看哪些个股的走势完全不理会大盘，充满了自己的个性。二是运用CI个性指标发现强庄。

当大盘下跌的时候，个股的个性指标还能够连续几天收阳，说明该股有人护盘。而大盘横盘的时候，个股的个性指标上涨，说明该股庄家的实力比较雄厚。

2. 板块之强庄

个股的第二个参照物是板块。当同一个板块的其他股票开始下跌的时候，该股还能保持强势，说明该股有大资金护盘。其实，如果把一个板块自定义一个指数，那么当该板块指数在下跌的时候，板块中比较抗跌的个股，应该值得关注，强庄本色展现得淋漓尽致。

3. 利空之强庄

利空消息，对于个股来说，也是下跌的理由之一。当个股有重大利空的时候，股价一般都会下跌。如果一只股票在重大利空的打击下，股价仍不弯腰，说明该股有强庄进驻。因为庄家把受利空消息影响而恐慌抛出的筹码照单全收，所以股价才能保持强势。

二、如何判断现在应止损还是继续捂股

对于是否止损，市场中存在两种观点。由于各自的投资出发点不

同，看问题的角度不同，所以，观点也迥然不同。一种认为止损是减少账面损失继续扩大，避免深度套牢的利器，是壮士断腕的英勇之举。另一种观点认为止损实际就是割肉，是把自己的股票在相对较低的价位上割肉给庄家的愚蠢行为。这两种观点代表着不同的市场观，代表着不同的操作风格。甚至在遇到股票被套时，采取的应变策略也完全不同，一种会采取止损策略，另一种会采取捂股策略。

投资者在买入股票被套后，首先面临的问题就是必须在卖还是留之间做出选择，也就是在止损和捂股之间做出选择。具体选择时可参照如下标准：

（1）分清造成套牢的买入行为，是投机性买入还是投资性买入。凡是根据上市公司的基本面情况，从投资价值角度出发选股的投资者，可以学习巴菲特的投资理念，不必关心股价一时的涨跌起伏。

（2）分清该次买入操作，属于铲底型买入还是追涨型买入。如果是追涨型的买入，一旦发现判断失误，要果断止损。如果没有这种决心，就不能参与追涨。

（3）分清这次炒作是属于短线操作还是中长线操作。做短线最大的失败不是一时盈亏多少，而是因为一点失误就把短线做成中线，甚至做成长线。不会止损的人是不适合短线操作的，也永远不会成为短线高手。

（4）认清自己属于稳健型投资者，还是激进型投资者。要认清自己的操作风格和擅长的操作技巧，如有的投资者有足够的看盘时间和盘中感觉，可以通过盘中 T+0 或短期做空来降低套牢成本。

（5）分清买入时大盘指数是处于较高位置，还是处于较低位置。大盘指数较高时，特别是市场中获利盘较多，投资者们得意扬扬，夸夸其谈时要考虑止损。

（6）分清大盘和个股的后市下跌空间大小。后市下跌空间大的要坚决止损，特别是对于一些前期较为热门、涨幅巨大的股票。

（7）分清主力是在洗盘还是在出货。如果是主力出货，要坚决彻底地止损。要记住主力出货未必在高位，主力洗盘未必在低位。

（8）根据自己仓位的轻重，如果仓位过重而被套的，要适当止损一部分股票。这样不仅为了回避风险，也有利于心态的稳定。

三、如何预知盘中股票将要拉升

买了就涨，是许多人梦寐以求的事情。其实对于操盘手来说，盘中预知股票将要拉升，并不是"可'想'不可求"的事情，而是通过长期看盘、操盘实践，可以达到或者部分达到的境界。其中一个重要方法是"结合技术形态分析量能变化"，尤其是分析有无增量资金。一般说，量价关系如同水与船的关系、水涨船高的关系。因此，只要有增量资金，只要增量资金足够，只要增量资金持续放大，则股价是可以拉升的。重要预测公式和方法如下。

首先，预测全天可能的成交量。公式：

240 分钟÷前市 9:30 到看盘时为止的分钟数×已有成交量（成交股数）

使用这个公式时要注意两点：

(1) 往往时间越是靠前，离开 9:30 越近，则越是偏大于当天实际成交量。

(2) 一般采用前 15 分钟、30 分钟、45 分钟等三个时段的成交量，来预测全天的成交量。过早则失真，因为一般开盘不久成交偏大偏密集；过晚则失去了预测的意义。

其次，如果股价在形态上处于中低位，短线技术指标也处于中低位，要注意下列五个事项：

(1) 如果"当天量能盘中预测结果"明显大于昨天的量能，增量达到 1 倍以上，则出现增量资金的可能性较大。

(2)"当天量能盘中预测结果"一般说来越大越好。

(3) 注意当天盘中可以逢回荡，尤其是逢大盘急跌的时候介入。

(4) 如果股价离开阻力位较远，则可能当天涨幅较大。

(5) 如果该股不管大盘当天的盘中涨跌，都在该股股价的小幅波动中横盘，一旦拉起，拉起的瞬间，注意果断介入。尤其是如果盘中出现连续大买单，股价拉升的时机也就到了。通过分析量能、股价同股指波动之间的关系、连续性大买单等三种情况，盘中是可以预知股票将要拉升的。

综合上述，股价处于中低位，量能明显放大，连续出现大买单的股票中，有盘中拉升的机会。尤其是股价离开重阻力位远的，可能出现较大的短线机会。

最后，如果股价处于阶段性的中高位，短线技术指标也处于中高位，尤其是股价离开前期高点等重阻力位不远，要注意以下两点：

(1) 量能明显放大，如果股价走低，则是盘中需要高度警惕的信号。不排除有人大笔出货。这可以结合盘中有无大卖单分析。

(2) 高位放出大量乃至天量，即使还有涨升，也是余波。

四、如何识别真突破与假突破

股价的走势分析无论从形态的角度还是趋势的角度都存在着一个突破技术上的支撑或压力位置的判断。目前大部分技术分析的教科书上通常都将突破条件的确认方式总结为："突破幅度在3%~5%，突破时间持续在3天以上"，但是在实战当中具体情况却要比书本上复杂得多。

实盘操作中，会发现3%~5%的幅度、3~5天的时间是无法实际确认某只股票走势是否形成了有效的突破。武汉控股（600168）近期的日K线图上就能够反映出这个问题。

该股从2014年10月阶段性的筑底成功以来，股价保持了震荡向上、重心逐渐上移的趋势，下方的技术支撑线向上的斜率是比较明显的。但同时在13.8元一线的技术阻力位置也相当清晰，以至于自2014年10月初至2015年3月底的日K线图形态形成了一个较大的三角形整理。如何确认股价是否构成了对某一技术点位的突破便成了判断后市走向的关键。

该股3月底至4月初的走势确实在短线上构成了对三角形上沿的击穿，幅度也超过了3%，时间曾达到一周以上，但是随后股价走势仍然是向下回档。目前已回到水平技术压力线的下方，而且近期的反弹仍然受阻于这个位置，反倒构成了对三角形下沿的支撑线有效击穿，股价趋势开始走弱。在这个案例当中，对上方的突破是假的，目前看对下方的突破却是真的，而且这两次相反方向的突破动作间隔的时间如此之短，应该怎样分析呢？

对技术形态的突破确认不能简单地运用一种标准，尤其是对长期整理形态的突破更是如此，因为此时股价运行的惯性较大，通常会尽量保持原先的整理格局。所以在这种情况下要求突破的走势一定要明显。对于向上方的突破来说，基本要求是干净利落不要拖泥带水，同时对股价这一波段的技术支撑均线不能击穿。

在这个案例当中该股进入 3 月以来的短线技术支撑均线就是 10 日均线，股价在突破三角形上沿时这条均线的支撑作用却失效了。对于向上方突破的另一个确认条件就是突破之后可能会形成一段时间的短线震荡，但震荡不能走成量价衰竭的走势，在这个案例中其短线波浪震荡的第二个高点没有超过突破后的第一个高点，而且成交量开始衰竭（衰竭是指缓慢的缩量，与异常的萎缩是两回事），因此不构成向上突破的有效强势。

在判断一只股票后市能否形成突破走势时，击穿压力线之后的短线技术特征所发出的信号是最重要的，甚至对中长期走势有相当大的影响作用，而不能简单地参照空间与时间的标准。

第十章　主要技术指标分析

学习目标

通过教学，使学生熟悉平滑异同移动平均线的含义及应用；了解强度相对指标、随机指标、威廉指标与成交量净额法的研判技巧；掌握主要技术指标的优缺点。

技术指标理论是众多技术分析理论中的一种常用理论。技术指标理论是根据市场行为的某一方面，建立一个数学模型，给定数学上的计算公式，得到一个体现证券市场某一方面内在实质的数字即指标值。指标值的具体数值和相互关系直接反映证券市场所处状态，为投资者投资提供操作方向参考。每个技术指标都是从一个特定的方面对证券市场进行分析，通过数学模型得出的技术指标所反映证券市场某一方面深层次的内涵，通过原始数据是很难得出的。由于对原始数据处理方法上的差异，技术指标的种类和形式很多。目前世界上用于证券市场分析的技术指标不下一千种，并且随着时间的推移，新的衍生金融工具出现，技术指标家族还将不断增加新成员。本章将介绍几种常用的技术指标，供技术派投资者在买卖股票时参考。

第一节　平滑异同移动平均线（MACD）

平滑异同移动平均线（MACD）是根据移动平均线较易掌握趋势变动的方向之优点所发展出来的，它是利用两条不同速度（一条变动的速度较快——短期的移动平均线，另一条较慢——长期的移动平均线）的指数平滑移动平均线来计算两者之间的差离状况（DIF）作为研判行情的基础，然后再求取其DIF之9日平滑移动平均线，即MACD。该技术指标自1979年发明以来，逐渐受到股市中投资者的青睐，普遍认为其发出的买卖信号较为准确。目前，该指标的分析方法已风靡世界，它对于新兴的中国股市，同样具有重要的参考作用。有关MACD的计算方法，由于其较为烦琐，如果在每天收市后用手工计算综合指数或个股的MACD数据，恐怕难以做到。所幸现在很多国内外的股市分析电脑软件均有现成数据提供随时咨询。

第二节　相对强弱指标（RSI）

目前在技术分析方面使用最普遍的，除了平均线之外，可能就属相对强弱指标RSI（Relative Strength Index）。RSI根据股价涨跌幅度变动来分析一段时间内股市多空双方相对强弱趋势。股价涨幅较大，则说明多头力量较强，股价可能继续上涨；反之则说明空头力量较强，股市可能下跌。

RSI的计算相对比较复杂，在计算过程中涉及上涨幅度平均数和下降幅度平均数及所设定的周期，所幸现行市场上所有的股票分析软件都有现行的RSI值，并且可根据投资者的喜好随意设定周期。除了以14天为周期外，也有人采用6天、10天、12天等。总体上来说，若采用的周期天数短，RSI指标反应可能过于敏感；天数太长，又可能反应太慢，如何取决，则依个人经验喜好。

RSI的基本研判技巧：

（1）6日RSI值在85以上或15以下时，可能会出现反转，应注意择时卖出或买进。

（2）盘整时，RSI一底比一底高表示多头势强后市可能再涨一段，应为买进时机。反之，如一底比一底低是卖出时机。

（3）RSI比K线更能看出其走势形态，因此可以利用切线画出支撑线或阻力线，以判定未来走势。

（4）若股价尚处于盘整局面而RSI已整理完成呈现形态，则价位将随之突破盘整区，应注意RSI的形态走向。

（5）若股价创新高点，在高档区盘旋，同时RSI也创新高点时，表示后市仍强，若RSI未同时创新高点，则表示即将反转。

（6）若股价创新低点，RSI 也同时创新低点；则后市仍弱，若 RSI 未创新低点，股价极可能反转。

（7）RSI 在高 RSI 区和低 RSI 区时会渐渐迟钝，失去其作用，故此时对 RSI 研判应注意配合其他指标。

（8）一般情况下，RSI 在 50 以下为弱势市场，在 50 以上为强势市场。

（9）RSI 在 50 以上时所反映的信号准确性较高。

第三节　随机指标（KDJ）

随机指标（KDJ）线是欧美期货常用的一种技术分析工具。由于期货风险性波动较股市大，需要较短期、敏感的指标工具。KDJ 刚好是这样一种指标，因此 KDJ 对于中短期股票的技术分析也颇为适用。随机指标综合了动量观念、强弱指标与移动平均线的优点，具有较强的实用性。

随机指标一般通过一个特定周期（常为 9 天）内出现过的最高价、最低价及最后一天的收盘价这三个数字来计算最后一天的未成熟随机值（Raw Stochasti Value）。

随机指标的随机观念远比移动平均线实用，移动平均线在习惯上只以收盘价来计算，因而无法表现出一段行情的真正波动幅度。换句话说当日或最近数日的最高价、最低价无法表现在移动平均线上。而这几种指标在 KDJ 上都能得到体现。

KDJ 线中的未成熟随机值随着 9 日中高低价收盘价的变动而有所不同，如果行情是一个明显的涨势，会带动 K 线（快速平均值）与 D 线（慢速平均值）向上升。如果涨势开始迟缓，便会慢慢反映到 K 值与 D 值，使 K 线跌破 D 线，此时中短期跌势即告确立。

实践中，K 线与 D 线常配合 J 线的指标使用（$J=3K-2D$）其目的是求出 K 值与 D 值的乖离程度，从而领先 KD 值找出头部和底部。

由于 KDJ 线本质上是一个随机波动的观念，故其对于掌握中短期的行情走势非常准确。

KDJ 的基本研判技巧：

（1）当 K 值（即短期平均值）大于 D 值（即长期平均值），表示目前是向上涨升的趋势，因此在图形上 K 线向上突破 D 线时，即为买进信号。

（2）当 D 值大于 K 值，显示目前的趋势是向下跌落，因此在图形上 K 线向下跌破 D 线时，为卖出时机。

（3）当 D 值跌至 10~15 时是最佳的买入时刻，若高至 85~90 时则属卖出信号。

（4）K 值大于 80 时，为强烈卖出信号，K 值小于 20 时，为强烈的买入信号。

（5）K 线与 D 线在高档二次交叉则行情将下跌，在低档二次交叉则行情将大涨。

（6）KDJ 不适合发行量太小，交易量太小的股票，而适合于热门性大股。

（7）K 线与 D 线在 50 处交叉为盘整，此指标无明确的买卖信号。

（8）J 值大于 100 时，应尽快卖出，J 值小于 10 时，应争取买进。

KDJ 的优缺点：

KDJ 指标比 RSI 准确率高，且有明确的买卖点出现。但 KDJ 指标图中 K 线、D 线交叉时须注意“骗线”出现，因 KDJ 过于敏感，易被操纵。

第四节　威廉指标（WR）

威廉指标（WR）是利用摆动点来衡量市场的超买超卖现象，可以预测循环周期内的高点和低点，从而提出有效的信号，它是分析市场短期行情走势的技术指标。现行股票分析软件中，威廉指标由上至下表示为其值由低至高。

威廉指标由拉瑞·威廉于 1973 年首先发表，原名称为“超买超卖指标”。计算时首先要决定周期日数，此数可以取一个买卖循环的半数。许多技术分析专家认为一个买卖的循环期为 28 天，扣除周六和周日，实际交易日为 20 天，一个较长的买卖循环期为 56 天，交易日为 40 天，如取其一半则为 10 日或 20 日，所以 WR 的系数可用 10 日或 20 日，也有取更小的周期日数如 5 日来计算 WR 的。

威廉指标的计算公式与强弱指数、随机指数一样，计算出来的结果都在 0 与 100 之间摆动，不同是威廉指标的值越小，市场的买气越重；反之其值越大，市场卖气越重。

威廉指标研判的基本技巧：

（1）当威廉指标高于 80，市场处于超卖状态，行情即将见底，80 的横线一般称为买入线。

（2）当威廉指标低于 20，市场处于超买状态，行情即将见顶，20 的横线一般称为卖出线。

（3）当威廉指标由超卖区向上爬升，表示行情可能转向，一般情况下，当威廉指标突破 50 中轴线时，市场由弱转强，可以追买。

（4）当威廉指标由超买区向下滑落，跌破 50 中轴线时，市场跌势加剧，可以追卖。

（5）市场有时超买后还可超买，超卖后仍可超卖，当威廉指标进入超买或超卖区后行情并不一定转势，只有威廉指标明显转向跌破卖出线或突破买进线，方为准确的买卖信号。

（6）使用威廉指标时最好能够同时配合以相对强弱指数来加以验证，当威廉指标线向上、向下突破 50 中轴线时，亦可用以检验相对强弱指数信号是否正确，发挥两者的互补功能，对大势的判断极有好处。

威廉指标的设计与随机指数的原理比较接近，不同的是随机指数的采样天数较短，威廉指标采样天数略长。所以两者的优缺点是相同的。

第五节 成交量净额法（OBV）

OBV 线亦称 OBV 能量潮，它将股市的成交量与股价的关系数量化，以股市的成交量来估计目前的股市推动力，从而预测股价的趋势。

OBV 线是美国投资家葛兰维（Granvil E. J.）的又一贡献，他将“量的平均”概念加以延伸，葛氏认为“成交量是股市的元气，股价只不过是它的表现，因此成交量总比股价先行”。这种“先见量、后见价”的理论已被股市所证明。

OBV 线把成交量看作股价涨跌的能量。另外再加上物理现象的惯性法则和重力原理来解释 OBV 线。

“惯性法则”——动者恒动，静者恒静。

“重力原理”——上升的物体迟早会下跌，物体上升所需的能量比下跌时所需能量要多，所以股价上升时，成交量必须增加，但不一定成正比。

OBV 的计算方法：

当日 OBV=本日值+前一日的 OBV 值

如本日收盘价高于前一日收盘价，本日值为正值，如本日盘价低于前一日收盘价，本日值为负值。

OBV 的研判技巧：

(1) OBV 线下降，股价上升时，表示买盘无力，为卖出信号。

(2) OBV 线上升，股价下降时，表示买盘较强，为买进信号。

(3) OBV 线缓慢上升时，表示买气逐渐加强为买进信号。

(4) OBV 线急速上升时，表示买方力量将用尽为卖出信号。

(5) OBV 从正的累积数转为负数时，为下跌趋势，应卖出所持有的股票；反之，OBV 从负的累积数转为正数时应买进股票。

(6) OBV 线的最大用处在于观察股市盘整后，何时会脱离盘整局面以及突破时的未来走势。

本章小结

一、本章重点

1. 平滑异同移动平均线。
2. 相对强弱指标。
3. 随机指标。
4. 威廉指标。
5. 成交量净额法。

二、难点释疑

1. 平滑异同移动平均线（MACD）的计算方法与功能。

MACD 在应用上，是 12 日为快速移动平均线（12 日 EMA），而以 26 日为慢速移动平均线（26 日 EMA），首先计算出此两条移动平均线数值，再计算出两者数值间的差离值，即差离值（DIF）= 12 日 EMA-26 日 EMA。然后根据此差离值，计算 9 日 EMA 值（即为 MACD 值）；将 DIF 与 MACD 值分别绘出线条，然后依“交错分析法”分析，当 DIF 线向上突破 MACD 平滑线即为涨势确认之点，也就是买入信号。反之，当 DIF 线向下跌破 MACD 平滑线时，即为跌势确认之点，也就是卖出信号。

关于 EMA 的计算，首先必须求得平滑系数，然后再计算指数平均值（EMA）。

(1) 计算平滑系数。

$$平滑系数=\frac{2}{周期单位数+1}$$

如 12 日 EMA 的平滑系数为$\frac{2}{12+1}=\frac{2}{13}=0.1538$

26 日 EMA 的平滑系数为$\frac{2}{26+1}=\frac{2}{27}=0.0741$

（2）计算指数平均值（EMA）。

一旦求得平滑系数后，即可用于 EMA 的运算，公式如下：

今日的指数平均值=平滑系数×（今日收盘指数-昨日的指数平均值）+昨日的指数平均值。

依公式可计算出 12 日 EMA：

$$12\text{日EMA}=\frac{2}{13}\times(\text{今日收盘指数}-\text{昨日的指数平均值})+\text{昨日的指数平均值}$$

$$=\frac{2}{13}\times\text{今日收盘指数}+\frac{11}{13}\times\text{昨日的指数平均值}$$

同理，26 日 EMA 亦可算出。

MACD 一个最大的长处，即在于其指标的平滑移动，特别是对于某些剧烈波动的市场，这种平滑移动的特性能够对价格波动作比较和缓的描述，从而大为提高资料的实用性。MACD 技术分析，运用 DIF 线与 MACD 线之相交形态及直线棒高低点与背离现象，作为买卖信号，尤其当市场股价走势呈一较为明确波段趋势时，MACD 则可发挥其应有的功能，但当市场呈牛皮盘整格局，股价不上不下时，MACD 买卖信号较不明显。

2. 相对强弱指标（RSI）的计算公式和方法。

在教材中，对相对强弱指标（RSI）的运用原则和技巧进行了计算和分析，但没有对其计算公式和方法进行介绍，这里举例说明如下：

RSI=[上升平均数÷(上升平均数+下跌平均数)]×100

具体方法是：上升平均数是某一段日子里升幅数的平均，而下跌平均数则是在同一段日子里跌幅数的平均数。例如我们要计算 9 日 RSI，首先就要找出前 9 日内的上升平均数和下跌平均数，事例如下：

日数	收市价	升	跌
第 1 天	2370		
第 2 天	2790	420	
第 3 天	2650		140
第 4 天	2960	310	

续表

日数	收市价	升	跌
第 5 天	3110	150	
第 6 天	2940		170
第 7 天	2550		390
第 8 天	2890	340	
第 9 天	2050		840
第 10 天	2320	280	
		1500	1540
		1500÷9=167	1540÷9=171

第 10 天上升平均数=(420+310+150+340+280)÷9=167

第 10 天下跌平均数=(140+170+390+840)÷9=171

第 10 天 RSI=[167÷(167+171)]×100=49. 41

如果第 11 天收市价为 2530,则 9 日 RSI 计算方法为:

第 11 天上升平均数=[167×8+210]÷9=172

第 11 天下跌平均数=171×8÷9=152

第 11 天 RSI=[172÷(171+152)]×100=53. 25

3. 随机指标（KDJ）的计算方法。

随机指标可以选择任何一种日数作为计算基础，如 5 日 KD 线公式为：

K 值$=100\times[(C-L_5)/(H_5-L_5)]$

D 值$=100\times(H_3/L_3)$

公式中：C 为最后 1 日收市价；L_5 为最后 5 日内最低价；H_5 为最后 5 日内最高价；H_3 为最后三个（$C-L_5$）数的总和；L_3 为最后三个（H_5-L_5）数的总和。

计算出来的都是一个 0~100 的数目，而得到的数都画在图上，通常 K 线是用实线代表，而 D 线就用虚线代表。应该注意的是，随机指标是一种较短期、敏感的指标，分析比较全面，但比相对强弱指标复杂。

4. 威廉指标（WR）的计算方法。

威廉指标 WR 的计算公式是：$WR=(H_n-C)/(H_n-L_n)\times100$

公式中：C——当日收盘价；

L_n——n 日内最低价；

H_n——n 日内最高价；

n——一般取 14 日或 20 日。

威廉指标计算公式与强弱指标、随机指标一样，计算出的指数值在 0~100 波动。不同的是，威廉指标的值越小，市场的买气越重；反之，其值越大，市场卖气越浓。

5. 成交量净额法（OBV）的计算方法。

成交量净额法（On Balance Volume，OBV）的计算方法非常简单。逐日累计每日上市股票总成交量，当今日收盘价高于前一日时，总成交量为正值；反之，为负值；若平盘，则为零。

即当日 OBV=前一日的 OBV±今日成交量

然后将累计所得的成交量逐日定点连接成线，与股价曲线并列于一图中，观其变化。OBV 线为技术分析专家葛兰维 1963 年发表在《股票获利的最新技巧》一书中。主要是利用成交量的累计数来研判股票市场人气的汇集或涣散。

练习题

一、名词解释

1. 平滑异同移动平均线。
2. 相对强弱指标。
3. 随机指标。
4. 威廉指标。

二、填空题

1. MACD 在应用上，是以 12 日为快速移动平均线，简称____________。
2. 9 日 EMA 值即为____________。
3. 平滑系数的计算公式是____________。
4. 相对强弱指标简称为____________。
5. 随机指标简称为____________。
6. 威廉指标计算公式与强弱指标、随机指标一样，计算出的指数值都在____________之间波动。

三、判断题

1. 平滑异同移动平均线，简称为 MA。（　　）
2. 当 DIF 线向上突破 MACD 平滑线即为跌势确认点，也就是卖出信号。

(　　)

3. 6 日 RSI 值在 85 以上或在 15 以下时，市场走势可能会出现反转。(　　)

4. 在实践中，K 线与 D 线常配合 J 线的指标使用（J=3K−2D）。(　　)

5. 威廉指标是由拉瑞·威廉于 1973 年首先发表，原名称为“超买超卖指标”。(　　)

6. OBV 线把成交量看作股价涨跌的能量，亦称能量潮。(　　)

四、单项选择题

1. 差离值 DIF 和 MACD 在 0 轴线以下，大势属于(　　)。

A. 空头市场　　B. 多头市场　　C. 牛皮市　　D. 大牛市

2. 6 日 RSI 值在 85 以上或在(　　)以下时，大势可能会出现反转行情。

A. 30　　B. 25　　C. 15　　D. 10

3. RSI 为(　　)以上时所反映的信号准确性较高。

A. 80　　B. 60　　C. 50　　D. 40

4. 随机指标的 K 线与 D 线在(　　)处交叉为盘态，此指标无明确的买卖信号。

A. 60　　B. 50　　C. 40　　D. 30

5. 当威廉指标高于(　　)时，市场处于超卖状态，行情即将见底。

A. 80　　B. 60　　C. 40　　D. 30

6. OBV 线下降，股价上升，表示买盘无力，为(　　)。

A. 买入信号　　B. 卖出信号　　C. 观望信号　　D. 恐慌信号

五、简答题

1. 简述 MACD 的运用原则。

2. 简述随机指标的优缺点。

参考答案

一、名词解释

1. MACD 是利用两条不同速度的指数平滑移动平均线来计算二者之间的差离状况（DIF）作为研判行情的基础，然后再求取其 DIF 之 9 日平滑移动平均线即 MACD。

2. 相对强弱指标是根据股价涨跌幅度变动来分析一段时间内股市多空双方相对强弱趋势的技术指标。

3. 随机指标在设计中综合了动量观念强弱指标与移动平均线的优点，在计算过程中主要研究高低价位与收市价的关系。它在图表上是由%K 和%D 两条线所形成，因此也简称 KD 线。

4. 威廉指标（WR）是利用摆动点来衡量市场的超买超卖现象，可以预测循环周期内的高点和低点。从而提出有效的买卖信号。它是分析市场短期行情走势的技术指标。

二、填空题

1. 12 日 EMA

2. MACD

3. $\frac{2}{\text{周期单位数}+1}$

4. RSI

5. KD

6. 0~100

三、判断题

1. ×；2. ×；3. ✓；4. ✓；5. ✓；6. ✓。

四、单项选择题

1. A；2. C；3. C；4. B；5. A；6. B。

五、简答题

1. MACD 理论除了用以确认中期涨势或跌势外，同时也可用来判断短期反转点。在图形中，可以观察 DIF 和 MACD 两条线之间垂直距离的直线柱状体。在实际运用 MACD 指标做出买卖判断主要有以下几种：

（1）差离值 DIF 和 MACD 在 0 轴线以下，大势属于空头市场，DIF 下破 MACD 与 0 轴线为卖出信号。

（2）DIF 和 MACD 在 0 轴线以上，大势属于多头市场，DIF 击穿 MACD 与 0 轴线均为买进信号。

（3）若 DIF 或 MACD 曲线与股价指数走势产生背离，是提前发出进货与出货的信号，若 DIF 与 MACD 差的绝对值最大时，是提前发出买卖信号。

2. 随机指标的优点是：①KD 线非常适合短线进出。②KD 指标比 RSI 准确率高，且有明确的买卖点出现。

随机指标的缺点是：KD 指标图中 K 线、D 线交叉时须注意“骗线”出现，因 KD 指标过于敏感，易被操纵。

投资问答：如何使用 OBV 能量潮?

一、如何使用 OBV 能量潮

能量潮是将成交量数量化，制成趋势线，配合股价趋势线，从价格的变动及成交量的增减关系，推测市场气氛。其主要理论基础是市场价格的变化必须有成交量的配合，股价的波动与成交量的扩大或萎缩有密切的关联。通常股价上升所需的成交量总是较大；下跌时，则成交量总是较小。价格升降而成交量不相应升降，则市场价格的变动难以为继。

(1) 当股价上升而 OBV 线下降，表示买盘无力，股价可能会回跌。

(2) 股价下降时而 OBV 线上升，表示买盘旺盛，逢低接手强股，股价可能会止跌回升。

(3) OBV 线缓慢上升时，表示买气逐渐加强，为买进信号。

(4) OBV 线急速上升时，表示力量将用尽为卖出信号。

(5) OBV 线对双重顶第二个高峰的确定有较为标准的显示，当股价自双重顶第一个高峰下跌又再次回升时，如果 OBV 线能够随股价趋势同步上升且价量配合，则可持续多头市场并出现更高峰。相反，当股价再次回升时 OBV 线未能同步配合，却见下降，则可能形成第二个顶峰，完成双重顶的形态，导致股价反转下跌。

(6) OBV 线从正的累积数转为负数时，为下跌趋势，应该卖出持有股票；反之，OBV 线从负的累积数转为正数时，应该买进股票。

(7) OBV 线最大的用处，在于观察证券盘局整理后，何时会脱离盘局以及突破后的未来走势，OBV 线变动方向是重要参考指标。

二、如何洞察投资大户的进出动态

(1) 判断大户开始的主要指标有：成交量活跃起来，而且买盘较集中，往往集中于少数公司；股价迅速冲高，出乎投资者的意料；有些主力喜欢在临收盘时，在低档大量挂进。

(2) 从价格和成交方面的变化来观察，大户开始买进股票的时候，其迹象有：平时成交量不多，忽然大量增加，这时可能是大户开始吃进；盘面上有大手笔买单；股价偏低，且每天以最低价收益，也可能有大户在压价吸纳。

(3) 用简单的计算及统计方法判断大户进出的动态。采用此类方式，必须耐心地逐一统计，才能获得较为准确的资料。

三、如何捕捉底部起涨点

在投资中，当人们根据 KDJ 买卖股票时，经常会遇到这样一个问题：有时 KDJ 黄金交叉后股价确实涨了许多，有时 KDJ 黄金交叉后股价不涨反跌，或刚刚涨一点就继续下跌，以至于许多投资者对 KDJ 的有效性产生了怀疑，进而对技术分析的有效性产生了怀疑，下面是用 KDJ 捕捉“下跌三浪底部起涨点”的方法。

(1) 设定技术指标参数，将周线移动平均线参股设定为 5、13、21，将 KDJ 设定为 5，将月线移动平均线参数设定为 3、6、12，将月线 KDJ 参数设定为 6。

(2) 调整好以上参数后，便是选股条件，值得注意的是，我们研究 KDJ 用的是周 K 线和月 K 线，而不是日 K 线，这样效果更好一些，如果一只股票在连续下跌过程中符合了以下条件，那就说明该股的跌势已尽，随之而来的是一波非常理想的上涨行情，这些条件是：

1) 股价的下跌完成了“下跌—反弹—下跌”的三浪过程，并且在第三浪下跌时创出了新低。

2) 股价在第三浪下跌过程中，随着股价的不断下跌，成交量逐步萎缩，并保持在一定水平。

3) 5、13、21 周移动平均线呈空头排列，或 3、6、12 月均移动平均线呈空头排列。

4) 在以上基础上，KDJ 发生黄金交叉，并且交叉时收的是周阳线（或月阳线）。

第十一章　其他技术指标分析

学习目标

通过教学使学生了解停损点、涨跌线、乖离率的概念；掌握停损点的操作技巧；熟悉涨跌点技术指标的优缺点及研判技巧；掌握乖离率的计算方法及研判技巧。

技术指标分析的方法多种多样，五花八门，数不胜数。但每一种技术指标都有其优点有其局限，无所谓谁优谁劣，都不能作为测试的唯一依据，在实际运用中，投资者可根据自己的喜好和能力选择一种或几种技术指标进行分析，以作为买卖操作的参考。上一章介绍了主要的技术指标，本章在众多的技术指标中选择几种作为上一章的补充，以便投资者在实际股票买卖过程中寻求更多技术方面的支持。

第一节　停损点转向操作系统（SAR）

停损点转向操作系统是一个利用抛物线的方式，随时调整停报点位置的系统工具。它是一种价格与时间并重的股票投资技术分析工具。“停损点”指的是某个股价点，当股价在该点上时，预示股市行情将出现反转，必须做出相应的反应才可避免损失、获得利润，故作“停损点”或“停损获利点”。

停损点在英文中称为 SAR（Stop And Reverse），停损点转向操作系统也作为 SAR 系统。在上升行情中，停损点在投资者刚进场交易时，都设定为近中期的最低价，此后则逐渐向上调整，其调整幅度为前一天中的新的最高价与停损点间的差值乘以调整系数，该调整系数是个累进的数字，开始时一般为0.02，以后则为0.04、0.06，逐日递增，直到0.2为止。当每一天行情有新的高价出现时，SAR即增加一次调整系数的累进，如无新高价出现，则沿用前一天的调整系数，这样随着时间的增加，SAR移动得越来越快。因此，停损点转向操作系统不仅利用了价位变动的功能，同时也利用了时间变动的功能来调整价位上停损点的位置（下跌行情中停损点的情况则好与前面相反）。

第二节 腾落指数（ADL）

一、腾落指数的含义

腾落指数（Advance-Decline Line，ADL）是以股票每天上涨或下跌之家数作为计算与观察的对象，以了解股市人气的盛衰，探测大势内在的动量是强势还是弱势，用以判断股市未来动向的技术性指标。

ADL的重要功能在于反映行情涨升力道的强弱。在各种技术分析的领域里，ADL是属于趋势分析的一种，它是利用简单的加减法来计算每天个别股票涨跌累积情形。它必须与大势相互对照比较，将其特性加以分析借以研判目前股价变动情形与未来变动趋向。

二、ADL计算方法

ADL计算方法是，将每天收盘时上涨的股票家数减去收盘时下跌的股票家数（无涨跌不计）后累计值。

其计算公式为：$ADL_{(t)}=\sum_{i=1}^{t}$（上涨家数-下跌家数）

起始日期为ADL（I），目前日期为ADL（t）。

三、ADL运用原则

腾落指数与股价指数比较类似，两者均为反映大势的动向与趋势，不对个股的涨跌提供信号，但由于股价指数在一定情况下受制于权值大的股票，当这些股票发生暴涨与暴跌时，股价指数有可能反应过度，从而为投资者提供不实的信息。腾落指数则可以弥补这种缺点。

由于腾落指数与股价指数的关系比较密切，观图时应将两者联系起来共同研制。一般情况下，股价指数上升，腾落指数亦上升，或两者皆跌则可以对升势或跌势进行确认。如股价指数大动而腾落指数横行或者两者反方向波动，不可互相验证，说明大势不稳，不可贸然入市。

ADL 的研制，应注意以下几个要点：

（1）股价指数持续上涨，腾落指数亦上升，说明整个大势可能仍将继续上升；

（2）股价指数持续下跌，腾落指数亦下降，说明整个大势可能仍将继续下跌；

（3）股价指数上涨，而腾落指数出现下降趋势，说明股票高档乏力，后市行情可能转为下跌；

（4）股价指数下跌，而腾落指数由降转升，则说明股价指数即将上升；

（5）股市处于多头市场时，腾落指数是上升趋势，其间如果突然出现急速下跌现象，接着又立即扭头向上，创下新高点，则表示行情再创新高；

（6）股市处于空头市场时，ADL 出现下降趋势，其间如突然出现上升现象，接着又回头，下跌突破原先所创新低点，则表示另一段新的下跌趋势产生。

为什么股指与腾落指数有以上关系？因为股指以样本为权值，而腾落指数把每种股票都作为股市一分子，两者结合分析可以看出股市的大势。一般来说，若是多头走势里，维持上升走势一定要有重心，重心即所谓的主流股，当主流股大涨小回以维持中长线的客户信心，而其余股票则采取轮涨的步调上扬时，上升的步伐将是十分稳定的。

四、ADL 的优缺点

ADL 的优点是，计算便捷，图形易于判断，是较为客观的指标，可弥补加权股价指数的缺点。因为加权股价指数较易受权值大的股票左右，所以有时会出现多数股票下跌，而当日加权指数上涨的情况。也可能相反，出现多数股票上涨，少数股票下跌，而加权指数也下跌的情况。这种现象容易给投资者以错觉，ADL 则正可据实表现当日涨跌的真实情况。

ADL 虽可以从个别股的涨跌种数变化中预知大势将有变化，但却没有明确的买卖点出现，这是 ADL 本身固有的一个缺点。

第三节 涨跌比率（ADR）

一、ADR的含义

涨跌比率又称回归式的腾落指数的延伸，是将一定期间内，股价上涨的股票家数与下跌的股票家数做一统计求出其比率。其理论基础是“钟摆原理”，由于股市的供需有若钟摆的两个极端位置，当供给量大时，会产生物极必反的效果，则往需求方向摆动的拉力越强，反之亦然。

二、ADR计算方法

$$涨跌比率（R）=\frac{N\ 日内上涨股票家数移动合计}{N\ 日内下跌股票家数移动合计}$$

N值一般取14日，也有用10日或24日的，甚至更长，6周、13周、26周等。

涨跌比率的计算方法与移动平均线的计算方法完全相同，如以6日为x期间时，当第t日的涨跌家数累计加入后，必须同时将第一日的涨跌家数删除以保持6日的最新移动资料。涨跌比率所采样的期间，决定线路上下的震荡次数与空间，期间愈大，上下震荡的空间越小，反之，期间越小，震荡空间越大。

三、应用法则

（1）当涨跌比率（R）大于1.5时，表示股价长期上涨，有超买过度的现象，股价可能要回跌。

（2）当涨跌比率（R）大于0.5时，表示股价长期下跌，有超卖过度的现象，股价可能出现反弹或回升。

（3）当涨跌比率（R）在1.5与0.5上下跳动时，表示股价处于正常的涨跌状况中，没有特殊的超买或超卖现象。

（4）当涨跌比率（R）出现2以上或0.3以下时，表示股市处于大多头市场或大空头市场的末期，有严重超买或超卖现象。

（5）除了股市进入大多头市场，或展开第二阶段上升行情之初期，涨跌比率有机会出现2.0以上的绝对买卖数字外，其余次级上升行情超1.5即是卖点，且多头市场低于0.5的情况极少，是极佳之买点。

（6）涨跌比率如果不断下降，低于0.75，通常显示短线买进机会。在空头市场初期，如果降至0.75以下，通常暗示中级反弹机会；而在空头市场末期，10日涨跌比率降至0.5以下时，为买进时机。

（7）对大势而言，涨跌比率有先行示警作用，尤其是在短期反弹或回档方面，更能比图形领先出现征兆，若图形与涨跌比率成背驰现象，则大势即将反转。

第四节　乖离率（BIAS）

一、乖离率的含义

乖离率（BIAS），是移动平均原理派生的一项技术指标，它的功能在于测算股价在波动过程中与移动平均线出现的偏离程度，从而得出股价在剧烈波动时因偏离移动平均趋势而造成可能的回档与反弹。

乖离率的主要原理是：如果股价离移动平均线太远，不管股价是在移动平均线之上或之下，都不会持续太长时间，而会很快再次趋近平均线。乖离率是表现当日指数或个别股价与移动平均线之间的差距的技术指标。

二、乖离率的计算方法

乖离率的计算公式为：

$$\text{乖离率}=\frac{\text{当日收盘价}-\text{N 日内移动平均收盘价}}{\text{N 日内移动平均收盘价}}\times 100\%$$

其中，N的数值可按自己选用的移动平均线确定，一般有6日、12日、24日；也有10日、30日、75日的。在实际运用中，深沪股市短线使用6日乖离率极为有效，中线则一般取10日或12日。

乖离率分为正值和负值，当股价在移动平均线之上时，其乖离率为正值；当股价在移动平均线之下时，其乖离率为负值；当股价与移动平均线一致时，其乖离率为0。随着股价走势的强弱、升跌，乖离率的高低有一定的测市功能。

三、乖离率的基本研判技巧

（1）一般说来，在弱势市场上，股价指数与6日移动平均线的乖离率达6%以上时，为超买现象，是卖出时机；当其达到-6%以下时为超卖现象，是买入时机。

（2）在强势市场上，股价指数与6日移动平均线乖离率达8%以上时为超买现象，是卖出时机；当其到达-3%以下时为超卖现象，是买入时机。

（3）在弱势市场上，股价指数与中线指标——12日移动平均线和乖离率达5%以上时为超买现象，是卖出时机；当其达到-5%以下时为超卖现象，是买入时机。

（4）在强势市场上，股价指数与中线指标——12日移动平均线乖离率达6%以上时为超买现象，是卖出时机；当其达到-4%以下时为超卖现象，是买入时机。

（5）在大势上升时，会出现多次高价，可于先前高价的正乖离点出货。在大势下跌时，也会出现多次低价，可于前次低价的负乖离点买进。

（6）盘局中正负乖离不易判断，应和其他技术指标综合分析研判。

（7）大势上升时如遇负乖离率，可以趁跌势买进，此时进场危险较小。

（8）大势下跌时如遇正乖离率，可以趁回升高价抛出。

（9）期货市场上当价格与移动平均线之间的正负乖离达到最大百分比时，就会向零值靠近，甚至会低于零或高于零，这是正常现象。

（10）期货市场如大势狂跌，使得乖离率加大，达到先前低点，空头可以获利了结。如遇到趋近于零的负乖离率突然反弹，可以抛空。

第五节　心理线（PSY）

一、心理线的含义

心理线（PSY）是建立在研究投资人心理趋向基础上，将一定时期内投资者倾向买方或卖方的心理事实转化为数值，形成测定人气、用以分析股价未来走势的技术指标。

从心理角度上看，股价在高位不可能一直停留，反过来，股价也不可能永远停留在低位，这是根据人们心理上的厌倦、疲劳等原始的节奏得出的结论。因此，心理线主要是从投资者买卖趋向的心理方面，对多空双方的力量对比进行探索。

二、心理线的计算公式

心理线的计算公式为：

$$PSY=\frac{A}{N}\times 100\%$$

式中，A 为在 N 天中股价上涨的天数。

三、心理线的绘制

在最近的 12 日内，统计收市价高于昨日收市价的日数和低于昨日收市价的日数，求出收市价高于昨日收市价的日数与 12 天之比，做成图线。

四、心理线的应用

心理线是预测股价短期内动向的指标。以下是心理线的基本研判技巧：

（1）12 日中如果有 9 天连续上升，且心理值高于 75%，那么近期内股价可能下跌。在谷底如果有 9 天连续处于低位，极有可能降到 25%以下。心理线如果超过 75%，可考虑为短期获利，25%以下应考虑买入。

（2）在最近 12 日中，收市价比前一日收市价高的天数减去收市价比前一日收市价低的天数得到超买超卖指标。5 天以上收市价高于前一日收市价则发出短期超买信号；5 天以上收市价低于前一日收市价，则可判断为超卖信号。

（3）当百分比值降至 10 或 10 以下时，是真正的超卖，此时是一个短期抢反弹的机会，应立即买进。

（4）高点密集出现两次为卖出信号；低点密集出现两次为买进信号。

证券市场上的技术分析方法不下数十种甚至上百种，但任何一种都不是十全十美的，都有它的局限性，技术分析的局限性表现在以下方面：

同基本分析共有的一个显著特点是，无法预计由于突发事件而造成的股市大幅波动。这一点是显而易见的，也许今天可以从图表上得出某只股票的入货信号，但第二天就可能会传来该股票上市公司利润实现不甚理想的消息，导致股价下跌，技术分析的结果也就被否定了，所以技术分析往往具有滞后性。

另外，当太多人相信图表时，大户便可以在市场内做手脚，使个别股票形成某种走势，吸引其他投资者或买或卖，以掩护大户自己的真正买卖活动。

总之，只要投资者了解某种方法的基本原理和它的优缺点，并善于利用优点，时刻注意其缺点，将多种技术分析方法结合使用，就可帮助投资者在变幻莫测的股市中选准时机，在股票投资者的竞争中立于不败之地。

本章小结

一、本章重点

1. 停损点转向操作系统（SAR）。
2. 腾落指数（ADL）。
3. 乖离率（BIAS）。
4. 动向指数（DMI）。

二、难点释疑

1. 停损点转向操作系统（SAR）的计算方法及功能分析。

停损点转向操作系统（SAR），是一种价格与时间并重的股票投资技术分析工具。停损点转向操作系统中，SAR 的计算原则如下：

（1）先选定一段时间判断为上涨或下跌。

（2）若是看涨，则第一天的 SAR 值必须是近期内的最低价；若是看跌，则第一天的 SAR 须是近期的最高价。

（3）第二天的 SAR，则为第一天的最高价（看涨时）或是最低价（看跌时）与第一天的 SAR 的差距乘上加速因子（调整系数），再加上第一天的 SAR 就可求得。

（4）每日的 SAR 都可用上述方法类推，归纳公式如下：

$SAR_t = (1-AF) \times SAR_{t-1} + AF \times H_{t-1}$

其中，SAR_t——第 t 日的 SAR；

AF——调整系数；

H_{t-1}——第 t-1 日的最高价。

（5）调整系数第一次取 0.02，假若第一天的最高价比前一天的最高价还高，则调整系统增加 0.02，若无新高则调整系数沿用前一天的数值，但调整系数最高不能超过 0.2；反之，下跌也类推。

（6）若是看涨期间，计算出某日的 SAR 比当日或前一日的最低价高，则应以当日或前一日的最低价为某日之 SAR；若是看跌期间，计算某日之 SAR 比当日或前一日的最高价低，则应以当日或前一日的最高价为某日的 SAR。

停损点转向操作系统这种分析工具在图形上及运用上均与移动平均线原理颇为相似。SAR 的功能主要体现在：

1）操作简单、买卖点明确，出现信号即可进行。

2）SAR 与实际价格、时间长短有密切关系，可适应不同形态股价之波动特性。

3）计算与绘图较复杂。

4）在股价盘档期间，使用 SAR 的功效不佳，盘局中经常交替出现信号，失误率高。

2. 动向指数（DMI）的主要特征。

动向指标在应用时，主要分析上升指标+DI、下降指标-DI 和平均动向指标 ADX 三条曲线的关系，其中+DI 和-DI 两条曲线的走势关系是判断出入市的信号，ADX 则是对行情趋势的判断信号。动向指标的主要特征如下：

（1）不需要主观判断，只需要在有效市场信号下采取买卖行动。而且上升指标与下降指标的交错信号容易理解。

（2）在动向指标中增加 ADXR 指标，能够扩充动向指标的功能。ADXR 是 ADX 的“评估数值”，其计算方法是将当日的 ADX 值与 14 日前的 ADX 值相加后除以 2。ADXR 的波动一般较 ADX 平缓，当 ADXR 处于高位时，显示行情波动较大，当 ADXR 处于低档，则表明行情较为牛皮。

（3）该指标计算较为复杂，手工不易掌握。

练习题

一、名词解释

1. 停损获利点。
2. 涨跌线。
3. 动向指数。

二、填空题

1. 停损点转向操作系统也简称为________________。

2. 根据 ADL 指标绘制的线即为______________________。

3. 当股价与移动平均线一致时，乖离率为________________。

4. 当绿色的 ADXR 曲线低于____________________时，所有指标都将失去作用，操作上应果断离场。

三、判断题

1. 股价价位线穿过 SAR 时，为新行情的开始，是最佳卖出时机。(　　)

2. ADL 是研判大势指标，它是每日上涨股票的种数加上下跌股票种数所得的余额的累计。(　　)

3. 大势上升时如遇正乖离率，可以趁回升高价抛出。(　　)

4. DMI 主要应用于股价的走势，一般不使用其交叉信号作为买卖信号。(　　)

四、简答题

1. 简述 SAR 的操作技巧。

2. 简述 ADL 指标的优缺点。

参考答案

一、名词解释

1. 停损获利点指的是某个股价点，当股价在该点上时，预示股市行情将出现反转，必须做出相应的反应才可避免损失，获得利润。

2. ADL 是测量市场涨跌的动量，探测大势内在的动量是强势或弱势，用于研判大势未来动向的技术性指标。

3. DMI 是用于判断行情是否已经发动的技术指标，其基本原理是通过分析股票价格在上升及下跌过程中供需关系的均衡点，从而提供对趋势判断的依据。

二、填空题

1. SAR

2. 涨跌线

3. 0

4. 20

三、判断题

1. ×；2. ×；3. ✓；4. ✓。

四、简答题

1. SAR 是所有指标中买卖点最明确的技术指标，操作简单，最能配合买卖的操作策略。SAR 的操作技巧应把握以下两点：

（1）当股价价位线穿过 SAR 时为新行情的开始，是最佳进场时机。

（2）SAR 和移动平均线一样，采用穿过原则作为标准，即股份向下跌破

SAR 点卖出，向上穿过 SAR 时便买进。

2. ADL 的优点：①计算便捷；②图形易于判断，是较为客观的指标；③可据实表现当日涨跌的真实情况，弥补加权股价指数的缺点。但是，ADL 虽可以从个别股的涨跌种数变化中预知大势将有变化，但却没有明确的买卖点出现，这是 ADL 本身固有的一个缺点。

投资问答：如何使用 RSI 波动捕捉买点?

一、如何使用 RSI 波动捕捉买点

相对强弱指数是通过比较一段时期内的平均收盘涨数和平均收盘跌数来分析市场买卖盘的意向和实力，从而判断未来市场的走势，RSI 指标的运用原则如下所示。

（1）受计算公式的限制，不论价位如何变动，强弱指标的值均为 0~100。

（2）强弱指标高于 50 表示强势市场，反之低于 50 表示弱势市场。

（3）强弱指标多在 70 与 30 间波动。当 6 日指标上升到 80 时，表示证券已有超买现象，如果继续上升，超过 90 以上时，则表示已到严重超买的警戒区，股价已形成头部，极可能在短期内反转。

（4）当 6 日强弱指标下降至 20 时，表示证券有超卖现象，如果继续下降至 10 以下时则表示已到严重超卖区域，股价极可能有止跌回升的机会。RSI 指标背离用来预测大盘有非常大的参考意义，对于个股可能作用不大。但如果要利用该指标来捕捉最佳切入点，最好是结合其波动区域来谈。根据多年经验，6 日 RSI 指标值跌到 20 以下常常具有短线机会，而这个机会的上涨幅度只能靠 6 日 RSI 和 14 日 RSI 指标所形成的形态，若形成了双底、头肩底等产生的幅度可能会比较大。例如，四川长虹（600839）自 1999 年“5·19”行情见顶后持续阴跌，但 6 日 RSI 每跌到 20 以下就会形成一次反弹行情，这里有 1999 年 8 月 16 日、12 月 9 日，2000 年 5 月 15 日、7 月 4 日、12 月 18 日以及 2001 年的 1 月 8 日、2 月 22 日、4 月 23 日等多次类似情况发生。即使反弹幅度不大，介入获利也不大，但最起码参照这一点也可以挽回一点损失，不至于斩仓割个地板价。

（5）如果6日RSI跌到20以下没有形成一次稍微大的反弹行情，而且当时处于一个下降通道的横盘整理，那么可能会出现一次暴跌过程。例如，四川长虹2001年7月17日就有一次6日RSI跌到20以下但没有大幅反弹，然后就是一次暴跌。环保股份（000730）在2000年9月20日到9月29日期间也没有稍微大的反弹，同样也出现了10月9日到17日之间的暴跌。

（6）假如6日RSI数天徘徊在20以下都没反弹，那么就可以考虑运用RSI指标背离预测功能来鉴定其是否形成了中期底部。

最后，虽然利用RSI指标可以减少损失，但RSI只能作为一个警告信号，并不意味着市场必然朝这个方向持续发展，尤其在市场剧烈震荡时，还应该参考其他指标综合分析，不能简单地依赖RSI的信号而做出买卖决定。

二、如何使用换手率判断庄家是否进驻新股

新股上市后走势千差万别，有些上市后长期沉寂，有些上市后阴跌不止，哪些个股上市后可能存在机会呢？投资者不妨重点关注上市的换手率，该指标用来判断主力是否进驻极为有效。

上市便被市场打入冷宫的个股，通常成交清淡、换手率低。上市便被主力吸纳的个股，通常成交活跃、换手率高。从近年来表现良好的新股看，有以下规律：换手率越高，越有可能为主力借上市当日成交量大的时机大举吸纳，日后走牛的机会大增；换手率越低，表明该股并无主力光顾。实战中，走牛的新股一般符合以下的标准：

（1）上市头一个小时，换手率超过35%；

（2）上市首个交易日，换手率超过60%。

投资者可将头一小时换手率超过35%、首日换手率超过60%作为选择新股的“基本标准”，再在此标准线上的个股中参考行业、流通盘等因素进行选择。

三、如何分析横盘整理行情突破方向

横盘整理往往是变盘的前奏曲，特别是股价经过一定下跌过程后的横盘整理，很容易形成阶段性底部，下跌行情形成的横盘整理行情结束时，绝大多数情况将选择向上突破，这种概率较大。其中，证券往往能形成阶段性反转行情或极有力度的反弹行情。

收敛三角形由于其形态特征是上涨高点不断下移、下跌低点不断抬高。这种形态通常表示投资者的投资心态比较缺乏信心和趋于犹疑，投资行为更加谨慎，观望心理占据上风。这种形态在大多数情况下会延续原有的趋势选择突破方向，只有1/4的概率会演变成与原来运行趋势相反的走势。

上涨行情形成的横盘整理是最为复杂的整理行情，其最终的方向性选择具有相当大的不确定性，必须根据量价特征，并结合技术分析手段进行具体的分析。

目前的横盘走势诞生于上涨行情之后，这时要密切关注成交量的变化。通常要看上升以后的横盘整理行情的成交量是否处于萎缩状态，如果成交量萎缩得不明显或成交量有放大迹象，往往说明其中有部分主力资金正在外逃，后市极有可能见顶回落。如果成交量是急速萎缩的，说明做空动能不强；当横盘整理行情结束时，后市仍有进一步上涨的机会。

此外，上升以后的横盘整理走势持续时间在5~15天的，有可能形成向上突破走势。但如果横盘时间过长，向上突破的可能性就越小。在近期的横盘走势中，成交量没有明显萎缩，而且横盘时间过长，这种情况表明后市行情并不乐观。

四、如何从形态变化中预测证券未来趋势

当投资者在股价变动过程中尝试用图形来概括时，就逐渐掌握了一种预测证券未来的工具。在图形分析中，必须首先区别是反转形态还是整理形态，其中尤其要重视成交量的演变过程。对这两点的把握，可以通过以下要点分析：

（1）不论是短线还是中长线分析，反转形态的出现机会少于整理形态，掌握这要点，才不至于得出误差极大的分析结论。

（2）成交量分析中，可把握这一点，即向上突破发展必须有成交量的放大配合，而向下发展则不必。在形态演变过程中，要坚信形态会出现多空信号的，如同事物的发展过程一样，总是由量变引起质变的。股价不会不经整理过程就从一个反转形态进入另一个反转形态。

如一个上升过程总是由下列形态组成的：由头肩底反转或圆底形

反转等形态，冲破颈线再回抽确认颈线后开始拉出诸如上升旗形整理、对称三角形整等整理形态，中间还时常出现一些缺口，在向上发展末期，可能出现头肩顶图形、圆顶图形、M头或岛形形态，对先前走势给予否定。

同样，一个下探过程也须经过类似步骤。在证券中常见的短线操作，则更离不开对动态走势曲线的分析。当发现股价加速下滑后开始止跌时，应该立刻做出反应：将形成W底，还是下降三角形形态呢？是前者则应加码进货，是后者则应注意避免更大损失。而在当日股价动态线发展过程中，预计可能会形成上升三角形还是M头走势。提请投资者注意，形态中的颈线确认工作，有助于测量可能的涨幅或可能的跌幅。

建议多做些盘后分析工作，做些纸上谈兵式的模拟买卖动作，从而测试出对图形的掌握程度。

第十二章 证券投资的策略方法

学习目标

通过教学，使学生了解影响证券投资计划制定的因素，掌握如何进行证券投资组合，熟练掌握证券投资的策略及其方法。

本章主要阐述证券投资的策略及其证券投资方法，介绍证券投资计划，以及如何进行证券投资组合、确定适合自己的投资策略、利用正确的投资方法，尽量避免投资失误，从而获取最大的收益。

第一节 证券投资计划

证券投资计划，就是证券投资者根据自己对风险的承受能力以及收益预期或未来的需要，在对投资环境和证券类型及证券品种等进行综合分析与判断的基础上，选定投资对象，采取灵活的投资策略，选定适当的方法运营资金，以期获得风险和收益的最佳组合的主观行为。

证券投资计划通常包括资金分配、时间安排，以及投资方式、投资对象、进入时机选择等。在制定投资计划决定买入前，我们应首先理性思考以下几个问题：

(1) 大市的运动方向是否向上，现有的价位是否已经是高处不胜寒或者正处底部，是否有变盘的可能？

(2) 个股的基本情况、报表数据是否可信？技术上有无较大的上升空间或上升压力？各项技术指标是否开始修好，有无骗线的可能？筑底形态是否比较清晰，有无温和放量？

（3）股价是否位于底部或是高位回档？介入的时机或价位是否恰当？

（4）对介入的炒作风险要有一定的认识。

（5）持仓应该多重？有些投资者常听了小道消息或别人推荐后，不加分析地各买一点儿试试。结果手中的持股达十几个品种，广种薄收，顾此失彼，甚至连交易代码都记不清，更根本谈不上盈利了。

（6）何时何价卖出？这是最关键也是投资中最难把握的。

只有多方面地考虑了这些问题，制定出来的投资计划，才有可能是行之有效的。

第二节　证券投资组合

证券的投资组合，就是指依据证券的收益与风险程度，通过证券分析，对各种证券进行有效的选择、搭配，创造多种投资机会并确定降低风险的投资组合。

一、投资对象组合

在西方国家广为流行的是投资三分法。

投资三分法的具体操作是：将全部资产的 1/3 存入银行以备不时之需；1/3用来购买股票、债券等有价证券做中长期投资；1/3 用来购置土地、房产等，长期持有，以获取增值利益。以一部分资金投资于安全性高的债券或优先股；另一部分资金投资于潜在增长能力的普通股；最后留一部分作为投资的预备金。投资三分法兼顾了安全性、流动性和盈利性三原则，是一种值得参考的投资策略。

要购买不同行业和不同公司的股票或债权。这是因为不同行业的公司所处于的发展阶段以及所爱的经济、政治和其他音色的影响程序及后果不同，因而其经营状况和股票价格受到的影响也不一样。

二、投资地理区域组合

地域组合首先要求所选的政权不要集中在同一地区的企业。此外，地域组合还包括选择不同证券交易所经营的证券，如买股票时，沪深股市都应照顾到，不要只认一家。

三、投资时间组合

一般来说，期限长的投资风险较大，反之则相反。在证券投资中，尤其是在股市上，如何进行投资组合，还需掌握以下技巧：

（1）股市操作中为了有效运作资金，投资者必须学会进行正确的投资组合，根据自己的计划，选择几种适宜的投资。

（2）组合投资并非分散投资，着重于精选个股。

（3）组合投资既要讲究安全，还要讲究收益。

（4）证券投资基金及大机构会花较多的精力及财力来研究。

（5）处理好长线和短线的关系。

（6）投资组合中的个股数量多少为宜。

（7）在进行投资组合时，也要重视市场动向，否则容易造成选股失误。

任何股票一旦失去成长性，也就肯定会失去市场的兴趣，不论其历史上有多骄人的业绩。同一个理念，为什么在不同的情况下会产生不同的效果？时也，势也。

组合投资的要点是：要耐心地养马。与追黑马相比，养马不会立竿见影，但养马有安全的特点。

第三节　证券投资策略

在构筑证券组合时，投资者通常可采取两种策略：一是收入型策略，二是增长型策略。

一、收入型策略

收入型策略强调本期收入的最大化，而不大重视资本利得和增长。收入型策略的投资对象大多是债券、优先股和支付红利较多的普通股。

收入型证券的选择。

收入型投资组合的构筑。

二、增长型策略

增长型策略强调投资资金的增长，为此投资者宁肯牺牲近期的收入。增长型策略的投资对象是现金红利较低但有升值潜力的普通股。

(一) 增长型股票的选择

以下几条标准：①盈利和红利的增长潜力较大；②盈利增长率叫稳定；③红利水平较低；④预期收益率较高；⑤风险较低。

(二) 增长型投资组合的构筑

1968 年，美国学者埃文斯（J. H. Evans）和亚瑟（S. H. Aecher）曾对各种资产组合分散风险的能力进行分析，结果显示，证券构成的资产组合能有效地分散风险。

根据投资组合中高风险股票所占比重，我们可以判断投资者的投资姿态，若投资组合中高风险股票所占比重较大，说明投资者的投资姿态是进取性的；若风险债券所占比重较低，说明投资者的投资姿态是防御性的；若高风险股票和无风险债权所占比重相当，说明投资者的投资姿态是均衡的。

第四节 证券投资方法

一、趋势投资法

趋势投资法的依据是道氏理论，这一理论认为一旦股价变动形成一种趋势，便会持续相当长的时间，此时投资者也应该顺应趋势保持自己的投资地位直至市场发出趋势转变的信号。

(一) 10%投资法

趋势投资法中有一种 10%投资法，又称哈奇计划，以发明人哈奇的名字命名。哈奇在 1882~1936 年的 55 年利用 10%投资计划将资产从 10 万美元增值到 19440 万美元，被称为“投资奇才”，但其他投资者用同一方法却没有得到如此骄人的成绩。

具有简单机械的特点，易于操作，但使用这一方法要注意几点：一是要考虑税收和佣金因素，如果市值低于投资成本，就不宜买卖；二是投资者应主要关心市场的长期趋势或主要趋势。

(二) 三成涨跌法

依照“行情平均按三成循环涨跌的经验产生的投资方法，即不论什么股票，买进以后价格上涨 30%就卖出，下跌 30%再买进。

二、定式法

以股价上涨过度必定要回跌，股价下跌过度必定会回涨为依据，投资者事先制定一定的投资计划，以后不论股价如何涨跌，一律按投资计划自动进行买卖的投资方法，又被称为“自动投资法”。

（一）平均成本法

低于股票平均价格的平均成本来购买股票的一种方法。

采用平均成本法有两个前提条件，一是投资者必须有长期稳定的资金可作为连续投资的来源；二是投资者必须有长期连续投资的打算和恒心，计划一定，轻易不变，如果半途而废，难以收到预定的效果。

优点方法简便，不用选择购买时机，在股票价格变动的任何时候都可开始，也可在需要资金时停止投资收回本金；可消除股价短期波动的影响，享受股价长期增值的收益。

（二）固定金额投资法

又称常数投资法，采用这一方法的投资者在自己的投资总额中以固定的资金投资于股票，其余投资债券或其他金融资产。

（三）固定比率法

将全部投资资金组成一个投资组合：一部分是防守部分，由价格相对稳定的债券组成；一部分是进攻部分，由普通股组成。

（四）可变比率法

允许投资组合中进攻不忍和防守部分的比率随证券价格的变动而变化，从而获取较大利益的方法。

两个缺点：一是趋势线较难确定，如果趋势线出现差错，就可能在不恰当的时候买卖股票，但这个问题可用技术分析中的图表分析以及趋势线、阻力线等解决；二是投资者必须持续监控股票价格变化，当股票价格达到预定价格时，必须做出买卖决策。

（五）分级投资法

分级投资法是依股价动向适时地买进卖出固定股数的投资方法。

这种投资方法使用于股市趋势不明朗，股票价格在某一区间做上下盘整时使用，投资者低买高卖风险小又可获得一定的收益。

（六）均损法

这一方法是指投资者不准备将投资的资金一次性投入市场，而在不同的股票价位上分段买进，称之为买平均高，也可在股价下跌时分段买进，称之为买平均低。

（七）阶梯法

这是对不同到期日债券均等投资的方法。当投资者准备将一定数额的资金投资于债券时，可以购买不同期限的债券，每种期限的购买数量相同，当期限最短的债券到期，收回资金，再将这部分资金购买期限长的债券，如此循环往复。这样的投资方法使投资者持有相等数量的各种期限债券，既保持了流动性，又能得到长期债券利率较高的收益。

本章小结

一、本章重点

1. 投资计划及影响计划制定的因素。

2. 证券投资的对象、地理区域及时间组合。

3. 政策投资的收入型策略和增长型策略。

4. 证券投资的七种定式方法。

二、难点释疑

1. 证券投资计划与证券投资方法。

证券投资计划也就是证券投资组合的方法，即根据证券市场的行情变化调整手中持券与持币的结构，或者持股与持债的结构。也就是说，当一项证券投资计划被制定以后，证券投资的方法也相应确定，制定证券投资计划的过程也就是确定证券投资方法的过程。

2. 证券投资策略。

（1）收入策略要实现的目标是风险最小、收入稳定、价格稳定。

（2）增长型策略的目标是组合资产未来价值的增加。

（3）收入—增长型策略（即混合型策略）不仅有收益和风险的均衡，还有固定收益证券与不定收益证券的均衡问题。它既考虑到了收入的稳定性也兼顾了组合资产未来价值的增加。

3. 证券投资组合。

本书介绍了证券投资组合三种方法：投资对象组合、投资地理区域组合与投资时间组合。这三种投资组合的共同的理论基础在于要尽可能使所选择的证券不相关联，从而能够有效地分散风险，使证券组合可以在更低的风险条件下获得更高的收益。

4. 证券投资的方法。

本书介绍了证券投资的趋势投资法以及七种定式方法。应该指出的是证券市场的变化是难以预测的，没有哪一种模式化的投资方法可以长久获益。因而，投资者在进行证券投资的过程中应认真进行证券理论的学习，不断总结经验，提高投资分析水平和操作技巧，切不可仅仅拘泥于某一种定式。

练习题

一、名词解释

1. 证券投资计划。

2. 证券投资组合。

二、填空题

1. 证券投资是指法人或自然人购买________、________、________以及________等以获取收益的投资行为。

2. 投资者制定投资计划首先必须确定自己的投资目标，应从________、________和________着手。

3. 证券投资组合应遵循的基本原则是证券风险水平相同时，选择________的证券；证券收益率相同时，投资者应选择________的证券。

4. 证券投资组合的具体做法包括________、________和________。

5. 证券投资策略包括________、________、________。

6. 证券趋势投资法的理论依据是________、________和________。

7. 证券趋势投资法包括________，________。

8. 定式法又被称为________和________。

9. 固定金额投资法又称________。

10. 证券投资的目的就是________，但________与________是并存的。

11. 证券投资的定式法有________、________、________、________、________、________、________。

三、判断题

1. 通过认真制定证券投资计划就一定能够把握市场走势，取得预期的收益。(　　)

2. 通过证券投资组合可以有效地降低风险。(　　)

3. 实现收益最大化是构建证券组合的唯一目的。(　　)

4. 收入型策略要实现的目标是收入最大化。(　　)

5. 证券的混合型投资策略不仅有收益和风险的均衡，还有固定收益与不定收益证券的均衡问题。(　　)

6. 增长型策略的目标是组合资产未来价值的增加。(　　)

7. 证券组合理论的立足点在于投资者的投资决策基于对两个目标——“预期收益最大化”和“不确定性（风险）最小化”的全面考虑。(　　)

8. 趋势投资法的依据是波浪理论，即根据波浪的趋势来决定是否保持自己的投资地位。(　　)

9. 三成涨跌法是依照“行情平均按三成循环涨跌”的经验产生的投资方法。这一方法比较适应于成长潜力大或是在强劲上涨行情或下跌行情中的股票。(　　)

10. 定式法主要是为一些不熟悉股票市场无法预测股市变化的投资者提供一些按照既定计划投资的方法。(　　)

四、单项选择题

1. 投资者决策的原则是获得尽可能(　　)的预期收益率，承担尽可能(　　)的风险。

A. 大，小　　B. 小，小　　C. 大，大　　D. 小，大

2. 在西方国家广为流行的投资三分法属于下列(　　)种投资组合策略。

A. 投资的地理区域组合　　B. 投资的时间组合

C. 投资的风险组合　　D. 投资的对象组合

3. 以下(　　)种证券一般不是收入型策略投资者的投资对象。

A. 普通股票　　B. 市政债券　　C. 国家公债　　D. 优先股

4. 选择投资的时机可由(　　)解决。

A. 公司分析　　B. 财务分析　　C. 技术分析　　D. 风险计算

5. 证券投资的目的就是(　　)。

A. 保持资产的流动性　　B. 获取收益

C. 降低风险　　D. 增加资产的安全性

五、多项选择题

1. 投资的三分法兼顾了(　　)三原则。

A. 资产的流动性　　B. 资产的可逆性

C. 资产的安全性　　D. 资产的盈利性

2. 选择投资对象可由(　　)决定。

A. 公司分析　　B. 财务分析　　C. 风险计算　　D. 技术分析

3. 下列(　　)属于投资的定式法。

A. 10%投资法　　B. 固定金额投资法

C. 固定比率投资法　　D. 可变比率投资法

六、简答题

为什么要制定投资组合?

七、计算题

假设某投资者于2002年1月开始对甲公司股票进行投资，1月买入200股，2月买入150股，3月买入400股，4月买入100股，5月买入200股，6月全部卖出。假定甲公司股票在每月内价格不变，价格如下表：

单位：元

月份	1月	2月	3月	4月	5月	6月
价格	11	12	9	13	12	11.5

试使用平均成本法计算该投资者的平均建仓成本，并求出该投资者于6月底将甲公司股票全部交割后的盈亏状况。

参考答案

一、名词解释

1. 证券投资计划就是证券投资者根据自己对风险的承受能力以及收益预期或未来的需要，在对投资环境和证券类型及证券品种等进行综合分析与判断的基础上，选定投资对象，采取灵活的投资策略，选择适当的方法运营资金，以期获得风险和收益的最佳组合的主观行为。

2. 证券投资组合，就是指依据证券的收益与风险程度，通过证券分析，对各种证券进行有效的选择搭配，创造多种投资选择机会并确定降低风险的投资组合。证券投资组合应遵循的基本原则是证券风险水平相同时，选择收益率高的证券；证券收益率相同时，投资者应选择风险最小的证券。

二、填空题

1. 股票　债券　基金　证券的衍生工具

2. 投资动机分析　投资目标分析　财务目标分析

3. 收益率最高　风险最小

4. 投资对象组合　投资地理区域组合　投资时间组合

5. 收入型策略　增长型策略　混合型策略

6. 风险（最）小　收入稳定　价格稳定

7. 10%投资法 三成涨跌法

8. 自动投资法 不费思考的投资方法

9. 常数投资法

10. 获取收益 收益 风险

11. 平均成本法 固定金额投资法 固定比率法 可变比法 分级投资法 均损法 阶梯法

三、判断题

1. ×；2. √；3. ×；4. ×；5. √；6. √；7. √；8. ×；9. ×；10. √。

四、单项选择题

1. A；2. D；3. A；4. C；5. B。

五、多项选择题

1. ACD；2. ABC；3. BCD。

六、简答题

证券投资者之所以要构建证券投资组合的原因主要是为了降低风险，在投资收益和投资风险中找到一个平衡点，即在风险一定的条件下，实现收益的最大化，或是在收益一定的条件下，使风险尽可能地降低。

七、计算题

平均成本=(11×200+12×150+9×400+13×100+12×200)÷(200+150+400+100+200)= 10.762 元。

因为卖出价 11.5 元高于平均成本 10.762 元，所以该投资者是盈利的。

盈利额为(11.5−10.762)×(200+150+400+100+200)≈775 元

投资问答：如何判断行情的大小?

一、如何判断行情的大小?

某股行情的大小、持续时间的长短，直接影响到证券投资收益的大小。如何发现爆发力度强、牛市持续时间长的个股，成为跟庄选股的难题。某股是常青树抑或兔子尾巴，投资者可从个股整理的时间、拉升的方式、回档时的强弱等方面判断。

1. 整理期的长短

一般来说，整理时间越长，一旦突破后向上拓展的空间越广阔，股价对大型整理形态的突破，如突破大型三角形、大型箱形、长期整理平台后往往会出现大行情。

例如，内蒙宏峰（000594）2000 年 2 月以来，股价长期在 13 元附近的平台整理，近日价量配合突破整理区，新一轮行情呼之欲出。湖南海利（600731）3 月以来一直在 24 元附近的平台反复整理，上下空间有限，假如主力出货，股价必然逐渐下台阶，主力苦苦坚守，说明其意在后市。这类个股主力蓄势已久，不拉出较大的空间不会轻易善罢甘休。同时，整理时间越长，突破时的可信度越高，主力制造骗线的可能性越小。

2. 拉升方式

行情的大小，亦可从主力推升的方式中大致推测到。一般来说，拉升时以小阴小阳的形式不紧不慢地推高，股价基本在 5 日均线之上运行，表明主力志存高远，后市空间广阔。例如，海螺型材（000619）2001 年以来缓缓走高，股价以 5 日均线为依托反复盘升，成交量并未放大，没有出现大起大落的走势，细水长流型的拉升既安全又长久。有些超强势股则连 5 日均线亦不碰，例如上海梅林（600073）1~2 月拉升期，基本远离 5 日均线，仅在 1 月 18 日、20 日触及 5 日均线，对这种疯牛股，只要 5 日均线不与 10 日均线死亡交叉之前便是安全的。

3. 回档整理时处于强势抑或弱势

在个股整体处于牛市阶段，受大盘回调影响，或是出于洗盘目的，亦经常会出现回档，若回落时幅度浅、整理时间短暂、回落时并未跌破重要均线的个股行情往往较大，例如凌桥股份（600834）3 月进入拉升期，一路大涨小回，阳多阴少，每次回档的幅度都很浅（阴线实体小），且一般不跌破 5 日均线，在 5 月 8~15 日大盘回调期间该股表现坚挺，表明该股的行情相对乐观。

二、如何寻觅控盘类个股

个股的涨跌，由市场上持有该股流通筹码的投资者的合力决定，若筹码集中在少数人手中，大家拧成一股绳，自然“其利断金”；若筹码分散，犹如一盘散沙，稍有风吹草动大家如羊群般蜂拥而出，股价自然难有作为。因此筹码集中的个股犹如“不倒翁”，成为跟庄选股中的优良品种。一般来说，控盘类个股的走势具有以下特征。

（1）从分时图上看，筹码集中的个股分时线断断续续，极不连贯，如湖南海利（600731）4月25日的分时走势图极不流畅，有时隔数分钟才有一笔成交，显示成交不甚活跃，仅仅数十手的买单便可将股价拉高一大截，或是少量的卖单便可将股价快速打低，显示市场的浮筹极其有限，筹码已集中在少数人手中。

（2）从日线图观察，假如某股每天的开盘价和收盘价都比较接近，较长的时间过去，波动幅度都不大，股价似乎呈原地踏步状态，亦说明该股的筹码锁定性强，如湖南海利3月底以来，基本在23元左右波动，4月14日曾“越位”：一度快速下探，但很快便被拉起，收出长长的下影线，股价明显有人关照。

三、如何从盘面看穿庄家的实力

某股主力实力大小，直接关系到该股发展后劲是否充足，是处于强势状态还是弱势状态。这只从日K线上较难判断，有的拉出长阳线主力往往是色厉内荏，有些不动声色主力却埋兵百万。这些信息往往通过盘面中显露。实力较强大的个股走势往往强于同板块其他个股，在突发性利空冲击下多数个股溃不成军，该股却能傲然独立，说明该股实力非同一般，此时即可重点关注。投资者可重点关注以下的情形出现时个股的表现。

（1）在突发性利空打击下个股表现如何，这是检测主力实力最好的“检测仪”。3月14日宣布转配股将在两年内分批上市，这不亚于两个师的空头部队，对转配股数量大、占流通股比例大的个股形成巨大冲击，一时间不少主力举手投降，纷纷放量下跌，特别是转配股占流通股比例前十名的个股，如中科健、东方明珠等纷纷趴下，收出连续带量阴线，股价弱不禁风。而其中的上海九百（600838）则走势醒目，在该消息公布之后仅仅随市回落一天，跌幅极其有限，成交并未显著放大，第二天成交立刻恢复原来的水平，与其他主力落荒而逃、兵败如山倒的颓势形成鲜明对照。这透露出重要的信息：该股筹码已被锁定，主力实力强大，转配股的利空对其影响甚微。果然该股很快便能消化利空因素快速上攻。此时转配股的消息起到撕去主力伪装、暴露主力实力的作用。

（2）在板块退潮时该股表现如何。某股走势是否硬朗，人们习惯将其与大盘相比，即根据升幅判断走势强于大盘或是弱于大盘，其实还可进一步细分，不仅可将个股与大盘相比，还可将个股与同板块其他个股相比，若某股不仅走势持续强于大盘，且在该板块退潮时亦保持强势，则可判断为主力实力较大。例如，3 月 27 日大盘收中阳，多数个股及板块表现优良，但高价股却表现不佳，深赛格（000058）却鹤立鸡群，该股不仅涨幅超过大盘，而且走势并未随高价股联动，主力实力可见一斑。

四、巧妙地看委托盘

下面介绍的是一种看盘技巧，盘中出现大笔的买卖单往往是主力异动的表现，但是有一种盘面信息却常常被忽略，那就是出现在盘面当中已委托但尚未成交的挂单，也就是委托盘的异常情况。在通常情况下，委比为正值（买单大于卖单）则表示买盘比较踊跃，股价有上升趋势，但是有很多情况下当委比出现绝对的正负值时，比如接近正负100%，那么未必反映的是真实的买卖力度，下面是两种比较典型的情况。

第一种情况：盘中在卖二和卖三位置始终挂着千手以上的巨大卖单，显示抛压似乎很沉重，但是股价却不明显下跌，而且从成交明细上看，大笔的直接卖出成交（内盘成交）并不多见，显示出并没有多少主动性砸盘的筹码，而且盘中成交又非常活跃，这时候就有问题了，大笔的卖单不可能是散户所挂，而作为主力挂出的卖单只是出现在盘面上又不肯主动卖出去，股价也不下跌，这往往是别有用心的表现，这种情况下如果这只个股在底部的累计涨幅并不大，很可能是面临拉升的前兆。在盘中挂出大笔卖单的做法只不过是虚晃一枪，泰山石油（000554）等大牛股在2001 年年初启动之时都曾经出现过类似的情况，如果投资者盘面当中发现了这样的个股须仔细观察委托盘的变化情况，如果发现突然有大笔买单向上吃进或者盘面上的大笔压单突然被撤，则是短线介入的好时机。

第二种情况：在一些个股累计涨幅比较大的情况下，盘中的委托盘会出现另一种异常情况，当开盘之后股价震荡下跌，当跌到一定幅度时在卖二、卖三位置出现大笔买单，通常手数在千手以上，好像有主力在护盘，股价无法继续下跌。但在这个位置股价反弹时明显无量，而且从成交明细来看盘中主动抛盘（内盘成交）较多，而且股价重新下跌时抛盘踊跃。虽然在某一价位有强大的买盘托着，但股价总体呈下跌趋势，则很可能是主力出货的先兆。原因很明显，如果只是护盘，就不应该在低位象征性的挂单，一面是买盘非常强大，一面是反弹无量，这本身就是矛盾的。所以投资者在盘中见到这种情况一定要小心为上，先出局了事。

通过上面两个实例可以看出，盘面上的委比情况有时并不能真实地反映多空力量的对比，很可能是刻意制造的影响散户心理的手法，所以一定要多观察、多总结，以免上当受骗。

五、如何估算庄家仓位轻重

一只股票的升幅，一定程度上由介入资金量的大小决定，庄家动用的资金量越大，日后的升幅越可观。估算庄家仓位轻重的方法有以下四种：

(1) 根据吸货期的长短判断。对吸货期很明显的个股，简单算法是将吸货期内每天的成交量乘以吸货期，即可大致估算出庄家的持仓量，庄家持仓量等于吸货期每天成交量（忽略散户的买入量）。吸货期越长，庄家持仓量越大；每天成交量越大，庄家吸货越多。因此，若投资者看到上市后长期横盘整理的个股，通常为黑马在默默吃草。有些新股不经过充分的吸货期，其行情难以持续。

(2) 根据换手率判断。在低位成交活跃、换手率高、股价涨幅不大的个股，通常为庄家吸货。此间换手率越大，主力吸筹越充分。“量”与“价”似乎为一对互不甘示弱的小兄弟，只要“量”先走一步，“价”必会紧紧跟上“量”的步伐。投资者可重点关注“价”暂时落后于“量”的个股。

(3) 根据大盘整理期该股的表现来分析。有些个股吸货期不明显，或是老庄卷土重来，或是庄家边拉边吸，或在下跌过程中不断吸货，难以明确划分吸货期。这些个股庄家持仓量可通过其在整理期的表现来判断，长城电工（600192）2015 年上市后逐波下行，吸货期不明显，5~6 月的拉升明显属于庄家行为，7~9 月大盘调整，而该股 6 月底在 12 元左右，9 月底依然固守在 12 元左右的整理区，跌幅小于大盘，庄家介入程度深；再看该股流通股达 8000 多万，对这样的偏大盘股主力亦“调教”自如，持筹量可见一斑。

(4) 根据上升过程中的放量情况判断。一般来说，随着股价上涨，成交量会同步放大，而某些庄家控盘的个股随着股价上涨，成交量反而缩小，股价往往能一涨再涨，对这些个股可重势不重价；庄家持有大量筹码，在未放大量之前可一路持有。

六、股票卖出的时机

(1) 决定股票是否要卖出的关键是自己是否真的明白买这只股票的原因。明白了为何买，也就明白了何时卖。

(2) 今日虽涨停，成交量不大，明后日密切关注成交量的变化，如果放量滞涨，先了解获利，保住胜利果实。

第十三章　证券投资的操作技巧

学习目标

通过对各种市道的分析，使学生懂得如何跟庄和逃庄以及准确判断顶部与底部，从而采取相应的操作方式。

本章着重介绍在证券投资实战中总结出的一些技巧。证券投资的变化是不可测的，通过对各种市道的分析，学会跟庄和逃庄以及能准确地判断顶部与底部，从而采取相应的操作方式。这样我们在证券实战中盈利的概率就会大大增加，从而最大限度地减少资金损失。

第一节　牛市中的操作技巧

一、牛市中的操作技巧

牛市，是指买放量强劲、股价连连上扬、股市普遍看涨的市场行情，也称多头市场。其特征是买多卖少、人气旺盛、交易活跃、股价大涨小跌。其操作技巧是：

（1）牛市不言顶，要捂股到底。

（2）牛市第一波，多为轧空行情，须及早入。

（3）牛市中，往往上影线指向哪里，以后就会达到哪里。

（4）大牛市启动多是先集中力量炒高价股。

（5）兵法：挽弓当挽强，擒贼先擒王。

（6）一路持有绩优股或高成长股。

（7）单边升势中，坚决买进强势股，且一路持有，直至大盘波段结束。

（8）牛市中要有一些基本仓位——有业绩和题材的股票。

（9）牛市中要买有一些高送配题材的股票，因牛市特征是抢权填权。

（10）不管风吹浪打，待所持股涨 50%~100%，可考虑卖出换股，以应付轮炒，以获取更大利润。

（11）一轮牛市从启动到结束，都有一个主流板块贯穿其中，可把大部分资金放在主流板块上，小部分资金放在一些滞涨的板块上。

二、熊市中的操作技巧

所谓熊市，是指卖方力量强劲、股价连连下挫、股市普遍看跌的市场行情，也称为空头市场。板块或个股会轮涨补涨是牛市的特征，板块或个股会轮跌补跌是熊市的特征。其操作的技巧如下：

（1）格言：牛市进场，熊市放假。

（2）在熊市中操作，不仅需要高超的短线技巧，且利润十分有限，因只能靠抢反弹，稍不及时了结就要长期被套。

（3）在熊市保住本钱为第一位，赚钱为第二位。

（4）熊市中，下影线指向哪里，以后会达到哪里。

（5）熊市中每一次带量的反弹，都是出货的机会。

（6）在熊市中，投资者的板块组合应紧跟热点走，市场中耐不住寂寞的资金在适当时机总会营造熊市中的短暂板块行情。

（7）熊市中的择股标准：庄股，可能逆市表现；两次触及 30 日均线而不破；没有经过快速拉升。

（8）熊市中，高价一般没人要，炒作主要集中于低价股。

（9）熊市末期，即经过持续下跌一大段时间后，要重视利多传言，反看利空传言。

（10）股谚：利空出尽是利多。

（11）当大多数人都失去信心时，就是新一轮上涨的机遇。

（12）周 K 线运行的转折点通常在黄金比率时间点上。

第二节　盘整市的操作技巧

一、盘整市的操作技巧

盘整市，指股价起伏不大、股市前景暧昧的市场行情。其特征是交易萎缩、观望气氛浓重、股价难以出现另人心跳的波动。

盘整市中，大量股票涨跌空间均不大，股指上下两难，但股指的相对平稳并不意味着板块的沉寂，也不意味着个股的风险均已降低。盘整市中的操作技巧如下：

（1）多看少做，利用盘整行情，多做些研究，以待行情明朗之时有备而上。

（2）注意政策导向，多研究近期和下一阶段政策面的动向及对相关板块可能带来的影响。

（3）短线为主，有利就跑，决不恋战。

（4）多关注那些业绩尚可、严重超跌处于山脚区域但近期逐步放量的中低价个股，尤其是生不逢时、上市一路下跌后盘稳的次新股。

（5）人弃我取，人取我予，不追涨杀跌，高不贪，低不惧。

（6）多看基本面，少看技术面，不盲目听信小道消息及股评家推荐的个股。

（7）顺应政策导向，长线眼光选股，适当滚动操作。

（8）捕捉热点板块时要敏锐迅捷。

二、震荡市的操作技巧

震荡市，指股价跌宕起伏，股市前景不明的市场行情。其特征是短期投资增多、市场人气不旺、股价大起大落。那么，在震荡市中应如何操作呢？

（1）如是宏观基本面、政策面的利空引起的震荡，时间会比较长，幅度会比较大。

（2）一轮行情的序幕、发展、高潮与结束，普遍要经历筑底吸货的震荡阶段、拉升途中的震荡阶段、高位出货的震荡阶段和下跌途中的震荡阶段。

（3）震荡市中很重要的一点是心态要稳。

（4）不要有短期速富心理，如对大盘趋向无把握，可先观望。

（5）震荡市中，单边上行的个股较少，操作上可采取低吸高抛即跌多进货、涨多除货的战术，盈利的期望值不要太高。若在短时间内获利10%，或碰到涨停板，就应先落袋为安。震荡市中，不明朗因素很多，波幅较大，控制好仓位十分重要。这时最好采取半仓投资法。

（6）半仓投资法的优点：①保持主动。行情上涨，有高位追仓的机会，可以扩大战果；行情下跌，也有低位补仓的资金，可以摊低成本。②规避风险。股市是高风险的投资场所，投资者必须对风险保持高度警惕，半仓投资法无疑坚持了这一原则。半仓法投资的缺陷：①不能充分发挥全部资金的使用效率，丧失掉一些利润。②在行情争跌时，可能会因为清仓不及时，从而套牢。

（7）震荡市中，要买强势股，买有基本面支持的抗跌品种，买每天有量、有强主力在其中的个股。

（8）在震荡市中，市场总体以过渡性热点为主，难有明显而持久的板块效应。此时市场有炒新、炒底的偏好。关键要踏准市场起伏节奏、紧跟新的热点。

（9）低位震荡时要坚定持股，不为小利卖出。

（10）中位震荡时要灵活操作。

（11）高位震荡时要果断退出。

（12）下跌休息区震荡时要忍住冲动。

第三节　跟庄与套庄的操作

所谓庄家，是指持有巨额资金，掌握着某种股票较多的流动筹码，在一定时期内，对该种股票进行集中操作，从中谋取利润的机构或者大户，也称作市商。那么，应该怎样跟庄和逃庄呢？

（1）要了解庄家进庄的时机并紧跟之。庄家进庄一般选在下列时机：①在股价处于低价区或者股票有投资价值时。②股价底部构筑完整时。③恐慌性暴跌或长期下跌后。④人心极度悲观，严重超跌后。⑤了解到公司有重大利多消息时。⑥可能有股权争夺时。

（2）跟庄之前要判断清楚庄家的意图。

（3）用逆向思维思考题材或消息的另一面。

（4）判断庄家实力的大小与坐庄的手法。

（5）踩准庄家“吸筹、拉升、出货”三个节奏。

（6）逃庄，必须清楚庄家的各种出货手法，以便及时逃庄。常见逃庄手法有：快速下跌出货法；无量阴跌出货法；边拉边跌出货法。

（7）不同的庄家有不同的个性，有不同的操作方法。按照操作周期分为短线庄、中线庄和长线庄三类。短线庄操作全过程最长不超过一个月，最短仅持续一两天；中线庄短则一个月，长则半年；而长线庄坐庄的时间较长，通常在经济周期谷低或公司经营处于复苏初期进庄，在经济周期见顶或公司经营高速成长后期出货。

（8）一般来说，短线庄对长期走势信心不足，只想短线操作及时获利了结，因此收集的筹码不多，约占流通股的10%左右，时间持续几天。

（9）中线庄炒作时间相对较长，有明显的收集期。

（10）长线庄炒作时间以年计，庄家往往选择基本面有很大改观的股票，建仓时不计较价位成本。

（11）个股的质地，有时并不会左右股价的涨跌，市场庄家林立，选股要贴近市场和庄家。

（12）跟庄被庄家空盘的股票。

第四节 底部与顶部的操作技巧

一、底部的操作技巧

要在底部进行买入的操作，必须准确地判断出底部才能进行。

（1）所有坚实的底部出现时，都会出现成交量剧减的局面。这种现象表示抛压已经消竭。

（2）成交量的底部出现时，往往就是股价的底部了。

（3）当成交量的圆弧出现后，显示股价将反转回升了。

（4）底部的重要形态就是当股价从高位往下经过连续一段时间下跌后，股价的波动幅度越来越小。

（5）连续阴跌一段时间后，又突然暴跌时，即为底部之日。

(6) 持续下跌一段后出现低量，股价横走，在黄金比率时点附近两次以上探底，底部逐步抬高。

(7) 成交量出现低量后，估价不创新低，股市对利空已经麻木，绝大多数股评认为还没跌到底。

(8) 是底不反弹。所有弱市不抢反弹，只要反弹，就可能还要创新低。

(9) KJD、RSI、MACD 等指标底背驰。

(10) 底部的基本特征：所有板块基本上轮跌了一遍，绝大多数个股已跌无可跌，次低没创新低。

(11) 要离开顶部较大一段距离。如没有一定的空间，主力完成不了高抛低吸的波段性操作，不会大举建仓。

(12) 底部的产生还需要市场空仓人数的增多。因为空仓人数的多少决定大盘反弹的力度，市场基金面越宽裕，反弹的力度就越大。

(13) 一般来说，每一轮行情，领头羊都不尽相同。

二、顶部的操作技巧

要在顶部进行卖出的操作，必须准确地判断出顶部才行，做到该出手时就出手。

(1) 一段连续涨升后，突然出现快速拉升一两天，放出天量拉出长阳。

(2) 连涨之后，在高位出现剧烈震荡，且量极大，是市场步入调整的一个前兆和信号。

(3) 连涨之后的某一天突然没有高涨之股。

(4) 连涨之后，全面启动，涨停个股较多，一天大盘升幅 4%左右，就是主力急流勇退、行情告一段落的预兆。

(5) 股指涨得太多，股价已升太高。

(6) 大盘在高位连续放巨量上涨，一天上一个台阶，股指连创新高，则为见顶预兆。

(7) 连涨之后，各项技术指标在高位出现明显的顶背驰。

(8) 当人们终于相信牛市中指标可以超买再超买时，当人们对高位钝化的指标不屑一顾时。

(9) 指数、个股放量挂出黄昏之星。大盘当日放出巨量十字星。

(10) 一般而言，在成交量连续创下 3~6 个月新高后，便会显出动量不足的状态。

（11）第一根跳水阴线为转势信号，放巨量，拉长阴。

（12）市场一片疯狂和欢乐，市场充斥投机心态，蓝筹股出现过分投机。

（13）大行情历来都是在市场气氛狂热，谁都不知道会涨到什么地方的时候而不知不觉到顶的。

（14）大盘有一种飘忽不定的感觉，市场心态很容易出现突变，尤其出现在连涨之后的高位。

（15）股评叫好热度不减，市场各类股票似乎都有价值，待于挖掘，黑马乱跳。

（16）政策面沉默一段后突然提出要降低风险，并随之推出一系列措施。

（17）弱势市场补涨。短期顶部——从最低点开始，弱势市场约升 20%，强势市场约升 30%。

（18）中国股市 30 年来的走势基本呈现一种牛短熊长的规律。

（19）当股票市值总额等于或大于居民储蓄存款总额时，必暴跌。

（20）热点变换过快，热点过于分散，短线客过于奔命，大盘不得不进入深幅回调。

（21）无论大盘还是个股，顶部较有效的技术信号如下：

1）K 线形态方面：一般在上涨一个箱体或一个黄金空间点位后，K 线做小双头，股指不再创新高，或创新高时量不能再次放大，或高位大量大阴线，都可能是顶部。

2）均线方面：在上述情况下，5 日均线向下掉头，或与 10 日均线成交叉；10 日均线无望再向上，而开始走平；20 日均线等也无力再向上升。

3）成交量方面：成交量放出近期天量后，无论涨跌，几日内都无法超过此量，即为天量天价。

4）周 K 线方面：上涨 5 周、8 周、13 周、21 周、34 周、55 周后出现天量，周 K 线带较长上影线或成阴线。

5）K 线形态一旦高位走平或死叉，此时不能再对大市抱任何幻想，应坚信该指标提示，立即卖出所有股票。

6）关注周线技术分析：当 KDI 指标进入超卖时，当 J 线与 K 线两次与 D 线出现死叉时，表明离顶部不远了。但两次死叉的时间距离应该比较近，一般为 8~13 周，如太长则失去了意义。当 7 周均线向下与 14 周均线形成死叉时，也表明了见顶回落的趋势。

本章小结

一、本章重点

1. 牛市中的操作技巧。
2. 熊市中的操作技巧。
3. 盘整市与震荡市的操作技巧。
4. 跟庄与逃庄的时机掌握。
5. 顶部与底部的研判。

二、难点解析

1. 牛市与熊市的操作技巧。

“牛市进场，熊市放假”应是在牛市与熊市中操作的基本原则，但是应指出的是在牛市中，投资者要保持清醒的头脑，居安思危，切不可过度贪涨。当股市冲关前或冲击历史高位时，以及大盘指数创历史新高、成交量也创历史天量高时，应先退出观望。而在熊市时，尽量避免持仓，但也不可一味“放假”，要认真分析股市，在熊市后期也可择股而入。

2. 盘整市与震荡市的操作技巧。

在盘整市与震荡市中，投资者应以观望为主，心态要稳，多做宏观基本面分析，少做技术面分析，待局势明朗后再行操作。

3. 跟庄与逃庄的操作技巧。

庄家在一次完整的操作、获利过程中一般都会经过“吸筹、震荡、拉升、出货”这样几个步骤。有时也会有反复拉升、震荡的过程。投资者在跟庄与逃庄时，首先要判断庄家的实力大小，了解庄家的操作手法、操作意图，掌握进庄与逃庄的时机。在庄家吸筹时可通过量价的配合变化来寻找庄家的蛛丝马迹，选择跟庄时机。在逃庄中，要判断是股价上升过程中的调整还是庄家出货，以决定是否获利了结。

练习题

一、名词解释

1. 牛市。
2. 熊市。
3. 盘整市。
4. 震荡市。

5. 庄家。

二、填空题

1. 牛市的特征是__________、__________、__________股价__________。

2. 牛市最典型的特征是__________。

3. 熊市的特征是__________、__________、__________股价__________。

4. 庄家也称__________。

5. 庄家在一次完整的操作获利的过程中一般都会经过“__________、__________、__________”这样几个步骤。

6. 按照庄家的操作周期可以把庄家分为__________、__________和__________。

三、判断题

1. 盘整市，股市大盘处于调整期，股价跌宕起伏，一般意味后市将会有较好的获利机会。(　　)

2. 当所有板块基本上都轮跌了一遍，绝大多数个股已跌无可跌时，第二次底再次创历史新低时，意味着整个股市已达到底部。(　　)

3. 在一个较长时间的牛市后，当个股及指数放量挂出黄昏星，当日大盘收出巨量十字星时，我们可以认为股市已到达此次行情的顶部。(　　)

4. 牛市中出利空消息是买入机会。(　　)

5. 证券投资的目的是获得收益。因此，在熊市中，投资者也要把赚钱放在首位，同时要兼顾投资的安全性。(　　)

6. 连涨之后，在高位出现剧烈震荡，且成交量极大，是市场步入调整的一个信号。(　　)

四、简答题

1. “半仓投资法”应用的主要时机及优缺点。

2. 试述庄家选择股票的基本条件及进庄的时机。

参考答案

一、名词解释

1. 所谓牛市，是指买方力量强劲、股价连连上扬、股市普遍看涨的行情，亦称多头市场。其特征是买多卖少、人气旺盛、交易活跃、股价大涨小跌。

2. 所谓熊市，是指卖方力量强劲、股价连连下挫、股市普遍看跌的行情，亦称空头市场。其特征是卖多买少、人气低迷、交易清淡、股价大涨小跌。

3. 所谓盘整市，就是指股价起伏不大、股市前景“暧昧”的市场。其特征是交易量萎缩，股价难以出现令人心跳的波动。

4. 所谓震荡市，就是指股价跌宕起伏，股市前景不明的市场。其特征是短线投资增多，市场人气不旺，股价大起大落。

5. 所谓庄家，是指持有巨额资金，掌握着某种股票较多的流通筹码，在一定时期内，对该种股票进行集中操作，以从中谋取利润的机构投资者或大户，也称做市商。

二、填空题

1. 买多卖少　人气旺盛　交易活跌　大涨小跌

2. 板块轮动

3. 卖多买少　人气低迷　交易清淡　小涨大跌

4. 做市商

5. 吸筹　震荡　拉升出货

6. 短线庄　中线庄　长线庄

三、判断题

1. ×；2. ×；3. ✓；4. ✓；5. ×；6. ✓。

四、简答题

1. 在震荡市中，不明朗因素较多，波幅巨大，最好采用“半仓投资法”。

“半仓投资法”的优点：①保持主动；②规避风险。

“半仓投资法”的缺点：①不能充分发挥全部资金的使用效率，会丧失一定的利润；②在行情下跌时，可能会因为清仓不及时，从而套牢。

2. 庄家炒作某只股票一般都有一定的理由，如有资产重组、业绩大幅增长、行业政策扶植、前景看好、股本扩张等题材，并且其题材还必须是市场热点，能得到市场的认同，能吸引跟风盘。

庄家进庄一般选择下列时机：

(1) 股价在股票低价区或者有投资价值之时。

(2) 股价底部构筑完整之时。

(3) 恐慌性暴跌或长期下跌之后。

(4) 人心极度悲观，严重超跌之后。

(5) 了解到公司有重大利多消息之时。

(6) 可能有股权争夺之时。

投资问答：如何寻找超跌股的真实底部?

一、如何寻找超跌股的真实底部

功能：选出超跌股的真实底部。

选择周期：日线。

条件设定：

(1) 最近5日内1日收盘价平均线曾突破5日收盘平均线两次；

(2) 5日收盘价平均线低于10日收盘价平均线；

(3) 5日收盘价平均线低于30日收盘价平均线；

(4) 2日成交量平均线低于40日成交量平均线的1%；

(5) 最近3日内1日收盘平均线呈盘整走势；

(6) 最近1日内DIF~DEA1由下滑转上升。

说明：

(1) 选中的是超跌股刚开始反弹的价位，很安全。

(2) 所选中的股结合基本面适合长线投资。

(3) 当选中股票数量由少逐渐增多时，表明大盘跌无可跌，很快就要开始反弹。

(4) 1999年5月14~20日，众多的绩优股、科技股均在选中之列。

上述各种选股方法依大盘所处的市态不同而使用，如目前调整市态用的第六种是一只也选不出来的。

二、如何寻找一般个股阶段性底部区域

功能：选出的是一般个股，不一定是强势股。

选择周期：日线。

条件设定：

(1) 最近3日内1日收盘价平均线曾跌破20日收盘平均线一次；

(2) 5日收盘价平均线低于10日收盘价平均线；

(3) 5日收盘价平均线高于30日收盘价平均线；

(4) 30日收盘价平均线是最近30日内的最高；

(5) 2日成交量平均线低于10日成交量平均线的1%；

(6) 最近3日内1日收盘平均线呈盘整走势。

说明：选出的股一般均在一个狭小区域缩量盘整，选中时已盘整若干天，短期内均有反弹，但反弹不放量时盈利期望值不可过高。

三、如何寻找强势股的阶段性底部区域

功能：选出强势股的阶段性底部区域，不同于短期买入点。

选择周期：日线。

条件设定：

(1) 最近5日内1日收盘价平均线曾跌破3日收盘平均线两次；

(2) 5日收盘价平均线高于10日收盘价平均线；

(3) 5日收盘价平均线是最近20日内的最高；

(4) 2日成交量平均线低于100日成交量平均线的1%；

(5) 最近3日内1日收盘平均线呈盘整走势。

说明：

(1) 需对个股日线图观察，选出的是强势股运行完第1子浪后回调的第2子浪的底部，还是第4子浪的底部，若为第4子浪，应放弃；若为第2子浪，可考虑吸纳。

(2) 选出的个股已经在该底部盘整了几天，避免了参与盘整，一般吸纳后2~3天，该股就会发动上攻第3子浪。

(3) 该方法选出的股票应阶段性持有，可获利30%~50%。

四、如何选出强势股上攻途中的最佳买入价位区域

功能：选出强势股上攻途中的最佳买入价位区域。

选择周期：30分钟。

条件设定：

(1) 30日收盘价平均线是最近30日内的最高；

(2) 5日收盘价平均线低于10日收盘价平均线；

(3) 5日收盘价平均线高于30日收盘价平均线；

(4) 2日成交量平均线低于40日成交量平均线的1%。

说明：

(1) 该选股时段可在每天中午收盘和当日收盘后进行两次。

(2) 很多强势股上攻时采用的是简单方式运行，在日线图上表

现的是依托5日线做支撑连续上攻，因此不易用日线指标选择其最佳买入点。但从30分钟分时图中可清晰地看到，30分钟图上的30日线是它们的支撑，本选择条件就是把这一最佳买入点选出，并考虑了“价跌量缩”这一重要条件。

(3) 选出的个股基本上是处于它的短期最低点。

五、如何选择强势股

功能：选择出强势股。

选择周期：日线。

条件设定：

(1) 5日收盘价平均线是最近20日内的最高；

(2) 5日收盘价平均线高于10日收盘价平均线；

(3) 5日成交量平均线高于40日成交量平均线的1%；

(4) 最近2日内1日收盘价平均线呈向上走势。

说明：

(1) 所选择的个股保持强势特征不变，可考虑逢低吸纳。

(2) 大盘处于弱市或强势回调中时，连续两天选中的个股为逆势上涨黑马。

(3) 大盘处于强市中，选中的个股很多，可用选中的数量预测大盘的走势：若每天数量呈递增的态势，表明大盘处于加速上涨之中；若选出的数量达到或接近上市公司总数的30%，表明大盘处于疯狂阶段；若大盘指数上涨，选中的数量反而减少，表明大盘随时将出现回调。

六、如何寻找初涨强势股

选股条件的设定：在主菜单中选择【盘后分析】项，出现子菜单选择【条件选股】项，假如选【条件E】，选【设定】，将其中一些选项设定为：

(1) 1日收盘价平均线高于2日收盘价平均线的2%；

(2) 1日收盘价平均线是最近3日内的最高；

(3) 2日成交量平均线高于40日成交量平均线的300%；

(4) 2日成交量平均线是最近30日内的最高；

(5) 最近 1 日内成交量与股价呈同步向上。

设好后点击【储存】，选择【条件文档一】。周期选择【日线】。可在“商品种类”中分别选择“上证 A 股”或“深证 A 股”，最后点击【执行选股】。软件自动将选择出来的股票分列于屏幕上。此功能在钱龙软件的“静态分析”中也有，条件设定完全一样。

分列个股的选择：软件选择出的个股即是强势股，但包含了“续强股”和“初强股”，这些股都可以关注，但一个原则是“逢低吸纳”。每日坚持做这种选股，并把它们记录下来，就会形成自己的“十九强”之类的选股系统。

坚持做下去，会发现“续强股”会连续多天出现在选中的个股中，如果已经持有了这类股票，只要系统中包含它，就不要轻易卖出；如果连续 3 天系统中未出现它的大名，就要考虑是否应卖出了，因为它短期内的上攻能量已经差不多释放完了。如果是“初强股”，那么它刚出现在排名榜上一两天，逢低就吸纳。

验证：把分析软件的成交量系统设定为 2 天和 40 天，在 K 线图界面中看看曾做过的或已知的强势股，向前找出 2 日成交量大于 40 日成交量 300%的第一天，看看是什么价位，现在是什么价位。

选股系统在不同的市态下的表现：

大盘强势初期：每天选出的个股很多，有时两市能选出 50 只及以上个股，说明市态很强，不少于 30 只时，大盘不会深幅下调。

大盘盘整中：每日选中的个股只有几只或十几只，个股机会就在这些选中的个股中。

大盘下跌中：每日选中的个股只有几只或根本没有，这时最好清盘出局，停止操作。不过对选出的个股，它往往表现出逆势上涨的特性，也不妨少量买点试试，积累经验，看看这个选股系统的作用到底如何。

大盘火爆时：由于强势股已较长时间放大量，其 40 天成交量均线已连续放大，与 2 日成交量平均线的量差已明显缩小，所以续强股就选不出来了。但选出的初强股仍可重点关注。

更实用的选股时段：可能提出这样的疑问，若待收盘后才选出个股，不是错失良机了吗？在中午收盘后使用这个系统，只需把其中的一个选项由300%改为180%，其他不变，就会及时地发现它们。

另外，仍然在K线图中看看2日和40日成交量的强势股，当2日成交量平均线低于40日成交量平均线，并且当日成交量低于或等于2日成交量的那几天中是不是又到了买入的时候了？结合黄金分割计算方法更准确。

此选股系统的缺点：

(1) 不能把慢牛走势的牛股选出来，有些牛股每天上涨并不多，小于4%，并且成交量也不大，日换手率低于5%，但天天上涨不断，这类个股选不出来。

(2) 有些疯涨股第一个涨停选不出来，往往第一天开盘不久即涨停，全天惜售现象严重，至收市日成交量很小，这只个股这一天也选不出来。

七、如何区分庄家与散户

庄家除了具有资金和信息方面的优势外，最主要的是庄家的思维方式和操作方式与散户有极大的不同。

(1) 庄家做一只股票要用上一年甚至几年，散户做一只股票只做几周甚至几天。

(2) 庄家用几个亿、十几个亿做一只股票，散户用十万、几十万做十几只股票。

(3) 庄家一年做一两只股就大功告成，散户一年做几十只股、上百只股还心有不甘。

(4) 庄家喜欢集中资金打歼灭战，做一个成一个；散户喜欢买多只个股作分散投资，有的赚、有的赔，最终没赚多少。

(5) 庄家炒作一只股票，对该股的基本面、技术面要做长时间的详细调查、分析，并制定了周密的计划后，才敢慢慢行动；散户看着电脑屏幕，三五分钟即可决定买卖。

(6) 庄家特别喜欢一些较冷门的个股，将其由冷炒热赚钱；散户总喜欢一些当前最热门的个股，由热握冷而赔钱。

(7) 庄家虽然有资金、信息等众多优势，但仍然不敢对技术理论掉以轻心，道琼斯理论、趋势理论、江恩法则等基础理论早已烂熟于胸；散户连K线理论都没能很好地掌握，就开始宣扬技术无用论。

(8) 庄家做完一只股票后就休假去了，认为忙了很长时间了，也该让钱休息休息了；散户做完一只股票认为又没赚多少，还得做，绝不休息。

(9) 庄家总是非常重视散户，经常到散户中去倾听他们的心声，了解他们的动向，做到知己知彼，并谦虚地称赞现在的散户越来越聪明了；散户总是对庄家的行动和变化不屑一顾，认为这个庄家真傻，拉这么高看他怎么出货。

(10) 庄家年复一年地做个股赚钱，散户年复一年地看着指数上涨却赔钱。

正是由于庄家有着与散户截然不同的思维方式和操作方式，最终成为市场的赢家。如果散户能谦虚地多向庄家学习，学习他们的思维方式，学习他们的操盘技巧，学习他们的耐心，学习他们的心态，最后以其人之道还治其人之身，不久的将来，散户也会成为市场的大赢家。

八、如何发现V形反转的机会

在所有的技术走势中，V形反转无疑最令人期待。因为如果发生V形反转，无论是大盘还是个股都有较大力度的上涨，因此，这种走势也是市场持续低迷时，投资者十分向往的。

在这种反转上涨过程中，个股表现通常非常惊人，涨幅非常大，而且在短期内就有急速的拉升。在这里，我们就大盘V形反转和个股V形反转两种情况进行分析。

就大盘走势而言，出现V形反转主要是前期股指过度急跌导致的，它能在短期之内出现惊人的上涨，在初期阶段，市场几乎所有的个股全都出现大幅上涨的走势，不久之后个股走势分化，但会出现持续上涨的主流热点，投资者只要抄到了底部，就可以获得十分丰厚的收益。

就个股情况来看，V形反转更多是由于突发性利多引发的上涨，一般都是有改变上市公司基本面的重要信息突然公布，而在此之前其股价并没有特别的反应，在消息明确之后股价往往持续涨停。其特点是利好属于突发性，事前保密性极强，因此当信息公布时，股价反应极为强烈；或者是之前股价虽有所反应但并不充分，因利好的力度极大，前期上涨不足以反映公司基本面的变化，当信息公布时，股价便急速上涨。当然，也有一些V形反转个股是技术上的炒作，是主力资金借助短期题材进行疯狂的拉升，介入的主力资金往往是快进快出。

但一般说来，V形反转多数还是由于重大利好刺激而引发的行情。投资者对大盘和个股的V形反转应区别对待。如果是前者，投资者一般都有充足的时间来进行个股品种的选择，而且此时几乎所有的个股都有机会，投资者可积极参与建仓。因为后市往往会快速拉升，会在相对较短的时间内完成一次力度较大的上涨行情，因此，初期就应介入。如果是后者，其机会比较难把握。因为许多个股往往连续涨停，不给机会，但涨到相当幅度、投资者有机会买入的时候，一般来说就是风险较大的时候。但此类个股有两种机会：一种是如果第一个涨停不坚定，投资者可积极参与；另一种是当上涨一波后有短暂的调整，之后会再度发力发起第二波冲击，因此在中期调整时可积极介入。但此类情况不太多，因为它需要非常大力度的利好刺激。

总体而言，无论是大盘还是个股的V形反转行情都是可遇而不可求的，都具有突发性。

但相对而言，对大盘走势的预测还有一定的脉络可寻，即股指往往跌到非常低的位置，市场被严重低估，此时只要有任何利好就会成为刺激市场反转的导火索，所以，市场出现超跌是大盘快速反转的前提；个股则要高度关注企业基本面的变化，关注可能发生的质变，但如果发现错了，应及早止损出局。

九、如何才能不被套牢

(1) 有备而来。无论什么时候，买股票之前都要盘算好买进的理由，并计算好出货的目标。千万不可盲目地买进，然后盲目地等待上涨，再盲目地被套牢。

(2) 不怕下跌怕放量。有的股票无缘无故地下跌并不可怕，可怕的是成交量的放大。尤其是庄家持股比较多的品种绝对不应该有巨大的成交量，如果出现，十有八九是主力出货。所以，对任何情况下的突然放量都要极其谨慎。

(3) 一定设立止损点。凡是出现巨大亏损的，都是由于入市的时候没有设立止损点。而设立了止损点就必须执行。即便是刚买进就套牢，如果发现错了，也应卖出。做长线投资的必须是股价能长期走牛的股票，一旦长期下跌，就必须卖！

(4) 拒绝中阴线。无论大盘还是个股，如果发现跌破了大众公认的强支撑，当天有收中阴线的趋势，都必须加以警惕。尤其是本来走势不错的个股，一旦出现中阴线可能引发中线持仓者的恐慌，并大量抛售。有些时候，主力即使不想出货，也无力支撑股价，最后必然会跌下去，有时候主力自己也会借机出货。所以，无论在哪种情况下，见了中阴线都应该考虑出货。

(5) 只认一个技术指标，发现不妙立刻就溜。有时候 100 个技术指标都没有用，但是把一个指标研究透彻了，也完全把一只股票的走势掌握在心中，发现行情破了关键的支撑马上就走。

(6) 不买问题股。买股票要看看它的基本面，有没有令人担忧的地方，尤其是几个重要的指标，防止基本面突然出现变化。在基本面确认不好的情况下，谨慎介入，随时警惕。

(7) 不坐庄家的牺牲品。有时候有庄家的消息，或者庄家外围的消息，在买进之前可以信，但关于出货千万不能信。出货是自己的事情，任何庄家都不会告诉你自己在出货，所以出货要根据盘面来决定，不可以根据消息来判断。

(8) 基本面服从技术面。股票再好，形态坏了也必跌，股票再不好，形态好了也能上涨。即使特大资金做投资，形态坏了也应该至少出 30%以上，等待形态修复后再买进。对任何股票都不能迷信。有人 10 年前买的深发展到今天还没卖，这是不足取的。因为如果真的看好它，应该在合适的价格抛出，又在合适的价格再买进。始终持股不动，是懒惰的体现。

十、如何识破主力出货

下面是高手出货的一些手法，供参考。

(1) 规律性出货法。有的庄家为了出货，故意每天低开，然后尾市拉高，给自以为聪明者造成短线操作可以获利的感觉，待某天接盘众多时，就果断砸盘出货。

(2) 假换庄出货法。在盘面上进行明显的调仓，看上去大手笔成交不断，使天性贪婪的一些投资者很难不手痒。

(3) 大异动出货法。连续挂出大买单，把价格往上推，推到一定程度后突然跳水，把来不及撤单的买单成交。

(4) 高业绩出货法。使用财务手段或者投资收益手段把上市公司的业绩包装得特别好，公布后先涨后跌，达到出货的目的。

(5) 好形态出货法。以连续的小阳线上涨进行所谓的低位放量，来吸引迷信单一技术者的买盘而出货。

(6) 大题材出货法。如果某只股票价格已经高了，先高比例送股，而后改个适合当时热点的名称，其后送一个特别大的利好，紧接着出货。

十一、如何选择盘中买点

(1) 开高走高，回档不破开盘价时买进（回档可挂内盘价买进），等第二波高点突破第一波高点时加码跟进（买外盘价）或少量抢进（用涨停价去抢，买到为止），此时第二波可能直上涨停再回档，第三波就冲上更高价。

(2) 开低走高，记住最好等翻红（由跌变涨）超过涨幅 1/2 时，代表多头主力介入，此时回档多半不会再翻黑，若见下不去，即可以昨日收盘价附近挂内盘价买进。

(3) 底部形成突破颈线压力时，买进。无论开高走低或开低走低只要有底部（W 底、三重底、头肩底、圆形底等）形成，逢突破颈线压力时，代表多头主力抵抗直至护盘成功，开始往上拉抬，此时突破一定量勿追，待其回档时，最好（多半）不破颈线时为最佳买点。特别注意，开低走低，虽然底部形成，但毕竟属弱势，最好等其突破颈线亦能翻红，回档不再翻黑时再买进，否则，亦有骗线、诱多之可能。

(4) 箱形走势（开高走平、开平走平、开低走平）往上突破时，跟进。当日股价走势出现横盘时，最好观望，而横盘高低差价大时则可采高出低进法，积少成多获利。但应特别注意，出现巨量向上突破箱顶价时，尤其是开高或开平走平，时间又已超 1/2 时，可敲外盘买进或抢进。这样至少有一个箱形上下价差可赚。而若是开低走平，原则上仅是一弱势止跌走稳盘，少量介入跟进试试抢反弹，倒不必大量投入。

十二、如何分析最佳卖点

(1) 开低走低跌破前一波低点时，卖出（跌停价杀出）弱势股。有实质利空时，开低走低，反弹无法越过开盘价，再反转往下跌破第一波低点时，技术指标转弱，就应赶紧市价杀出，若没来得及，也得在第二波反弹再无法越过高点又反转向下时，当机立断下卖单。

(2) 头部形成，跌破颈线支撑时应卖出，若此刻未卖，也应趁跌破形态，产生拉回效果，反弹上攻无效再反转向下时，赶紧卖出。尤其当反弹高点在昨天收盘价之上时，可少量放空，待低档再补回。M 头形右峰较左峰低为拉高出货形，有时右峰也可能形成较左峰高的诱多形再反转下跌更可怕。至于其他头形如头肩顶、三重顶、圆形顶也都一样，只要跌破颈线支撑都得赶紧了结持股，免得亏损扩大。

(3) 箱形走势往往以时卖出。无论人为开高走平、开平走平甚至开低走平，呈现箱形高低震荡时，在箱顶抛出，在箱底买进。但是一旦箱形下缘支撑价失守，应毫不犹豫地抛光持股，若此刻下不了手，在盘上之箱形跌破后，也许会产生拉回效果，而此刻反弹仍过不了原箱形下缘，代表弱势。

十三、如何计算股票的单位成本

股票单位成本计算方法为，减去各种交易费用后，和投资持平就是成本，高于投资成本就是盈利。A 股股票主要交易费用如下：

印花税：成交金额的 1‰。

佣金：浮动成交金额的 1.5‰~3‰，小于 5 元收 5 元。

过户费：每千股收 1 元（小于 1 元收 1 元，深市无）。

委托费：每笔 1 元。

十四、如何理解大盘指数即时分时走势图

(1) 白色曲线：表示大盘加权指数，即证交所每日公布的、媒体常说的大盘实际指数。

(2) 黄色曲线：大盘不含加权的指标，即不考虑股票盘子的大小，而将所有股票对指数影响看作相同而计算出来的大盘指数。

参考黄白二曲线的相互位置可知：

1) 当大盘指数上涨时，黄线在白线之上，表示流通盘较小的股票涨幅较大；反之，黄线在白线之下，说明流通盘小的股票涨幅落后大盘股。

2）当大盘指数下跌时，黄线在白线之上，表示流通盘较小的股票跌幅小于流通盘较大的股票；反之，流通盘小的股票跌幅大于盘大的股票。

（3）红绿柱线：在红白两条曲线附近有红绿柱状线，是即时反映大盘所有股票的买盘与卖盘在数量上的比率。红柱线的增长缩短表示上涨买盘力量的增减；绿柱线的增长缩短表示下跌卖盘力度的强弱。

（4）黄色柱线：在红白曲线图下方，用来表示每一分钟的成交量，单位是手（每手等于 100 股）。

（5）委买委卖手数：代表即时所有股票买入委托下三档和卖出上三档手数相加的总和。

（6）委比数值：是委买委卖手数之差与之和的比值。当委比数值为正值大时，表示买方力量较强，股指上涨的概率大；当委比数值为负值时，表示卖方的力量较强，股指下跌的概率大。

十五、如何巧用 BR 和 AR 指标捕捉反弹

BR 指标又称买卖意愿指标，同 AR 指标一样也是反映当前市况下多空双方相互较量结果的指标之一。它们的区别在于 AR 指标是以当日的开盘价为均衡价位，而 BR 指标选择的是前一天的收盘价。双方的分界线是 100，100 以上是多方优势，100 以下是空方优势。

BR 值的波动较 AR 值敏感，当 BR 值在 150~300 波动时，属盘整行情，投资者应保持观望。当 BR 值高于 400 以上时，股价随时可能回档下跌。此时，投资者应选择时机卖出。

当 BR 值低于 150 时，股价随时可能反弹上升。此时，投资者应选择时机买入。一般情况下，AR 可以单独使用，BR 则需与 AR 并用，才能发挥效用。具体应用及分析的法则如下：

（1）AR 和 BR 同时急速上升，意味着股价峰位已近，持股者应注意及时获利了结。

（2）BR 比 AR 低，且指标值处在 100~150 的区域，投资者可考虑逢低买进。

（3）BR 从高峰回跌，跌幅达 1 倍或 2 倍时，若 AR 无警戒信号出现，应逢低买进。

（4）BR 急速上升，AR 盘整小回时，应逢高卖出，及时了结。

十六、如何抓住买进时机

(1) 股价已连续下跌 3 日以上，跌幅已经渐缩小，且成交量也缩到底，若量突然变大且价涨时，表示有大户进场吃货，宜速买进。

(2) 股价由跌势转为涨势初期，成交量逐渐放大，形成价涨量增，表明后市看好，宜速买进。

(3) 市盈率降至 20 以下时（以年利率 5%为准），表示股票的投资报酬率与存入银行的报酬率相同，可买进。

(4) 个股以跌停开盘、涨停收盘时，表示主力拉抬力度极强，行情将大反转，应速买进。

(5) 6 日 RSI 在 20 以下，且 6 日 RSI 大于 12 日 RIS，K 线图出现十字星表示反转行情已确定，可速买进。

(6) 6 日乖离率已降至 3~5 且 30 日乖离率已降至 10~15 时，代表短线乖离率已在，可买进。

(7) 移动平均线下降之后，先呈走平势后开始上升，此时股价向上攀升，突破移动平均线便是买进时机。

(8) 短期移动平均线（3 日）向上移动，长期移动平均线（6 日）向下转动，两者形成黄金交叉时为买进时机。

(9) 股价在底部盘整一段时间，连续 2 天出现大长红或 3 天小红或十字线或下影线时代表止跌回升。

(10) 股价在 K 线图低档上出现向上 N 字形走势及 W 字形的走势时，便是买进时机。

(11) 股价由高档大幅下跌一般分三波段下跌，止跌回升时便是买进时机。

(12) 股价在箱形盘整一段时日，有突发利多向上涨，突破盘局时便是买点。

十七、如何判断某一板块的启动

(1) 看涨幅榜，如果在涨幅榜前 20 名中，某一板块的个股占据了 1/3 以上时，并且连续一段时期都出现这样的情况，就可初步断定该板块在启动了。

(2) 看成交量，如果在成交量前 20 名中，某一板块的股票个数占据了 1/3 以上，并且连续一段时间都出现这样的情况，证明该板块有主力资金在活动，继续上涨的可能性极大。

（3）看走势，从高价股、中价股、低价股中各选出5~8只有代表性的个股，从中比较它们的走势强弱，如果某一板块走势强的个股数量比其他两个板块走势强的个股数量要多，那么这个板块就是我们要找的启动板块。

十八、如何买入“涨停股”

（1）入涨停股应以短线炒作为主，而且应选择7~20元的股票，价格范围可视当时大盘、股价具体情况而定，并把流通盘在3000万~8000万股的个股作为首选对象。

（2）一般个股涨停时间离开盘越早则次日走势越佳。例如，某些股票在收盘前涨停，其次日走势均不理想。大部分个股涨停后在盘中总是有一次打开涨停板的机会，最佳介入时间应为再次封涨停的瞬间。

十九、如何买入“楼梯股”

一只股票爬楼梯的阶段往往是庄家在缓慢建仓的初期，这样导致股价逐步走高，就形成了初步的楼梯形态，一旦庄家建仓完毕，接下来就是洗清仍在此股票里的散户。庄家在拉抬之前，洗盘有两个目的：其一，减轻在股价到高位时散户的抛盘压力；其二，增加平均持股成本，目的是减轻抛盘。

庄家洗盘一般有两种形式：一是凶狠放量砸盘。对于这种洗盘，只需要在钱龙即时盘面（或其他分析软件）上看外盘数量和内盘数量就行了，如果发现外盘数量大于内盘数量（成交的红单数量相加大于绿单数量相加），就能证明庄家在洗盘而非出货。这样只需在出现的第二阴线处介入或者在阴线出现后的第二天在开盘价以下介入。二是阴跌洗盘。这种阴跌洗盘一般是庄家控制住自己手中的筹码，放任股价自流。由于没有庄家进货而股价又涨了多日，所以在散户多杀多的情况下，股价就出现了阴跌的走势。这种股票的介入点一般是当股价连续两至三天阴跌，成交量比前段明显萎缩即是买点，若出现了4~5天阴线后才萎缩，就不要买入了。

二十、如何在开盘市场15分钟内发现当天黑马

在每日正式开市前，通过集合竞价开盘市场来浏览市场和个股，这是捕捉当日黑马的最佳时刻，通过观察市场开盘市场的情况（是开高盘还是开低盘)，能发现个股是怎样开盘市场的，庄家的计划怎样等情况。

(1) 开盘市场成交时，紧盯以上有潜力的个股，如果成交数量连续放大，量比也大，观察卖一、卖二、卖三挂出的单子是否都是三四位数的大单。

(2) 在开盘市场前，将通过各种渠道得来的可能上涨的个股输入电脑的自选股里，进行严密监视（如三大证券报上每天所推荐的个股)。

(3) 快速浏览这些个股的日（周）K 线等技术指标，做出评价，再复选出技术上支持上涨的个股。

(4) 如果该股连续大单上攻，应立即打入比卖三价格更高的买入价（有优先买入权，且通常比你出的价格低些而成交)。

(5) 在开盘市场价出来后，判断市场当日的走势，如果没有问题，可选个股了。

(6) 快速浏览个股，从中选出首笔量大，量比大（越大越好）的个股，并记下代码。

(7) 在一般情况下，股价开盘市场上冲 10 多分钟后都有回档的时候，此时看准个股买入。

(8) 如果经验不足，那么在开盘市场 10~15 分钟后，综合各种因素，买入具备以上条件的个股，则更安全。

二十一、如何用 RSI 指标寻找大跌的底部

在技术分析上，有着相对强弱指数之称的是 RSI 指标。该指标是通过比较一段时期内的平均收盘涨幅和平均收盘跌幅来分析市场买卖盘的意向和实力，从而分析未来市场的走势。

利用 RSI 指标来寻找市场底部是一种较为便捷的方法。

RSI 指标运用的法则是：RSI 指标的 N 参数设置，将 RSI 指标的 N 参数分别设置为 7 日、14 日、21 日。当股价经过大幅度的调整走势后，密切观察探底神针“RSI”指标的见底信号，要求 7 日 RSI 小于 10 日、14 日 RSI 指标必须小于 20 日、21 日 RSI 指标小于 30。当 RSI 指标达到上述标准后，如果股价继续下跌，而 RSI 指标出现明显止跌信号，并与股价走势背离，则可以重点关注。

配合成交来分析股价是否见底，如果 RSI 指标出现 7 日线上穿 14 日线和 14 日线上穿 21 日线的交叉，并且 RSI 三线呈现出多头排列，表明 RSI 指标已经完成了买入信号的提示作用。

当 RSI 指标符合上述技术要求时，投资者需要观察成交量的动向。

对于成交量的观察有两种：

（1）当 RSI 出现上述技术特征时，成交量是否极度萎缩，甚至出现地量水平。如果成交稀少，则表明该股即将完成探底，投资者可以积极介入。

（2）量能观察是当该股完成探底，投资者及时介入后，则需要观察该股能否出现有实质性增量资金介入的放量过程，如果不能有效放量，则说明目前的底部仍是阶段性底部，投资者需要以短线反弹行情对待。如果该股探底成功后，量能有效持续性地放大，则投资者可以将其视为个股的重要底部。

二十二、如何从成交量和换手率看资金

判断资金是进是退，可以从成交量变化窥见一斑。从成交量上看，出现成交量萎缩和下降的同时，如果股价上涨意味着短期调整的可能，如果股价同时下跌，并连续一周以上时间下跌，短线调整的迹象更加明显。还有就是换手率，所谓换手率是指单位时间内，某一证券累计成交量与可交易量之间的比率。其数值越大，不仅说明交投的活跃，还表明交易者之间换手的充分程度。换手率在市场中是很重要的买卖参考，应该说比技术指标和技术图形来得更加可靠，一般的规律看，5%日换手率左右属于正常，超过 8%就很危险了，这对于大盘和个股都有意义，2000 年中国证券平均的换手率在 7.9%，全球的其他市场没有超过 3%的，说明现在的换手率已经是危险的边缘了。

如果从造假成本的角度考虑，尽管交易印花税、交易佣金已大幅降低，但成交量越大所缴纳的费用就越高是不争的事实。因此用成交量来骗人的概率很低，分析成交量乃至换手率对于判断一只股票的未来发展是有很大帮助的。一般来讲，换手率高的情况大致分为三种：相对高位成交量突然放大，主力派发的意愿是很明显的，然而，在高位放出量来也不是容易的事儿，一般伴随有一些利好出台时，才会放出成交量，主力才能顺利完成派发，这种例子是很多的。底部放量，

价位不高的强势股，其换手率高的可信程度较高，表明新资金介入的迹象较为明显，未来的上涨空间相对较大，越是底部换手充分，上行中的抛压越轻。此外，目前市场的特点是局部反弹行情，换手率高有望成为强势股，强势股就代表了市场的热点。

因而有必要对它们重点地关注。但如果只是充分换手就是不涨，反而应该引起高度警惕，或者调低对其的盈利预期。而对于一批面临退市风险的ST股，尽管它们的换手率也很高，但还是敬而远之为好，很可能是主力对倒自救吸引跟风的无奈选择。

二十三、如何看散户与机构的进场迹象

目前市场资金面的构成主要是散户和机构，散户资金的流入量可以从两个数据中寻找，一个是每日开户数的增减，另一个是证券投资占活期储蓄的比例。机构主要是基金、社保、QFII和保险等资金，其中基金的地位最重要，可以从开放式基金的销售状况来做判断。结合现在的最近市场统计分析，从上周A股新开户人数上看，上周一已从前周37万元的峰值逐渐回落，周四下降到23万元，呈现出了大幅缩水的态势。另一个数据是，证券流通市值已占活期储蓄的83%，达到了历史上的高位。由此得出的基本判断是，散户资金进入滞涨状态，散户疯狂入市的高峰已经结束。机构方面，一个最为明显的现象是基金发行开始变冷，从900亿元追捧上投摩根，到上周华商仅发行30个亿，2000年的购买基金的热度明显降温，这些数据的变化至少说明，场外资金入市的加速度消失，出现资金衰竭的迹象。没有了足够的动能，市场上涨速度也会减缓，至少短期可能由上升变成横向整理。

二十四、如何抓住卖股票的六大时机

卖出股票需要抓住以下几个关键时机：

(1) 大盘行情形成大头部时，坚决清仓全部卖出。上证指数或深综合指数大幅上扬后，形成中期大头部时，是卖出股票的关键时刻。不少市场评论认为抛开指数炒个股，这种提法不科学。只关注个股走势是只见树木不见森林。大盘与个股的联动性相当强，少数个股在主力介入操控下逆市上扬，这仅仅是少数、个别现象。

要逮到这种逆市上扬的“庄股”概率极低，因此，大盘一旦形成大头部区，是果断分批卖出股票的关键时刻。

(2) 大幅上升后，成交量大幅放大，是卖出股票的关键。当股价大幅上扬之后，持股者普遍获利，一旦某天该股大幅上扬过程中出现卖单很大、很多，特别是主动性抛盘很大，反映主力、大户纷纷抛售，这是卖出的强烈信号。尽管此时买入的投资者仍多，买入仍踊跃，这很容易迷惑看盘经验差的投资者，有时甚至做出换庄的误判，其实主力是把筹码集中抛出，没有大主力愿在高价区来收集筹码，来实现少数投资者期盼的“换庄”目的。

成交量创下近数个月甚至数年的最大值，是主力卖出的有力信号，是持股者卖出的关键，没有主力拉抬的股票难以上扬，仅靠广大中小散户很难推高股价的。上扬末期成交量创下天量，90%以上形成大头部区。

(3) 上升较大空间后，日 K 线出现十字星或长上影线的倒锤形阳线或阴线时，是卖出股票的关键。上升一段时间后，日 K 线出现十字星，反映买方与卖方力量相当，局面将由买方市场转为卖方市场，高位出现十字星犹如开车遇到十字路口的红灯，反映市场将发生转折。股价大幅上升后，出现带长影线的倒锤形阴线，反映当日抛售者多，若当日成交量很大，更是见顶信号。许多个股形成高位十字星或倒锤形长上影阴线时，80%~90%的机会形成大头部，是果断卖出的关键。

(4) 股价大幅上扬后公布市场早已预期的利好消息是卖出的关键。

(5) 股价大幅上扬后，除权日前后是卖股票的关键时机。

上市公司年终或中期实施送配方案，股价大幅上扬后，股权登记日前后或除权日前后，往往形成冲高出货的行情，一旦该日抛售股票连续出现十几万股的市况，应果断卖出，反映主力出货，不宜久持该股。

(6) 该股票周 K 线上 6 周 RSI 值进入 80 以上时逢高分批卖出是关键。

买入某只股票，若该股票周 K 线 6 周 RSI 值进入 80 以上时，几乎 90%构成大头部区，可逢高分批卖出，规避下跌风险为上策。

二十五、震仓的方式有哪些

震仓的最主要方式有以下四个：

(1) 逆反作空方式震仓。市场大主力在大盘没有上涨空间或者市场背景明显给出做空提示的背景下，主力在没有明显盈利点时会大举做空，为后势腾出盈利空间，其做空震仓的主要目的是打出恐慌盘（此时会强反弹）并把指数打到低位（无恐慌盘出现，大盘需要较长时间的横盘处理或弱反弹）。

（2）控盘建仓式震仓把握升浪起点外汇交易怎样开始？某主力非常看好一个品种，在已有相当筹码的情况下，使用明显的弱于大盘走势的下降通道趋势震仓，其特点是股价运行有规律且无量，日微观波动有逆盘特征（否则达不到建仓的目的）。

（3）操作经验比较丰富的机构一般不轻易震仓，因为那样会有交易成本的损失，短线庄股不宜震仓。但新机构比较喜好震仓。结果主力自己也平白无故地损失了大量的交易成本。

（4）清洗浮筹式震仓。一些主力在正式上涨发动前，为了达到最后的建仓与清洗浮筹的目的而使用短线快速下跌走势，其特点是有消息配合或者日交易时间的最后一个小时的放量下挫。

二十六、如何区分股票的真、假上涨

（1）超跌反弹、破位后回抽，一般属于“假上涨”。熊市中的超跌反弹，或者破位后反抽，出现的概率较大，大多发生在下列技术背景下：均线空头排列，股指或者股价处于下降通道，股指或者股价的运行，处于阶段性下跌的中段、后段。

超跌反弹的最主要特征就是：股价同均线比较，乖离率大或者较大。这种情况下的上涨，属于“时间有限”、“空间有限”的修复性走势。一般来说，其上涨终结的区域，大多在某个重要均线附近。但是，反抽到20天、30天线附近过不去，或者过去但是站不住，则会展开新一波下跌。因此，超跌反弹的抄底者，如果不善于快进快出，就会被套。这种“假上涨”之所以“假”，原因在于：股指或者股价上面，由于空头排列的均线，因此存在层层套牢盘。在阻力位附近买入，每次都属于为别人当“解放军”。如果某一时期的领涨股也是“假上涨”的股票居多，则谨防股指的上涨也是“假上涨”。

至于双顶、三重顶的颈线破位之后，或某个重要技术位破位之后，或某个重要整数关破位之后，一般有反抽，意义在于验证反抽的有效性。这种上涨，时间、空间更有限。一旦介入这种上涨，极容易招致套牢割肉盘、解套盘的打压，从而被套。同样需要注意快进快出。“假上涨”之所以“假”，原因在于：拉高只是为了更好地出货。

(2) 走主升浪才是“真上涨”。而走主升浪的股票，必然存在下列特征：均线多头排列（均线多头排列的所有股票不都是走主升浪，但是走主升浪的股票其均线必定多头排列）。

因此，选股首先在均线多头排列的股票中选择。

不论牛市还是熊市，这都是选择大牛股的技术面的首要条件。其次，要看股价、股指所处的浪形，是第一浪、还是第三浪，抑或第五浪。要选主升浪的话，选择第三浪才有较好的成功率。这是选择大牛股的技术面的第二个条件和思路。一般来说，双底形态、头肩底形态的股票，一旦完成形态的突破以及完成形态突破之后的回抽确认，展开主升浪、第三浪的概率较高。这是选择大牛股的技术面的第三个条件和思路。走主升浪的股票，其上涨所以称为“真上涨”，在于其涨升力度强劲、比较可靠。一路持有能获大利乃至翻番。

二十七、八种需要放弃的股票

(1) 已经上涨几天，才被大家发现推荐的股票。

(2) 舆论关注的股票应放弃。

(3) 没走出底部的股票应放弃。

(4) 移动筹码分布图上筹码很分散的股票你要放弃。

(5) 量能技术指标不良的股票要放弃。

(6) 没有在拉旗杆前第一时间介入的股票。

(7) 前期大幅炒高的股票你要放弃。

(8) 觉得未来没有成长性的股票要放弃。

二十八、如何避免一买就跌

避免一买就跌不要操作下列股票：

(1) 避免操作前期涨幅过大的品种，因为操作这样的品种，新手容易犯大的方向性错误，危害最大。具体操作起来，打开 K 线走势，观察股票的走势从什么价格起步，经历多长时间了，做股票需要一种大局观，不要把眼光局限于某一区间。

(2) 短期涨幅过快，股票价格脱离 5 日均线，高高在上，在均线和价格之间形成很大的空间，短线不要买，一买就将面临短线回调。

（3）短线涨幅过快，价格迅猛抬高带动5日均线快速上移，5日和10日均线之间形成很大的开阔地带，此时买进，也会发生一买就跌的现象。

（4）股票开始走下降通道，在达到一定跌幅之后，在某一价格区间开始盘整，不要以为股价跌到底了，往往是下跌中继而已。

（5）股票处于下降通道之中，均线层层压制股价下行，这样的股票，不要想当然认为不会再跌了，很多股票在涨之前往往主力会来一次能量宣泄，短时间内急速暴跌，杀出最后一次浮动筹码，所以这样的股票也不要碰。

二十九、如何避免一卖就涨

避免一卖就涨不要操作下列股票：

（1）一个股票经历长期连续下跌，股价上显示，多方从几次抵抗，但都无功而返，并且在成交量开始出现持续放大的迹象，这样的股票不要轻易抛出，反弹行情酝酿之中，随时都可能爆发。

（2）股票走势稳健，价格稳妥地依附5日、10日均线上涨，量价配合适度，不要想当然认为股票涨不动了，此时应该耐心持股，让利润充分增长。

（3）股票处于上涨通道之中，股票涨到一定程度之后，出现在相对高位横盘整理态势，很多人认为股价见顶了，会急匆匆抛出，其实只不过是技术形态的修复而已，往往会形成上涨中继。

（4）股票短期内跌幅凶悍，价格远离均线压制，中间已经形成比较大的空阔地，此时虽然形态很恶劣，但要忍住，技术上随时会出现反弹，不要低位杀跌。

（5）股票长期下跌，近期再度出现暴跌，此时不必害怕，这一般是股票上涨的前兆，建议不要抛出。

（6）大盘暴跌，所有股票都出现非理性大幅下跌，此时不要急于抛出股票，更不能非理性恐慌抛出所有股票，除非那些技术上处于高位的股票可以另当别论。

三十、如何判断股票有庄家进驻

（1）股价大幅下跌后，进入横向整理的同时，股价间断性地出现宽幅震荡。当股价处于低位区域时，如果多次出现大手笔买单，而股价并未出现明显上涨。

(2) 虽然近阶段股价既冲不过箱顶，又跌不破箱底，但是在分时走势图上经常出现忽上忽下的宽幅震荡，委买、委卖价格差距非常大，给人一种飘忽不定的感觉。

(3) 委托卖出笔数大于成交笔数，大于委托买进笔数，且价格在上涨。

(4) 近期每笔成交数已经达到或超过市场平均每笔成交股数的 1 倍以上。例如，目前市场上个股平均每笔成交为 600 股左右，而该股近期每笔成交股数超过了 1200 股。

(5) 小盘股中，经常出现 100 手以上买盘；中盘股中，经常出现 300 手以上买盘；大盘股中，经常出现 500 手以上买盘；超大盘股中，经常出现 1000 手以上买盘。

(6) 在 3~5 个月内，换手率累计超过 200%。近期的"换手率"高于前一阶段换手率 80%以上，且这种"换手率"呈增加趋势。

(7) 在原先成交极度萎缩的情况下，从某天起，成交量出现"量中平"或"量大平"的现象。股价在低位整理时出现"逐渐放量"。

(8) 股价尾盘跳水，但第二天出现低开高走。股价在低位盘整时，经常出现小"十字线"或类似小"十字线"的 K 线。

(9) 在 5 分钟走势图下经常出现一连串小阳线。日 K 线走势形成缩量上升走势。

(10) 虽遇利空打击，但股价不跌反涨，或虽有小幅无量回调，但第二天便收出大阳线。

(11) 大盘急跌它盘跌，大盘下跌它横盘，大盘横盘它微升。在大盘反弹时，该股的反弹力度明显超过大盘，且它的成交量出现明显增加。

(12) 大盘二三次探底，一个底比一个底低，该股却一个底比一个底高。股价每次回落的幅度明显小于大盘。

(13) 当大盘创新高，出现价量背离情况时，该股却没有出现价量背离。股价比同类股的价格要坚挺。

三十一、选股需要回避的股票

选股时要回避如下情况的股票：

(1) 大股东占用上市公司的企业。

(2) 增发的、配股的、发债的。

(3) 年净资产收益率低于10%的。

(4) 机构交叉持股，占流通盘20%以上的。

(5) 重组没有实际内容的。

(6) 送股转股后，效益的增长超不过股本扩张速度的。

(7) 业绩的增长只因一些非经营性收益获得的。

(8) 行业已出现拐点的。

(9) 庄股问题股业绩差的。

(10) 媒体咨询机构推荐的以及所谓的消息股。

三十二、如何购买证券

股票的购入是通过银行的网站委托完成的，进入一卡通首页输入股东代码以及证券代码，就可以看到详细的信息，开盘最高最低以及成交总量，输入买入数量，点击确定这一笔交易就算完成了。

另外每笔证券的交易都需要交交易费用的，交易费用：每一笔交易收取印花税1‰。佣金2‰~3‰，最高3‰（有的券商略低）。各券商标准不一，网上和现场不同但相差不大，一般现场交易共4‰左右的费用，双向收取，共约8‰。网上交易佣金一般都在2‰以内（各券商不一），另外沪市还收取每千股内1元的过户费。这里提醒大家在出手的时候一定要把交易费算进去，以免亏本。

买卖股票时必须指明买进或卖出，买卖股票的名称（或代码）、数量、价格。并且这一委托只在下达委托的当日有效。委托的内容包括你要买卖股票的简称（代码）、数量及买进或卖出股票的价格。股票的简称通常为3~4个汉字，股票的代码为六位数，委托买卖时股票的代码和简称一定要一致。同时，买卖股票的数量也有一定的规定：即委托买入股票的数量必须是100的整倍数，但委托卖出股票的数量则可以不是100的整倍数。

三十三、如何分析跳空缺口

一般而言，如果没有极特殊的情况，股指或股价的变动都应该是连续进行的。但在实际的操作过程中，投资者却经常遇到相邻的两根K线之间出现了没有交易的空白区，这就是我们常提到的跳空缺口。从技术分析的角度来看，跳空缺口一般是一种比较明显的趋势信号把握升浪起点。如果股价向上跳空，则表示上涨趋势可能来临；若股价出现向下跳空，则可能预示调整或下跌。抛开股票每年分红派息、配股或增发等导致的对股价重新计算而形成的除权缺口外，我们所遇到的跳空缺口一般可分为四种类型：即普通缺口、突破缺口、持续缺口和衰竭型缺口。

(1) 普通缺口。对于普通缺口而言，经常出现在波动范围不大的整理形态中，当股价暂时出现跳空缺口后，一般都不会导致股价当时形态和趋势的明显改变，短时间内的走势仍是继续维持盘整的格局。从统计数据来看，这种缺口在3个交易日内都会被回补。但其余三种类型的缺口，则各有不同的特点。

(2) 突破缺口。突破缺口一般出现在股价打破盘局的初期，当突破缺口出现后，股价会迅速脱离整理状态或当时的成交密集区，一般情况下，突破缺口在3个交易日内，甚至在较长时间内都不会被轻易回补。

(3) 持续缺口。在股指或股价有明显的趋势特征后，常常在趋势的中途出现跳空现象而形成持续缺口。

持续缺口的重要特征是经常出现在行情的加速过程中，同时较少有密集成交形态相伴随。由于持续缺口对行情有助长助跌的作用，因此也一样不会被轻易回补。投资者应该注意的是如果此前已有突破型缺口出现，在极端的情况下有时会产生2个以上的持续缺口。

(4) 衰竭型缺口。当趋势行情即将接近尾声时，由于有多方力量的集中消耗性释放或空方的恐慌性抛售，因而会出现衰竭型缺口。但衰竭型缺口与上述的突破缺口和持续缺口不同，一般很快会在短时间内被回补，同时也常伴随原有市场趋势的结束和一个新的整理形态的开始。通过对各种缺口的不同特点的了解可以发现，普通缺口对于实际操作的指导作用不大。

三十四、如何利用K线形态特征捕捉中线黑马

日K线图是分析股票走势的重要工具，中线黑马的吸筹周期较长，

虽然主力一定会刻意掩饰，但是仍然有许多迹象会泄露主力的真实意图。

(1) 阳线量大，阴线量小，阳多阴少。与一般股票不同，中线黑马股的K线图上阳线的成交量数倍于阴线成交量，特别醒目。提示该股买入意愿强烈而卖压极轻股价即将上涨。

(2) 股价上行而成交量递减。与一般的价涨量增的股价运行规律不同，中线黑马由于多数筹码被主力锁定，导致盘中筹码稀少，仅需较小的成交量就能将股价推高，并且越推高成交量越小。我们可以看到均价线不断上行而均量线不断下行的特别现象。

(3) 高位地量至中线黑马的最佳介入点。在主力基本完成吸筹洗盘之后，主力的控盘程度已经达到拉升的临界状态，此时主力往往会停止行动，测试盘中卖压大小。这种情况一般会形成较高位置的底量成交。因此确认中线潜在黑马后可以在高位底量的尾市介入，捕捉次日展开的拉升行情。

(4) 中线黑马的均线特征。采用（10、20、30）均线系统，中线黑马在拉升前夕都会形成一条平滑上升的通道，其间股价极少跌破20日均线，我们称为黑马跑道，特征非常明显。

三十五、如何判断行情的大小

某股行情的大小、持续时间的长短，直接影响到我们证券投资收益的大小。如何发现爆发力度强、牛市持续时间长的个股，成为跟庄选股的难题。某股是常青树抑或兔子尾巴，投资者可从个股整理的时间、拉升的方式、回档时的强弱等方面判断。

(1) 整理期的长短。一般来说，整理时间越长，一旦突破后向上拓展的空间越广阔，股价对大型整理形态的突破，如突破大型三角形、大型箱形、长期整理平台后往往会出现大行情，同时，整理时间越长，突破时的可信度越高，主力制造骗线的可能性越小。

(2) 拉升方式。行情的大小，亦可从主力推升的方式中大致推测到。一般来说，拉升时以小阴小阳的形式不紧不慢地推高，股价基本在5日均线之上运行，表明主力志存高远，后市空间广阔。

(3) 回档整理时处于强势抑或弱势。在个股整体处于牛市阶段，受大盘回调影响，或是出于洗盘目的，亦经常会出现回档，若回落时幅度浅、整理时间短暂、回落时并未跌破重要均线的个股行情往往较大。

三十六、赎回基金有哪些误区

投资者在赎回基金时，常见的误区有以下几种：

(1) 大盘涨了，基金净值也涨了，就应赎回持有的基金份额。大盘涨了，手中持有的基金净值也涨了，就应该赎回，这是一些基金持有人的认识误区。

虽然“低买高卖”是证券中股票投资者应遵循的盈利原则，许多做股票短线的投资人也是习惯于在上涨趋势良好时便进行抛售，这样做一方面，是为了及时套现，获得既得收益；另一方面，也是为了避免因为股价下跌而带来的风险。但这样的股票操作手法，也套用在投资基金身上，就大错特错了，因为对于投资基金，是一个长期的投资渐进过程，在这个过程中，基金的净值，是会随着市场的波动而波动，它的投资收益，不可能一步到位、立竿见影。

(2) 别人都赎回了，我的那份资产会受损失。市场的巨额赎回潮，造成了一些持有人的恐慌心理：“别人的都赎回来了，我的那份是不是也应该落袋为安啊?”这种心理左右着投资者的投资行为。另外一些投资者还担心，年底其他投资人的赎回，会导致基金净值的下降，从而使自己的资产遭受损失。其实这是对基金认识的一个误区，股票升值，许多投资人选择在高位大量卖出，会导致股票市值的下跌。

基金不是股票，其净值并不会因为遭遇巨额赎回而下降，唯一影响其净值的是投资组合的收益率，即使基金规模跌破2亿元的设立下限，但只要其投资组合是盈利的，其净值依然在面值以上。

(3) 既然股票能做波段操作，基金也能做波段操作，是一些短线客长用的股票操作手法，但此方法并不适合于基金。首先投资基金，做波段不是成熟的投资理念。基金投资专家注重的是价值分析与基本面的研究，由于各路基金，都有各自不同的投资规划和投资组合，而且由于价值投资为主导思想，致使基金投资，不可能马上见效，即使期间在面值之下徘徊也是正常的，因此，只要宏观经济是向好的，基金收益率就会呈现一个增长的趋势，这是不容置疑的。另外，基金的持有人，其实是无法选择做波段操作的，因为我们没有办法判断所谓基金的高位和低位。也就没有办法在“低点”买进和在“高点”卖出。

(4) 分红后投资人的实际收益会减少。分红后，基金净值会有一个突然下落的情况。但这并不意味着基金投资人的收益会减少了。分红使得基金的净值下降，但是基金的累计净值依然是不变的，投资人的实际收益也是不变的。实践证明，大部分投资者都是在赎回后，都会以更高的价格再赎回来，并且还要搭上一定的费用：根据规定，基金申购的赎回都是要交纳一定费用的，申购费率为0.25%~0.5%，一个来回，1.5%~2%的收益率化为乌有。

所以投资于基金，除了投资者应对基金有一个正确的认识之外，频繁地申购和赎回基金份额，对投资者来说不是一件明智之举，因为你既然选择了基金这种理财方式，你就应该充分信任为你理财的专家。

三十七、炒基金应常关注哪些

炒基金时应常关注以下几点：

(1) 关注超跌基金。特别是长期乖离率指标偏离较大的，价格严重背离价值的，有强烈补涨要求的基金品种。这类基金非常适合稳健型投资者参与。

(2) 关注小盘基金。炒小盘基金是基金板块中长盛不衰的规律，从出现基金热开始，小盘基金一直受到主力资金的青睐。小盘基金的活跃性和炒作空间也强于大盘基金。因此，投资者要重点关注流通份额不超过10亿份的小盘基金。

(3) 关注次新板块。基金行情中还有一个重要规律：上市时间比较短的次新类基金往往比上市时间比较长的老基金更加活跃，对市场变化的反应更加灵敏，可操作性也更强，获利空间也相对较大。

(4) 关注龙头品种。由于基金品种不多，所以基金相互之间联动性较好，崛起的龙头型基金往往能有效带动其他基金的跟风。而且，龙头基金的行情持续时间比其他基金长，获利比较丰厚。

三十八、投资基金时如何选择基金的规模

在基金选择之中，基金规模的大小有其各自的优势。在证券市场上有这样一句话：不要把所有的鸡蛋放在一个篮子里，目的就是通过分散投资来降低投资风险，一般来说，基金规模较大能提供适当的多样化，即可以通过分散投资来减少投资风险，并且由于交易金额往往

较大，可以得到一些政策和交易费用上的优惠，分摊在每个基金单位上的交易成本降低；同时由于规模较大的基金“财大气粗”，有条件支付较多的经营管理费用，提供较好的经营管理水平。

那么，基金规模较小又具有哪些优势呢？规模较小的基金具有运作灵便、弹性大的特点，能迅速从一个投资品种转向另一个投资品种，建仓和出货都相对容易；另外由于基金投资办法规定基金所持某公司的股份不得超过该公司股份的10%，规模较小的基金便有可能买到升值潜力较大的小型公司股份，并持有重仓，有可能因此获得较大的收益。

大有大的好处，小有小的优势。那么，作为投资者，又如何选择适合自己的基金规模呢？

在这里，笔者为大家提供一个简单的判定方法，规模较大的基金一般来说风险较小，而收益也往往偏低；而规模小的基金的风险较大，但收益有可能较高。那么，如果你是一个进取型的投资者，对于收益看得较重，而很少关注风险，可以选择规模较小的基金，反之，如果你是一个稳健型或是保守型的投资者，便可以选择规模较大的基金取得较稳定的收入。

需要说明的是，根据基金规模选择基金只是基金选择中的一个环节，切忌断章取义，充分了解基金选择中应关注的因素，才能真正做到常赚钱。

三十九、投资开放式基金的风险有哪些

投资都有风险，那么投资开放式基金有哪些风险呢？如下所述。

1. 本身的风险

（1）宏观经济风险。由于我国宏观经济形势的变化以及周边国家、地区宏观经济环境和周边证券市场的变化，可能会引起国内证券市场的波动，从而使基金的收益水平发生变化。

（2）政策风险。有关证券市场的法律、法规及相关政策、规则发生变化，可能引起证券市场价格波动，从而使基金的收益水平发生变化。

（3）上市公司经营风险。由于上市公司所处行业整体经营形势的变化，上市公司经营管理等方面的因素，如经营决策重大失误、高级管理人员变更、重大诉讼等都可能引起该公司证券价格的波动；由

于上市公司经营不善甚至会导致该公司被停牌、摘牌，这些都会使基金的收益水平发生变化。

2. 管理人对开放式基金运作的影响

(1) 在基金管理运作的过程中，管理人的知识、经验会影响其对经济形势、证券价格走势的判断，从而导致基金收益水平发生变化。

(2) 各基金管理公司在内部管理、风险控制、投资流程等方面的制度建设和实施效果也会对基金运作产生重要影响。

3. 开放式基金的投资者，其自身可能存在的风险

(1) 由于每个投资者对于证券市场的理解不同，其投资决策必然表现为多样化，当然也就存在因投资决策失误而导致的亏损。

(2) 在基金交易过程中，还存在由于投资者密码失密、操作不当而可能发生的损失。

四十、指数基金具有哪些优势

指数基金具有以下优势：

(1) 分享市场整体收益。主动型基金受个人的运作水平对基金的表现影响较大，但指数化基金采取了复制指数的运作方式，可以有效地分享市场的整体上涨带来的投资收益。

(2) 回避单一投资风险。买单只股票肯定存在风险，天知道这个企业会不会像三鹿奶粉那样一夜间垮掉！指数基金所投资的一篮子股票是经过权威的指数发布机构筛选出来的，包含的股票常常有业绩稳定、流通市值高、兼具行业代表性等特点。相对于投资单一的股票，购买指数基金能良好地分散投资风险。

(3) 成本低廉。由于指数基金通过复制指数来构建投资组合，所以调研成本、交易费用等大大降低，与普通基金1.5%的管理费相比，指数基金的管理费往往只有0.5%，别小看这1%的管理费差异，如果基金产品的投资回报率相同，1万元的初始投资，经历10年的投资期限，投资回报将相差2000元以上，经历时间越长，投资回报相差越大。

(4) 指数基金收益高。从长期来看，指数基金能够战胜七成以上的主动型基金。所以，普通个人投资者经历过长期的市场波动后，仍把指数化投资作为一个良好的投资选择。

四十一、基金投资优点有哪些

（1）专业化管理基金是由具有丰富投资管理经验的专业性管理机构基金经理人管理，投资者仅承担极低费用，便可享受经理人的专业理财服务。

（2）集合小额资金。投资基金可以将零散资金巧妙地汇集起来，交由专业经理人投资于各种金融工具，如股票、债券等，以谋取资产的增值，这就为中小投资者大开方便之门，使他们的少量资金也能享受组合投资所带来的便利。

（3）流动性强。投资基金是一种变现性良好、流动性较强的投资工具，投资者可以根据个人的需要随时买卖基金受益凭证，而且手续简便。封闭型基金转让在证券市场挂牌交易，投资者可通过证券商代其进行，手续类似于股票交易。对于开放型基金，投资者可随时直接向基金公司或银行等中介机构认购与赎回，赎回时可按投资者个人提出的支付方式付款。

（4）分散投资风险。个人投资者有限的资金仅能投资于某几种证券，如果所投资的某几种证券业绩不佳，投资者可能蚀本；而投资基金则有雄厚的资金，可分散投资于多种证券，即做组合投资，绝不至于出现因某几种证券造成损失而招致满盘皆输的局面。

（5）便于境外投资。投资者要想直接投资于海外证券市场，由于信息、交易交收不便，直接投资存在种种困难与问题，但若通过基金投资，一切就变得简单可行，投资基金是投资人士间接投资于海外证券市场的理想中介。正因为如此，投资基金颇受海外投资者的青睐，也正成为世界各国吸引外资的重要途径之一。

四十二、好基金有哪些特征

通常情况下，好的基金都具有如下特征：

（1）对投资者负责。在疑似内幕交易频发的当下，能找到一家对投资者负责的基金至关重要。好的基金公司一定要把投资者的利益放在第一位，会始终把自己置于投资者的监督之下。

（2）基金规模控制较好。统计显示，2007 年 10 月 17 日以来净值回报率居前的前 20 名基金中，最新份额低于 50 亿份的已有 13 只。

（3）基金经理的具有较强的中长期择时能力。正如前文中提到的嘉实主题精选，抗跌的主要秘籍在于基金经理邹唯善于从一个比较长的周期出发进行时机的选择，在判断市场大趋势后进行前瞻布局，具有较强的中长期择时能力。

(4) 拥有一支稳健的投研团队。基金运作不是一个人在战斗，团队的作用是十分重要。业绩最突出的华夏基金，此前在接受采访时强调团队的作用。

最后想要说的是，想要做一个明白的基金投资者，必须要了解基金、了解自己、了解市场、了解历史、了解基金管理公司。

四十三、基金定投有哪些误区

基金定投常见的误区有以下几点：

(1) 超越经济实力而制定扣款额度。基金投资应当结合自身的经济能力而做到量力而行，而为了顺应定投，采取透支资金，尤其是借贷资金定投，都是不可取的。这样，只能会增加投资者的心理负担，带来投资中的压力，并不利于投资者定投效益的提升。

(2) 超越自身的风险承受能力而错配品种。股票型基金是基金定投的最佳投资品种。由于其净值伴随证券市场的波动性，需要投资者具有一定的抗风险能力。因此，需要投资者结合自身的实际，主要是风险偏好和风险承受度做出理性抉择，而不能盲目参与。

(3) 跟风定投。尽管定投是一种进行基金投资的较好投资方法。但并非不讲规划和策略。尤其是在基金产品的组合搭配和品种选择上，更应当进行积极筹划。既不能进行单一的股票型基金的投资，更不应当跟风购买所有同类型的新基金。

(4) 定投中断需要有合理理由。基金投资是一场马拉松长跑，没有一定的坚持精神，是很难跑完整段赛程的。而基金投资更需要这种坚持精神。只要基金的基本面没有改变，管理人管理和运作基金的能力在不断提高，投资者就可以持续定投，而不必做中途调整。只要投资者制定的扣款额度在自身的承受能力之内，就可以为持续定投做有效保障。只要投资者制定了长期投资计划和合理的收益预期，就能够树立投资者定投基金的信心，从而避免定投流于形式，或者将其作为一种短期的操作工具。

(5) 忽略定投时点选择。由于基金产品受证券市场的影响较大，因此，关注基金投资的时点，对降低基金的投资成本是非常有利的。投资者在进行基金产品投资时，应当结合市场环境。在震荡向上的行情中做定投比在下跌的市道中做定投有更大的投资优势。

四十四、如何选出基金黑马

如何在众多投资理财产品中精选出适合自己的主题基金“黑马”，具体有三点可供参考。

（1）选对主题。主题投资最重要的是把握经济或政治上的趋势性因素，对长期趋势性推动力量的把握，更加需要管理人有前瞻性的眼光、灵活性和优秀的把握能力。主题投资策略的本质是前瞻性，也正是这种前瞻性导致了主题投资基金的机会与挑战并存。

（2）选成熟的主题投资方法。不同的管理人对主题投资方法的熟练运用程度不同，将会直接影响其投资收益。只有将国际流行的主题投资策略与中国市场特性相结合，立足本土、放眼全球，全方位把握主题投资机会，并与资产配置、行业及个股选择的自上而下的投资管理流程相融合，才更有可能将百姓密切关注并与中国经济发展密切相关的主题转变为投资者的现实收益。

（3）选好基金公司。好基金公司是产生优秀基金的最重要平台，好公司、好平台才能吸引和保留投资人才，这也是创造基金长期优秀业绩的最基本因素。

四十五、如何理解封闭式基金与开放式基金

开放式基金是指基金发行总额不固定，基金单位总数随时增减，投资者可以按基金的报价在国家规定的营业场所申购或者赎回基金单位的一种基金。

封闭式基金是指事先确定发行总额，在封闭期内基金单位总数不变，基金上市后投资者可以通过证券市场转让、买卖基金单位的一种基金。

四十六、如何才能看懂基金招募书

在购买基金前，一项非常必要的功课就是阅读基金招募说明书。理由很简单，基金招募说明书是基金最重要、最基本的信息披露文件，有助于投资者充分了解将要买入的基金。

因此为了快速看懂基金招募书，可以参照以下方法：

(1) 看费用。基金涉及的费用主要有认购/申购费、赎回费、管理费和托管费等。这些在招募说明书中都会有详细列明，投资者可据此比较各个基金的费率水平。

(2) 基金管理人。要细看说明书中对基金管理公司和公司高管的情况介绍，以及拟任基金经理的专业背景和从业经验的介绍。优质专业的基金管理公司和投资研究团队是基金投资得以良好运作的保障。

(3) 看风险。这其实是招募说明书对投资者来说最为关键的部分之一。招募说明书中会详细说明基金投资的潜在风险，一般会从市场风险、信用风险、流动性风险、管理风险等方面来作说明。

只有明了风险，投资才能更加理性。

(4) 看过往业绩。过往业绩可以在一定程度上反映出基金业绩的持续性和稳定性。开放式基金每6个月会更新招募说明书，其中投资业绩部分值得投资者好好分析比较一下。

(5) 看投资策略。投资策略是基金实现投资目标的具体计划，描述基金将如何选择以及在股票、债券和其他金融工具与产品之间进行配置。目前大多数基金均对投资组合中各类资产的配置比例做出了明确限定，这和基金投资风险是直接相关的。

四十七、在震荡市场如何投资基金

在震荡市场购买基金需要重视以下几方面的因素：

(1) 稳定投研团队。经常变更投资及研究团队人员，会影响基金的稳定性，同时也暴露了该基金公司在管理上可能存在隐忧，特别是对优秀基金经理的调整，往往意味着该基金的业绩会一落千丈，基民们无所适从。

(2) 金牌基金经理。这些基金经理，经历了牛熊市考验，管理的基金抗风险能力强，业绩波动小，长期表现优秀。持有他们管理的基金，心里相对踏实，毕竟基金经理的经验是做出来的，悟性再强，少了实战磨砺，也有很大的不确定性。

(3) 品牌基金公司。这些公司投研实力强、背景雄厚，对国内外宏观经济走势有较高水平的独立预判能力，其中高水平的基金经理、投研人员多，形成了高层次、高水平合作与竞争平台，旗下产生优秀基金的概率较高。

(4) 后端收费模式。如果长期持有，显然后端收费要合算得多，遗憾的是现在后端收费越来越少了，幸好仍有一些优秀的基金品种保留了后端收费模式。

(5) 灵活投资范围。这样尽管放大了风险，但是对于高水平的基金经理来说，也是获取超额收益的机会。如果对行业、主题、股票仓位等进行了规定，那么就会因为限制失去一些其他行业或主题的投资机会，或影响基金经理的灵活操作。

(6) 优秀新发基金。新基金在震荡市场最能捕捉市场的变化，最能把握股票的仓位，最能吸取历史的经验教训。假如又是由品牌公司的优秀基金经理负责，相信业绩通常不会差。

(7) 较小基金规模。许多原先表现优秀的金牌基金经理，由于管理的基金规模不断增大，业绩逐步平庸。这些基金的规模太大了，极大地限制了基金经理的水平发挥，因此震荡市还是选择规模较小的基金品种好。

(8) 较低手续费率。基金申购赎回的手续费大约 2%，如果经常交易，会增加不小的投资成本，因此对于基民来说，一是减少交易，二是寄希望于基金手续费用低一点儿。

四十八、何时才能基金赎回

由于投资基金所遇到的风险可以分为非系统性风险和系统性风险两大类，因此首先应通过风险评估决定是否需要实施赎回。此外，必须针对不同的风险，采取相应的操作方法。

系统性风险主要指市场下跌风险，也应通过实施风险评估决定是否需要赎回。具体方法如下：

可依次查看基金重仓股的日 K 线图，若大部分重仓股呈现高位滞涨，甚至已经步入回调，则是实施赎回的时机；若基金净值涨跌同基金名单上的重仓股已无密切相关关系，则可以断定该基金实际持仓状况同前期公布的信息相比已发生了较大变化，则应依据股指趋势的实际表现决定是否实施赎回。若不论大盘股、小盘股，不分绩优股、绩差股都已经被炒作过，股指在经历了逼空式上涨后成交量开始萎缩并不时伴有高位震荡时，可作为首次赎回的时机。需要强调的是，鉴于预测市场趋势系世界性难题，因此在最初决定买入基金时就应选择不同时间段发行的基金，以期通过这些基金在建仓期上客观存在的时间差达到降低系统性风险的目的。而在实施赎回时还应遵循以下原则：其一是分批撤退。这是为了防范由于对市场趋势判断失误而造成的踏空风险。其二是留强汰弱。基金经理理财能力客观存在差异，由优秀理财师管理的基金不但在上升趋势中表现出色，还能够通过预先调整持仓结构来降低市场下跌时的净值缩水。所以，要坚持将表现不理想的基金先赎回。

非系统性风险主要指由于更换基金经理或基金经理理财能力不佳等原因导致的风险。首先应通过实施风险评估来判定是否需要赎回。具体方法：可将持有基金现时表现与历史业绩以及同类型基金的同期业绩进行比较。若市场上升时净值涨得少，市场回调时净值却跌得多，经过一轮升势行情跟踪比较下来竟无显著改观，则应赎回。需要强调的是，鉴于基金经理跳槽将会是未来一个阶段基民们频繁遇到的问题，因此在决定买入基金时就应选择三五家基金公司的不同风格产品，以期通过适度分散投资，实现对该类风险的预先防范。

四十九、个人炒外汇如何开户

(1) 个人可以持本人身份证和现钞去银行开户，也可以将已有的现汇账户存款转至开办个人炒外汇业务的银行。

(2) 如果采用柜台交易，只需将个人身份证件以及外汇现金、存折或存单交柜面服务人员办理即可。中国银行、交通银行没有开户起点金额的限制，工商银行、建设银行开户起点金额为 50 美元。如进行现钞交易不开户也可。

(3) 如果采用电话交易，需带上本人身份证件，到银行网点办理电话交易或自主交易的开户手续。

五十、如何成为炒外汇高手

(1) 知识。对获得知识笔者不能说出更多的。你不可能不花费时间研究而获得知识，你必须放弃通过寻找快捷的方法在商品市场中赚钱。

(2) 耐心。这是在商品交易中获得成功最为重要的资质之一。

(3) 灵感。你可以获得世界上所有的知识，但是你如果没有灵感去买或抛，你不可能获利。知识给人灵感，使人富有勇气、使人在得当的时候采取行动。

(4) 资金。当你获得了所有其他在商品交易中成功的资质后，当然你必须有资金，但是如果你有了知识或耐心，你可以开始以少量的资金获取大的利润。

(5) 良好的健康状况。除非这个人是健康的，否则不可能在任何生意中获得巨大的成功。

五十一、如何避免炒外汇失误

(1) 只参与那些行情趋势强烈或者说行情主要走势正在形成的市场。认清每一个市场当前的主要走势并只持有符合这一主要走势方向的头寸，或者是不予参与。

(2) 必须注意的是，如果你看错或忽略了当前市场的主要趋势，不顾不可救药的熊市而买入或不顾势头强劲的牛市而卖出，多半会遭受损失。

(3) 你追市头寸可以形成很有利的变动，因此你应当坚持持有该类头寸。

(4) 一旦所持有头寸的变动方向对你有利，而且你的技术分析也对这一有利的趋势变动加以证实了，你就可以在某些特定条件下增加所持有的头寸（金字塔）。

(5) 你怎么才能知道该头寸的持有是错误的呢？如果你不能弄清楚，那么每日权益状况就能以某种不特定的方式“告诉”你。遵照大拇指规则，投资于股票交易的保证金比例不应超过40%，而对于期货交易则不宜超过70%。

五十二、炒外汇如何看汇率涨跌

(1) 直接标价法是指以一定数量的某种特定外国货币为标准，换算为相对数量其他币种的标价方法。直接标价方法中特定外国货币的数量不变，而其他币种发生相应变化。

(2) 间接标价法是指以一定数量的其他货币为标准，换算为相对数量特定外国货币的标价方法。间接标价方法中其他币种的数量不变，而特定外国货币的数量发生相应变化。

五十三、如何调整炒外汇心态

(1) 资金管理。良好的资金管理是保持稳定的交易心态的基础。持有大量持仓的投资者就像肩上压着重担的行人，路上稍有障碍就足以令其摔倒。根本的原因在于他的持仓对他来讲已成为一种负担，已经超出他的承受能力。

（2）正确理解亏损。拒绝亏损是导致交易心态不好的根本原因！亏损是交易中的正常现象，亏损是必然会出现的。盈利和亏损就如人的左右脚，成功的获利都是由盈利和亏损组成的。

（3）盯住止损，不考虑利润。盯住止损不考虑利润并非不追求利润，而恰恰是最好的利润追求方法，因为利润是自然而然出来的，是做对之后耐心持仓等待出来的，而不是刻意追求和频繁交易创造出来的，这就是利润的来源。风险管理好了利润自然会来！

五十四、布林线的四大功能

（1）布林线可以指示支撑和压力位置。

（2）布林线可以显示超买、超卖。

（3）布林线可以指示趋势。

（4）布林线具备通道作用。

布林线因具备多种功能，使用起来非常有效方便，一旦掌握，信号明确，使用灵活，受到了专业投资者的喜爱，同时也是国际金融市场上最常用的技术指标之一。

五十五、炒外汇的八个不要

（1）炒外汇不要胡乱进场离场。我们是投资者，又不是经纪人，多出入只会亏得更多。

（2）炒外汇不要心中无价。投资者要心中有位，往上往下要心中有数。

（3）炒外汇不要不设停损单，或是过了心中的止损水平，仍然心存希望，不愿离场。

（4）炒外汇不要把放大比率放得太大。意思是说，不要存 300 美元去做 60000 美元的投机。风高浪急，浪打来的时候，一条载了六个人的船，会较一人的船容易沉。

（5）炒外汇不要做锁仓的无聊行动。很多公司都可以锁仓，其实锁仓对客户来说只有百害，而无一利。

（6）炒外汇入市前，多做分析，要看两面的新闻，看看图表；入市后，要和市场保持接触，不要因为自己已做好仓，就只看对自己有利的新闻。一有风吹草动，立即平仓为上。

(7) 炒外汇不要做顽固分子。炒汇有时要看风使舵，千万不要做老顽固。万种行情归于市，即是说，有时有利好的消息入市，市况不但没有做好，反而下跌，即是您先前的分析错了，请当机立断，不要做老顽固。

(8) 炒外汇不要听从那些所谓专家的言论，我们要有独立思考，不要人云亦云，下单前要深思熟虑。

五十六、短线差价操作技巧

(1) 投资者可以参照个股30日均线来进行反弹操作。同大盘一样，个股的30日均线也较为重要，在股价上升时它是一条支撑底线，个股下挫后反弹它又是一条阻力线。

(2) 注意对一些个股的操作应有利就走，这些个股就是那种累计涨幅巨大或是在反弹时涨幅较大的个股。

(3) 做短差讲究一个“快”字还讲一个“短”字，要避免短线长做。

五十七、外汇投资技巧策略

(1) 以闲余资金投资。如果投资者以家庭生活的必须费用来投资，万一亏蚀，就会直接影响家庭生计的话，在投资市场里失败的机会就会增加，心理上已处于下风，故此在决策时亦难以保持客观、冷静的态度。

(2) 切勿过量交易。要成为成功投资者，其中一项原则是随时保持3倍以上的资金以应付价位的波动。

(3) 正视市场，摒弃幻想。不要感情用事，过分憧憬将来和缅怀过去。

(4) 勿轻率改变主意。

五十八、炒外汇被套牢了怎么办

(1) 套牢时，根据图表分析，如果所买入的币种处在高位必须立即止损。

(2) 如果所买入的币种处在中位，可以依据当时的情况暂时观望，以求解套离场或者逢高减仓降低损失。

(3) 如果所买入的币种处在低位，则不必急于止损，应该在所买入的币种下跌企稳之后，在重要的支撑位敢于低位补仓，摊薄成本，在接下来的反弹行情中将高位套牢的仓位一同救出来。

五十九、炒外汇经常亏损怎么办

（1）切勿过量交易，详细做好交易日记，做好交易日记，就可以溯本推源，找出失败和成功的线索，即时做好调整。

（2）假如在减少了交易品种的前提下，仍是亏损不止，最好是撤身出来稍作休息。整理一下凌乱的思路。

（3）耐心和节制，如果你在外汇市场上已经亏损惨重，千万不要孤注一掷，不要以为这样你就可以挽回资本或者可以反败为胜。

六十、股指期货时代期货操作的七大规律

（1）必须要严格止损。股指期货不像股票，一旦出现单边走势，亏损的速度很快，幅度会很大。所以，一定要制定严格的止损位。

（2）关注持仓量。期货炒的是预期，而其最大的功能是价格发现，因此股指期货的走势，可能对股票市场有指向意义。

（3）注意把握到期日效应，到期日效应在海外市场普遍存在。

（4）不能捂盘。

（5）当市场出现连续大跌大涨时要小心，盯住可能出现的反方向运行，即时平仓，一味做多做空只会加大爆仓概率。

（6）不要逆趋势操作。

（7）不能满仓操作，更不能用浮盈加仓，一般将仓位控制在30%左右。

六十一、玩转期指的五个招数

（1）缩短亏损，拉长利润。

（2）关注证券中银行、地产、钢铁、能源等的动向，判断它们将大盘引向何处。

（3）早盘前 30 分钟上涨或者下跌超过 15 个点的时候，通常会出现三波的反向走势，但是如果没有倍量就会在 10:30 左右看到全天的高点或者低点。

（4）在下跌的走势中，早盘到 10:30 的成交量如果没有上个交易日尾盘最后一个小时成交量一倍的话，通常反弹的高度过不了 11:00。

(5) 时间法则。早盘在涨升的时候在 10:15、11:00 以及 13:45 比较容易见高点；涨升的连续性最重要在 11:15，基本上这个时间点的方向是全天方向；早盘在下跌的时候在 10:30、11:15 以及 14:10 比较容易见低点，早盘下跌的方向延续确认在 10:30 和 14:30。

六十二、股指期货基础分析

股票市场基础分析主要侧重于从股票的宏观经济、行业背景、企业经营能力、财务状况等基本因素对公司进行研究与分析，从中找出股票的内在价值，然后与股票市场价值比较，挑选出最具投资价值的股票。要确定公司股票的合理价格，首先要预测公司预期的股利和盈利，我们把分析预期收益等价值决定因素的方法称为基本面分析。

基本面分析包括：

(1) 宏观：研究一个国家的财政政策、货币政策，通过科学的分析方法，找出市场的内在价值，并与目前市场实际价值做比较，从而挑选出最具投资价值的股票。

(2) 微观：研究上市公司经济行为和相应的经济变量，为买卖股票提供参考依据。

六十三、股指期货技术分析

技术分析主要研究市场行为，预测未来价格可能运行的方向。通过技术分析可以解决以下几个方面的问题：

(1) 测算出买卖双方相对强弱程度。

(2) 预测价格如何变动。

(3) 决定何时何地买卖。

(4) 有效控制风险。

六十四、影响股指期货的因素

(1) 期货价格会受其标的指数价格的影响。

(2) 各市场之间的相互联系。

(3) 宏观经济形势。

六十五、股指期货操作的三大要点

(1) 做足收市功课。

(2) 关注权重股走势。

(3) 注意控制风险。

六十六、股指期货交易中投资者应当注意事项

(1) 股指期货采用保证金交易，可以双向交易。

(2) 杠杆效应放大了投资风险与收益，一旦出现亏损，可能会造成大于初始保证金的损失。

(3) 合约月份为交易当月起的两个连续月份的近月合约以及后续的两个季月合约。

(4) 股指期货采用每日无负债结算制度，如果价格变动向不利于投资者持有头寸方向变化，投资者有被追加保证金的可能，一旦不能补足就有可能被强制平仓。

(5) 股指期货是“零和”游戏，而股票可以“增值”。

六十七、如何管理好资金，减少风险

(1) 在投机市场中投资总额必须控制在自己拥有资产的 50%以内；

(2) 单笔交易最大亏损额必须控制在总资金的 10%以内；

(3) 每次交易量控制在可用资金的 10%~30%，最多不能超过 50%；

(4) 每次交易都应当设置止损指令，让利润充分增长；

(5) 风险收益比为 1∶3；

(6) 以金字塔方式买入，以金字塔方式卖出；

(7) 交易头寸以长线短线相结合。

六十八、在金融期货交易中如何管理交易所风险

交易所是股指期货市场的组织者，是股指期货合约履约的保障者，市场风险可能会使众多结算会员缺乏财务资源而违约，最后殃及交易所。交易所的风险管理首先应该建立一套基于期货交易特有运行模式的风险管理制度；其次建立实时的风险监控技术；最后就是保证风险监控制度与技术的有效实施。

六十九、金融期货交易中期货公司主要面临的风险

(1) 市场风险。

(2) 操作风险。

(3) 流动性风险。

七十、股指期货投资者如何管理价格风险

要管理好价格风险，在股指期货中生存及盈利，必须找到适合自己的风格。对于新进入股指期货市场的投资者，必须注意学习，从小单量开始交易。股指期货要获得成功，培养正确的交易观念是关键。必须学会尊重市场、适应市场。做股指期货不能将盈亏归结为运气。当然，避免犯一些常见的错误也是管理好价格风险的重要手段。

七十一、选择品质优良的期货经纪公司的标准

（1）是不是合规经营的公司。

（2）了解股东实力是否雄厚。

（3）期货经纪公司运行的流动资金状况如何。

（4）了解期货经纪公司是否处于长期亏损状况。

（5）了解期货经纪公司总经理的人品以及公司股东与经营管理高层的关系。

七十二、锁仓有害无益

锁仓有两种，即盈利锁仓与亏损锁仓。盈利锁仓是买卖后有一定幅度的浮动盈利，不平仓的同时反向开立新仓。亏损锁仓是买卖之后有了浮动亏损，不想把浮动亏损变成实际亏损，便在继续持有原来亏损头寸的同时，反向开立新仓，企图锁定风险。

锁仓的一个弊端在于占用双倍的保证金，降低了资金的使用效率，增加了投资成本。另一个弊端是“易结不易解”。

锁仓是一种不良的交易习惯。要想在期货市场取得成功，必须摒弃锁仓。一旦操作失误，就该及时止损，另觅机会。

七十三、股指期货的交易指令

股指期货交易中接受三种指令：市价指令、限价指令和取消指令。交易指令当日有效，在指令成交前，客户可提出变更或撤销。

七十四、合约的最后交易日是哪一天

合约的最后交易日是合约到期月份的第三个周五（若中间有法定假日，日期顺延）。同时最后交易日也是最后结算日。这天收盘后交易所将根据交割结算价进行现金结算。

七十五、如何做到严格止损

（1）做期货投资，必须养成一种良好的习惯，就是在开仓的时候

就设置好止损。

(2) 止损要与趋势相结合（趋势有三种：上涨、下跌和盘整）。

(3) 选择交易工具来把握止损点位。

七十六、追涨龙头股的方法

如果投资者错过了龙头股启动合适的买入机会，或者投资者没能及时识别龙头股，则可以在其拉升阶段的第一个涨停板处追涨，追涨的方法如下。

(1) 在龙头股即将封涨停时追涨。

(2) 在龙头股封涨停后打开涨停时追涨。

七十七、什么是首次公开招股

首次公开招股是指一家公司通过发布招股说明书向公众公开发售股份。招股过程完毕后，股票便会在交易所上市，而公司也会成为上市公司。

七十八、投资者采用市价委托时应当注意什么

尽管市价委托方式灵活高效，但由于市价委托与目前的现价委托存在差别，投资者在使用市价委托交易前应当充分了解不同市价委托方式的交易特点以及可能带来的交易风险，尽量避免不必要的损失。

七十九、基金交易的技巧

(1) 买卖时间要选择。根据基金网上交易 T+1 日的确认规则，投资者一般不要选择周五或周末买基金；根据基金网上交易股票基金赎回资金 T+3 日到账的规则，投资者最好选择周一或周二赎回，能保证资金本周内可使用。

(2) 撤销交易有技巧。基金网上交易不像传统代销，需要填写大量单据，既可以很方便地发起申请，也可以在申请未确认前，撤销申请。

(3) 货币基金为桥梁。基金网上交易因为非常便捷，可以随心所欲地交易。投资者可以通过自己的判断，不断地调整家庭资产在股票型基金与货币型基金之间的配置比例，既可以及时规避风险，又可以稳健获得收益。

(4) 巧用转换更省钱。基金网上交易买基金享有手续费优惠，但赎回一般不能优惠。投资者可以通过基金转换，变相实现赎回费率

优惠。因为基金公司规定旗下基金间转换费率一般低于持有不满一年的赎回费率。如投资者购买了一家公司的股票基金，可以先转换为该基金公司旗下的货币基金，再赎回货币基金，这样资金变现的总费用大约是直接赎回的六折。

八十、如何看待基金投资的风险性

依投资策略，基金又可以分为以下几种，其风险性依次降低。

(1) 积极成长型基金。以追求资本的最大增值为操作目标，通常投资于价格波动性大的个股，择股的指标常常是每股收益成长，销售成长等数据，最具冒险进取特性，风险/报酬最高，适合冒险型投资人。

(2) 成长型。以追求长期稳定增值为目的，投资标的以具长期资本增长潜力、素质优良、知名度高的大型绩优公司股票为主。

(3) 价值型。以追求价格被低估、市盈率较低的个股为主要策略，希望能够发现那些暂时被市场所忽视、价格低于价值的个股。

(4) 平衡型基金。以兼顾长期资本和稳定收益为目标。通常有一定比重资金投资于固定收益的工具，如债券、可转换公司债等，以获取稳定的利息收益，控制风险；其他的部分则投资股票，以追求资本利得。风险/报酬适中，适合稳健、保守的投资人。

(5) 保本型基金。以保障投资本金为目标，结合低风险的收益型金融工具和较具风险的股票。运作方式是将部分资金投资于国债等风险较低的工具，部分资金投资于股票；而投资股票的部分份额可能会根据基金净值决定，净值越高，可投资于股票的部分就越高。在国内，保本型基金基本都有第三方担保。在国外，由于可以投资衍生工具，保本基金的风险较高的投资部分也可以通过把债券部分产生的利息投资在衍生工具上，通过放大杠杆操作来追求收益。不过，要提醒投资人的是，保本基金并非在任何时间赎回都可保本，在保本期到期之前赎回也可能面临本金损失的风险。

第二篇　实战案例篇

实战案例1：把握盘中异动，随时抓涨停

康拓红外，分时突破功能当日上午连续发出三个“积突”信号，提示该股潜力巨大。之后股价果然封死涨停，轻松获利8%！如图1所示。

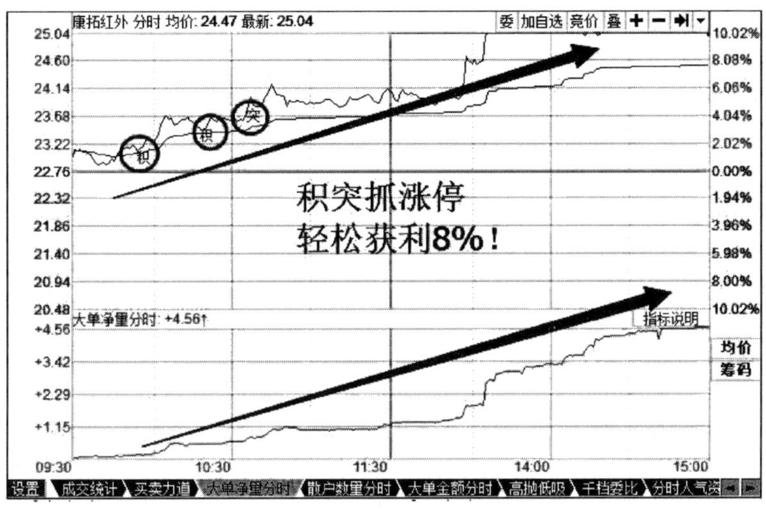

图1　康拓红外

后市研判：当日大盘二八分化比较明显，题材股表现活跃。而计算机应用板块中大多是市值不大的题材股，表现也不错。板块中康拓红外和科大国创涨停，易联众、神州泰岳、天泽信息、宝信软件、立思辰、四维图新、中科创达、飞利信、世纪瑞尔、润和软件盘中都有不错的表现。计算机应用是当前的热门行业，也是未来发展的趋势。根据已经发布的业绩预告，赢时胜、超图软件、久其软件、长亮科技、银之杰、佳创视讯的业绩都有所上升，行业具有很高的投资价值。投资者后市可以关注神州信息、银江股份、恒生电子、金证股份、索菱股份、中国软件、广联达、浪潮软件、浙大网新和用友网络等计算机应用概念股。

分时突破的用法：选取大单资金稳健流入，积蓄上涨的个股，提示短线强势股非常宝贵的回调买入机会。选取盘中震荡盘整时资金持续流入，量价齐升，突破压力位的个股，提示短线强势股难得的追涨机会。

实战案例 2：任股市变幻，唯抄底是王道

顺络电子（002138），如图 1 所示，1 月 12 日“资金抄底”指标显示抄底提示，随后股价一路走高，半年的时间股价上涨 90%。对于中长线投资者来说，这无疑是股市一大利器，不用再整天看盘，抓住大底，轻松盈利！

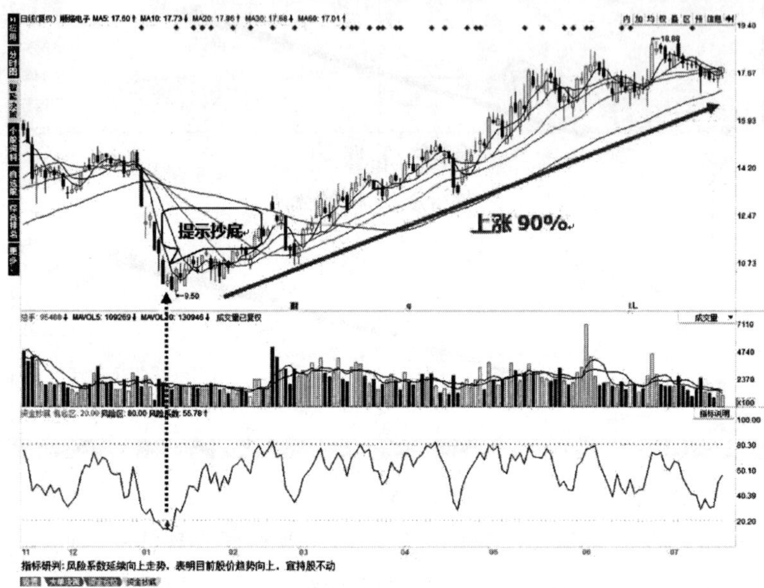

图 1　顺络电子

后市研判：7 月 15 日，中国工商银行宣布，该行推出了覆盖线上线下和 O2O 支付全场景的二维码支付产品，成为国内首家具备二维码支付产品的商业银行。工行此次推出二维码产品，意味着被叫停两年多的二维码支付重新开闸，而监管政策上的放松也为二维码支付的新一轮爆发营造了良好的环境，相关概念个股后市可期。目前华工科技、传化股份、东信和平、顺络电子、通福微电、步步高、金新农、飞天诚信、润新科技、同方股份、中电广通等个股涨势良好，可持续关注。其他个股大部分还在底部位置，如中兴通讯、厦门信达、泰禾集团、海印股份、南天信息、新大陆、紫光国芯、生意宝、恒宝股份、康强电子、石基信息、远望谷、证通电子、卫士通、中科金财、欧浦智网、易联众、新国都、天喻信息、新开普、远方光电、中国联通、华胜天成、信雅达、长电科技、上海普天、佳都科技、中茵股份等个股，大家可以结合“资金抄底”指标，低点杀入，轻松盈利。

资金抄底的用法：资金抄底通过分析股价支撑压力位、震幅和大单资金等

指标，综合计算得出风险系数，用来把握个股是否处于超跌状态，以提供及时抄底的信号。

风险系数值越大，表示短期风险越大；当风险系数进入机会区时，极易触发反转走势，一旦抄底信号出现，则是极佳的抄底时机；若同时结合大单净量、人气资金、机构日动向等功能，成功率更高！

实战案例3：看此神奇信号，精准抄底军工

康达新材，资金抄底功能5月20日发出抄底信号，买在最低点。之后股价震荡上行，至今已可获利超40%！如图1所示。

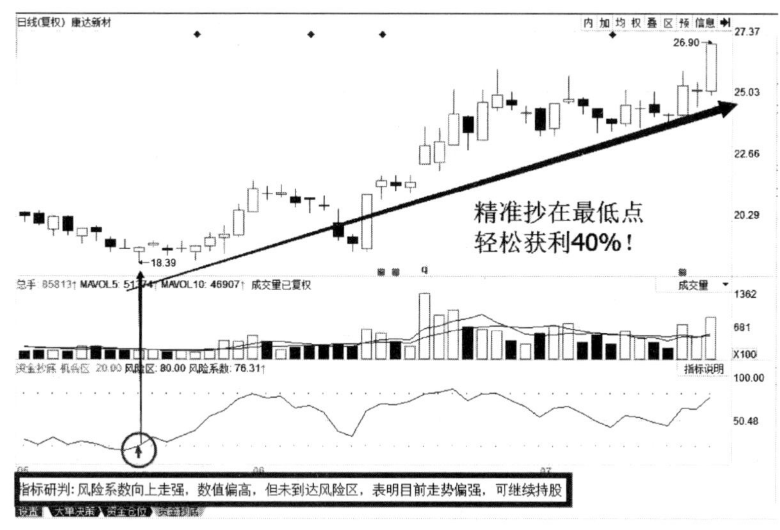

图1 康达新材

后市研判：当日大盘弱势震荡，军工板块表现分化。板块中康达新村、泰豪科技、太阳鸟、东方锆业、万讯自控、贵航股份、永贵电器、华昌达、火炬电子、利达光电、中光防雷和华力创通涨幅在3%以上，而宝钛股份、凯乐科技、三力士和泰和新材走势较弱。军工股在前一段的上涨之后目前普遍处于调整状态，但是根据披露的业绩预告，大部分军工企业的业绩都有所增长，再加上英国脱欧、南海仲裁和土耳其政变等事件，世界格局不稳定，正是军工企业发展的机会。投资者后市可以关注中国核建、信威集团、中航飞机、中国重工、久之洋、中国卫星、机器人、紫光国芯、云南锗业、航天电子、中航光电、中国船舶和雷科防务等军工概念股，运用资金抄底功能，待个股回调到位发出抄底信号时及时介入，获取超额收益！

实战案例4：高送转机会如何布局

天际股份（002759），如图1所示，资金仓位指标在2月1日发出加仓信号，之后股价迎来小幅上涨，3月1日后再次提示加仓并加到满仓，之后股价大涨，当日仓位提示依然是满仓，持仓的投资者可以关注资金仓位指标，把握好仓位节奏。

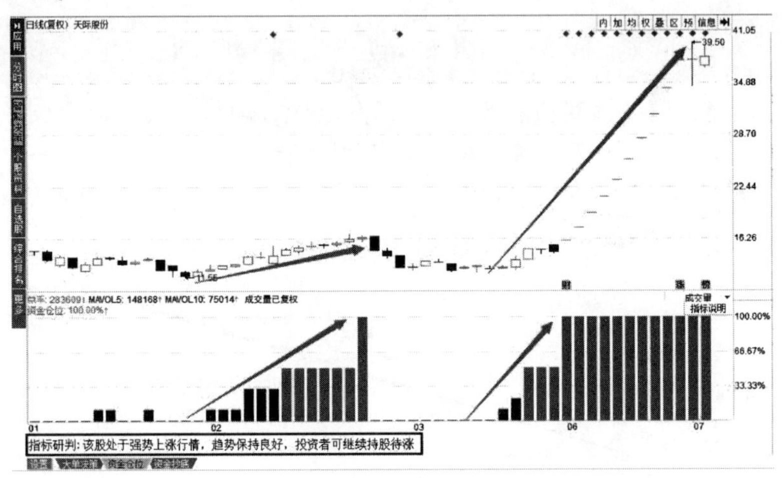

图1 天际股份

后市研判：当日大盘再次走出缩量十字星的K线，连续4日杀跌无果，说明市场上恐慌盘不多，下跌后入场的资金还是存在的，同时一个好的信号是创业板当日反弹力度加大，这不仅能引起市场人气的恢复，更能激活题材股的活力，高送转概念当日也有所表现，盘面上康拓红外、和而泰强势涨停，四维图新、齐翔腾达、深深宝A、长生生物、蓉胜超微、正邦科技等涨幅也超过了3%，投资者可以重点关注，除此之外，天润数娱、天际股份、中天科技、弘高创意、鹿港文化还处于上涨趋势中，投资者可以持续关注；煌上煌、巨轮智能、华铁科技、大康农业、新五丰、可立克短期跌幅已经较大，需要等待超跌反弹的机会；投资者还可以利用资金仓位指标关注华东科技、中坚科技、信雅达、鸿达兴业、三泰控股、大东南等高送转概念股，把握好仓位，稳定自己的收益。

实战案例5：一买就涨停是怎么做到的

早盘大盘表现弱势，妖股特力A领头涨停，激活了市场人气，兔宝宝、深深宝 A、梅雁吉祥、长航凤凰、如意集团、海欣食品纷纷异动，午后中毅达也紧随其后，逐步拉升涨停。妖股股性活跃，容易吸引资金跟随，尤其是行情低迷期，容易逆市表现，投资者可适当关注，如若利用 L2 分时突破功能，更可精准买入，短期获得巨大收益。

中毅达（600610）分时突破指标，当日 9 点 58 分发出“突”信号，现绝佳买入机会，随后该股快速拉升涨停，信号发出买入即可获利 8.85%！如图 1 所示。

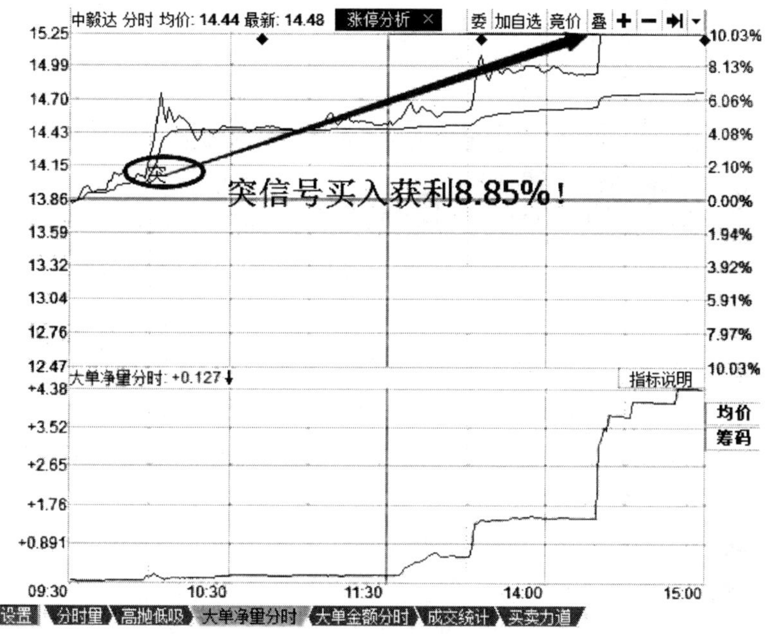

图 1 中毅达

分时突破的用法：选取盘中震荡盘整时资金持续流入，量价齐升，突破压力位的个股，提示短线强势股难得的追涨机会。选取大单资金稳健流入，积蓄上涨的个股，提示短线强势股非常宝贵的回调买入机会。

实战案例 6：有色主升浪怎么抓

行情近期震荡，个股赚钱效应依然不弱，但投资者要赚足利润还是有一定的难度。通过资金仓位指标，投资者可以更好地把握个股主升浪的机会。比如个股罗平锌电（002114）（复权），把握住 5 月 10 日和 6 月 24 日指标所提示的主升浪机会，并适时了结利润，几轮强势波段操作之下，总共可以收获

150%以上的利润（50%+70%+40%）！如图 1 所示。

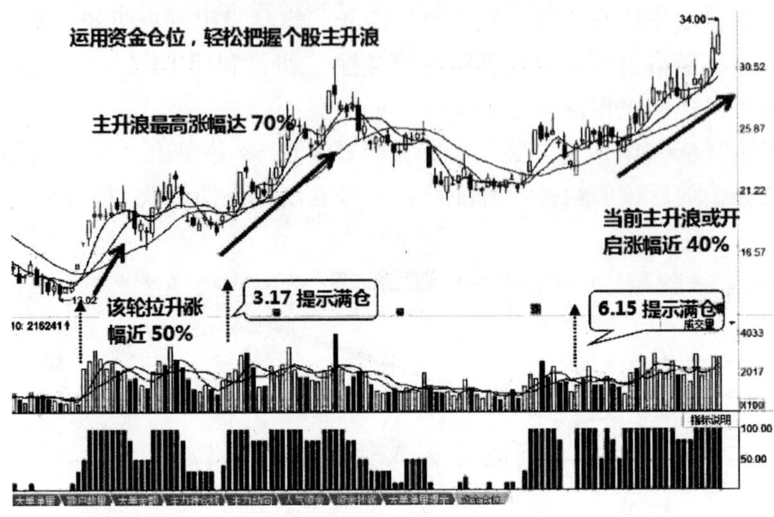

图 1　罗平锌电

个股研判解读：当前市场风格反复切换，但有色板块中部分龙头依然强者恒强，类似罗平锌电等已经创出历史新高。从细分行业来看，黄金近期走势较强，比如，中金黄金、西部黄金等当日都是红盘报收，而其他如山东黄金、湖南黄金、恒邦股份、紫金矿业、赤峰黄金、豫光金铅、金贵银业等调整到位后，投资者仍可关注。其他方面比如基本金属，稀土永磁方面，板块中活跃的范围也在扩大，比如，铜方面的江西铜业、云南铜业，锌类别的罗平锌电、驰宏锌锗、锌业股份。不少有色个股已经走出一轮主升浪行情。投资者通过结合指标进行波段操作，往往能收获更多的利润。在今天的行情中，东方锆业、华友钴业、云南锗业、贵研铂业、盛达矿业、鹏欣资源、中金岭南、东阳光科、铜陵有色等最终还是收涨。对于部分资金仓位依然提示高仓位的个股，投资者就可享受主升浪的乐趣。从个股来看，类似中孚实业、云铝股份、洛阳钼业、怡球资源、广晟有色、宝钛股份、北方稀土、洛阳钼业、金钼股份等有一定调整的，就可注意指标区间，当指标有好的提示时再行考虑。当前行情逐步走强，投资者更应积极把握机会，加强波段操作，使自己的盈利奔跑！

实战案例 7：一波暴赚 41.36%的机会

随着 A 股进入半年报披露季，有色金属板块上市公司纷纷发布业绩预告，多家公司上半年净利向上修正，行业回暖迹象明显。个股如豫光金铅、中色股份、罗平锌电、锌业股份、华友钴业、章源钨业等，近期纷纷走出一波上涨行情，兴业矿业、贵研铂业等短期涨幅过大，当前存在调整需求，企稳后投资者可适当关注，利用资金仓位功能，更能精确把握上升趋势。

建新矿业（000688），该股近期资金仓位指标提示满仓，股价一路攀升，短短一波上涨获利超过 41.36%！后市操作，可密切关注资金仓位指标变化情况，如图 1 所示。

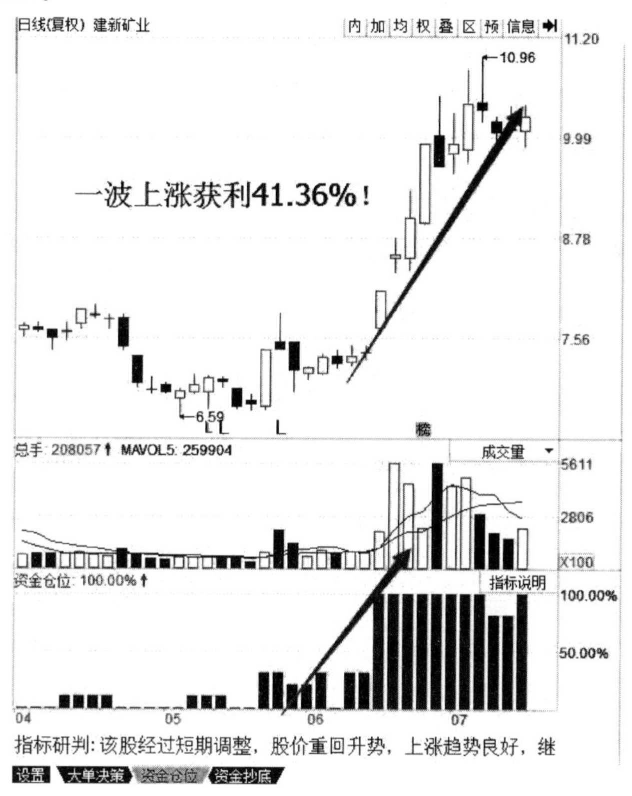

图 1　建新矿业

实战案例 8：绝佳的抄底时机

银河生物（000806），资金抄底信号当日发出，追溯上次信号发出还需要到 2014 年，但是那次长期底部后股价已经翻了不知道多少倍，这一次风险系数再次在连续大跌后进入底部位置，后市涨幅值得股民共同关注。个股是有一定股性的，一旦指标成功率很高，未来指标指导意义极大。资金抄底信号是基于风险系数的，发出信号表示风险很低，投资者可持续关注银河生物，如图 1

所示。

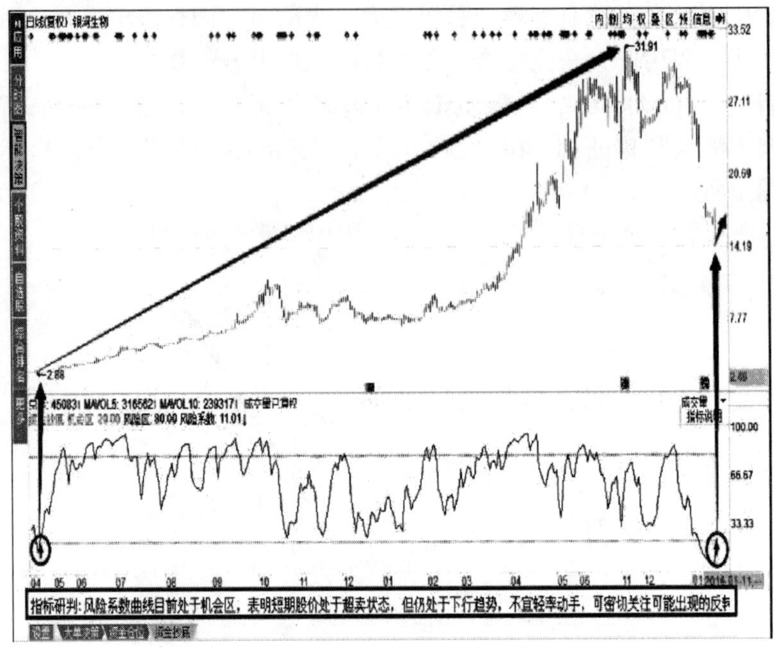

图 1　银河生物

后市研判：近期甘肃拟增加风电光伏替代部分水电发电额度，同时随着电力改革的进一步推进和落实，电气设备或能迎来新的炒作机会。当日盘面上电气设备板块表现优异，其中新宏泰、深圳惠程强势涨停，银河生物、中元股份、隆基股份、炬华科技涨幅也超过了 5%，三变科技、亿晶光电等 18 只个股涨幅超过了 3%，可以说要远强于大盘。除了当日表现抢眼的个股外，投资者可以重点关注泰豪科技、首航节能、上海电气、百利电气处于上涨趋势中的个股，也可以利用资金抄底指标关注长高集团、长城电工、万里股份、金杯电工、白云电器、麦迪电气、科泰电源、杭电股份、新联电子等电气设备个股，等待抄底时机的出现。

实战案例 9：军工板块的哪些股票会继续爆发

中船防务，根据资金仓位指标显示，该股在近期底部启动时及时提示建仓布局，随后拉升时仓位提示满仓持股待涨，一波反弹可以获利 38.54%！如图 1 所示。

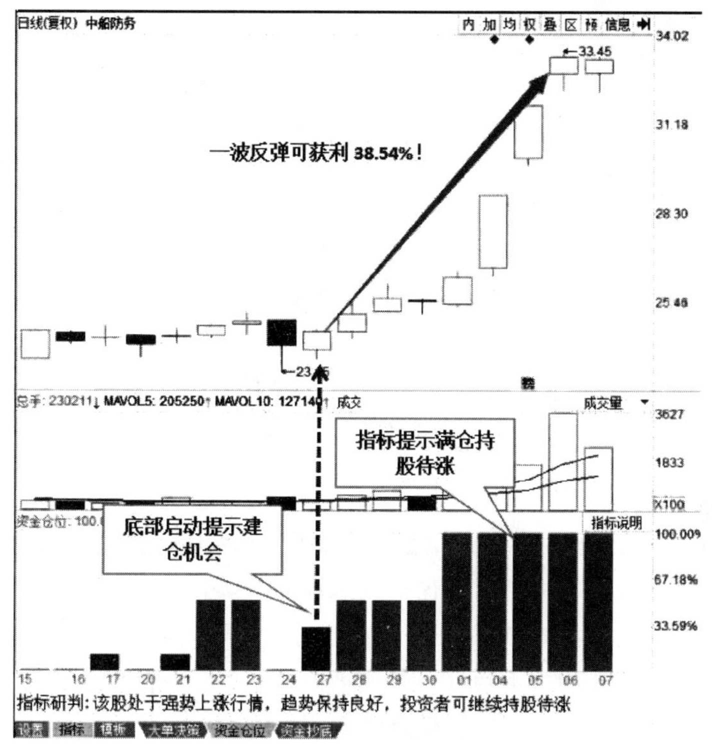

图 1 中船防务

后市研判：军工概念目前炒作有三大逻辑，一是军工企业改制的机会，二是军工企业提升证券化率的机会，三是近期南海仲裁的事件催化。此外，从技术上看，如中船防务、中航机电、中航飞机、江南红箭等军工股票经过短期的快速拉升，人气已经被激活，后续经过调整后，可能开启第二波行情。后市投资者还可积极关注军工板块中的北方导航、中国重工、信威集团、航天电子、三力士、巨星科技、长城电脑、抚顺特钢、启明星辰、科大讯飞、中国卫星、北斗星通、中航动控、紫光国芯、通达股份、航天科技、钢研高纳、航天长峰、中航电子、春兴精工、中航重机、景嘉微、成发科技、圣阳股份、楚江新材、中航动力等个股。

实战案例 10：抓住体育产业涨停牛股

双象股份，分时突破功能当日上午连续发出“积突”信号，之后股价逐渐上行，直封涨停，及时买入，轻松获利 8%！如图 1 所示。

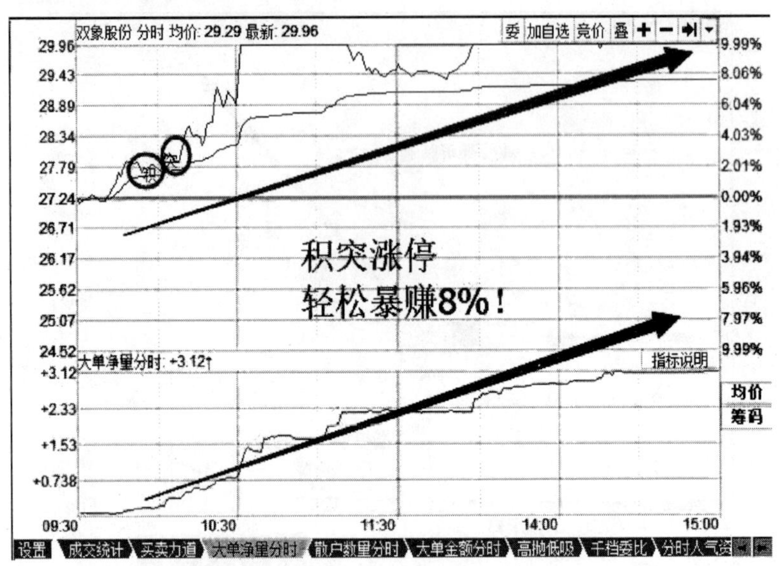

图 1　双象股份

后市研判：国家体育产业“十三五”规划出炉，相关个股当日受此消息影响领涨大盘。板块中三夫户外、深圳惠程和双象股份强势涨停，贵人鸟、雷曼股份、暴风集团、当代明诚、信隆实业、粤传媒、新华都、凯撒旅游、嘉麟杰、莱茵体育、华录百纳、探路者盘中也有不错的表现。国家体育产业“十三五”规划中，共定下了五个目标，最重要的是体育产业总规模将超过 3 万亿元，这给了人们很大的想象空间，而相关个股也将受益。投资者可以关注中体产业、浙报传媒、互动娱乐、省广股份、江苏舜天、海航创新、浙江永强、信隆实业、艾比森、金螳螂和分众传媒等体育产业概念股，运用分时突破功能，在个股异动的第一时间积极把握，收获涨停，享受我国体育事业大发展带来的收益。

分时突破的用法：选取大单资金稳健流入、积蓄上涨的个股，股指提示短线强势股时抓住时机回调买入；选取盘中震荡盘整时资金持续流入、量价齐升、突破压力位的个股，股指提示短线强势股时是难得的追涨机会。

实战案例 11：精确抄底半年收益超 200%

金贵银业（002716），资金抄底指标在 2016 年 1 月 14 日给出抄底信号，随后几个月震荡走高，并在 6 月 16 日封涨停，股价爆发，半年内涨幅超过 200%。由此可见，抄底对于长线股民多么的重要，抄到了大底，不用在乎股价短时间内的波动，轻松盈利。资金抄底指标采用大数据分析的方法，研究股价每日转向的关键价位、震荡幅度和资金进出状况来挖掘股价涨跌规律，从而提供趋势反转的信号。如图 1 所示。

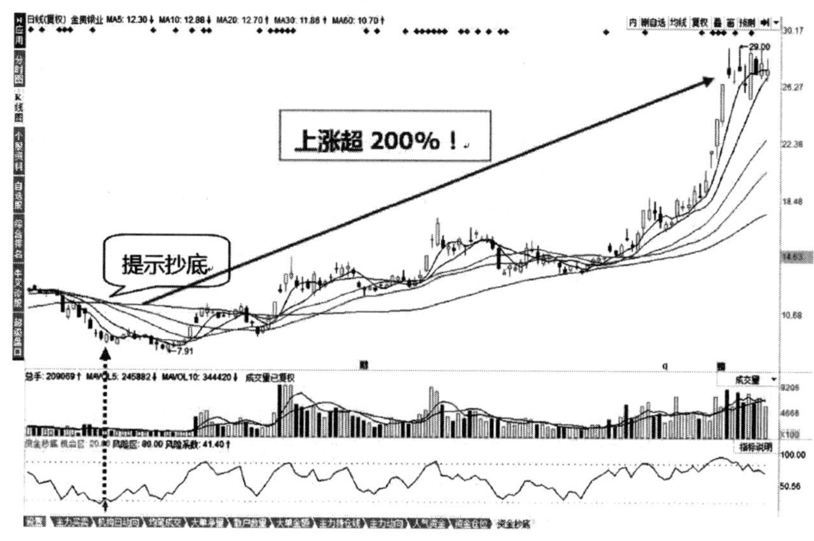

图 1 金贵银业

后市研判：黄金属于避险品种，往往在时势动荡的时候金价会上涨。2016 年国际局势与我国周边都不太平，从年初开始金价一路上涨，截至作者写作时涨幅超 20%。黄金板块的个股也是一路上涨，金贵银业、天业股份、西部黄金、赤峰黄金、冠福股份、中金黄金、湖南黄金、紫金矿业、金州慈航、恒邦股份等黄金板块个股涨势居前，还在上升渠道中，可持续关注。潮宏基、金一文化、园城黄金、风华高科、刚泰控股、明牌珠宝等个股处于低位，可结合资金抄底指标适时建仓。秋林集团、山东黄金、西藏天路、荣华实业、大通燃气、老凤祥、豫园商城、山东金泰等个股经历了一轮调整，目前调整到支撑，大家可参考资金抄底指标适时介入。

实战案例 12：物联网迎来大利好，牛股要这样抓

抓住牛股，抓住涨停板才能快速盈利。以大富科技（300134）为例，分时突破指标在 10:33 发出“积”信号，之后又两次发出“突”信号，表示大单资金稳健流入个股，股价上涨力量不断积累，随后大富科技也一路上涨，直至封涨停。根据分时突破功能提示进行操作，截至收盘可获利 7.57%。使用分时突破功能，轻轻松松抓住涨停板。如图 1 所示。

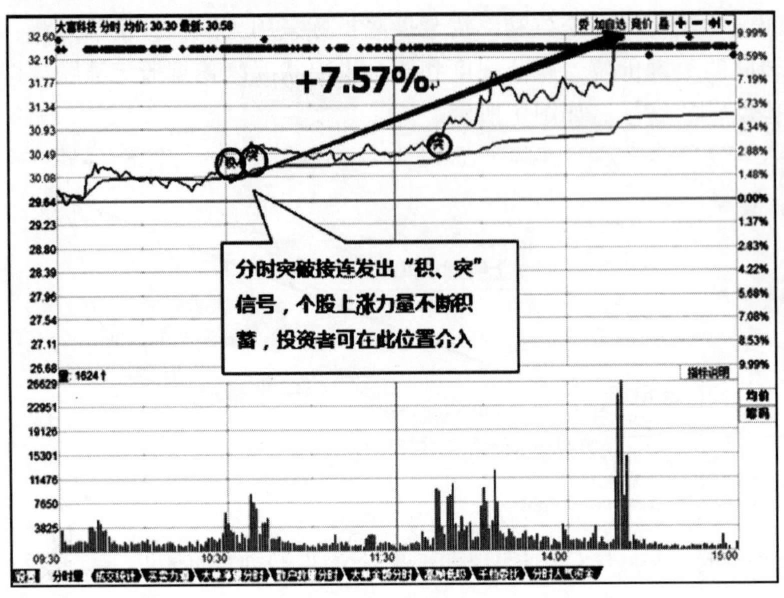

图1 大富科技

后市研判：当日物联网板块指数上涨 1.47%，跑赢大盘指数。板块中和而泰等个股涨停；天泽信息、安妮股份、金志科技、润欣科技、富瑞特装、华天科技、通富微电、高鸿股份、国民技术、榕基软件、福日电子等个股领涨；思创医惠、上海贝岭、英唐智控、胜宏科技、恒宝股份、厦门信达、金卡股份、神州数码等个股微涨。消息面上，NB-IoT 标准落地，将进入商用阶段，物联网产业腾飞在即。投资者后市可关注板块内资金流入较多的个股：远望谷、大立科技、歌尔股份、宝鹰股份、和晶科技、梅安森林、美盈森、永泰能源。投资者可使用分时突破指标，关注物联网板块内的个股动向，根据"积"、"突"信号及时抓涨停，抓牛股。

实战案例 13：量子卫星发射在即，一信号可买入

牛股 60 分钟 K 线分析：浙江东方复牌后 7 月 1 日均线从底部突起，随后放量上冲，连续走出两个一字涨停板。随后 12 个交易日里走出 11 根阳线和 1 根十字阴线，上方几乎无抛压力度。因此，7 月 15 日 13:19 被 PC 短线宝"极速策略"横盘突破（60 分钟）策略选出，选出后当日高涨。个股强势，后市可期。如图 1 所示。

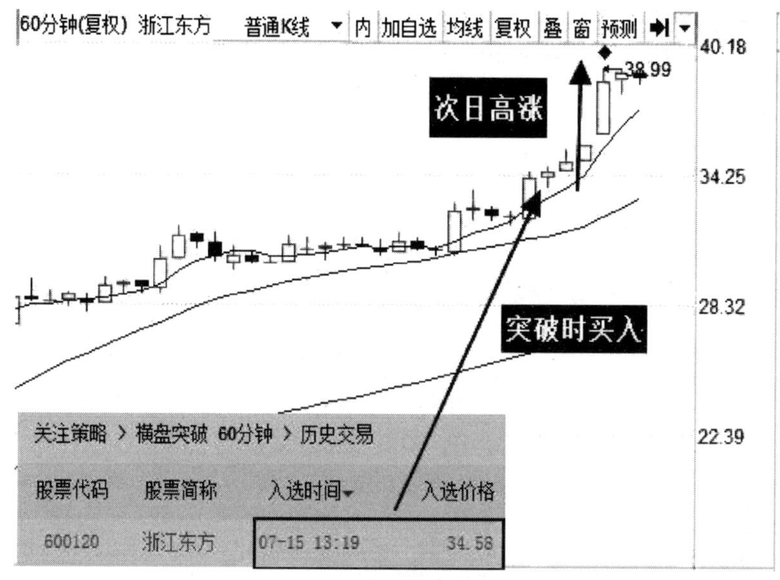

图 1 浙江东方

后市研判：作者写作时距离我国首颗量子卫星升空的时间越来越近，如果成功发射，中国将成为全球第一个实现卫星和地面之间量子通信的国家，量子通信或将腾飞。从技术面分析，量子通信板块自 5 月 12 日起沿 5 日均线通道快速上行，拉动 20 日均线快速突破 60 日均线压力线，通道上行，近 3 个交易日更是开出 3 根大阳线，致使 5 日均线拐角快速拉升，打开上涨空间，涨势形成。建议后市关注新海宜、浙江东方、百利电气、中天科技、凯乐科技、科华恒盛、银轮股份、宝胜股份、神州信息、综艺股份、华工科技、天海防务个股。量子卫星发射在即，借利好消息高炒一波，可积极关注。

实战案例 14：深圳国改概念股渐次布局时机到来

深赛格（000058）当日午后惊现异动，PC 短线宝逐笔雷达监测显示：早盘该股低开后持续横盘震荡，主力充分地进行了筹码的清洗。午后随着吸筹过程的结束，主力资金开始稳步吸筹，股价震荡上行，但随后从 13:52:45 开始，主力资金连续 5 笔 2000 手的程序单快速扫板，股价瞬间被封板，主力洗盘后欲暴力拉升的意图暴露无遗，后市或将持续走高。如图 1 所示。

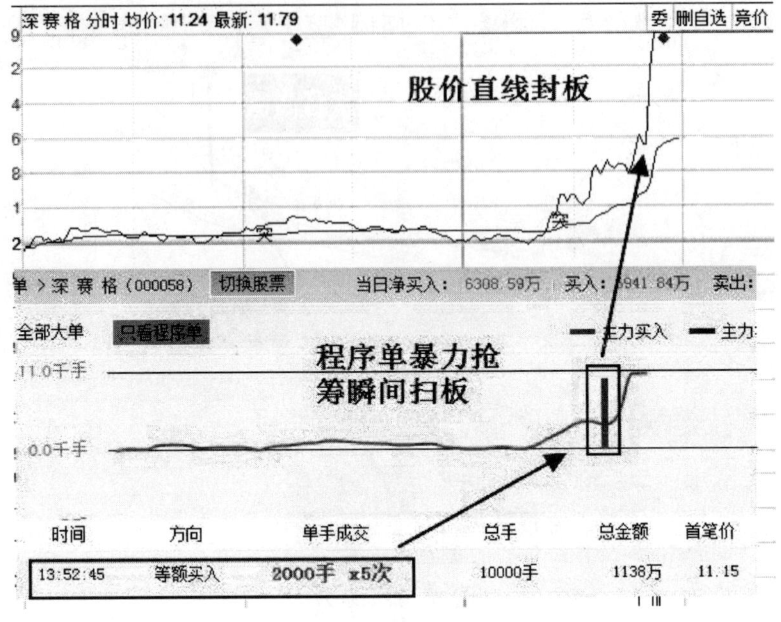

图1 深赛格

后市研判：当日，随着南山控股吸并深基地 B 方案出炉，该股当日一字板强势开出，而这又标志着 B 股改革又一新突破，同时也带动了深圳本地股的强势崛起，特力 A、深赛格 A 等直线拉板，资金偏爱有加。除此之外，深深宝 A、深物业 A、深纺织 A、深天地 A、深深房 A、深振业 A 等都有不错的表现，并且后市有望轮动上涨，投资者可关注相关个股。此外，像沙河股份、广聚能源等也是投资者布局的良好标的。

从海量成交数据中挖掘出成交金额、单笔成交量极大的逐笔大单数据，主力机构在什么时间、什么价位、什么走势的情况下买卖了多少股票一清二楚！免去翻看成交明细找大单的烦琐，比大单净量更精准反映主力动向。

实战案例 15：做好仓位管理，轻松驾驭每一天

空仓躲回调，逐步建仓稳健抢反弹，做好仓位管理才能在股市长存。以百川股份为例，由资金仓位功能可看出，5 月 31 日指标提示可小幅建仓，次日即提示强势确立满仓待涨，7 日成功获利 42.46%，随后回调盘整小反弹等指标均给出相应加减仓提示，轻松驾驭每一天！从资金仓位指标上看，该股经过短期调整，股价重回升势，上涨趋势良好，继续加仓持有。如图 1 所示。

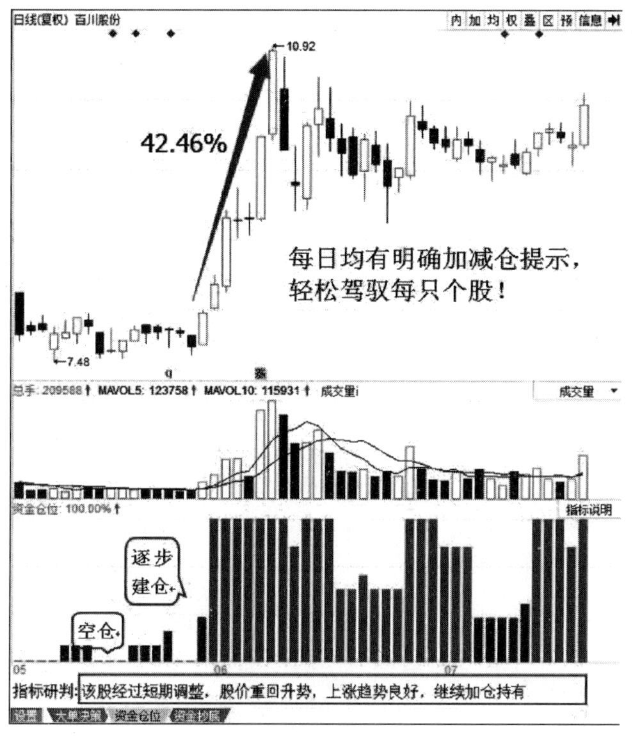

图 1　百川股份

后市研判：当日锂电池板块中新海宜、新大洲 A 等 3 只个股涨停，百川股份、保千里、科恒股份、澳洋顺昌、沧州明珠、格林美等 67 只概念股上涨，可见板块赚钱效应明显。以百川股份为例，由资金仓位功能可看出，5 月 31 日指标提示可小幅建仓，次日即提示强势建立满仓待涨，7 日成功获利 42.46%，随后回调盘整小反弹等指标均给出相应加减仓提示，轻松驾驭每一天。随着新能源汽车销量的不断攀升，锂电池产能也在同步急速扩张，投资者可以积极把握好节奏，利用资金仓位功能操作多氟多、中信国安、赣锋锂业、天齐锂业、众和股份、风华高科、天赐材料、江特电机、石大胜华、西藏矿业、国轩高科等概念股。

实战案例 16：大盘弱势震荡，如何寻找投资机会

大盘持续高位震荡，盘面上板块轮动明显，不少个股短线冲高后便在盘中出现回落，次日再顺势低开，让不少短线追高投资者损失惨重。但是也有部分股票启动后强势拉升上涨并且强势涨停，不少投资者亦未把握机会，而错失好

股。短线宝洗盘探测器实时监控盘中主力资金流向，分析主力意图，为投资者把握盘中抄底逃顶机会，减少损失。例如，瑞凌股份当日开盘后股价便逐渐拉升上涨，与此同时，短线宝洗盘探测器监测到代表主力主动买单的人气资金持续流入，显示主力资金正在持续买进，后市上涨具有较强动力，因此在股价还未大幅拉升时，提示了“洗”信号，随后该股强势拉升上涨，并最后涨停。当日出现“洗”信号股价强势上涨的有阳谷华泰、文科园林、通化金马、民和股份、哈尔斯、仙坛股份、井神股份、浙江众成、长生生物、华平股份等，出现“逃”信号冲高回落的有罗平锌电、苏州设计等。如图1所示。

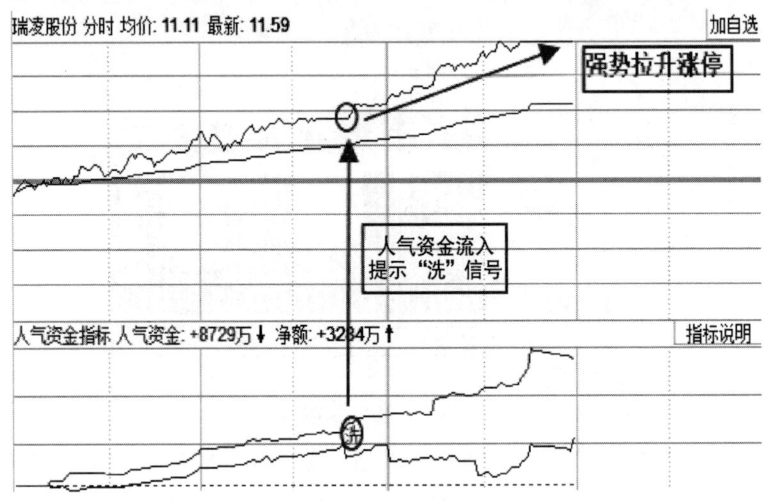

图1　瑞凌股份

后市研判：整体来看，目前指数处于反弹行情中的缩量调整期，市场资金表现较为谨慎，且多头资金难以形成合力推动市场上行。场内热点快速轮动但却没有领涨主线出现，且缺乏可持续性。近期不仅仅由于监管层“特停”抑制了市场的做多氛围，同时也由于两市处于中报披露期，中报“雷”较多，市场资金均以保守为主。总体而言，对于投资者来说，在市场未明显企稳向上前，需跟随市场趋势以防守为重，操作方面控制住仓位以高抛低吸为主。建议选择近期市场持续活跃的板块活跃股票，如国企改革、黄金、手机游戏等。

学生案例精选

案例分析：以可立克（002782）为例[①]

大盘在 cofool 网模拟炒股作业时，表现一般，缩量调整明显，但是依然有精彩个股。在这学期中的几波下杀下，指数大幅度回落，市场情绪低迷，交易量能萎缩，说明许多机构和个人投资者并没有频繁地操作。缩量、股价波动小的情况也说明了大盘似乎在等待什么的出现。

在市场情绪低迷的情况下，小盘股盘子小、拉升快，相比于大盘股来说，在这种走势下，对于机构投资者有种特别的吸引力。而对于次新股来说，上方没有套牢盘，基本所有的持有者都是盈利者，从心理学角度看，盈利者和亏损者的心态面对涨还是跌是不一样的，而对于我们模拟炒股来说，大笔的资金进入并不会引起市场的波动，而且进入和退出都是瞬间完成的，十分安全。所以在次新股这种高波动、高风险、高收益的股票上博弈很符合这次作业的操作思路。此外，高送转预期也是标的之一。通过长时间的研究发现，高送转对于一般的没有很活跃涨幅的股票来说，是没有太大的影响的。但是对于高换手率、高关注度，且前期有一定涨幅的股票来说，是一个很不错的选择。

股票：可立克（002782）。

投资标的：次新股、高送转、充电桩、稀土永磁。

买入理由：概念众多，可炒作点丰富，上方无套牢盘，股价活跃。

预期收益：10%。

实际收益：10%。

卖出理由：达到投资目的，规避风险。

反思：

这次的选股思路很清晰，次新股，高送转股，再配上一两个当前热门的标的，上涨毫无悬念。但是我在达到自己的投资预期后果断平仓，锁定收益，借此来规避风险。所以在中国股市，踩准节奏很重要。

---

① 作者为华东交通大学经济管理学院 2013 级金融 1 班 1 号吴皓宇。

经验与总结：

中国股市结构不完整，监管不完善，这会导致很多非预期情况的出现。而在现在这种大盘下，多看少动，多做短中线交易才是王道。而且板块轮动效应很明显，虽然每日的板块涨幅榜前三经常换，但是有许多板块是每日持续上涨的，当其进入涨幅前三后才会有一波调整，这大概是主力出货的准备，吸引更多的关注，才能让自己出货更加顺畅。

在股票操作中，对于我这种新手，多与大家交流心得是一个必要的环节，因为缺少实践经验和理论基础，在股票市场博弈是十分吃亏的，但是与别人交流后，就有了一个自己的思路。当然全盘照抄别人的思路是一点意义也没有的，要有自己的选股思路，而且新人炒股没有受到以前大跌大涨的影响，对于股市的判断更加的独立与清晰，对于节奏的把控能力是十分强的。要有自己的思维控制，设立明确的止盈止损点，坚决执行，不能因为贪婪或者不甘心而放弃理智的行为，从而成为一把新的“韭菜”。特别是次新股选择上，我在买入前观察了许多股票，当日波动特别大，而且短期涨幅跌幅也很大，一旦自己贪婪了，前期收益就会毁于一旦。在此谨记，股市有风险，入市需谨慎。

案例分析：以银宝山新（002786）为例①

1. 投资标的

2016 年 5 月，我结合市场背景，在次新股涨势较好的情况下，选择了次新股+高送转这一概念板块，并选中了银宝山新（002786）作为投资标的，在 5 月 11~18 日，以 58 元左右的价位买入，直至半仓。而后在第一目标价位 63 元左右卖出，获得了 7.5%的收益，成功将收益率由负转正，弥补了之前的亏损。

公司概要：深圳市银宝山新科技股份有限公司成立于 1993 年，现有员工 1000~3000 人。作为广东省模协副会长企业及深圳机械行业协会副会长企业，自成立以来，一直致力于精密制造技术水平的提升，现已发展成为集大型复杂精密模具设计开发到塑胶五金制品产出为一体的专业结构件制造公司。产品涉及汽车、通信、医疗、家用电器等行业。

作为国家高新技术企业和中国重点骨干模具企业，银宝山新服务的品牌主要有福特 FORD、宝马 BMW、雷诺 RENAULT、奔驰 BENZ 等著名汽车生产商，

① 作者为华东交通大学经济管理学院 2013 级金融 1 班 2 号李婷，叩富网模拟炒股最终收益率为 34.06%，账号：liting0102，本学期参加国泰安证券模拟大赛为美女帅哥队成员，团队获全国第 7 名。

华为、思科 Cisco 等全球领先的通信设备制造商及 TCL、DEK、ABB、GE 等世界知名企业。在本人看来银宝山新是一只极具潜力的股票。

2. 预期收益

10%。本人在 002786 跌至最低点时买入，本来预计还会有小幅下跌，之后会大幅上涨，但这只股票涨势强劲，低位之后一路上涨，成功突破最高点后一路飘红。

3. 买入理由

（1）从公司发布的新闻上看，不久之后该公司就会除权，所以上涨势头很大。

（2）发行量为 3000 万股，盘子小，发行总市值为 3.69 亿元，流通市值小，上涨空间大。

（3）主力控盘，主力属于高度控盘之中，十大股东控盘 55%，非常易于股价的拉升。

（4）概念强弱排名：从机构持仓看，资金流入量大，所以这只股票有很强的支撑力量，发展潜力大。

新股与次新股，高送转，工业 4.0，天津自贸区。

市盈率（动态）：102.40

每股收益：0.07 元（分红转增后）

净资产收益率：2.84%

分类：中盘股

市盈率（静态）：149.03

营业收入：6.43 亿元

每股净资产：2.59 元（分红转增后）

总股本：3.81 亿股

市净率：11.49

净利润：0.28 亿元

每股现金流：0.02 元（分红转增后）

流通 A 股：0.95 亿股

最新解禁：2016-12-23

解禁股份类型：首发原股东限售股份

解禁数量：4290.00 万股

占总股本比例：11.26%

买入金额最大的营业所

交易营业所	买入金额(万元)	卖出金额(万元)	净买入(万元)
华福证券有限责任公司厦门湖滨南路证券营业部	1366.0300	7.4747	1358.5553
机构专用	942.8930	0.0000	942.893
国泰君安证券股份有限公司上海福山路证券营业部	734.2070	6.4350	727.772
华泰证券股份有限公司绍兴上大路证券营业部	620.6260	225.0440	395.582
英大证券有限责任公司横岗证券营业部	889.8940	893.1140	-3.22

卖出金额最大的营业所

交易营业所	买入金额(万元)	卖出金额(万元)	净买入(万元)
新时代证券股份有限公司包头南门外大街证券营业部	15.5400	768.3530	-752.813
广发证券股份有限公司江门江华路证券营业部	6.1632	662.6460	-656.4828
华西证券股份有限公司成都西玉龙街证券营业部	1.1368	535.7960	-534.6592
华泰证券股份有限公司大连胜利路证券营业部	513.6510	519.8880	-6.2370000000001
英大证券有限责任公司横岗证券营业部	889.8940	893.1140	-3.22

图 1

买入金额最大的营业所

交易营业所	买入金额(万元)	卖出金额(万元)	净买入(万元)
光大证券股份有限公司宁波中山西路证券营业部	2690.1800	44.8738	2645.3062
中信证券股份有限公司上海淮海中路证券营业部	2826.9800	203.0830	2623.897
光大证券股份有限公司杭州庆春路证券营业部	2443.4000	163.6070	2279.793
国信证券股份有限公司深圳福中一路证券营业部	2153.1100	532.6810	1620.429
广发证券股份有限公司泉州涂门街证券营业部	3409.6300	3281.2200	128.41

卖出金额最大的营业所

交易营业所	买入金额(万元)	卖出金额(万元)	净买入(万元)
华福证券有限责任公司厦门湖滨南路证券营业部	125.9120	4106.1500	-3980.238
国金证券股份有限公司厦门湖滨北路证券营业部	5.6208	2287.7900	-2282.1692
华泰证券股份有限公司绍兴上大路证券营业部	574.0880	1742.7800	-1168.692
华泰证券股份有限公司厦门厦禾路证券营业部	1752.2200	1749.1200	3.1000000000001
广发证券股份有限公司泉州涂门街证券营业部	3409.6300	3281.2200	128.41

图 2

（5）成交量涨幅较大，还手率高，符合广大散户的投资心理，加上次新股概念板块涨势强劲，是一只可以把价格炒高的次新股。

序号	股票代码	股票名称	交易日期	收盘价	对应值(%)	成交量(万股)	成交额(万元)
1	002786	银宝山新	2016-05-18	67.99	33.23	1055.9807	68166.7511
2	002786	银宝山新	2016-05-18	67.99	10.26	1055.9807	68166.7511
3	002786	银宝山新	2016-05-18	67.99	22.84	2901.7909	181669.0764
4	002786	银宝山新	2016-05-17	63.25	33.13	1052.8275	66860.5116
5	002786	银宝山新	2016-05-16	60.67	24.95	792.9827	46641.8137
6	002786	银宝山新	2016-05-11	54.55	24.04	763.9435	43365.9454

图 3

（6）股票价格通常与股东人数成反比，股东人数越少，则代表筹码越集中，股价越有可能上涨。

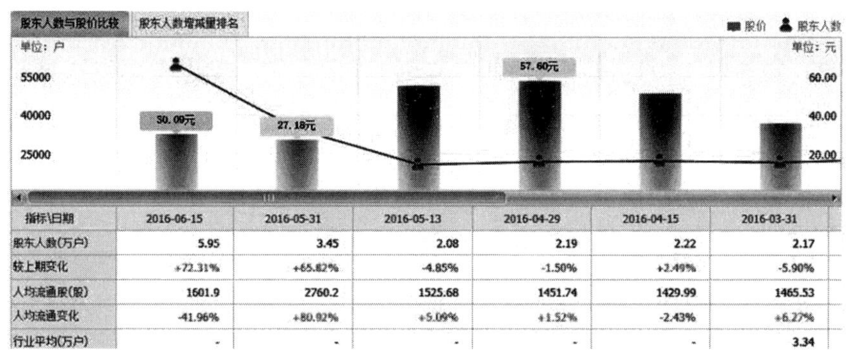

指标\日期	2016-06-15	2016-05-31	2016-05-13	2016-04-29	2016-04-15	2016-03-31
股东人数(万户)	5.95	3.45	2.08	2.19	2.22	2.17
较上期变化	+72.31%	+65.82%	-4.85%	-1.50%	+2.49%	-5.90%
人均流通股(股)	1601.9	2760.2	1525.68	1451.74	1429.99	1465.53
人均流通变化	-41.96%	+80.92%	+5.09%	+1.52%	-2.43%	+6.27%
行业平均(万户)	-	-	-	-	-	3.34

图 4

（7）放量稳定，均线稳步上涨，处于波浪理论的低点处，属于低价购入或低位补仓的合理点。

（8）KDJ 分析：股价走势在 20 日线上方运行，D 线由下转上，K 线上穿 D 线，形成金叉，为买入信号。而在前期均线混杂，很有可能是以时间换空间。KDJ 都在 50 多空均衡线上方运行，说明做多力量充足。

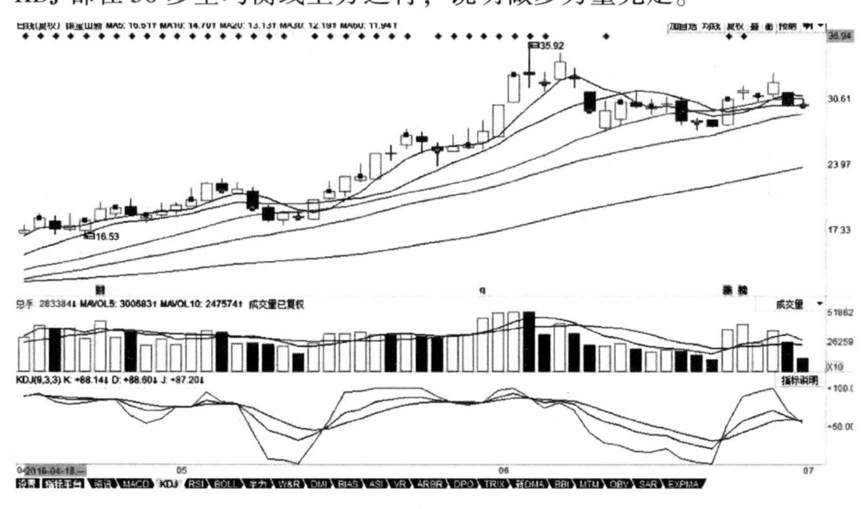

图 5

4. 卖出时间价格

5 月 18 日，在获得了 7.5%的实际收益后将此股出售，出售价格为 63.11 元。

5. 卖出理由

（1）受当时持仓量的影响（只持有半仓），投资组合安排不合理，决定缩减持有股票种类，着重持仓一只股票。

（2）受当时股市震荡的影响，5月初刚过去一次小股灾，本人在此次低谷中损失较重，故在收益率由负转正后决定清仓，重试一个新的投资方式。

（3）在5月18日，有一个较大幅度的放量，成交量出现爆发式增长，本人以为会出现震荡，故决定清仓走人。

6. 反思与启示

（1）投资心理不成熟，跑得太快。从K线图中可以看到，本人在5月18日出售股票后，银宝山新呈现爆发式增长状态，错失了20%左右的收益率，所以一定要做到有耐性，长期持股观察走势。

（2）大股东或重要股东来路不简单，且临近解禁等重要时间窗口运作，这是掌握市值管理运作的要件；大股东或重要运作方高度控盘，股东榜有新的面孔出现，预示时机临近。

（3）要保持一颗平常心，学会及时止损。本人由于没有及时止损，英特集团（000411）亏损达16.12%，黄河旋风（600172）亏损达8.61%。

（4）要仔细斟酌哪些适合做长线，哪些适合做短线，不可盲目追涨。

（5）投资很重要的一点在于信息的获取和处理。笔者基于当时市场分析，认为当时有炒作次新股的预期。做出自己的基本判断后，以银宝山新为标的，坚决进行了实战操作。其实，投资要慢慢形成自己的思路，无论什么方法，可能你只要掌握一种就够了，把这种方法用精、用绝，你就会从中受益。

（6）之前的投资组合不合理，由于是新手入门，在第一轮总是以很少的持仓比例持有很多种类的股票，以致在某一只股票拉涨停的时候并不能将收益率提上去，也无暇顾及其他股票，像是有一个难以摆脱的沉重的尾巴。而股市遭遇冲击的时候，会出现所有股票一起跌的局面，难以控制。所以要想把股票玩好，一定要有一个合理的投资组合，着重持仓一只股票，不能太分散。

案例分析：以兴民钢圈（002355）为例[①]

摘要：本案例描述了笔者在模拟操作中的一只投资标的兴民钢圈（002355，现已停牌进行资产重组）。与其他作者不同，之所以选择这只股票作为案例分析不是在它身上收益最多，而是由于笔者在它的投资过程中出现了

① 作者为华东交通大学经济管理学院2013级金融1班3号李牧，叩富网账号：molisalee777，本学期参加国泰安证券投资大赛为美女帅哥队成员，团队获全国第7名。

巨额亏损。截至目前，我仍然坚持认为我所挑选的这只股票是大牛股，只是短线没有爆发力，需要时间的积累。本文将从买入理由及预判、实际收益、卖出理由和价格以及这次“操作失误”带给我的反思和启示几个角度来分析我的投资风格。

关键词：投资心理、风险控制、熊市持仓。

投资标的及预期收益：兴民钢圈（002355）。预期收益15%左右，依据大盘情况收益会有小幅度波动。

买入理由：

（1）国际上特斯拉很时尚。谷歌与百度先后宣布进入无人驾驶。

（2）当时盘面无人驾驶是热点，人工智能有异动，它两个概念都占。

（3）山东股股性活跃。

（4）技术上短期均线多头排列，前期庄家大资金持续流入。

（5）个股流通市值100亿元左右，中盘，想要冲高负担小，阻力小。

（6）大盘上证指数也是上升通道。

熊市中每一波反弹的领涨板块都不一样。例如，年前的领涨板块是虚拟现实，后来逐步出现过无人驾驶、人工智能、次新股、智能音响，最近一批的反弹板块是深圳国有资本改革和物联网。2016年春季的反弹领涨板块之一是无人驾驶，于是我在2016年4月15日买入兴民钢圈，买入价21.4元，仓位1/2。

走势预测：由于是模拟操作，又有时间限制，在这种情况下必须选择短线爆发力强的股票，如果开仓后3天内不爆发，则有效均线跌破60日线必须进行止损。4月15日买入兴民钢圈时龙虎榜显示有大资金流入，又有无人驾驶的板块做支撑，所以我判断此股短线内收益15%左右不成问题。

实际收益：亏损11.3%。

卖出时间：4月20日，此股有效均线跌破60日线，我在当天以19.23元的价格止损。

卖出理由：由于是模拟操作，又有时间限制，所以我认为，对于盈利的股票，采取“见好就收”的策略，有盈利就出货，不贪；对于亏损的股票，采取“破位割肉”的策略，一旦有效均线跌破60日线就割肉止损，因为在熊市下极有可能越套越牢，越赔越多，本金越来越少，不止损必定会影响后续股票的盈利。

此股现状：此股4月25日探底后，于26日尾盘强势涨停，之后一路上扬，截至5月6日留下上影线，最高回到了21.3元左右。此股5月11日晚间发布公告进行资产重组，5月12日停牌，至今未复牌。

图 1　兴民钢圈 2016 年 4 月 15~25 日区间统计

图 2　兴民钢圈 2016 年 4 月 26 日至 5 月 6 日区间统计

反思：这次由于我布局了兴民钢圈的重仓，所以这次亏损把我之前在珠江控股（000505）上 8%的盈利全部毁于一旦。在这次操作中，我个人认为我有以下几点优势和不足。

首先是优势，因为我认为是熊市，按照常理来说熊市最好的操作就是不操作，即空仓。但由于这次操作有10%的收益要求，又有时间限制，故我始终布局仓位时留了一半的现金出来，以防止大跌带来的亏损无法弥补，丢失本金。此处我始终牢记股神巴菲特的一句话，“Please bear in mind that your preminin capital can not be lost”，即本金不可丢。此外，我选择在有效破位时果断止损，我承认如果多坚持几天基本不会有太大亏损，可我还是选择割肉认赔，因为我坚信熊市中亏损停留时间越长，出货时难度越大，还会影响后续股票的操作。

其次是操作失误的地方。在操作中，我买入的前两天刚刚打开一次涨停板，所以我的买入有一点追涨性，认为下次无人驾驶领涨时此股还会涨。同时，这一次的亏损整体打乱了我的投资计划，我的收益可谓是“一夜回到解放前”，所以影响了我后续投资心态，开始不敢买，又带有“病急乱投医”的感觉，一时间不知所措。

启示：我从2015年股灾之后开始关注股市，2016年1月开户，所以我算是在熊市踏入股市的股民。这次亏损虽然痛心，但确实让我收获颇丰，总结起来主要有以下几点：

第一，现在的股票异动之前先向下做。停牌后我们来反思就明白了它异动的原因：每当大势不好时都会莫名其妙出现几只妖股，这些妖股没有概念支撑也没有大盘支撑，全靠资金堆起来向上涨。它们最终的结果都会被证监会停牌审查，最近在眼前的就是特力A（000025）和中国核建（601611），后者甚至都不算次新股，顶部还没有打开就被强制停牌。所以兴民钢圈的庄家为防止惹祸上身，采取向下做的行动。一来赶走了许多不坚定的筹码，二来躲避了不必要的审查。而且不像万科这种大公司，一旦重组失败后果不堪设想，兴民钢圈属于小公司，即使重组不成功也有很多先例，不必大惊小怪。

第二，熊市与牛市界限我认为有两个：一是大盘站上年线。二是月线指标多头排列，5月、10月和30月金叉打开。而现在大盘刚刚站上年线，又没有放量，人民币还在贬值，上升压力大。在这种大势下最好的操作就是不操作，不操作就不必提心吊胆；如果非要操作，则必须留至少一半空仓，以防止判断失误下跌，进可攻，退可守。按照我的判断，目前沪市除非缩量到1000亿元以下，或放量到3000亿元以上，否则绝不可轻举妄动。

第三，做股票短线操作难度大、收益低、风险高，可谓是“吃力不讨好”。短线操作或多或少有运气的成分在，如我买的兴民钢圈，第二天无人驾驶反弹时亚太股份、万安科技、金固股份都涨得很好，只有它在下跌。如果没有时间限制，兴民钢圈我不止损，它一定是一只长线大牛股。这就好比有的庄家在某一只股票上套3年，3年后这只股票翻倍，则年化收益率33.3%，赛过巴菲特。

短线操作必须时时刻刻盯着大盘，一旦不好就赶紧撤回资金，久赌必输。

第四，熊市中技术面分析和基本面分析并没有那么准。有时全凭庄家的能力和心情。例如，中水渔业（000798）所属板块并不领涨，也没有明显利好，5 月 25~30 日却连续上涨。相反我们精挑细选的股票却不尽如人意。所以最好的状态就是空仓。通过几天排名的变化我也明显感觉到，在大盘大跌时，持仓者的收益大多为负，而空仓的收益却为 0。

第五，投资心态最重要。有的投资者一次挣了 10%，就还想挣得更多，于是就不停地追涨，直到有一天庄家出货不能有效识别，亏在了追涨上。而老手往往喜欢抄底，有时候认为大盘很低了，于是跟进，大盘再砸之时则被套牢。这样反反复复恶性循环几次之后，牛市再来之时我们便开始犹豫“到底能不能买，是不是底，敢不敢追”这类问题。在我看来，做股票最理想的状态就是“不急不贪，知足常乐”。在我们最熟悉的领域挣我们该挣的钱，不盲目和他人比较收益率，始终保持自己的判断和理解。

后记：兴民钢圈上的失误让我对股票操作有了更新一层的认识，非常庆幸我是从熊市开始接触股票、操作股票的。有了这些教训，相信我在牛市的操作会更加理性、成熟。

案例分析：以三力士（002224）为例[①]

1. 公司介绍

三力士股份有限公司（002224）是一家专业生产各类橡胶 V 带的大型企业，是经浙江省人民政府批准的规范化股份制企业，其前身是绍兴三力士橡胶有限公司。公司生产的橡胶 V 带（三角胶带）连续多年产销量、出口量居全国同行首位，连续 5 年荣获浙江名牌称号。公司分别通过了 ISO9001:2000 质量管理认证和 ISO14001:1996 环境管理体系认证。目前，三力士牌橡胶 V 带被国家质量检验检疫总局评为“中国名牌产品”、“国家免检产品”，三力士商标被国家工商行政管理总局认定为“中国驰名商标”。

公司主营业务为橡胶 V 带、橡胶制品的生产、开发、销售，主要产品为三角胶带和胶管等。

2. 公司发展潜力

三力士是国内橡胶 V 带行业的龙头，近年来积极拓展新业务领域。今年

① 作者为华东交通大学经济管理学院 2013 级金融 1 班 4 号赵雅玲，本学期参加国泰安证券投资大赛为美女帅哥队成员，团队获全国第 7 名。

初，公司公告拟与王增斌团队合资成立量子科技有限公司，注册资本 5000 万元，公司认缴 70%。王增斌为原航天科技集团量子工程负责人，技术团队人员规模 50~60 人，核心人员来自海外知名院校、国内外知名量子研究单位，在量子工程产业化研究上具备相当经验。

公司还计划成立规模 10 亿元的量子科技产业基金，其中公司拟出资不超过 5 亿元。公司成立的凤凰军民融合研究院，拟任院长彭顷砡目前是量子信息产业技术创新战略联盟秘书长，曾任国科大吕梁军民融合协同创新研究院院长，同时也是量子通信龙头公司国盾量子的发起人之一。彭顷砡在军工和量子科技方面均有丰富的产业资源，与王增斌团队强强联合，预计量子科技布局将超预期。此外，公司积极切入军民融合广阔市场，包括微纳卫星、无人潜航器等新业务、新产品都在加速推进中。随着“空天地海一体化”转型战略布局逐渐明朗，公司未来发展前景值得期待。

3. 基本面分析

（1）量子通信概念。2012 年 8 月，据报道，我国科学家潘建伟等人近期在国际上首次成功实现百公里量级的自由空间量子隐形传态和纠缠分发，为发射全球首颗量子通信卫星奠定技术基础。国际权威学术期刊《自然》杂志 8 月 9 日重点介绍了该成果。量子信息因其传输高效和绝对安全等特点，被认为可能是下一代 IT 技术的支撑性研究，并成为全球物理学研究的前沿与焦点领域。基于我国近 10 年来在量子纠缠态、纠错、存储等核心领域的系列前沿性突破，中国科学研究院于 2011 年启动了空间科学战略性先导科技专项，力争在 2015 年左右发射全球首颗量子通信卫星。2014 年 6 月 4 日，新闻联播聚焦量子通信，量子信息专家潘建伟带动我国的量子信息技术迅速跻身世界一流水平。眼下，他和他的团队正全力投入全球第一条量子通信保密干线的建设。和传统通信相比，通过光量子传输数据，一旦有人窃取信息，使用者就会收到误码。正在建设的量子保密传输干线从北京到上海，沿途经过济南、合肥，全长 2000 多公里。从北京到上海，沿途城市的政府公务信息、银行金融系统信息等都可以使用量子保密传输。在国家网络安全形势日益紧迫的情况下，量子通信具有政治意义。

（2）公司层面。公司 2015 年 11 月披露，与王增斌及其研究团队就推动量子工程军用、民用技术成果双向转移，军工、民营经济融合发展等事项展开合作签署了《战略合作协议书》；2016 年 6 月 2 日晚间公告，公司近日与山西省太原市民营经济开发区就山西省量子保密通信网络建设项目的合作，签订《项目合作协议书》。根据协议，山西量子保密通信网的建设，将满足省内数据中心和量子保密通信结合的基础条件，将会为省内带来上百亿元的产业机会，达到有力推动量子保密通信、数据中心等战略新兴产业的落地和产业化，助力区域经济升级。同时，本项目将促进量子通信技术研究在山西省内的应用研发、成果转化和大规模产业化，有机会将山西省打造成为全球率先实现量子通信技术在国防、政务、金融等行业大规模应用的区域。

4. 技术面分析

（1）KDJ 分析。

图 1 中 K 线向上突破 D 线时，形成了 KDJ 指标的金叉形态。说明股价短期内的上涨动能有增强趋势，是看涨买入信号。而且该形态出现在 50 以下的低位，说明此时股价刚刚进入上涨行情，未来还有很大的上涨空间，此时做多力量更加强烈。

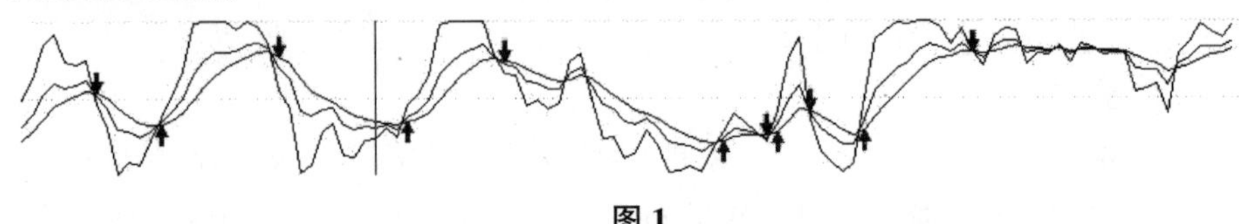

图 1

（2）成交量分析。

图 2 中成交量在 5 月 12 日前都一直比较平稳缓和，从 13 日开始逐步放大，由 11 万到 24. 2 万，增加 1 倍，并继续维持这种放大趋势，量价齐升。

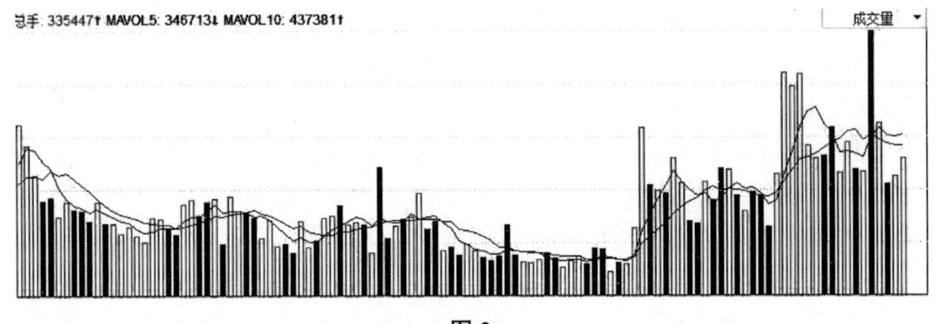

图 2

（3）走势分析。

图 3 中，5 月 13 日三力士开盘报 14. 35 元，截至 9∶50，该股涨 10. 03%，报 15. 69 元，迅速封上涨停板。

从图 4 可以看出，K 线依次突破 10 日、20 日、30 日、60 日均线，逐渐形成均线多头排列的态势，伴随量的逐渐放大，股价走出 14. 35～24. 19 元的上升趋势（见图 5）。

图 3

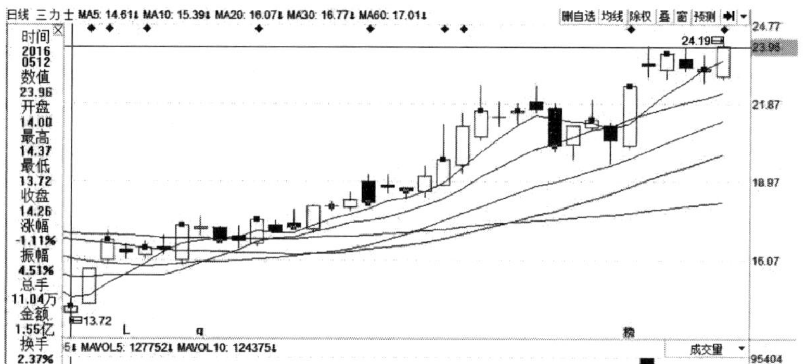

图 4

个股K线区间统计

起始时间：	2016-05-13	周期个数：
终止时间：	2016-07-04	35个

起始价：	14.26	终止价：	23.95
最高：	24.19	最低：	14.35
均价：	19.82	涨跌值：	+9.69
涨跌幅：	+67.95%	振幅：	69.00%
大盘对比：	8.61%	行业对比：	14.45%
总手：	1633.50万	金额：	323.73亿
换手：	349.58%	平线：	0个
阳线：	20个	阴线：	15个

该区间内股票排名

资金　换手率　涨跌幅

图 5

5. 经验总结与反思

（1）对所买入的股票要熟悉，对其业务、财务、风险等重大事项基本做到了然于胸。对于熟悉的股票，才能做到跌而不怕，能够坚定持有，不至于因为下跌而惊慌失措，造成投资失败。

（2）投资者要注重信息的收集处理，因为股市的风云变幻和国家政策、企业活动有着直接的关系。

第一，从国家的经济政策取向中寻找投资的机会。国家政策的变化会引起股市波动，如利率的调整、印花税的收取等会影响投资方向和投资收益。

第二，正确地分析新闻发言人的话。这其实也是国家政策的一部分，但更多的时候新闻发言人或是领导的话并不是十分明确的，却指出了未来的政策方向，因此也会引起投资者预期变化，从而影响股市。

第三，注重上市公司的财务报表、重大新闻事件等，这些都会引起企业股价的变化。

（3）适可而止的投资原则。在市场整体趋势向好之际，不能盲目乐观，更不能忘记风险而随意追高。股市风险不仅存在于熊市中，在牛市行情中也一样有风险。如果不注意，即使是上涨行情也同样会亏损。

案例分析：以同有科技（300302）为例①

1. 公司简介

所属行业：软件和信息技术服务业。

主营业务：销售计算机信息系统安全专用产品；生产数据存储产品；技术推广、技术服务；数据存储产品、数据管理产品的技术开发、销售；计算机技术培训；计算机系统设计、集成、安装、调试和管理；数据处理；货物进出口、技术进出口、代理进出口。

同有科技于 2012 年成功登陆 A 股市场（股票代码：300302），成为中国存储行业唯一上市企业。该公司是国内同行业管理水平较高的企业之一。先后通过 ISO9001:2000 质量管理体系认证，GJB9000 国家军工产品质量体系认证，成为国内唯一一家拥有双质量体系认证的专业存储公司。同时，公司还拥有军用信息安全产品认证，公安部信息安全产品认证，军队装备、物资网络采购资格认证等。

① 作者为华东交通大学经济管理学院 2013 级金融 1 班 5 号潘纯。

2. 投资理由

笔者于2016年6月7日第一次买入同有科技（300302），当时的成交价格为30.12元，并于6月8日增持。以下为笔者的投资理由：公司有发展潜力，提升空间大。

全球权威信息技术研究公司IDC提供的中国存储市场调研报告显示：同有科技的市场占有率已经远远超越了其他国内存储厂商——如浪潮、联想等，并超过了SUN、NetApp等国际知名厂商，成为国内存储行业的龙头企业。

报告期内公司实现营业收入11639.78万元，较上年同期增长11.78%；实现毛利4821.62万元，较上年同期增长22.41%，其中主营业务毛利率水平比上年同期上升3.64个百分点；实现营业利润1371.29万元，较上年同期增长127.93%；实现归属于上市公司普通股股东的净利润1382.33万元，较上年同期增长92.56%。

3. 股东

大智慧数据中心的数据显示，截至2016年3月，多数大股东对该股持有情况没有较大的变化，中国工商银行新进持有该股，前景乐观。

杨永松先生于2016年4月28日、4月29日，通过深圳证券交易所大宗交易系统减持公司无限售条件流通股160万股。减持人未担任公司职务，推测为财务投资人。根据招股说明书，杨永松与董事长是大学同学，不担任经营职位，招股说明书称“除此之外，主要发起人与发行人在生产经营方面无关联关系”。根据招股说明书，杨永松持有70%股权，推测减持目的与杨永松发展自身业务有关。笔者猜测财务投资人减持或对中期成长更有利（见图1）。

◆大股东进出◆　　　　◇大智慧数据中心制作:更新时间:2016-05-13◇

2016-03-31　2015-12-31　2015-09-30　2015-06-30

前十大股东　　股东人数:13177　　截止日期:2016-03-31

名称	持股数(万股)	占总股数	增减情况	股本性质
1. 周泽湘	3851.92	19.19%	未变	流通A股,限售流通股
2. 佟易虹	3605.16	17.96%	未变	流通A股,限售流通股
3. 杨永松	3529.02	17.58%	未变	流通A股,限售流通股
4. 沈晶	581.07	2.90%	未变	流通A股,限售流通股
5. 中国工商银行—上投摩根内需动力股票型证券投资基金	330.15	1.65%	新进	流通A股
6. 罗华	263.05	1.31%	未变	流通A股,限售流通股
7. 中国工商银行—诺安平衡证券投资基金	230.05	1.15%	新进	流通A股
8. 中国工商银行股份有限公司—中邮趋势精选灵活配置混合型证券投资基金	230.00	1.15%	新进	流通A股
9. 全国社保基金一四组合	219.24	1.09%	未变	流通A股
10. 中国工商银行—南方绩优成长股票型证券投资基金	195.00	0.97%	-44.70	流通A股
总　计	13034.66	64.95%		

图1

4. 年初公司盈利能力提升

2016 年初公司有 2.1 亿订单，公司在手订单充足，为 2016 年业绩高增长打下良好基础。

2016 年第一季报开门红，全年业绩持续高增长可期。公司第一季度同比增长 517.63%，上年同期基数低是部分原因，但更重要的是国产化背景下公司营收和利润增长大幅提升，公司高增长延续。其中净利润率同比大幅提升，公司盈利能力大幅改善。

5. 后市预判

从图 2 中 K 线走势我们可以看到，2016 年 5 月 31 日同有科技有一次快速的价格增长，并且出现了大阳线，紧接着 6 月 6 日出现了上影阳线。笔者预判这是主力在试盘造成的形态，有可能隔几日会出现一波上涨行情，故笔者于 6 月 7 日买入了该股，并在 6 月 8 日进行了加仓。

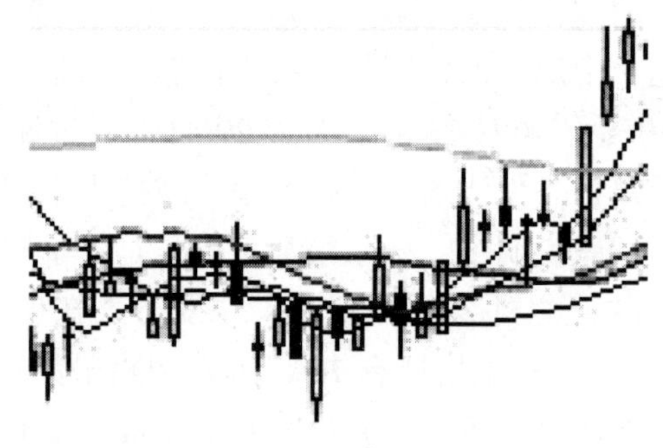

图 2

笔者在 6 月 7~23 日，先后多次增持、减持该股（见图 3 和图 4），意志相当不坚定，最后并没有获得预计的收益。我们可以看到，在此期间，同有科技的股价在 30 元上下波动，没有较大的变化。

然而在 6 月 23 日，笔者卖出该股后，该股开始一路上涨，并于 7 月 7 日上升到了 36.2 元。下文将对此做出分析。

6 月 23 日 K 线与 D 线形成金叉，这是一个买点信号。该形态表示空方力量强盛后多方力量开始反攻，金叉过后，股价将被多方持续拉升，投资者可以积极买入。并且 KDJ 都在 50 多空均衡线上方运行，说明做多力量充足。

我们可以看到，6 月 23 日后，该股开始迅速攀升，验证了这次判断的准确性。

9:37 81%

查询交割

日期	股票名称	买卖方向	成交价格	成交
20160607	同有科技	买入	30.1200	1000.
20160607	同有科技	买入	30.0100	1000.
20160608	同有科技	买入	29.8000	1000.
20160608	同有科技	买入	29.7600	1000.
20160608	同有科技	买入	29.4500	700.
20160608	同有科技	买入	29.6600	1000.
20160613	顺网科技	买入	39.5500	1000.
20160613	蓝海华腾	买入	107.8000	100.
20160613	微光股份	买入	0	16.
20160614	顺网科技	买入	35.5000	500.
20160614	顺网科技	买入	35.9000	500.
20160615	蓝海华腾	卖出	112.0000	-100.

详细 刷新

图 3

9:37 80%

查询交割

日期	股票名称	买卖方向	成交价格	成交
20160617	同有科技	卖出	30.8200	-2300.
20160617	顺网科技	卖出	37.7500	-1600.
20160617	同有科技	买入	29.7500	1000.
20160617	顺网科技	卖出	38.2500	-1000.
20160620	洪汇新材	买入	0	21.
20160621	同有科技	买入	28.7500	1000.
20160621	同有科技	买入	29.2000	1000.
20160623	同有科技	卖出	30.7100	-2000.
20160623	同有科技	卖出	29.9800	-1000.
20160623	同有科技	卖出	30.6500	-2000.
20160623	世名科技	买入	0	24.
20160624	顺网科技	买入	34.8000	1000.

详细 刷新

图 4

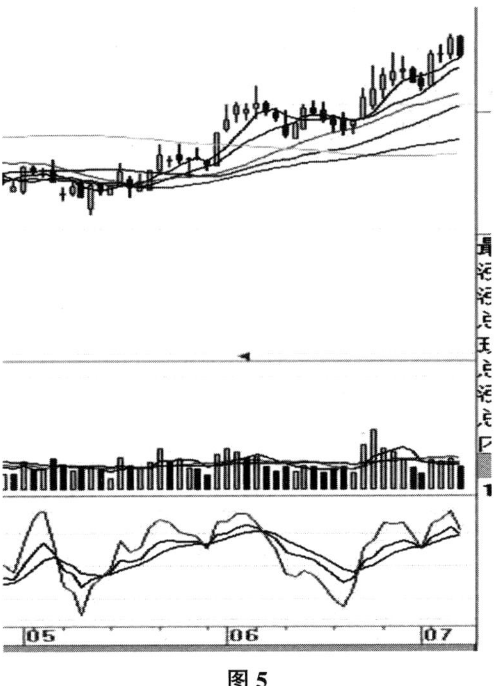

图 5

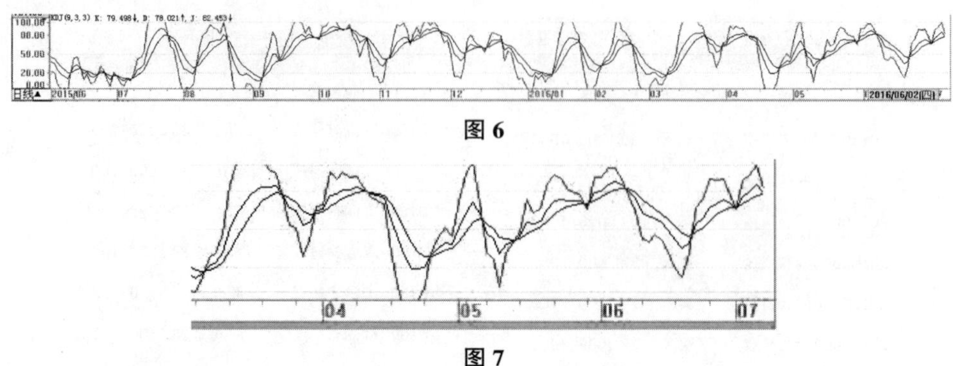

图 6

图 7

6. 反思与启示

（1）判断力和执行力。笔者在投资同有科技时缺乏判断力和执行力，经常受股价波动的影响而下意识地加仓减仓，没有做出良好的判断。

在炒股的过程中，尤其是对新手来说，因股价短时间内的波动而盲目地行动是大忌。在买入股票前，除了做好公司信息的收集工作，更重要的是要对这只股票进行技术分析。对该股有了初步的分析和预判后，果决地在某一时刻买入。

（2）调整好心态。股市的规律难以捉摸，动荡起伏都是正常表现，所以要学会看淡“空仓”现象和保持良好的耐心。只有学会空仓和忍耐，才能在时机出现的时候更好地抓住，获得丰厚的回报。

（3）善用技术指标分析。本案例中运用了对 KDJ 随机指标的分析方法，在实战操作中，我们可以学会更多的技巧。例如，指数平滑异同移动平均线指标分析（MACD）、布林线指标分析（BOLL）、简易波动指标分析（EMV）。运用多种分析技巧可以帮助我们做出更为准确的判断。

案例分析：以中天科技（600522）为例①

江苏中天科技股份有限公司（简称中天科技），是中天科技集团核心子公司，国家级重点高新技术企业。于 2002 年 10 月 24 日在上海证券交易所上市，股票代码：600522。所属行业为机械制造/机电/重工业，年营业额为 1 亿元以上，员工数量为 1000~9999 人。

中天科技起步于 1992 年，起家于光纤通信，随着国家信息产业高速发展，

① 作者为华东交通大学经济管理学院 2013 级金融 1 班 6 号翁佳铭。

并经过两次产业转型，现已形成通信、电力、新能源三足鼎立的产业格局。先后被授予金牌上市公司、国家创新型试点企业，跻身中国电子信息 100 强、中国民营企业 500 强。

笔者在 2016 年 4 月 27 日以每股 21.31 元的价格买入 784000 股，以每股 21.2 元的价格买入 286200 股，交易总金额为 22774480 元。在 2016 年 6 月 30 日除权除息后成本价为每股 8.42 元，现股票市值 25577780 元，盈亏比例为 13.53%。

中天科技在 2016 年 4 月 7 日停牌后，4 月 25 日复牌，买入前日收盘价为 8.08 元，高出 20 日均线 0.75 元，当日开盘价为 8.11 元，仍然高出 20 日均线 0.62 元。从技术面来看，对 K 线图进行分析发现（见图 1），中天科技一直以 20 日均线为依托且一直呈现上升趋势，当收盘价突破了 20 日均线，且不止一天时即可考虑买入。MACD 指标也一直在零线上，存在金叉，有扩大趋势。从基本面来看，中天科技的市盈率达 19.79%，市净率达 2.37%，同每股收益的行业平均对比，多了 0.21 元，在同行业中排名第三。所处的通信设备板块发展潜力巨大，走势明显向上跑赢大盘，是市场热点，具有投资价值。

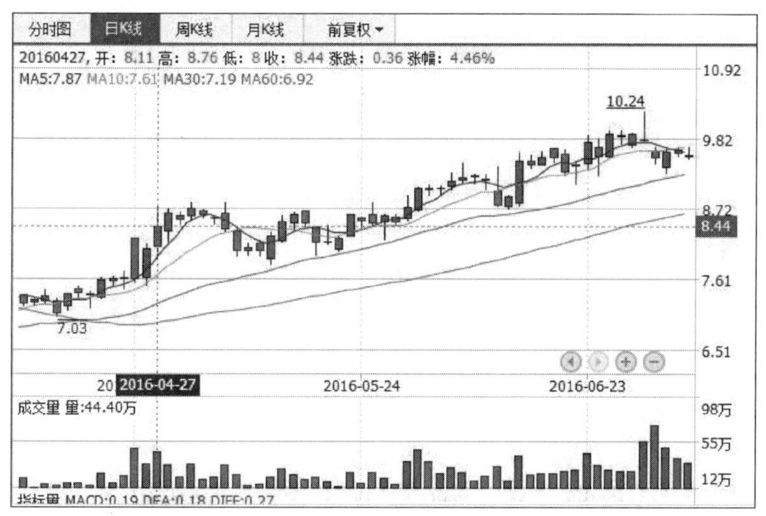

图 1

从图 2 看，虽然在 2016 年 7 月 6 日的收盘价为 9.49 元，同前一天的股价相比大幅下跌，与 20 日均线仅差 0.09 元，但仍未跌破，所以继续观望，等待回调，在股价跌破 20 日均线之后才考虑抛出。从资金面来看，在近几个交易日资金总体呈现流出状态，但远低于行业流出资金的平均水平，所以我认为目前还没有出现卖出信号，还会继续持有该股。

在本次投资中，有几点需要反思。根据股票投资的规则，当大盘在高位时

图 2

投资者就拿钱，在低位时就拿股。但在卖出时我作为投资者仅以跌破均线和资金流量作为卖出信号过于狭隘和保守，能保本却不一定能将利益最大化。同时对市场信息敏感度不高，会因此加大投资风险性，降低收益率。

反思之后，我还总结了一些心得。股票投资除了考验投资者的眼光与胆识，同时也考验投资者的耐性。不仅要有良好的心理素质，能够承担风险，更要不断地学会规避风险，加强自我控制，千万不能孤注一掷。更加理性的股票投资还需要有更多饱经风霜的实战经验、更加果断快速的判断、锐利长远的眼光以及敢买敢卖的果敢。股票投资除了要有一定的技术和经验外，信息也是十分重要的，在某种程度上，对市场信息的把握是决定赚赔的关键因素，如果平时不多了解一些信息，就会加大最后被套牢的可能性。

案例分析：以雪榕生物（300511）为例①

1. 交易概况

买入股票名称	雪榕生物（300511）	买入价格（元）	68.864
持股数量（股）	717900	卖出价格（元）	74.99

① 作者为华东交通大学经济管理学院 2013 级金融 1 班 7 号雷雨，模拟炒股大赛账号：913064，投资总收益：8.9%。

续表

买入时间	2016 年 6 月 29 日	卖出时间	2016 年 7 月 4 日
预期收益率（%）	5	实际收益率（%）	8.9

2. 持仓期间动态

这个学期老师组织我们在叩富炒股软件上进行模拟炒股训练。5 月 10 日左右我就开始看要买哪些股票。我个人认为生物科技行业比较有前途，所以开始注意雪榕生物这只股票。我从东方财富网上了解到这只股票在短时间内可能会有上涨的趋势。然后我又观察了几天，发现这只股票是在上涨，觉得应该可以买。于是我在 13 日便买入了 100000 股。图 1 和图 2 是雪榕生物股价走势图。

图 1

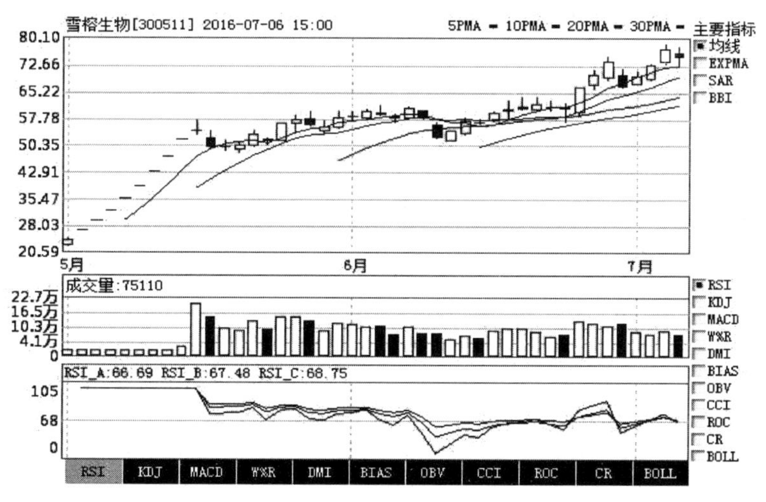

图 2

3. 买入理由

上海雪榕生物科技股份有限公司创立于 1995 年，总部坐落于上海市奉贤现代农业园区，经过 15 年的发展，已经由传统的保鲜蔬菜出口种植加工企业转变为工厂化食用菌生产的现代生物农业企业。

雪榕自创始以来，勇于变革，推陈出新，深得社会各界广泛认可。2002 年，公司被农业部等八部委联合授予“农业产业化国家重点龙头企业”，同年被推选为“上海蔬菜行业协会”会长单位、“中国食品土畜进出口商会蔬菜分会”理事长单位，“雪榕牌”被授予“上海市名牌产品”。2007 年“雪榕”商标被评为“上海市著名商标”，2008 年被推选为“中国食品土畜进出口商会”常务理事、副会长单位。

（1）同行比较。

成长性比较：

排名	代码	简称	基本每股收益增长率(%)						营业收入增长率(%)					
			3年复合	15A	TTM	16E	17E	18E	3年复合	15A	TTM	16E	17E	18E
13	300511	雪榕生物	30.91	29.23	24.68	29.33	27.78	35.76	15.43	14.70	4.03	13.92	17.69	14.73
行业平均			38.67	32.72	37.41	101.90	19.29	9.82	22.85	2.84	2.29	28.71	25.75	14.30
行业中值			46.88	3.54	10.02	128.41	30.93	17.83	21.52	3.94	2.15	24.34	21.34	14.73
1	002746	仙坛股份	204.27	-49.13	79.28	1,400.61	73.94	7.91	18.47	1.22	0.47	30.52	20.45	5.76
2	300381	溢多利	71.92	30.31	4.58	154.77	56.28	27.62	37.34	95.51	19.41	86.20	12.94	23.18
3	002124	天邦股份	70.19	239.62	85.62	243.22	23.16	16.61	38.80	-17.75	0.43	52.51	33.63	31.22
4	002567	唐人神	66.10	0.64	9.97	205.71	30.93	14.50	14.51	-6.52	-0.56	18.95	14.93	9.85
5	002157	正邦科技	56.45	285.71	121.46	252.33	5.97	2.56	14.75	-3.22	5.15	21.38	16.22	7.10

图 3

估值比较：

排名	代码	简称	PEG	市盈率					市销率				
				15A	TTM	16E	17E	18E	15A	TTM	16E	17E	18E
22	300511	雪榕生物	2.44	93.86	75.28	72.57	56.79	41.83	—	10.92	9.97	8.47	7.39
行业平均			0.83	64.84	46.36	21.65	18.15	16.81	2.63	2.52	2.16	1.72	1.53
行业中值			1.36	63.30	49.25	35.12	24.67	20.59	5.43	4.80	3.73	2.98	2.37
1	002477	雏鹰农牧	0.39	83.63	44.38	14.81	11.71	8.53	4.88	4.29	2.95	2.14	1.60
2	002157	正邦科技	0.47	51.49	26.64	14.61	13.79	13.45	0.82	0.96	0.80	0.69	0.65
3	002124	天邦股份	0.48	61.90	33.35	18.03	14.64	12.56	3.67	3.17	2.09	1.56	1.19
4	000876	新希望	0.61	15.85	14.88	10.62	8.87	8.25	0.64	0.58	0.44	0.39	0.35
5	002714	牧原股份	0.65	45.52	27.57	14.23	14.16	15.82	8.10	7.94	4.78	3.91	3.28

图 4

杜邦分析比较：

排名	代码	简称	PEG	市盈率					市销率				
				15A	TTM	16E	17E	18E	15A	TTM	16E	17E	18E
22	300511	雪榕生物	2.44	93.86	75.28	72.57	56.79	41.83	—	10.92	9.97	8.47	7.39
行业平均			0.83	64.84	46.36	21.65	18.15	16.81	2.63	2.52	2.16	1.72	1.53
行业中值			1.36	63.30	49.25	35.12	24.67	20.59	5.43	4.80	3.73	2.98	2.37
1	002477	雏鹰农牧	0.39	83.63	44.38	14.81	11.71	8.53	4.88	4.29	2.95	2.14	1.60
2	002157	正邦科技	0.47	51.49	26.64	14.61	13.79	13.45	0.82	0.96	0.80	0.69	0.65
3	002124	天邦股份	0.48	61.90	33.35	18.03	14.64	12.56	3.67	3.17	2.09	1.56	1.19
4	000876	新希望	0.61	15.85	14.88	10.62	8.87	8.25	0.64	0.58	0.44	0.39	0.35
5	002714	牧原股份	0.65	45.52	27.57	14.23	14.16	15.82	8.10	7.94	4.78	3.91	3.28

图 5

市场表现：

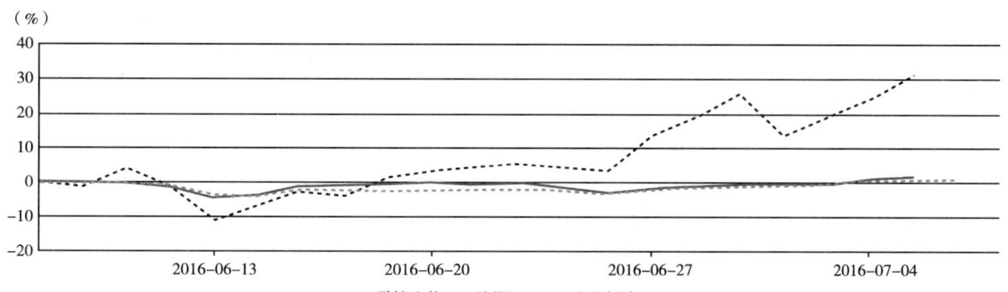

代码	简称	最近1个月累计涨跌幅	最近3个月累计涨跌幅	最近6个月累计涨跌幅	今年以来累计涨幅
300511	雪榕生物	31.48%	218.66%	218.66%	218.66%
BK0433	农牧饲渔	1.81%	0.45%	-1.62%	-10.53%
000300	沪深300	0.57%	-1.75%	-7.80%	-14.03%

图 6

公司规模：

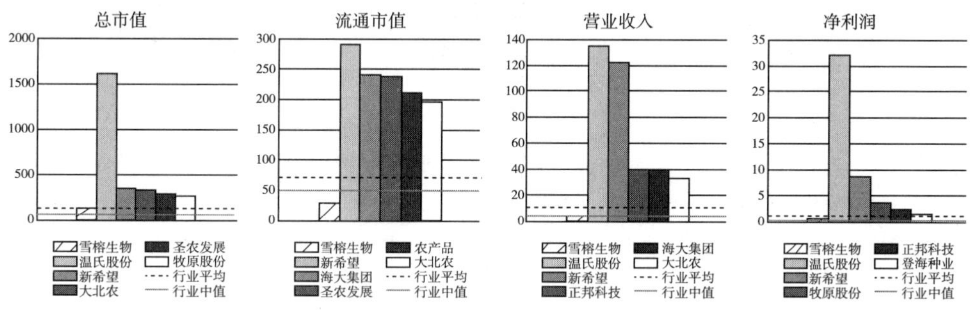

排名	代码	简称	总市值(元)	流通市值(元)	营业收入(元)	净利润(元)
18	300511	雪榕生物	116亿	28.9亿	2.76亿①	5281万①
行业平均			125亿	72.5亿	10.9亿	9746万
行业中值			69.6亿	50.2亿	3.58亿	1238万
1	300498	温氏股份	1609亿	114亿	135亿①	32.1亿①
2	000876	新希望	351亿	291亿	122亿①	8.60亿①
3	002385	大北农	336亿	195亿	32.8亿①	1.42亿①
4	002299	圣农发展	294亿	238亿	18.4亿①	6263万①
5	002714	牧原股份	271亿	80.6亿	9.12亿①	3.68亿①

图 7

（2）盈利预测。

评级统计：

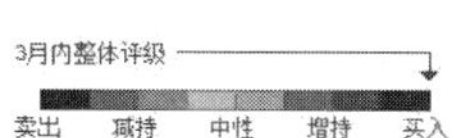

时间段	投资评级		评级分布					
	评级系数	综合评级	买入	增持	中性	减持	卖出	总家数
1月内	0.00	--	0	0	0	0	0	0
2月内	0.00	--	0	0	0	0	0	0
3月内	5.00	买入	1	0	0	0	0	1
6月内	5.00	买入	1	0	0	0	0	1
1年内	5.00	买入	1	0	0	0	0	1

图 8

机构预测：

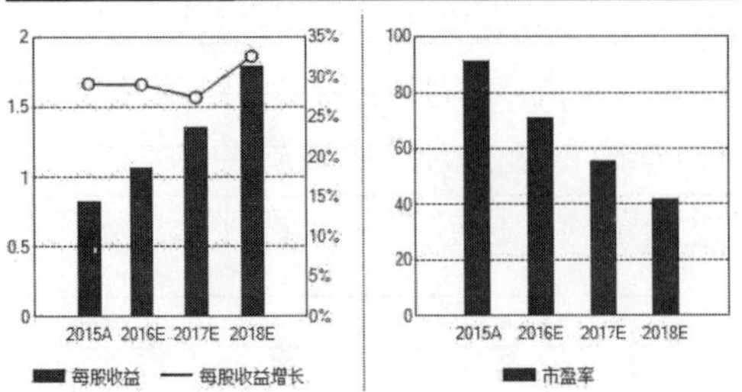

机构名称	2015A		2016E		2017E		2018E	
	收益	市盈率	收益	市盈率	收益	市盈率	收益	市盈率
近六月平均	0.82	93.86	1.06	72.79	1.35	57.17	1.80	43.18
东北证券	0.82	93.86	1.06	72.81	1.41	54.74	1.86	41.49
海通证券	0.82	93.86	1.10	70.16	1.37	56.34	1.76	43.85
申万宏源	0.82	93.86	0.99	77.96	1.25	61.74	1.85	41.72
长江证券	0.82	93.86	1.11	69.53	1.45	53.23	1.93	39.99
中泰证券	0.82	93.86	1.05	73.50	1.29	59.83	1.58	48.85

图 9

预测统计：

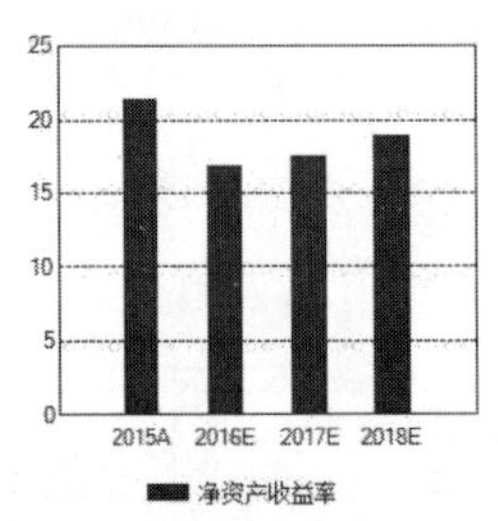

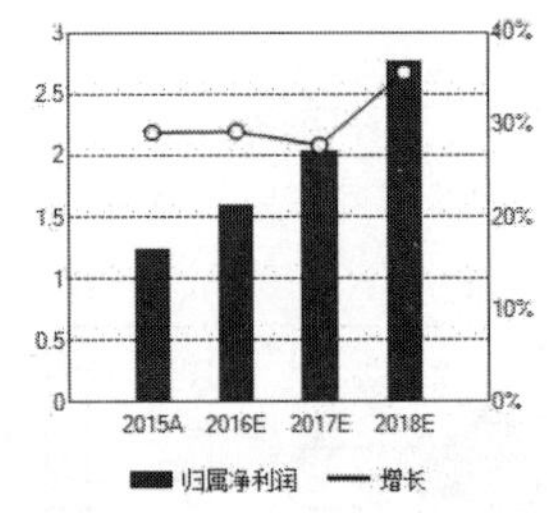

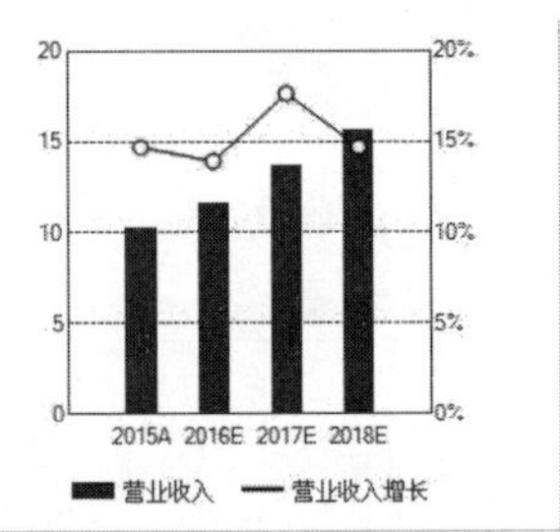

预测指标	2013年	2014年	2015年	2016年预测	2017年预测	2018年预测	2019年预测	2020年预测
每股收益(元)	0.5244	0.6363	0.8223	1.0620(5家)	1.3540(5家)	1.7960(5家)	--	--
上一个月预测每股收益(元)	0.5244	0.6363	0.8223	1.0620(5家)	1.3540(5家)	1.7960(5家)	--	--
每股净资产(元)	3.8000	4.6500	5.6400	7.8700(3家)	9.2400(3家)	10.9900(3家)	--	--
净资产收益率(%)	19.24	20.09	21.41	16.78(3家)	17.47(3家)	18.96(3家)	--	--
归属于母公司股东的净利润(元)	7866万	9545万	1.23亿	1.60亿(3家)	2.04亿(3家)	2.77亿(3家)	--	--
营业总收入(元)	7.73亿	8.88亿	10.2亿	11.6亿(5家)	13.7亿(5家)	15.7亿(5家)	--	--
营业利润(元)	6950万	8362万	1.13亿	1.56亿(3家)	2.02亿(3家)	2.79亿(3家)	--	--

图 10

(3) 财务分析。

主要指标：

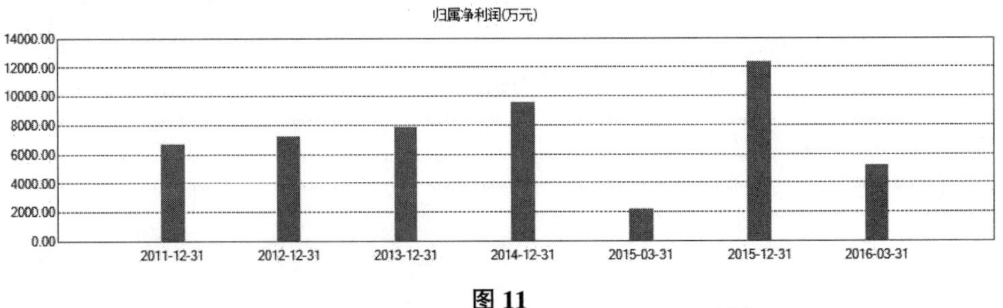

图 11

4. 卖出理由

股票有涨就有跌，当这只股票涨到 74.99 元的时候，我感觉有可能要下跌了，然后我果断把这只股票卖掉了，果然不久这只股票就开始下跌。

5. 反思

（1）要合理布局。选股要首选龙头股，各领域龙头股具有在每次大涨中带领各大板块上攻的优势。具体从三个部分进行布局。一是成长股，二是价值股，三是热门股（概念股）。成长股是指那些具有核心竞争力或稀缺资源的股票。主要指以下几个方面：合理的战略目标和产业布局；积极进取的管理层；完善的公司治理结构；持续领先、难以模仿的核心竞争力；广阔的市场空间等。

（2）操作熟悉领域股票。对所买入的股票要熟悉，对其业务、财务、风险等重大事项基本做到了解。对于熟悉的股票，才能做到胸有成竹，能够坚定持有，不至于因为下跌而惊慌失措，造成踏空。有的时候，听信传言，买进了不了解的股票，结果这个公司可能牵涉进某桩大案，或者有重大造假嫌疑，造成股价大跌。

（3）坚持低买高卖原则。就是卖价要高于买价，以获得差价。这句话说起来容易做起来难。不因短暂的向下调整而惊慌，在你认为适当的低价位买进股票持有，比追涨有大得多的获利空间。如果害怕被套，就不要碰这只股票。

6. 感悟

模拟炒股近一个学期，我有很多感悟，为今后操作提供了经验。首先，在选择股票的时候要海量阅读，尽可能去东方财富网和千股千评网站等股票数据比较全的网站多了解一些信息。阅读的态度，应该是不拒绝，不排斥，各学科各学派，兼收并蓄，海纳百川，去粗存精，去劣存优，然后在实战中形成自己动态的操作习惯和风格，接着继续在阅读和实战中修正自己的习惯和风格，如此反复，百炼成钢。其次是谨慎选股，我一般选择的股票有以下特点：①公司股本小，市值小，绝大多数都小于 50 亿市值。②符合国家经济转型的新兴行业，处于高成长周期的起始阶段。③多数公司具备较强的创新能力，轻资产，高毛利，通过知识产权构造强大的护城河。④内生增长的同时不断进行外延并购。⑤公司创始人具备极强的创业精神，前瞻的战略布局，坚定的执行力，无私的企业家精神。最后就是要有一个良好的心态。不要急躁，不要过分地在意投资的盈亏，我们在模拟炒股阶段更多的要注重一个学习的过程！

案例分析：以盛达矿业（000603）为例①

摘要：本案例描述了在 2016 年 6～7 月，对盛达矿业（000603）投资决

① 作者为华东交通大学经济管理学院 2013 级金融 1 班 8 号陈楚。

策。从基本面（管理层、实体经济基本面的需求等方面），技术面（包括MACD、KDJ 等方面）角度进行分析决策（包括何时买进何时卖出、心理预期等），通过对各个方面的分析进行投资决策以达到获得收益的目的，向读者展示了一个较为清晰的投资决策脉络。

关键词：证券投资；盛达矿业；实体经济基本面；投资决策。

1. 引言

2016 年 6 月的一天，以 15.1 元的成本价买入，在 2016 年 6 月 18 日以 16.18 元的现价卖出，实现 7.17%的收益率。16.18 元的价格是盛达矿业的短期压力位且上升行情已经持续一段时间了，我认为一小波上升行情已经结束，个股面临着回调压力。

2. 公司发展及现状

公司的前身为广东威达集团股份有限公司，于 1994 年 6 月 15 日经广东省体改委文件“粤股审［1994］110 号”批准设立。公司于 1994 年 6 月 28 日在广东省揭西县工商行政管理局取得《企业法人营业执照》（注册号：19337982-9）。1995 年 6 月 22 日在广东省工商行政管理局重新登记注册（注册号：23112439-3）。2000 年 11 月 21 日经广东省工商行政管理局核准变更注册登记为威达医用科技股份有限公司（注册号：4400001008188）。公司属高科技医疗器械生产行业。2011 年 11 月，公司中文名称由“威达医用科技股份有限公司”变更为“盛达矿业股份有限公司”，英文名称由“Weida Medical Applied Technology CO.，LTD”变更为“Shengda Mining CO.，LTD”。于 1996 年 8 月 23 日以 7.38 元的发行价格在深圳证券交易所上市。

3. 公司的发展

1	朱胜利	男	46	本科	董事长，法定代表人，董事
2	梁浩	男	44	硕士研究生	总经理
3	宫新勇	男	54	本科	董事
4	马江河	男	51	博士研究生	董事
5	王佳哲	女	31	研究生	董事
6	赵庆	男	32	研究生	董事
7	赵满堂	男	56	大专	董事
8	代继陈	男	41	本科	董事会秘书
9	赵荣春	男	55	硕士研究生	独立董事
10	赵元丽	女	57	大专	独立董事
11	严复海	男	50	硕士研究生	独立董事
12	高国栋	男	54	本科	监事会主席，监事
13	王海	男	63	大专	监事
14	张亮亮	男	38	大专	职工监事
15	魏万栋	男	44	大专	财务总监

图 1　盛达矿业上市公司的组织结构

发展前景依然看好。当前包括中国在内的全球经济放缓，使得矿业企业面临较大的经营压力。然而从长期发展看，作为工业基础的贵金属、有色金属行业，需求前景仍然比较广阔。未来几年，公司计划依托丰富的矿产资源储备，稳中求进。同时，适时推进外延式并购，实现公司跨越式发展。预计公司2016~2017年每股收益分别为0.59元、0.77元。给予增持评级。

4. 行业背景

所属行业板块为有色金属矿采选业，近年来，该行业外部竞争条件发生变化，包括赤峰黄金、西部资源、格林美的迅速崛起，有色金属板块正在迅速崛起。如图2所示。

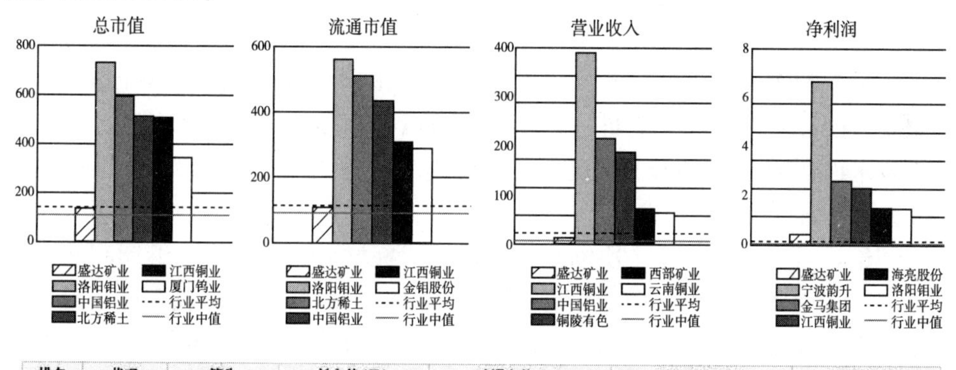

排名	代码	简称	总市值(元)	流通市值(元)	营业收入(元)	净利润(元)
30	000603	盛达矿业	123亿	94.2亿	4734万①	2705万①
	行业平均		148亿	118亿	22.4亿	1553万
	行业中值		116亿	92.4亿	6.63亿	164万
1	603993	洛阳钼业	726亿	557亿	11.6亿①	1.35亿①

图2　公司规模比较

5. 上市公司的投资价值

公司发布2015年年报，报告期内，公司实现主营业务收入82433.95万元，较上年同期上升11.21%；主营业务毛利润65315.98万元，较上年同期上升9.67%。实现净利润25926.67万元，同比增加9.75%。实现每股收益0.51元。公司目前在产矿山是国内上市公司中毛利率最高的矿山之一。根据公司已披露方案，公司拟进一步收购资产，大幅增加现有银铅锌矿规模，提高公司银铅锌产量，以增强公司的综合竞争力。公司在积极推动产融结合，促进企业发展壮大的同时，还试水新兴产业投资，其投资的百合网和金桥水科均已登陆新三板。预计公司2016~2017年每股收益分别为0.59元、0.77元。给予增持评级。

我国证券市场受国际化影响逐渐加深，包括前段时间的英国脱欧事件；我国现在逐步推进供给侧改革带来的有色金属大热；我国经济面临着较大的下行压力等一系列风险。

6. 投资的建议

建议继续跟进这只股。第一，这只股目前受到市场广泛关注，所属板块为热门板块。第二，有国家政策导向支持，中央大力推进供给侧改革，有色金属板块是大热门。第三，机构和主力在不断增持，由大股东带动下这只股走势会很喜人，成交量放大。

7. 投资的风险

当前包括中国在内的全球经济放缓，使得矿业企业面临较大的经营压力。

如何决策：将基本面和技术面相结合。

基本面看实体经济的运行，目前全世界范围内都面临着经济下行的压力，国家政策的导向，国家大力推进供给侧改革以及国际市场的有色金属走向。

技术面从 MACD 的金叉和死叉，KDJ 走向，主力增减持情况以及成交量，K 线图等进行分析。

结论：后证明当时这个决断是错误的。卖完之后，第二天它继续高涨，于第三天进行回调，一小波回调之后又开始连续涨停板的态势。我在证券投资中忽视了国际因素（英国脱欧）以及国家政策的导向（供给侧改革）的大力推动。

案例分析：以中原内配（002448）为例①

1. 引言

2015 年 11 月，伴随着无人驾驶概念的火热，结合公司情况，选择了该板块中的个股中原内配（002448）作为投资标的。本文利用具体案例介绍了：如何在股价回调时，以逐渐加仓方式压低成本，等待股价突破前期压力价位到达一个小高峰的投资操作过程。

2. 公司发展及现状

中原内配集团股份有限公司（A 股代码 002448），1996 年 12 月 29 日成立，经营范围包括气缸套、活塞及相关内燃机配件、设备的研发、制造、经销，技术服务。经营本企业自产机电产品，成套设备及相关技术的出口业务等。

---

① 作者为华东交通大学经济管理学院 2013 级金融 1 班 9 号王晴。

1990 年河南省中原内燃机配件厂出资设立河南省中原内燃机配件股份有限总厂，同时发行内部职工股。1996 年重新规范后确认为股份有限公司；名称变更为河南省中原内配华河股份有限公司。2000 年公司送红股、资本公积金转增股本及进行配股；名称变更为河南省中原内配股份有限公司。

3. 公司发展潜力

2015 年 11 月 3 日，中原内配集团股份有限公司战略入股灵动飞扬，获得其 15. 336%的股权，布局智能驾驶领域。中原内配公司入股这家处于高速成长期的智能驾驶领域企业，可以发挥上市公司资源的优势，有利于公司开拓新的利润增长点，逐步实现了公司的多元化布局。且公司在 2015 年 3 月取得了军工三级保密资格，未来发展潜力巨大。

4. 操作过程

2015 年 11 月 26 日以成交价 13. 05 元买入部分，并在之后三天逐渐吸纳至半仓。

2015 年 12 月 29 日以成交价 14. 20 元卖出全部。

经过大约一个月的持股时间，收益率约为 8. 8%。

5. 具体分析

公司 2015 年前三季度实现净利润 1. 55 亿元，同比增长 6. 20%，营业收入 8. 55 亿元，同比增长 0. 49%。

成长能力指标	16-03-31	15-12-31	15-09-30	15-06-30	15-03-31	14-12-31	14-09-30
营业总收入(元)	3.00亿	11.0亿	8.55亿	5.95亿	2.99亿	10.8亿	8.51亿
毛利润(元)	1.07亿	3.93亿	3.02亿	2.12亿	1.03亿	3.79亿	2.85亿
归属净利润(元)	5611万	1.93亿	1.55亿	1.00亿	5140万	1.81亿	1.46亿
扣非净利润(元)	5033万	1.75亿	1.39亿	9170万	4621万	1.58亿	1.41亿
营业总收入同比增长(%)	0.44	1.89	0.49	0.83	5.07	-2.30	3.44
归属净利润同比增长(%)	9.16	6.52	6.20	6.52	11.79	11.57	15.44
扣非净利润同比增长(%)	8.91	11.02	-1.07	1.20	4.48	3.99	15.17
营业总收入滚动环比增长(%)	0.12	1.50	-0.07	-0.87	1.33	-4.73	-0.21
归属净利润滚动环比增长(%)	2.44	1.46	1.55	0.38	2.99	-0.40	5.79
扣非净利润滚动环比增长(%)	2.35	12.09	-1.63	-0.56	1.25	-7.33	6.01

图 1

由日 K 线图可以看出，此股从 2015 年 9 月 18 日启动，成约 30 度角上升趋势，价随量增。10 月 28 日到 11 月 5 日回调后继续稳定上扬，意在突破前期 M 形态高点。

图 2

从日成交量看，11 月 23 日开始股价随量的缩小而下降，配合 11 月 20 日左右人民币贬值的消息面，公司出口业务多以美元结算，人民币贬值对公司业绩有正面影响。可以理解为主力在蓄势意图突破前期压力点。这也是开始逐渐吸纳筹码压低成本的时刻。

2015 年 12 月 14 日，公司出消息：增资华元恒道。体现了公司多元化布局的不断推进，为利好消息，开启了股价快速拉升的势头，再加上前两个星期的蓄力，突破了前期压力点。

考虑到 12 月 28 日多空双方斗争激烈，虽有巨量，但前两天已有价升量缩的趋势，判断此股为强弩之末了，所以 29 日清仓全部卖出。

6. 投资心得

股票买卖时机十分重要。此次投资操作风险是比较大的，然而收益却不是特别高，以后买入时机应该看准，不要因为冲动而入市。

获利后该断就断。获利后若发现苗头不对就要快走，就在卖出股票后很快就伴随着股灾的到来开始暴跌，在整个投资市场都是一片低迷的情况下，不要随便动手，风险实在太高了。不管获利多少，要保持警惕的心理，该走就要及时走。

多看多动，积累经验。多动指的是可以在虚拟盘多多操作，参与到市场中，体验不同的情况下不同的股票价格的走势，将理论联系实际，多多积累各种经验。

案例分析：以黄山旅游（600054）为例[①]

经过两个月的模拟炒股，我深深感受到炒股的风险与挑战。在刚开始的时候，因为对投资市场的不了解与不确定，第一次接触股票，我只是买了几只老师曾经推荐过的股票，本文主要总结的是关于黄山旅游（600054）持仓总结。因为我什么都不懂，听到老师说了些有看涨趋势的股票，自己就盲目地选了黄山旅游，在5月3日一开盘就买入了，也没关注一直以来的价格波动变化趋势。当时买入价格是26.3元每股。我忽略了本应该是低买高卖的，所以一开始我就亏本了，而且越亏越大。不过幸好只是模拟炒股。

在此之后，由于自己在高价时买入，所以股票一直处于亏损状态，而且越亏越多。但是毕竟初入股市，什么也不懂，就想着等价格涨回去之后再卖，然后想着低价买入些，降低下总成本，所以在5月4日25.65元每股的时候又买入了。自己却没有分析大盘走势，当时买入的时候大盘正处于下跌趋势，价格虽然也有过回调，但是自己总想着等价格回到买入时的价格再平仓，在亏了一点点的时候没有抛出，结果后来就越亏越多了。

后来通过自己慢慢地摸索和对股市行情进行分析，加上平时上证券投资课老师对股票的分析，我也对投资上的知识了解得更多，所以对于投资不再那么盲目。然后根据自己所学知识对证券行情进行了一些初步分析，还有就是发现涨跌有一定的规律，所以我后面觉得它的价钱上涨到差不多时（5月6日25.7元每股）我就委托卖出，虽然还是亏损，但坚信"舍不得孩子套不着狼"，思考过后我发现近些年来，旅游行业非常热门，于是我又挑了个我认为合适的价格（25.6元每股）在5月6日当天做T+0的交易再次买入，因为我怕它还会上涨，而当时这个价格也还算低。然后在几天后发现真的上涨了，我也在投资后第三天赚了几十万元，但因为我没有及时卖出，所以发现后来几天反而亏了更多。所以通过这一次的一涨一跌，我体会到我们对于投资要理性一点，不能一味地野心太大，只想着赚更多的钱而不对股票进行分析。后来自己回去请教班级里那些模拟炒股收益率排前几名的同学，有同学推荐我去看看K线分析的书。然后自己就去图书馆借阅了一本这样的书籍，看完之后感觉自己获益匪浅。

我之所以看好这只股票，后面仍继续持仓的原因：一是前面也有提到，近年来，旅游行业越来越好；二是查找资料发现，该公司运营状况不错，而且

① 作者为华东交通大学经济管理学院2013级金融1班10号吴莉雪。

多数机构都认为该股长期投资价值较高，我们老师也认为我们可以加强关注，认为其发展潜力巨大；三是关于公司经营方面，现金流能力较强，高于行业平均，而且该公司短期偿债能力很强，位居行业前列（通过分析东方财富网上公布的消息分析得知）；四是该公司持有大量基金，我们都知道，从客观的角度来考虑，机构持仓比例高的基金的确如你所说人才多，资金量充足。

通过这个学期的模拟炒股，我深深地认识到了自己的很多不足点：一是只依朋友或网页推荐买入股票，盲目跟风却并不判断其适用性；二是仔细分析 K 线图后进行买卖，却导致过于谨慎限价有误；三是资金过于分散，导致精力无法集中；四是模拟炒股基本都满仓操作，操作频繁，导致平均收益低下；五是没有适时止损，导致亏损严重；六是交易心理失衡，过于激进或过于保守。

所以我认为以下几点很重要：一是要掌握基本的技术分析理论；要加强基本理论的学习，所谓的基本理论就必须是正规的技术分析理论，并且综合多方面进行分析。二是要养成良好的经常看盘、盯盘的习惯；虽说因为上课没时间，但最好还是每天去看看股票的情况，不能买了就放在那不管，这样被套住了都不知道，要解套也就很难。要想获利有效的办法就是养成良好的看盘盯盘的习惯。这样可以培养股感！三是投资者要保持良好的心态，要有一颗平常心，不能只是一种投机的想法，更不能急功近利。这一点是非常重要的。

总而言之，经过对这门课的学习，和切身的模拟炒股实践之后，虽然我最后还是亏损的，但我觉得还是学到了很多有价值的东西。相信以后无论自己是否真正地涉足股市，这都会对自己有所帮助。

案例分析：以同花顺（300033）为例①

本学期我们开设了证券投资学课程，老师采用了理论联系实际的教学方法，让我们利用模拟炒股软件进行实际操作，使我们更好地掌握了课堂上所学的知识，同时更多地了解了关于炒股的知识。我炒股的用户名是 monamonihong，截至 7 月 3 日，总盈利率为 15.38%，排名是第八名。

我们是开学的时候开始接触炒股的，运用的模拟炒股软件叫“叩富炒

① 作者为华东交通大学经济管理学院 2013 级金融 1 班 11 号张莉。

股”。记得刚入市时也是啥都不懂，看 K 线图也是凭感觉，并没有什么头绪。第一次炒股就随便买了几只股票，分别是黄山旅游、同花顺、珠江钢琴、永太科技、金证股份等。黄山旅游是在老师的介绍下买入的，其他几只股票是跟买的，就是看炒股牛人买什么自己也买什么。买这么多股票也是因为不想“把鸡蛋放在同一个篮子里”，觉得分散投资会好一点儿。刚入市，当时根本不懂什么长线投资，每天总想打开账户看看，盈利了就卖，被套牢就拿着。开始炒股那会儿根本不看什么大盘，也不懂怎么分析，只看个股。可是没想到过去好长一段时间还是没什么收益，在经历了一段迷茫之后，我觉得我得去学习炒股的知识，不能像之前一样盲目地买股票，于是我就在网上查了大量的资料，开始学着自己分析股票了。

现在我就同花顺（300033）这只股票做一下简单的分析。我买入这只股票的时间是 5 月 27 日，买入价格是 74.55 元。当时买这只股票之前看了一下这只股票的日 K 线图和周 K 线图，觉得这只股票的价格相对来说还是比较稳定的，风险较小，于是决定买入。根据日 K 线图可以知道，买入当天的开盘价是 74.95 元，最高价与最低价分别是 75.02 元和 73.55 元，这个幅度还是比较小的。我卖出这只股票是在 5 月 31 日，卖出价格是 76.70 元。因为当时自己也是刚接触炒股不久，根本不懂什么长线投资，所以当股票稍有收益就着急卖出。因为买入这只股票的数量较少，只有 300000 股，加之持有时间较短，收益也不是特别大，只有 645000 元。后来我也有关注这只股票，通过 K 线图可以知道这只股票的最高价在 6 月 6 日达到了 83.25 元，跟我买入时相比价格上涨了接近 10 元，对我这种初入市者来说这个涨幅算是比较大的了，当时就非常懊恼自己为什么没有持有这只股票久一点，现在想来其实我这种做法是大部分刚入市者都会有的，因为初入市者风险意识较强，目光也比较短浅，所以当股票稍有收益时就会着急卖出。

都说“股市有风险，入市须谨慎”，尤其是在中国这些新兴市场上，更是如此。中国的股市制度不完善，政府干预力度强等，使这个市场充满不确定性，但是这个市场并不是真的就毫无规律可循。作为初学者，在很多理论应用方面有所欠缺，大多时候只是凭一时感觉买入，而且风险意识较强，但是只要经过长时间的磨炼，加上自己的学习，还是可以积累一定的经验的。现在我就和大家分享一下通过模拟炒股获得的心得体会。

作为模拟操作者，我最主要的目的并非是赚多少，而是通过实际接触，熟悉股票交易的各个流程，运用书本上的理论知识进行分析，学以致用，通过这些模拟操作，积累了一些实际经验，更重要的是学会了对所学知识的运用，也启发了自己对这个市场的思考和关注，激发了学习的兴趣。对股票的基本分析和技术分析并不是很到位，但这并不妨碍我们从这样的学习方法中获得许多买卖股票的经验和心得：

首先，做一名理性的投资人，读懂公司的公开信息特别是其财务信息，找出公司的经营能力及增长性，预测好公司未来的状况，是帮助我们选择好股票的基础，但是光有这个是不够的，股票价格总是不断变化，要想股票赚钱还得找到合适的买入卖出点，这就需要对股票进行一定的技术分析，利用投资理论与我们市场结合的特点灵活运用。

其次，对市场各大要素及相互关系的正确理解是快速看盘的关键，利用市场要素的各种排序功能是最好、最快的专业化看盘方法。当然，由于入市不久，这部分我自己也很欠缺。

再次，炒股最重要的就是把握好买卖点，还有就是要会选股，保持平常心，股票涨时，防止庄家洗盘被套，跌时也不要太心急，查看资金流入情况，做到高抛低吸。

最后，盲目的集中或分散都是对资金的滥用。集中持仓，精心判别目标股的做盘细节，用心来操作才是专业选手最为重要的资金管理和实战操作进出原则。想要立足于股市，必须理性看待市场，理性分析，冷静操作。没有只涨不跌的市场，没有只赚不赔的投资，作为投资者应理解并牢记“买者自负”的原则与“股市有风险，入市须谨慎”的投资准则，遵循投资风险的组合原则，尽量降低风险。

通过课堂学习及模拟操作，明显地感觉到自己信息量太少，平时对这个市场的关注也不够，对信息敏感度不高，也很少去思考现今中国市场上所出现的种种经济现象其背后的推动因素是什么。所以决定以后在学习生活中要做个有心人，养成关注这个市场、积极思考的好习惯。

案例分析：以大智慧（601519）为例[①]

摘要：本案例描述了本人在模拟操作中的一只投资标的大智慧，股票代码601519。与其他作者不同，之所以选择这只股票作为案例分析既不是在它身上收益最多，也不是在它的投资过程中出现了巨额亏损。而是因为这只股票给了

① 作者为华东交通大学经济管理学院 2013 级金融 1 班 12 号章云飘，叩富网账号：20130410090112，收益 13.72%。

我一个颠覆性的认识感触以及得到了深刻的经验教训。本文将从买入理由、预期收益、预判、实际收益、卖出理由及价格以及这次给了我颠覆性认识的股票带给我的反思和启示等几个角度来分析我的投资案例。

关键词：投资心理

投资标的及其预期收益：大智慧（601519）预期收益 10%甚至更多。依据大盘情况收益会有小幅度波动。

买入理由：

1. 公司发展及现状

上海大智慧股份有限公司是一家以软件终端为载体，以互联网为平台，向投资者提供及时、专业的金融数据和数据分析的高科技公司。公司主要产品包括金融资讯及数据 PC 终端服务系统、金融资讯及数据移动终端服务系统及证券公司综合服务系统等。公司是国家认定的高新技术企业、先进技术企业和软件企业，是国内最大的专业证券投资咨询公司之一，也是首批获得上证所 Level-2 行情授权的开发商，占有全国证券营业部 85%的份额。截至 2010 年，公司的 Internet 个人版是全国使用率最高的证券软件，已成为网上投资者的标准软件。公司股本总数为 198770.00 万股，均为无限售条件股份。

成立日期：2000-12-14

发行数量：11000.00 万股

发行价格：23.20 元

上市日期：2011-01-28

发行市盈率：88.8900 倍

预计募资：10.25 亿元

首日开盘价：24.91 元

发行中签率：1.83%

实际募资：25.52 亿元

发行市盈率：7.49

每股净资产 1.24

主承销商：西南证券股份有限公司 上市保荐人：西南证券股份有限公司

2. K 线分析

当时的 K 线是买入信号，大阳线“红旗飘飘”，而大智慧最高价格为 33.48 元，买入价格为 8.7 元，觉得涨到 10 元应该不难。对此我深信不疑！

走势预测：

我用全部资金买这只还算不错的股票，可以避免重复操作花费掉大量的手

图 1

续费，还可以减少自己的时间。选择的这只股票觉得比较有潜力能上升到10%，只需要一个涨停板或者累积上升达到10%就可以完成任务。个人也觉得挺简单的。当然这个时候处于完全理想状态，也高估了自己的心态包容量，忽视了在实际操作的各种心理以及外部不可控因素。

实际收益：0.57%。

卖出时间及价格：于5月27日以8.75元价格卖出。

卖出理由：

一个礼拜之后，其价格才上升到8.75元。其中一个室友的总收益已经达到2个点，之前我跟她讨论投资计划的时候，她选择了同时买入四只股票，其目的是分散投资风险，而我则立即劝阻说买入数量越多，到时候多次进行买卖股票手续费都不够，而且分散投资风险的同时也分散了收益。她坚持自我，当时我对自己的分析表示坚定不移，并且认定自己是对的，在某方面在一定程度上我就像和她在进行一场无声的竞争，至少我是这样认为的。而当我看到她的收益超过我的时，我开始怀疑自己，并且当天就卖掉了大智慧。决定第二天再进行另外的投资方案。

此股现状：此股截至7月10日股价为9.29元，在本人5月27日卖出之后期间最高价为9.58元，最低价为8.55元。

反思：

我没有达到预期收益，或者说我没有等到那个时候就已经自乱阵脚，主要原因是主观因素。我在进行股票投资的时候表现出来的有“攀比心理”，以及从众心理，当时她选择的股票有老师推荐的黄山旅游，而我也觉得自己应该买入。受外部因素的影响，我打乱了自己的计划，自己产生了自我怀疑的心态。并且开始觉得一切都不像想象的那样美好或者说所有的事情都不会往计划的轨道去发展，俗话说人算不如天算，计划永远赶不上变化！我忽视股票的变幻莫测，以及怀有惧怕心理，更多的没有心态包容量，更加没有耐心和自信，而这又是非常致命的。这正是投资所应该避之不及的。

更致命的是，由于刚开始接触股票投资都是处于懵懵懂懂的状态之下，不知道对于一个标的投资要关注哪些内容，哪些内容处于怎样的状态是利好，哪些指标对于投资来说又是关键因素。

除去宏观经济（政策变化以及各种指标）和大趋势（牛市还是熊市）之外。因为这些基本上是模拟炒股期间所有股票同时面临的大环境，个人选择个股无法改变。但是实盘操作应该纳入考虑范围。主要包括两大类：基本面和技术面。其中基本面应该综合考虑行业分析和公司分析；技术面主要有 K 线分析、价量分析、趋势以及均线分析等。而对于我主观选择的大智慧综合分析，其实是不利于长期甚至短线投资的。

首先来看基本面。

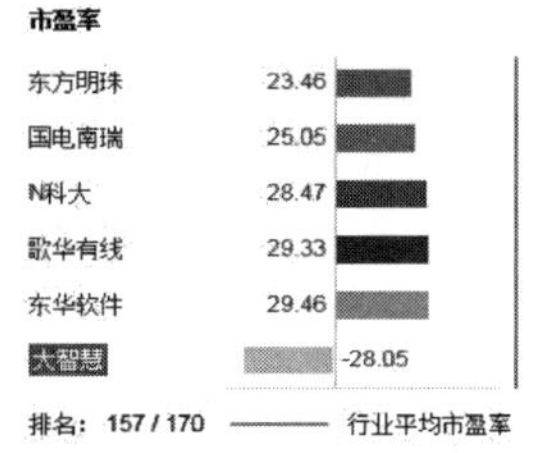

排名	名称	市盈率 ▲	市净率	市现率	市销率
1	东方明珠	23.46	2.51	56.47	3.11
2	国电南瑞	25.05	4.05	34.97	3.30
3	N科大	28.47	4.83	-60.95	3.06
4	歌华有线	29.33	1.88	15.62	8.37
5	东华软件	29.46	4.05	-179.70	5.91
157	大智慧	-28.05	7.47	-265.65	27.56
	行业平均	56.26	6.11	30.80	6.67

图 2

市场表现

一周涨跌

盛讯达 61.06
上海钢联 16.58
浙大网新 16.24
海虹控股 9.77
恒泰实达 9.33
大智慧 2.31

排名：46 / 170 行业平均一周涨跌

排名	名称	一周涨跌 ▼	一月涨跌	三月涨跌	半年涨跌	一年涨跌
1	盛讯达	61.06%	0.00	0.00	0.00	0.00
2	上海钢联	16.58%	23.66%	23.66%	38.33%	-3.10%
3	浙大网新	16.24%	20.52%	23.94%	19.20%	-5.96%
4	海虹控股	9.77%	6.77%	65.89%	68.79%	21.38%
5	恒泰实达	9.33%	337.01%	0.00	0.00	0.00
46	大智慧	2.31%	0.11%	-7.01%	-10.93%	-36.76%
	行业平均	1.32%	6.90%	3.38%	-13.13%	3.46%

图 3

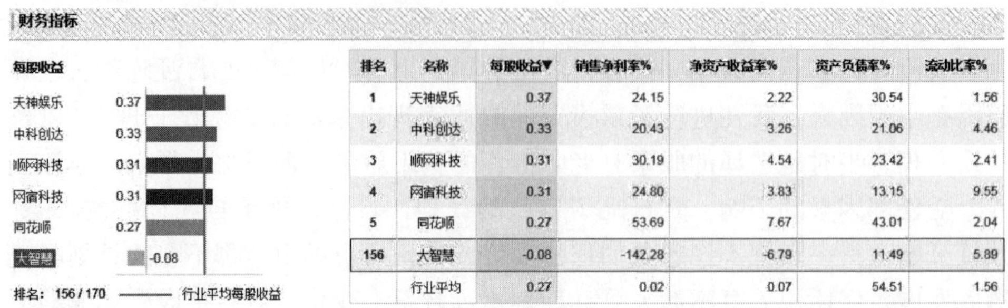

排名	名称	每股收益▼	销售净利率%	净资产收益率%	资产负债率%	流动比率%
1	天神娱乐	0.37	24.15	2.22	30.54	1.56
2	中科创达	0.33	20.43	3.26	21.06	4.46
3	顺网科技	0.31	30.19	4.54	23.42	2.41
4	网宿科技	0.31	24.80	3.83	13.15	9.55
5	同花顺	0.27	53.69	7.67	43.01	2.04
156	大智慧	-0.08	-142.28	-6.79	11.49	5.89
	行业平均	0.27	0.02	0.07	54.51	1.56

图 4

公司规模

主营收入

中国联通 2770亿
上海钢联 213.5亿
东方明珠 211.2亿
乐视网 130.1亿
国电南瑞 96.78亿
大智慧 6.51亿

排名：101 / 170 行业平均主营收入

排名	名称	主营收入(万元)▼	净利润(万元)	总资产(万元)	股东权益(万元)
1	中国联通	27,704,853	347,159	60,148,450	7,881,942
2	上海钢联	2,135,714	-25,039	344,433	36,265
3	东方明珠	2,112,597	290,672	3,541,034	2,520,393
4	乐视网	1,301,673	57,303	1,784,718	407,623
5	国电南瑞	967,801	129,922	1,539,023	807,196
101	大智慧	65,134	-45,602	279,515	247,219
	行业平均	336,051	21,419	713,886	271,512

图 5

在行业中无论是市盈率、涨跌幅、每股收益还是主营业务收入都位于行业水平之下甚至倒数，更重要的是大智慧的市盈率、每股收益、销售净利率和资产净利率为负数，现金匮乏，经营不善。不仅在行业中无法抬头，而且就其基本面而言全部都是看空信号，形势不容乐观。

现在来看技术面，除了之前 K 线买入信号之外，出现 MACD 死叉，SKDJ 死叉以及 SKDJ 顶背离和价跌量缩。这些都是利空消息，而且今日资金流出量较多，根本就不适合投资。这就是投资更致命的错误。

启示：

（1）买股票前，要对各股进行宏观面分析与技术面分析。在选各股时要多关注一些财经新闻，了解国家最近颁布的政策，选择“利好”股票领域，这对“熊市”里的股票操作尤其重要，因为“熊市”股票波动很大，尤其易受消息面的影响，所以时刻关注财经新闻很重要。不要买自己不熟悉的股票，选择几只股票作为自选股坚持每天观察其走势图，利用 K 线与成交量，以及 MACD、BIAS、KDJ 等指标进行分析，关心该公司的一切公告信息，运用专业知识判断公司的生产经营状况以及发展前景，再决定是否买进。

（2）要树立一个正确的投资理念，做到不怕、不贪、不因市场的短期波动而惊慌失措。买卖股票不要企望买到最低、卖到最高，因为最低和最高可遇而不可求。要学会多看、多想、多操作，就会熟能生巧，保证资金安全是盈利的基石。

(3) 要锻炼良好的心理素质。买卖股票是对人性缺点的最大考验，我们要沉着冷静分析、要有耐性，相信自己的判断力，保持五分乐观七分警觉。在形势不利的时候及时抽身而退，从而最小化损失。

(4) 股票分析方法。股价的分析方法有基本分析法和技术分析法。

第一，基本分析法。股价的基本分析是指从影响股价变动的敏感因素出发，分析研究影响上市公司及股市运行的各种内、外部因素，并进行归纳整理和技术处理，预测股价变动的一般趋势。通过股价的基本分析，有助于把握上市公司经营和股市环境的变化，鉴定股票发行公司的优劣，辨别股票的质量，在有利的时机选择最优质的股票进行投资。股价基本分析也称股价的经济性分析，基本面包含外交和政治、金融和经济、汇率和利率、国情和人气、社会需求和市场供给、经济周期和股市趋势、管理机构和上市公司、行业前景和产品结构、董事长和管理层、老与新和大与小、企业成长性和市场占有率、负债率和利润率、资源结构和市场容量等。

第二，技术分析法。股价的技术分析就是利用图表来描绘过去个别股票或整个市场的股票指数运动轨迹，再利用数学的方法分析上海联丰股票投资公司，然后据此预测未来股价的运动趋势。股价的技术分析主要是从线路趋势的整体形态、股价缺口、支撑线和阻力线等方面进行分析。它是一种纯粹的数学推导，其发出的各种买卖信号一般都是必要条件而不是充分条件，所以在实际操作中不能盲目照搬。

后记：

在这次投资之后，学到了非常多的内容和知识，许多是在课本上学不来的，特别是大智慧这只股票给我带来的全新认识和经验教训足以让我在投资道路上受益终身。在此之后，本人也在平安证券开立账户进行了实盘投资，虽然是没有多少资金的学生，但真正的锻炼之后足够在以后的道路中经历大浪淘沙，风生水起。

案例分析：以潮宏基（002345）为例①

“潮宏基”商标是广东潮宏基实业股份有限公司的自有珠宝首饰品牌，为广东省著名商标。公司是一家以设计、加工生产、批发、零售铂金镶嵌首饰为

① 作者为华东交通大学经济管理学院 2013 级金融 1 班 13 号张娅芳。

主的大型企业。公司成立于 1996 年，1997 年 7 月创立品牌“潮宏基”。公司荣获清科——2008 年中国最具投资价值企业 500 强、2005～2009 年连续五届中国 500 最具价值品牌、2006 年和 2007 年连续两届亚洲品牌 500 强等。公司全力打造“珠宝云平台+O2O”发展模式，主营三大品牌“CHJ 潮宏基”（珠宝）、“VENTI 梵迪”（珠宝）和“FION 菲安妮”（时尚女包）。截至 2015 年末，三大品牌在中国及东南亚地区拥有专营店共计 1016 家，其中珠宝门店 708 家，女包门店 308 家。依托自营为主、品牌代理和非品牌批发为辅的复合营销模式，公司目前已形成覆盖全国 190 个主要城市、线下拥有超过 1000 家品牌专营店的销售网络规模，同时公司通过自有平台、天猫、京东等线上平台进行全网营销。公司定增募集资金将用于“珠宝云平台创新营销项目”，项目总投资额 12.3 亿元，投入募集资金 12 亿元，建设内容包括大数据系统建设、互联网销售及个性化定制平台建设、体验店改造和升级、顾问式营销网点建设等。项目针对当前年轻客户群体的消费习惯及对婚庆珠宝的消费需求，基于互联网现在及未来的技术发展，打造时尚婚庆珠宝品牌，并建立实体店与互联网一体化发展的商业模式。2016 年上马“珠宝云平台”项目，推进珠宝 O2O 模式转型，抢占更多市场份额。图 1 是 2011～2016 年潮宏基的股票走势情况。

图 1

2014 年和 2016 年潮宏基股价均有一次较大幅度的增长，但从 2016 年以来潮宏基的股价来看，还未出现大幅度的拉升，故预计在 2016 年到 2017 年剩下的时间段内会出现一次较大幅度的上涨。该公司实力不错，发展战略得当，公司经营稳健，主营业务平稳发展，值得投资者关注并长期投资。2016 年第一季度公司实现营业收入 7.53 亿元，同比增长 0.54%；实现归属于母公司股东净利润 0.8 亿元，同比增长 0.43%；实现扣非后归属净利润约 0.73 亿元，同比增长 16.58%（见图 2）；经营性现金净流入 1.46 亿元，上年同期为 0.82 亿元；基本每股收益 0.1 元。毛利率大幅提升 3.48%，导致扣非后净利润增速远超收入增速，但由于本期政府补贴较去年同期大幅减少导致净利润同比增速与收入增速持平。该股属于迪士尼板块，受益于迪士尼乐园开业以及未来相关并购的落地，公司市值将进一步得到修复。然而黄金消费环境景气度下行，产业并购不确定性较高，宏观经济及消费市场持续低迷。

指标名称	最新数据	指标名称	最新数据	指标名称	最新数据
基本每股收益(元)	0.1000	每股净资产(元)	3.0076	每股经营现金流(元)	0.1724
扣非每股收益(元)	—	每股公积金(元)	1.0706	总股本(万股)	84,511.12
稀释每股收益(元)	0.1000	每股未分配利润(元)	0.8277	流通股本(万股)	83,212.00

数据来源：2016—季报；其中每股收益字段均以最新总股本计算得出，精确到小数点后四位，其余指标若发生股本变动等情况则将重新计算

指标名称	最新数据	上年同期	指标名称	最新数据	上年同期	指标名称	最新数据	上年同期
加权净资产收益率(%)	3.12	3.28	毛利率(%)	38.23	34.75	资产负债率(%)	40.91	43.32
营业总收入(元)	7.53亿	7.49亿	营业总收入滚动环比增长(%)	0.15	1.98	营业总收入同比增长(%)	0.54	6.97
归属净利润(元)	8054万	8020万	归属净利润滚动环比增长(%)	0.13	1.95	归属净利润同比增长(%)	0.43	5.67
扣非净利润(元)	7261万	6228万	扣非净利润滚动环比增长(%)	5.38	-4.42	扣非净利润同比增长(%)	16.58	-12.33

数据来源：2016—季报(最新数据)，2015—季报(上年同期)

图 2

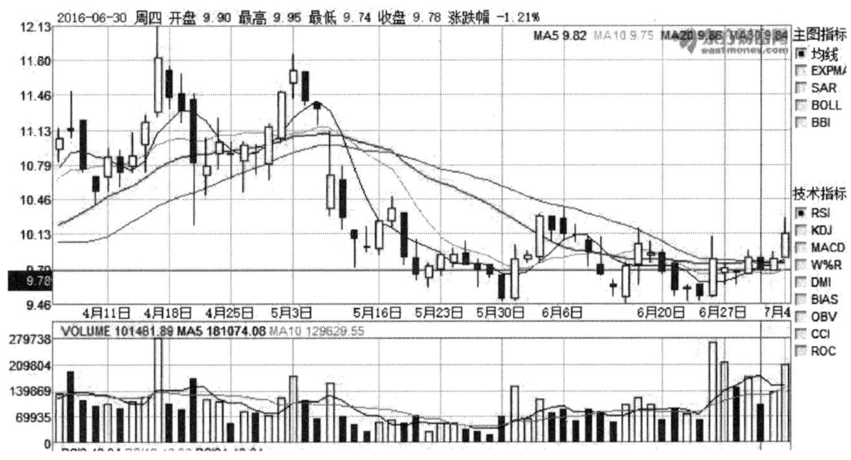

图 3 2016 年 4~7 月股票走势

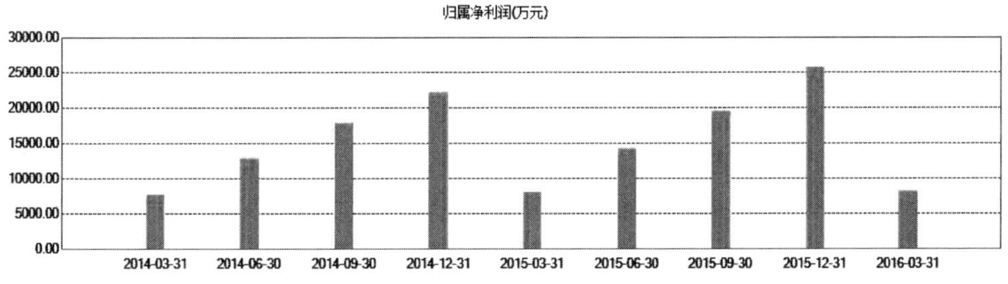

图 4 2014~2016 年每季度利润情况

机构名称	本期持股数(万)	上期持股数(万)	占流通股比例(%)	环比
广东新价值投资有限公司—阳光举牌1号证券投资基金	1165.67	—	1.40	新增
融通动力先锋混合型证券投资基金	918.14	740	1.10	24.07
广东新价值投资有限公司—卓泰阳光举牌1号证券投资基金	658.75	—	0.79	新增
宝盈核心优势灵活配置混合型证券投资基金	657.53	350.53	0.79	87.58
上投摩根双息平衡混合型证券投资基金	602.62	578.7	0.72	4.13
上投摩根行业轮动股票型证券投资基金	525.47	642.8	0.63	-18.25
上投摩根整合驱动灵活配置混合型证券投资基金	504.99	392.62	0.61	28.62
上投摩根核心优选股票型证券投资基金	440.99	643.12	0.53	-31.43
华泰柏瑞激励动力灵活配置混合型证券投资基金	28.04	—	0.03	新增
上投摩根优信增利债券型证券投资基金	14.08	28.16	0.02	-50.00
天治研究驱动灵活配置混合型证券	8.5	—	0.01	新增

指标/报告期	2016-03-31	2015-12-31	2015-09-30	2015-06-30
基本每股收益(元)	0.1000	0.3000	0.2300	0.1700
基本每股收益(扣除后)(元)	—	0.2300	—	0.1400
稀释每股收益(元)	0.1000	0.3000	0.2300	0.1700
每股净资产(元)	3.1076	3.0091	2.9528	2.9113
每股经营现金净流量(元)	0.1724	0.3817	0.3679	0.2217
每股现金流量(元)	0.1090	0.2142	0.1593	0.0965
每股资本公积金(元)	1.0706	1.0706	1.0706	1.0706
每股盈余公积金(元)	0.1295	0.1295	0.1043	0.1043
每股未分配利润(元)	0.9277	0.8324	0.7846	0.7222
净资产收益率(%)	3.0669	10.0402	7.7635	5.7302
加权净资产收益率(%)	3.1200	10.2700	7.8500	5.7200
净资产收益率(扣除)(%)	2.7646	7.5517	6.6882	4.8678
加权净资产收益率(扣除后)(%)	2.8125	7.7200	6.7627	4.8600
总资产(万元)	449011.41	437607.38	442693.66	437118.56
归属母公司股东权益(万元)	262626.12	254305.70	249543.81	246033.73
营业收入(万元)	75320.50	269071.47	205210.51	139459.24
营业成本(万元)	46524.31	169745.98	129273.22	88791.77
投资收益(万元)	325.04	1229.10	1072.92	750.76
净利润(万元)	8098.47	25569.46	19452.17	14151.24
营业利润(万元)	9363.00	24971.95	22002.59	15735.92
利润总额(万元)	9996.89	31136.66	23985.89	17485.39
归属母公司净利润(万元)	8054.43	25532.69	19373.24	14098.17
经营现金流量净额(万元)	14572.53	32257.02	31088.01	18735.07

图 5　2016 年机构持股情况及财务情况分析

第一次买入时间：2016 年 2 月 25 日，以 9.8 元每股价格买入。

分析：该公司在行业内属于领先地位，企业具有较强的改革创新能力，投资战略清晰有力，成长性相对较好。一旦消费升级以及经济高速发展使珠宝业将有广阔的市场空间，企业将会高速成长。该股属于迪士尼板块，由于迪士尼效应（迪士尼效应是指迪士尼乐园从意向到建成以后，对周边地区的经济影响，以及上市公司的股价影响），预测股价将会有大幅度的增长。

卖出时间：2016 年 5 月 5 日，以 11.30 元每股价格卖出。该公司于 5 月 5 日派息，每 10 股红利 1.0 元。考虑到后期股价可能会有所回跌，决定先卖出手中所持股份，后期再进行回购。

第二次买入时间：2016 年 5 月 30 日，以 9.5 元每股价格买入，持有至今。通过一段时间观察，该股价格最低范围在 9~9.5 元，所以 9.5 元相对而言是一个较低的价格，这时买入比较保险，此外，该股价格适中，比较适合学生群体及低收入人群购买。考虑到该公司高管与员工高比例/长锁定期参与定增，维持"买入"评级。公司围绕客户需求，借助资本力量以并购整合打造多元化时尚生态圈最大化会员价值，具备持续成长性。此外，虽然该股一直以来并未出现大幅度增长，但从基本面分析来看还是非常具有长期投资意义的。

反思：

由此可见，投资者对于资本市场中的消息的分辨能力存在一定的漏洞，并且对此容易产生缺乏理性的投资行为，如对公司公告的曲解、从众行为等，中国的股票市场不同于美国等发达国家，仍是散户居多，因此这些行为将会造成大量的资金涌入到该股票中，导致其长时间偏离真实价值，以至于悲剧的发生。此外，股票的价格受到投资者过度自信因素的影响，投资者过度自信程度越大，股票价格也会受此影响而上涨。因此，投资者在选择股票时不应盲目，而是应该对所投资的股票有一定的认知，对于股票的涨跌要有自己的分析，不要一味地跟从他人。良好的心理素质也同样是一个优秀的投资者必不可少的要素。

案例分析：以博晖创新（300318）为例①

一、交易概况

表 1　交易情况

买入股票名称	博晖创新（300318）	预期收益（%）	2
买入价格（元）	16.63	卖出价格（元）	20.7
持股数量（股）	100000	卖出时间	2016 年 6 月 2 日
买入时间	2016 年 5 月 13 日	实际收益（%）	2.45

① 作者为华东交通大学经济管理学院 2013 级金融 1 班 14 号刘琼玉，模拟炒股大赛账号：913064，投资总收益：-1.32%。

二、持仓期间动态

这个学期老师组织我们在叩富炒股软件上进行模拟炒股训练。5 月 10 日左右我就开始看要买哪些股票。我个人认为高新技术行业比较有前途，所以开始注意博晖创新这只股票。我从东方财富网上了解到这只股票在短时间内可能会有上涨的趋势。然后我又观察了几天，发现这只股票是在上涨，觉得应该可以买。于是我在 13 日便买入了 100000 股。图 1 是博晖创新股价走势。

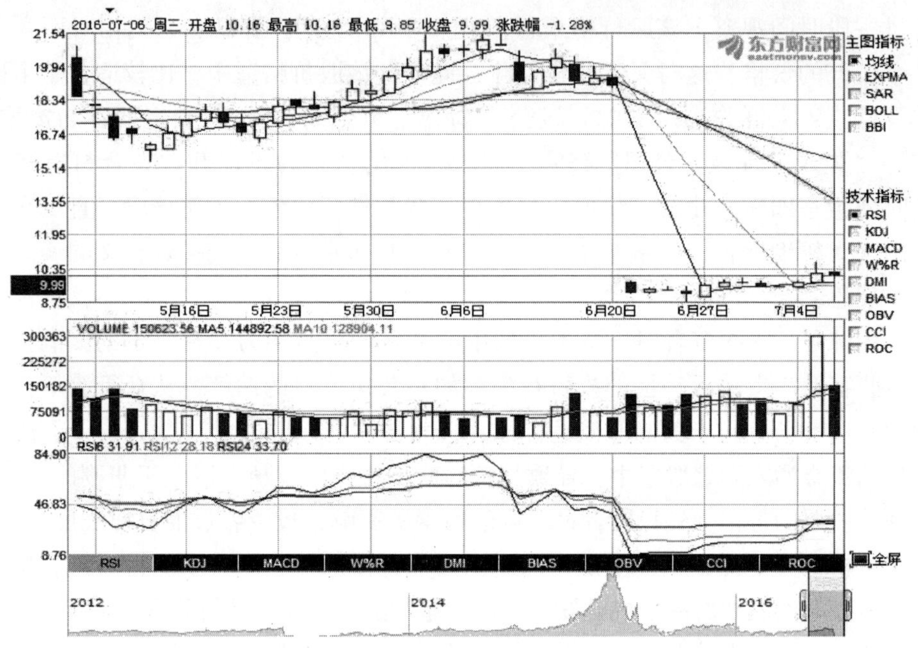

图 1　博晖创新

三、买入理由

1. 公司简介

北京博晖创新光电技术股份有限公司成立于 2001 年，是一家专注于医疗检测产品及元素分析产品的研发、生产、销售及售后服务于一体的高新技术企业。2012 年 5 月公司成功登陆深圳创业板（股票代码：300318）。

公司拥有强大的自主研发实力，建立了国际一流水准的研发平台，公司致力于医学检验产品的智能化、快速化、集成化。依靠突出的研发能力、通过不断的技术创新，目前已发展了元素检测、免疫检测、微流控核酸检测、原子荧光重金属检测、质谱分析等技术平台，并成功地实现了上述技术平台相关产品的产业化。其中原子吸收法人体元素快速检测系统，是由博晖公司研发并率先应用于医疗检测诊断行业，并推动了其在医疗检测诊断行业中的广泛应用。博晖公司的人体元素检测系统以其高端的品质为全国近3000家医疗机构提供检测服务，年检测量超过2000万人次，市场占有率达到80%以上。

近几年公司还承担了多项国家重大科技产业化项目，如“十二五”科技部重大仪器专项“微膜泵驱动核酸微全分析仪”的研制、863项目“医用ICP-MS人体微量元素分析系统”的研制等。

2. 同行比较

（1）成长性比较：

排名	代码	简称	基本每股收益增长率(%)						营业收入增长率(%)					
			3年复合	15A	TTM	16E	17E	18E	3年复合	15A	TTM	16E	17E	18E
>20	300318	博晖创新	98.33	-68.85	-18.43	152.40	83.69	68.25	28.70	166.26	15.41	30.64	31.17	24.39
行业平均			15.89	8.64	21.85	10.69	10.37	25.43	25.10	18.26	3.72	25.99	23.75	21.21
行业中值			29.52	12.01	2.67	31.94	24.49	23.45	22.09	15.44	3.42	25.24	21.06	21.84
1	000150	宜华健康	88.33	73.07	1,857.55	1,918.26	-73.19	23.45	35.62	554.03	3.15	47.80	38.20	22.12
2	300246	宝莱特	74.96	-29.24	31.39	189.09	41.89	30.57	48.43	31.67	14.81	78.72	40.63	30.10
3	002044	美年健康	53.83	85.76	35.98	92.14	42.94	32.54	51.54	46.89	62.51	67.22	62.31	28.20
4	002551	尚荣医疗	49.04	33.19	9.10	61.67	45.76	40.50	51.51	42.81	12.25	62.68	42.93	49.56
5	600055	华润万东	46.49	56.85	27.06	93.61	40.00	15.98	21.31	10.59	1.63	20.90	21.18	21.84

图2 成长性

（2）估值比较：

排名	代码	简称	PEG	市盈率					市销率				
				15A	TTM	16E	17E	18E	15A	TTM	16E	17E	18E
>20	300318	博晖创新	8.72	699.67	857.76	277.21	150.91	89.69	39.94	26.79	23.67	18.04	14.51
行业平均			3.04	91.00	64.24	52.40	48.71	43.89	9.47	7.86	7.00	5.65	5.87
行业中值			2.45	78.08	73.73	49.03	43.93	36.62	15.86	11.33	8.97	6.69	5.56
1	000150	宜华健康	0.16	280.68	14.34	13.91	51.87	42.02	16.54	13.62	9.50	6.88	5.63
2	300298	三诺生物	1.39	49.37	45.90	33.37	26.81	20.97	14.54	10.16	9.11	7.36	5.90
3	002551	尚荣医疗	1.48	78.98	72.40	48.86	33.52	23.86	8.62	5.75	3.96	2.77	1.85
4	300003	乐普医疗	1.59	60.69	55.53	44.19	32.23	24.75	11.32	10.76	8.93	7.24	5.93
5	002332	仙琚制药	1.69	66.61	65.47	41.51	30.73	24.95	3.73	2.91	2.67	2.49	2.32

图3 估值

（3）杜邦分析比较：

排名	代码	简称	ROE(%)				净利率(%)			
			3年平均	13A	14A	15A	3年平均	13A	14A	15A
>30	300318	博晖创新	4.84	8.04	5.37	1.12	30.46	49.42	36.19	5.76
行业平均			13.35	15.08	13.87	11.09	16.84	17.07	17.09	16.36
行业中值			10.94	11.81	12.85	11.10	16.84	16.69	18.31	16.19
1	300439	美康生物	32.63	40.70	38.25	18.95	23.37	23.90	22.88	23.34
2	300463	迈克生物	29.10	36.88	32.40	18.01	24.18	24.78	24.20	23.56
3	300358	楚天科技	24.07	34.80	24.36	13.04	16.09	16.93	15.61	15.74
4	300453	三鑫医疗	20.84	27.35	21.91	13.27	16.22	16.45	15.57	16.64
5	603309	维力医疗	19.73	23.09	20.20	15.91	14.94	14.53	13.66	16.64

图4 杜邦分析

（4）市场表现：

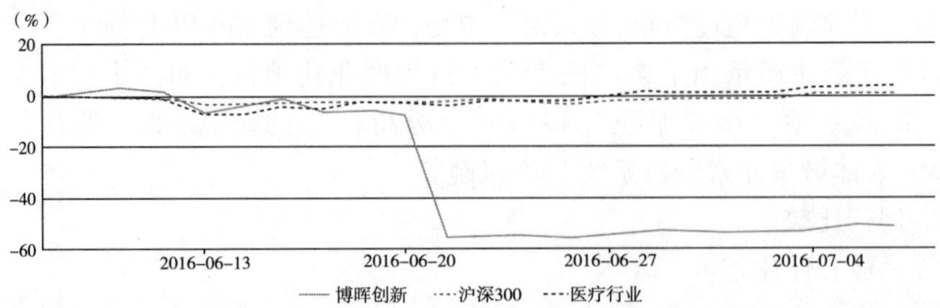

代码	简称	最近1个月累计涨跌幅	最近3个月累计涨跌幅	最近6个月累计涨跌幅	今年以来累计涨幅
300318	博晖创新	-1.87%	22.29%	-7.88%	-23.18%
BK0727	医疗行业	2.99%	1.00%	-9.59%	-20.26%
000300	沪深300	0.57%	-1.75%	-7.80%	-14.03%

图5　市场表现

（5）公司规模：

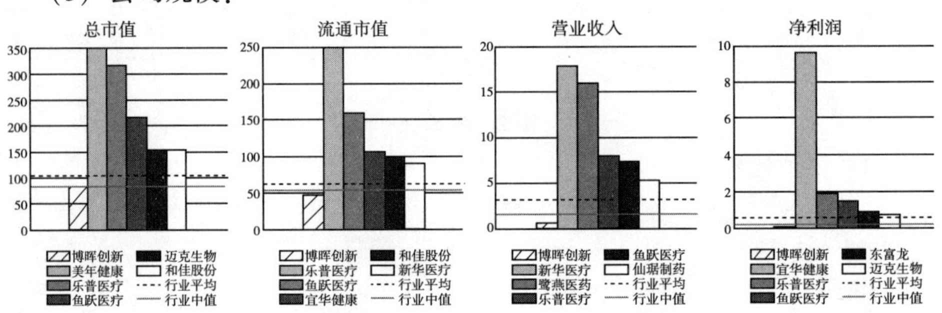

排名	代码	简称	总市值(元)	流通市值(元)	营业收入(元)	净利润(元)
17	300318	博晖创新	83.1亿	46.3亿	6490万①	367万①
行业平均			105亿	62.4亿	3.17亿	5919万
行业中值			85.1亿	54.4亿	1.64亿	2213万
1	002044	美年健康	347亿	79.6亿	3.09亿①	-1.39亿①
2	300003	乐普医疗	316亿	249亿	7.99亿①	1.90亿①
3	002223	鱼跃医疗	215亿	159亿	7.27亿①	1.43亿①
4	300463	迈克生物	154亿	75.9亿	2.82亿①	7206万①
5	300273	和佳股份	154亿	100亿	1.96亿①	5356万①

图6　公司规模

3. 盈利预测

（1）评级统计：

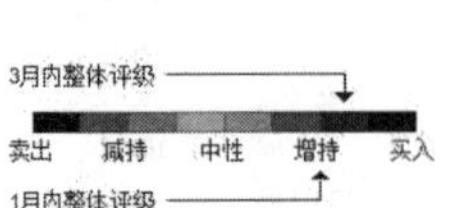

时间段	投资评级		评级分布					
	评级系数	综合评级	买入	增持	中性	减持	卖出	总家数
1月内	4.00	增持	0	1	0	0	0	1
2月内	4.00	增持	0	2	0	0	0	2
3月内	4.25	买入	1	3	0	0	0	4
6月内	4.40	买入	2	3	0	0	0	5
1年内	4.38	买入	3	5	0	0	0	8

图7　评级统计

（2）机构预测：

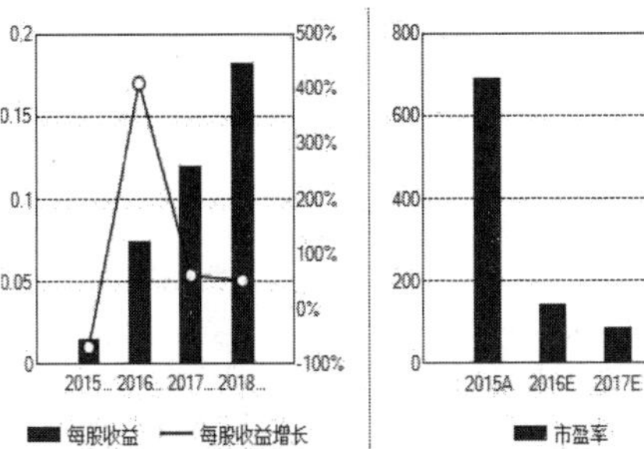

机构名称	2015A		2016E		2017E		2018E	
	收益	市盈率	收益	市盈率	收益	市盈率	收益	市盈率
近六月平均	0.01	699.67	0.07	180.17	0.12	93.57	0.18	56.94
中泰证券	0.01	699.67	0.04	253.00	0.09	112.44	0.18	56.22
西南证券	0.01	699.67	0.08	126.50	0.12	84.33	0.19	53.26
民生证券	0.01	699.67	0.03	337.33	0.07	144.57	0.14	72.29
银河证券	0.01	699.67	0.11	92.00	0.16	63.25	0.22	46.00
银河证券	0.01	699.67	0.11	92.00	0.16	63.25	--	--

图 8　机构预测

（3）预测统计：

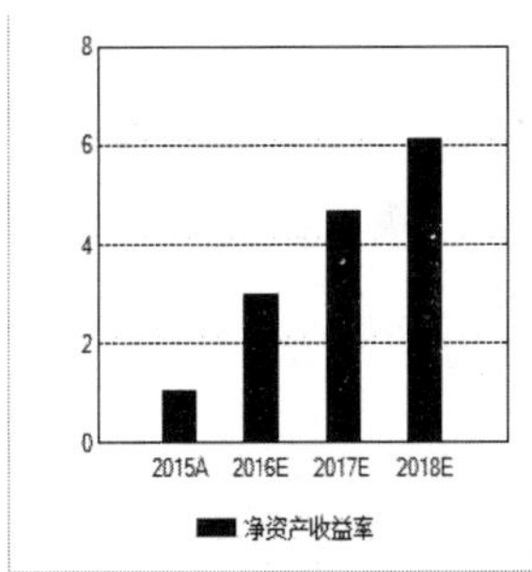

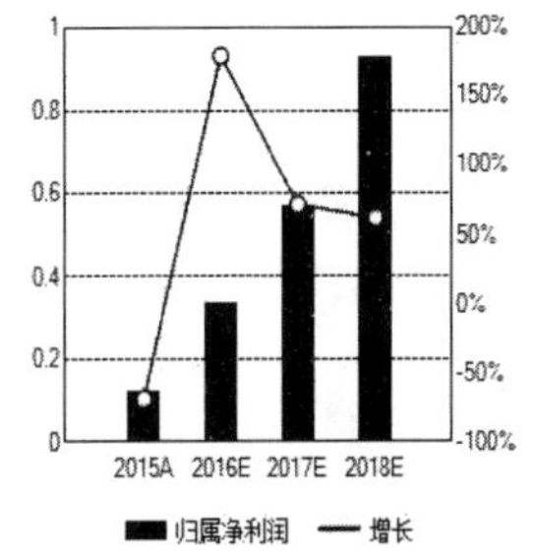

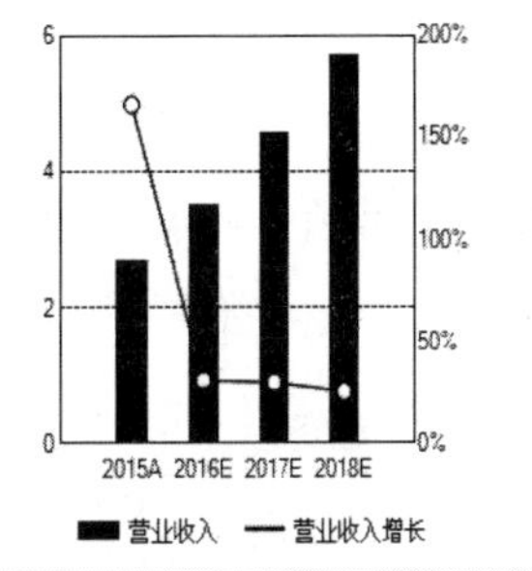

预测指标	2013年	2014年	2015年	2016年预测	2017年预测	2018年预测	2019年预测	2020年预测
每股收益(元)	0.0660	0.0464	0.0145	0.0740(5家)	0.1200(5家)	0.1825(4家)	—	—
上一个月预测每股收益(元)	0.0660	0.0464	0.0145	0.0825(4家)	0.1275(4家)	0.1833(3家)	—	—
每股净资产(元)	4.2569	4.4197	3.3938	3.2938(4家)	3.5240(4家)	3.1253(3家)	—	—
净资产收益率(%)	7.98	5.36	1.07	3.00(5家)	4.67(5家)	6.14(4家)	—	—
归属于母公司股东的净利润(元)	5426万	3814万	1188万	3321万(5家)	5705万(5家)	9269万(4家)	—	—
营业总收入(元)	1.07亿	1.01亿	2.69亿	3.52亿(5家)	4.57亿(5家)	5.73亿(4家)	—	—
营业利润(元)	5787万	3934万	1087万	4555万(5家)	8123万(5家)	1.31亿(4家)	—	—

图 9　预测统计

4. 财务分析

（1）主要指标：

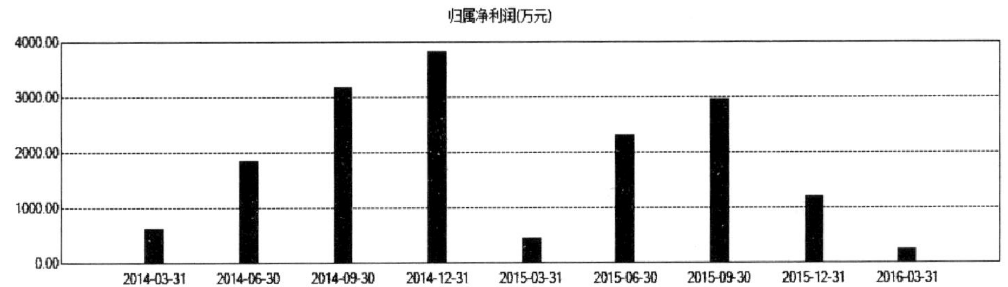

图 10　主要指标

（2）百分比报表：

指标　2016-03-31	金额(元)	占比
总资产	20.5亿	100%
流动资产	4.81亿	23.44%
货币资金	5328万	2.59%
应收账款	5378万	2.62%
存货	3.33亿	16.23%
预付账款	2529万	1.23%
非流动资产	15.7亿	76.56%
固定资产	3.36亿	16.37%
无形资产	1.12亿	5.46%
长期待摊费用	1519万	0.74%
金融资产	--	--
总负债金额	7.67亿	100%
流动负债	7.32亿	95.44%
非流动负债	3497万	4.56%

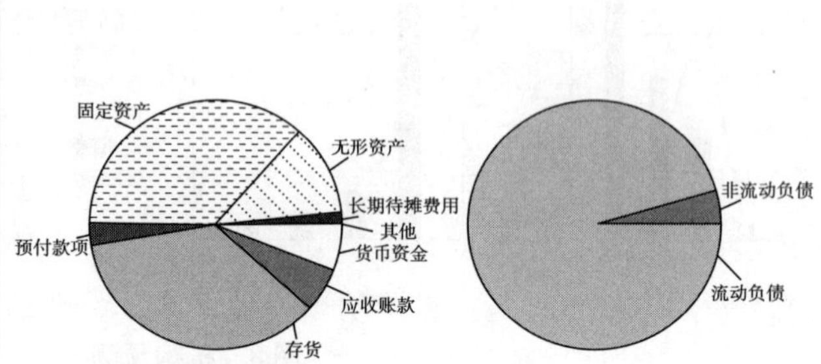

图11　百分比报表

四、卖出理由

股票有涨就有跌，当这只股票涨到20元的时候，我感觉有可能要下跌了。然后我果断把这只股票卖掉了，果然不久这只股票就开始下跌。如图12所示：

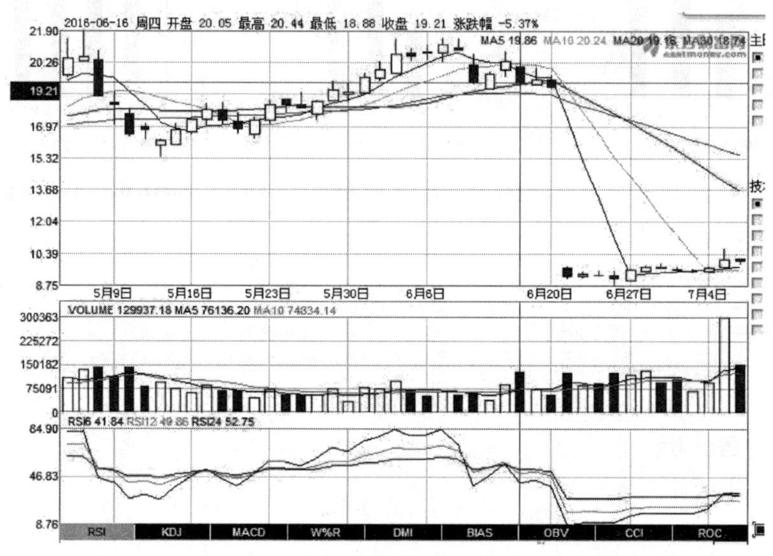

图12　K线走势

五、反思

1. 要合理布局

选股要首选龙头股，各领域龙头股具有在每次大涨中带领各大板块上攻的优势。具体从三个部分进行布局：一是成长股，二是价值股，三是热门股（概念股）。成长股是指那些具有核心竞争力或稀缺资源的股票。主要指以下几个方面：合理的战略目标和产业布局；积极进取的管理层；完善的公司治理结构；持续领先、难以模仿的核心竞争力；广阔的市场空间等。如茅台酒、云南白药、北矿磁材等。价值股主要指被市场低估的股票。这些股票的特征是市净率和市盈率都比较低，如在 1.5 倍和 15 倍以下。热门股是那些当前市场上领涨并带有题材概念的股票，如近期持续领涨的物联网、稀有金属、锂电池等板块龙头股。

2. 操作熟悉领域股票

对所买入的股票要熟悉，对其业务、财务、风险等重大事项基本做到了解。对于熟悉的股票，才能做到胸有成竹，能够坚定持有，不至于因为下跌而惊慌失措，造成踏空。有的时候，听信传言，买进了不了解的股票，结果这个公司可能牵涉进某桩大案，或者有重大造假嫌疑，造成股价大跌。

3. 坚持低买高卖原则

就是卖价要高于买价，以获得差价。这句话说起来容易做起来难。不因短暂的向下调整而惊慌，在你认为适当的低价位买进股票持有，比追涨有大得多的获利空间。如果害怕被套，就不要碰这只股票。

4. 要设置止损线和止盈线

人总是有贪念的，追涨杀跌，低买高卖固然要坚持，但在股票连续的下跌趋势中，不要幻想反弹，否则你会越套越深。设置一个止损线控制损失非常必要。在股票连续长阳时，也不要幻想还有上涨的空间，只要达到自己的盈利目标，早点获利了结是明智之举。

5. 综合运用多个技术指标

单纯的只看一个指标未免太冒险和片面，K 线图搭配 MA 均线和 MACD 平滑移动平均线组合分析，对于股票股价趋势分析更具有说服力。

总之，首先不要买自己不熟悉的股票，选择几只股票坚持每天观察其走势，关心该公司的一切公告信息，运用专业知识判断公司的生产经营状况以及发展前景，再决定是否买进。其次要树立一个正确的投资理念，充分了解一只股票的投资价值，做到不怕、不贪、不因市场的短期波动而惊慌失措。由于我们炒股时间短，多数是短线操作，所以要学会控制仓位，尽量不满仓，设定止损，到了止损位就坚决止损。买卖股票不要企望买到最低、卖到最高，因为最低和最高是可遇而不可求的。要学会多看、多想、多操作，就会熟能生巧，保证资金安全是盈利的基石。最重要的是要锻炼良好的心理素质，沉着冷静分析，相信自己的判断力，保持五分乐观七分警觉。在形势不利的时候及时抽身而退，从而最小化损失。

案例分析：以中颖电子（300327）为例[①]

本学期在老师的带领下我们进行了模拟炒股，其实这是我第一次以股民的身份进入股票市场（虽然是模拟的）。刚开始由于很多东西都不懂，所以就盯着同花顺观察了两天，如怎么看K线图，怎么判断什么时候该买进，什么时候该卖出以及影响股票价格的各种因素等。

投资标的：中颖电子（300327）

买入理由：在4月22日，我正式买入中颖电子，理由有：

1. 公司发展潜力大

中颖站在有利的政策环境及正确的产业趋势下，营运展望乐观：中颖为中国小家电MCU的龙头厂商，MCU产品抑或小家电应用虽然产业增长性皆不高，然而在中国政策扶植本土IC的进口替代效应下，近年来营运表现优于其他同业。我们看好中颖后续营运发展，除了小家电外，大家电、IOT应用的增长空间大。公司为少数有能力提供锂电池管理IC的厂商，明年在一线NB品牌厂有望有明显突破。AMOLED Driver IC亦有机会跟随大陆市场扩张而增长。中颖以MCU为主要利基，为中国政策推动芯片国产化的受益者：中颖主要专注于4-8bitMCU开发设计，主要技术核心在于抗干扰/噪声/电源突波及可靠度/良率高；中颖电子现具备天时、地利、人和三重优势，维持买入评级：天时优势在于AMOLED屏和物联网的即将爆发，在于日韩竞争对手正在撤出中国家电控制芯片市场，在于因TI不能灵活支持定制要求导致一线笔记本电脑厂商想引入新的锂电池管理芯片供应商的时机，在于国家为实现产业升级对IC产业的扶持；地利优势在于公司地处大陆，家电、屏幕制造商、一线笔记本电脑厂商等客户大量地处大陆，同时公司高管又有台湾背景，而台湾的IC产业又领先大陆5~10年；人和优势在于2015年实施的股票激励，可以充分调动高中层管理人员与核心业务人员的积极性。2016年1月12日收盘价为29.10元，对应的市值仅为50.4亿，维持买入评级，维持50.71元目标价不变。

2. 公司发展现状良好

（1）取得一项发明专利（公司公告）：2016年4月15日公告，公司名为“基于碳膜走线的按键扫描硬件电路的按键扫描方法”的发明获得国家专利。

① 作者为华东交通大学经济管理学院2013级金融1班15号朱玉萍，叩富网模拟炒股收益率15.96%，在国泰安全国证券模拟大赛中获小组（美女帅哥组）第7名。

此项发明专利技术目前已应用于公司产品，专利的取得不会对公司目前经营产生重大影响，但有利于公司充分发挥主导产品的知识产权优势，形成持续创新机制，提升公司的核心竞争力。

（2）净利润增长快，根据2015年年报披露：报告期内，公司实现营业收入41137万元，比去年同期增长10.86%，净利润4978万元，比去年同期增长59.54%。由于公司是轻资产类型的公司，因此在达到一定的销售规模以后，净利润的增速一般会比营业收入的增速高，未来盈利增速主要是受家电主控芯片、锂电管理芯片和AMOLED显示屏驱动芯片的增量情况影响。

证券代码：300327 证券简称：中颖电子 公告编号：2016-020

中颖电子股份有限公司

关于取得发明专利证书的公告

本公司及董事会全体成员保证信息披露内容的真实、准确和完整，没有虚假记载、误导性陈述或重大遗漏。

中颖电子股份有限公司（以下简称“公司”）申请的一项发明专利，经查询，已获得中华人民共和国国家知识产权局颁发的发明专利证书。具体情况如下：

一、授权公告号： CN103354454B

发明名称：基于碳膜走线的按键扫描硬件电路的按键扫描方法

专利号：ZL 2013 1 03148792

专利类型：发明专利

专利申请日：2013年7月24日

专利权人：中颖电子股份有限公司

授权公告日：2016年4月13日

专利权期限：本专利的专利权期限为二十年，自申请日起算。

碳质材料导线的价格便宜。将碳质材料的导线应用于传统的按键扫描电路时，由于其导电性差，传统的方法无法完成按键的扫描。本发明针对按键扫描方法进行了设计和优化，在对传统的扫描电路没有提出更高要求的情况下实现了按键的扫描。本发明使得碳材料导线能应用于按键扫描电路，并适用于目前大多数的按键扫描电路，具备了一定的通用性。

此项发明专利技术目前已应用于公司产品，专利的取得不会对公司目前经营产生重大影响，有利于公司充分发挥主导产品的知识产权优势，形成持续创新机制，提升公司的核心竞争力。

特此公告。

中颖电子股份有限公司

董事会

2016年4月14日

图1 中颖电子专利公告

(3) 公告概述：近1年，A股所有公司专利公告，次日收盘平均收益0.16%，上涨概率53.09%。其中，中颖电子共公布474次同类公告，次日收盘平均收益0.29%，上涨概率55.11%，该公告对股价影响偏利好，获利概率偏高。

中颖电子股份有限公司

2016年第一季度业绩预告

本公司及董事会全体成员保证信息披露内容的真实、准确和完整，没有虚假记载、误导性陈述或重大遗漏。

一、本期业绩预计情况

1. 业绩预告期间：2016年1月1日至2016年3月31日

2. 业绩预告类型：同向上升

3. 业绩预告情况表

<table>
<tr><th>项目</th><th>本报告期</th><th>上年同期</th></tr>
<tr><td rowspan="2">归属于上市公司股东的净利润</td><td>比上年同期上升：84.14%~112.46%</td><td rowspan="2">盈利：706万元</td></tr>
<tr><td>盈利：1300万~1500万元</td></tr>
</table>

◆研报摘要◆

●2016年4月22日 中颖电子：第一季度报告点评，业绩亮丽，成长可期（浙商证券 杨云）
我们认为公司具有典型的小公司大市场的特点。我们预测2015~2017年的EPS分别为0.28、0.33、0.48，给予买入评级。

●2016年4月21日 中颖电子：Q1业绩高增长，AMOLED产业趋势下明确受益（兴业证券 刘亮）
公司是出色的IC设计标的，主业有支撑，业绩有爆发性，与同行对比估值合理。我们预计2016~2018年EPS分别为0.44元、0.73元、1.14元，对应PE80倍、49倍、31倍，上调公司评级至“买入”。

●2016年4月5日 中颖电子：多样新品突破在即，业绩高弹性（兴业证券 刘亮）
公司是出色的IC设计标的，主业有支撑，业绩有爆发性，与同行对比估值合理。我们预计2016~2018年EPS分别为0.44元、0.73元、1.14元，对应PE72倍、44倍、28倍，上调公司评级至“买入”。

●2016年3月31日 中颖电子：年报点评，顺应国家产业政策，智能“芯”崛起（平安证券 刘舜逢）
我们预计2016~2018年营业收入分别为5.09亿元、6.21亿元、7.58亿元，对应的EPS分别为0.35元、0.45元、0.54元，对应PE为86倍、68倍、56倍。我们认为公司是家电MCU市场的龙头企业，锂电池管理芯片和AMOLED显屏芯片是公司的增量业务，有望再造一个中颖，维持公司“推荐”评级。

●2016年3月31日 中颖电子：2015年年报和第一季报点评，AMOLED爆发在即，Driver龙头成长可期（国泰君安 王永辉）
公司公告2015年营业收入4.1亿（+10.9%），归母净利润4978万元（+59.5%）；2016年第一季度净利润1300万~1500万元，同比增长84%~112%，业绩符合我们预期。考虑到AMOLED将在智能手机中加速渗透，公司作为国内唯一实现量产和供货的Driver IC厂商将受益，业绩有望大幅提升，我们将上调2016年、2017年、2018年EPS至0.43元、0.63元、0.84元，上调目标价至39.6元，增持评级。

图2 中颖电子第一季度报告

◆　盈利预测(元)　◆　　　　◇更新时间:2016-05-04◇

	15A	16E	17E
每股收益	0.29	0.40	0.54
一月预期变化率(%)	—	—	—
净利润(万元)	4978.32	6937.06	9401.16
净利润同比(%)	59.54	39.35	35.52
主营收入(万元)	41137.14	55229.79	66075.33
主营收入同比(%)	10.86	34.26	19.64
预测机构数	—	14.00	14.00
每股净资产(元)	3.54	3.94	4.49
未来两年复合增长率	—	—	—
预测PE	135.96	118.47	87.42
预测PB	11.20	12.02	10.57
预测PEG	—	—	—
预测PS	16.72	14.88	12.44

说明：数据来源于一致性盈利预期值，其中：预测PS=最近收盘价/每股主营收入，为市销率；预测PEG=预测PE/两年复合增长率，为两年PE/G倍数。

Q1业绩高增长，AMOLED产业趋势下明确受益

所属机构：兴业证券　　　　发表时间:2016-04-22 12:09:31

内容摘要　　收藏　分享

整体需求良好，业绩大幅提升：公司Q1营收同比增长26.2%，主要原因在于大家电主控芯片、锂电池管理芯片、OLED显屏驱动芯片及数码类芯片整体需求都处于较好的状态。公司Q1净利润同比增长106.8%，一方面是去年Q1的基数较低，另外一方面是IC设计公司的规模经济效益所致。

BMIC业务突破在即，有望打破TI寡占格局：公司在笔记本电池BMIC市场耕耘多年，目前在二线市场的市占率为50%，体现了过硬的产品实力。

目前与一线客户的产品验证正在进行中，2016年有望小量试产，2017年大量生产，将打破TI寡占格局。预计2016~2017年，公司新增BMIC销售额为7500万、1.31亿。

AMOLED驱动IC领跑，增量市场带来切入机会：国内面板厂大举投资AMOLED，本土配套及芯片国产化背景下迎来增量市场切入机会。公司AMOLED驱动IC已经出货，处于领跑地位。出色的产品搭配与及时的响应，加上对客户定制化需求的满足将使公司在国内AMOLED产线建设浪潮中斩获一定的市场份额。预计2016~2017年，公司新增AMOLED销售额为3700万、1.42亿。

图3　盈利预测

（4）根据对 K 线图的分析，所以我预测它应该会继续上涨。

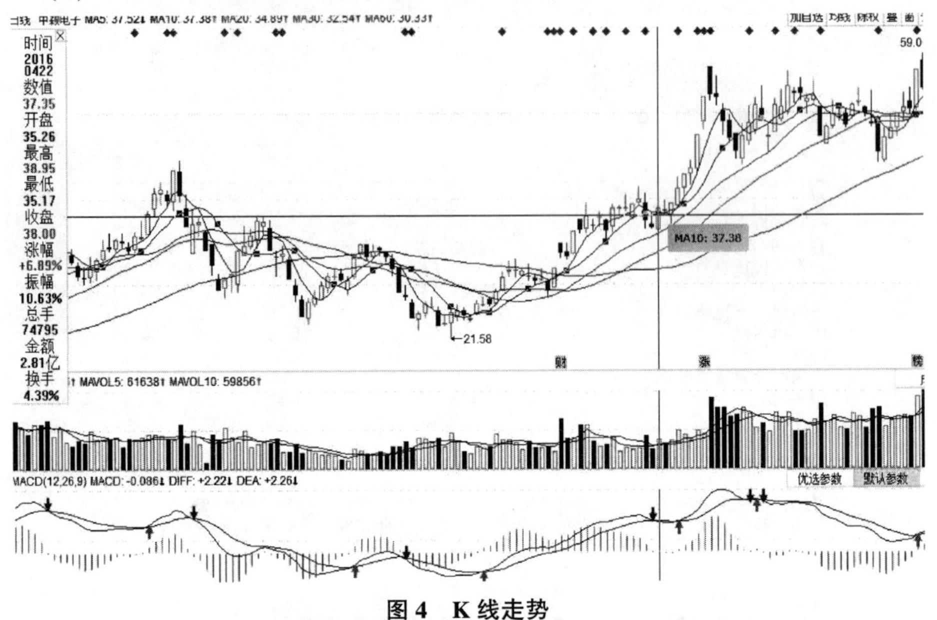

图 4　K 线走势

从 K 线图可以看出 4 月 22 日前后它一直在涨，而且有继续上涨的趋势。

预期收益：

以 38.13 元的价位不断买入，根据对它近期状况的分析（在这期间它一直是“领头羊”），所以我觉得应该能涨到 48.13 元左右，在它真的涨到 48 元时本想把它卖了，由于受一位经常玩股票的同学的影响，我决定再等两天，果然在两天以后也就是 5 月 4 日，它又一次涨停了，价格达到 50.71 元，所以在此时我果断把它卖了。所以在这次股票买卖中收益率达到了约 32.99%，这是我没有预料到的。

预期收益：22%

实际收益：32.99%

卖出时间：5 月 4 日

卖出理由：感觉它已经涨封顶了，而后只是量增价跌，应该不会再有上涨的趋势。

以下是我在买入到卖出这段时间中颖电子的具体情况：

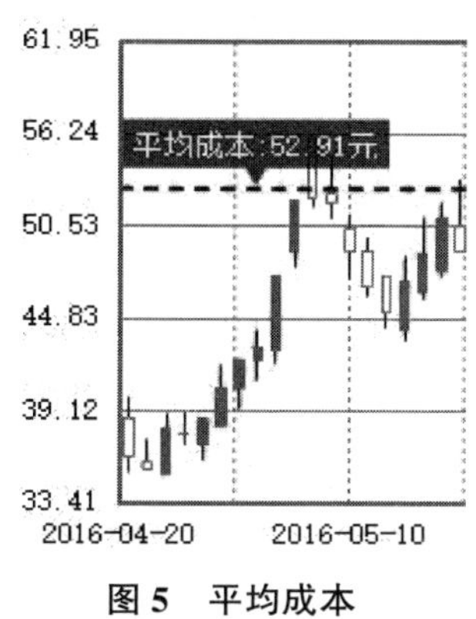

图 5 平均成本

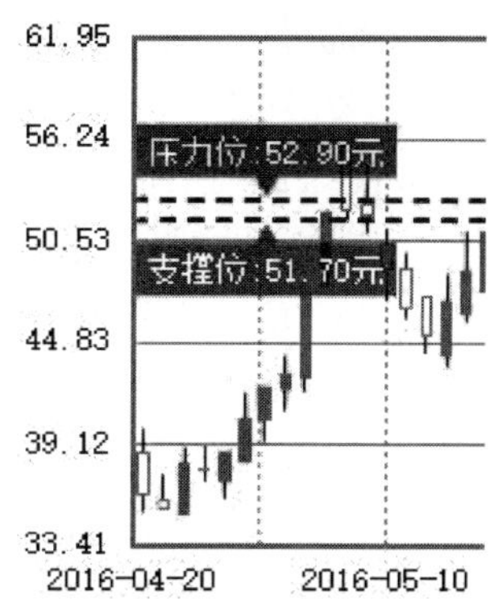

图 6 压力支撑

操作反思：

（1）信息的重要性。投资靠的不仅仅是技巧，它重要的一块，在于信息的获取和信息的处理。以中颖电子为标的，我们要善于搜集它的有关信息，如配股或股东结构变动情况，基于当时市场分析，做出正确的判断。

（2）不要过于贪婪，要学会适可而止。如果你的收益已经达到你所预判的或者比它更高，我觉得应该在适当的时机空仓，如果一味追求高收益，说不定下一秒就有可能亏损。

（3）果断的执行力。在作出自己的基本判断后，要坚持进行实战操作。其实，投资要慢慢形成自己的思路，而不是听从他人的意见，无论什么方法，可能你只要掌握一种就够了，把这种方法用精、用绝，你就会从中受益。自己所设定的止盈止损指令，要坚决执行。买卖股票要果断一点儿，而不是像在菜市场买菜一样，讨价还价。

（4）要有风险意识，股票市场本身就存在很大的风险，经常是上一秒还在涨，而下一秒就开始跌，所以心态要好，不论盈亏，都要从容应对。

案例分析：以厦门钨业（600549）为例[①]

厦门钨业（600549）所属板块为有色冶炼加工、稀缺资源、稀土永磁、沪港通概念、新材料概念、小金属、锂电池。预期收益大概在20%以上。

1. 买入理由

（1）钨业供给侧改革推进，钨精矿价格存在上涨空间。17 日的钨业协会

① 作者为华东交通大学经济管理学院 2013 级金融 1 班 16 号张倩。

会议决定，严格执行钨精矿开采总量控制等有关行业监管政策，继续控制产能、降低产量，2016年钨精矿产量同比下降15%，重点骨干企业主采钨精矿产量和共伴生钨综合利用产量共计减产1万吨，并继续实施钨精矿和APT等钨产品的商业储备。按照2015年14万吨钨精矿产量计算，今年计划减产2万~12万吨。我们认为，钨作为国家战略资源金属，供给集中，产值相对较小，或有望成为供给侧改革的优势品种。据估算，目前国内大中型钨矿的完全成本在8万~8.5万元，距当前钨精矿市场均价68000元/吨仍有23%~25%的倒挂空间。分析认为，随着供给侧改革以及高端制造产业升级对钨合金需求的拉动，钨精矿未来仍然存在上涨空间，公司盈利将充分受益上游精矿价格上涨。

（2）拟与海外领先石墨烯厂商股权合作，或进一步巩固国内电池材料龙头厂商地位。公司24日公告，与加拿大石墨烯厂商Grafoid公司签订意向性《备忘录》。根据备忘录内容，在尽职调查完成后，公司或将认购Grafoid不超过20%股份；在中国成立合资公司，以Mesograf的品牌生产Grafoid的专有石墨烯系列产品；为中国市场联合开发包括下一代锂电池、涂层、复合材料、水处理等新兴石墨烯应用。分析后认为，做大能源新材料是厦钨的核心发展战略，石墨烯则是全球公认的下一代锂电池正极涂层及电解液的极佳材料。厦钨目前拥有储氢合金粉产能5000吨，三元材料、钴酸锂、锰酸锂、磷酸铁锂等锂离子系列电池材料合计产能10500吨。如果认购股份成功，将有利于提升公司在锂离子电池电极材料及其他应用领域的行业龙头地位。

（3）自给成本约为采购成本一半。公司钨精矿自给成本大约为采购成本一半左右，2012~2015年第三季度，钨精矿自给成本分别是45300元/吨、48100元/吨、50200元/吨、48080元/吨，而同期采购成本分别是124500元/吨、121000元/吨、102080元/吨、74400元/吨，自给率的稳步提升，将极大压缩厦门钨业采购钨精矿的成本。

（4）行业秩序在恢复供需两方渐平衡。2016年第一季度钨精矿供需缺口是894吨，而2015年同期数据则为3860吨，2014年第一季度缺口为1956吨，显著低于2015年和2014年同期，在需求端未发生重大变化的情况下，钨企联手减产产生显著效果，钨库存增速有效降低。

（5）三元材料前景广阔。三元锂电池能量密度高，循环性能好于正常钴酸锂，在新能源汽车领域备受推崇。据中国汽车工业协会统计，2016年1~3月新能源汽车产销62663辆和58125辆，同比增长1.1倍和1倍。其中纯电动汽车产销46348辆和42131辆，同比均增长1.4倍；插电式混合动力汽车产销16315辆和15994辆，同比增长46%和43%。三元材料作为一种目前最为合适的电池正极材料，需求量将持续攀升。

2. 走势预测

预测 2016 年每股收益 0.20 元，较 2015 年同比增长 132.65%，预测 2016 年净利润 2.19 亿元，较 2015 年同比增长 133.01%。

3. 标的现状

厦门钨业（600549）近期成本为 30.78 元，股价在成本上方运行。多头行情中，且具有加速上涨趋势。近 10 日来所属的有色冶炼加工行业走势明显向上，明显跑赢大盘。目前资金总体呈流入状态。且近日厦门钨业半年报公布利润增长的利好消息。

图 1 周 K 线走势

4. 反思及启示

从 3 月初模拟盘一直关注着厦门钨业，看着这只股票一路上涨，股价方面几乎翻了 1 倍。由于缺乏一定的投资经验以及自我判断风险承受能力不高，一直不敢对其进行实盘买进，没有能跟上致富的脚步。虽然只能在模拟盘账户上过过眼瘾，但是学习投资的过程令我受益颇丰，主要总结出了如下几点：

证券投资过程要不断总结经验教训，投资理论结合实际进行操作。离开了实际操作，再精妙的理论都只是放空炮；没有理论支撑的实际操作也只能说是瞎捣鼓。

摆正自己的投资心态，对判断好的股票操作时要果决。同时也要懂得知足常乐，戒躁戒贪，在投资长线股票的时候不要被短期的市场情况影响。

虽然中国的股市不如发达国家的股市发展成熟，很多时候发达国家股票市场形成的理论体系并不适用于中国股市，体现在技术面分析和基本面分析并不会很准确。但是我认为一个公司的股价还是取决于公司的内在价值，倘若公司的发展前景和发展能力很强，从长期来看它的股票一定是具有投资价值的。

案例分析：以海南航空（600221）为例①

投资标的：海南航空（600221）

预期收益：原预期收益为每股 4.0 元

买入理由：该股将进入一个多头的行情中，股票的一个短期涨幅应该较大，所以买入。

自 2011 年以来航空业就一直处在一个业绩低谷，但是到了 2014 年下半年，在全球经济企稳、油价下跌、需求逐渐回暖的利好作用的因素下，航空业的业绩逐渐复苏，到 2015 年更是大幅增长。因近几年原油价格下跌，再加上许多的预测，在 2016 年，原油的价格有可能还会处于较低的一个水平。原油价格的下跌对许多的行业可能有着或多或少的影响，但是对于航空行业有一定的利好，在 2015 年，海南航空在 6 月 30 日的股价达到 7.01 元/股，比开盘价 5.38 元/股高出 1.63 元/股。按照这种趋势，认为海南航空（600221）在 2016 年应该也会有一个好的趋势。

在 2016 年 4 月 8 日，以 3.15 元/股的价格买入海南航空（600221），在 7 月 2 日委托卖出，以 3.19 元/股的价格成交。实际收益只有 0.04 元/股，在卖出后股价又有所上升。所以卖出时间早，导致收益减少。

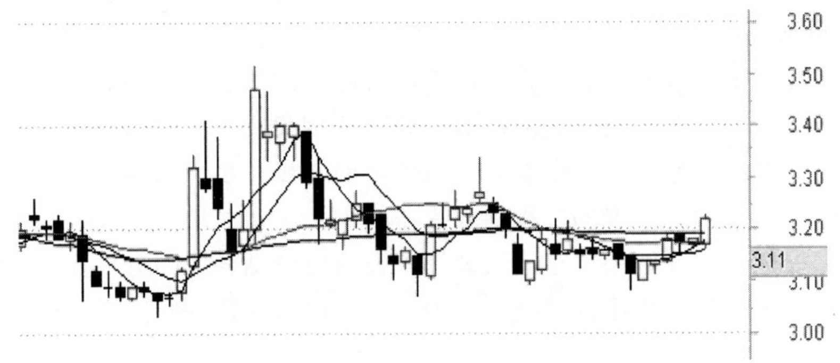

图 1　K 线走势

从 2016 年 4~7 月的走势图来看，发现涨幅都很小。但是很多机构对于海

① 作者为华东交通大学经济管理学院 2013 级金融 1 班 17 号朱思敏。

航的股票近期都处于持有或者加持的一个状态，例如国泰君安证券有限公司、国金证券有限公司等对它的评价都是“买入”的一个状态。这也证明了我之前的分析是正确的，它在近段时间确实是有投资的价值。

海航公司目前在行业居于领先地位，尤其是在客运量方面，近几年来的增长一直都高于国内民航平均水平，市场占有率在不同的航线上从21%到98%不等。它的综合竞争力还是比较强的。公司的经营现状良好，从其资产负债表上可以明显地看出现金和资金的流入大于流出。海南航空公司在2016年过去的半年中提出了许多的收购和合并计划，2016年4月11日收购瑞士航空服务公司Gategroup、5月27日收购葡萄牙航空20%的股权、5月31日收购维珍澳洲航空13%股份等。也说明了公司的成长迅速，但股票增幅不大。

反思：在7月2日将其卖出的理由是因为在6月以来的收益不稳定，但波动不大，到了7月成本都固定在3.17元/股，且股价在成本的上方运动，所以不论是持有还是抛出，在当时已经是处于收益的状态，所以选择卖出。但是我的卖出判断应该是不那么正确的，应该长期持有或者中期持有，因为这只股票就要处于一个反弹的状态，而我在反弹之前就已卖出。所以这是一个判断失误的地方。

经验与启示：在对海南航空（600221）的分析中，很显然存在很多不到位的地方，也正是因为证券市场的风险不确定性，所以我们没有办法去对它做出一个很理性的判断，只有不断地去模拟、摸索才能找出一点点的规律。对于海航的股票做一个卖出的决定显然不是特别恰当的，鉴于之前分析的该公司的市场经营情况和资产负债表以及重大相关事件、新闻的分析，对于这只股票应持“加持”、“买入”或者“持有”的态度，并且应该做中长期投资。相比国际市场，我国对于航空股的估值已经处于偏高的状态，但是由于油价的下跌和旅游产业的发展，我国航空业仍处于周期景气的阶段，公司收益依然有进一步上升的空间。因此我认为海南航空公司依然有投资的价值。

案例分析：以天赐材料（002709）为例①

一、投资标的

2016年6月，我结合市场背景，在新股涨势较好的情况下，选中了天赐

① 作者为华东交通大学经济管理学院2013级金融1班18号张蕊，本学期参加国泰安证券模拟大赛，叩富网模拟炒股最终收益率为10.7%，账户名：zr20130410090118。

材料（002709）作为投资标的，在6月7日，以59.09元左右的价位买入。数量为411300股，买入后持续上涨，最终以72.95元的价格卖出。盈亏金额为5688689元，增长率达到23.4%，是一个很好的收益。

二、公司概要

广州天赐高新材料股份有限公司是一家专业从事个人护理品功能材料、锂离子电池材料、有机硅橡胶材料的高科技民营企业。公司成立于2000年6月，注册资本9880万元。2007年11月由广州市天赐高新材料科技有限公司整体变更为广州天赐高新材料股份有限公司。公司位于广州市黄埔区经济技术开发区内，占地面积7万余平方米，工厂建筑面积5万余平方米，建有配套完善的公用工程设施。公司下设遂昌天赐高新材料科技有限公司和九江天赐高新材料有限公司两家全资子公司，同时控股广州天赐有机硅科技有限公司。

2002年以来公司先后通过ISO9001质量管理体系认证、ISO14000环境体系、OHSAS18000职业健康安全体系认证。并于2008年重新通过第三方认证，公司近年来取得多项科技成果，申请专利25件，其中授权发明专利10件。“锂离子电池功能电解质的研究与产业化应用”荣获2007年度广东省科技进步一等奖、“锂离子电池过充安全型功能电解液的开发与应用”荣获2008年广州市科技进步二等奖、“日化用高黏度透明硅油”荣获2005年度广州市科技进步二等奖；“日化用高黏度透明硅油”列入国家级重点新产品；“丙烯酰胺交联共聚物乳液”、“阳离子纤维素”、“锂离子电池用电解液”、“电力电缆用硅橡胶”、“快速成型用模具硅橡胶”被列入广东省高新技术产品；“电力电缆用硅橡胶”、“动力锂离子电解液”被列为广州市自主创新产品。“天赐”品牌获得“广州市著名商标”称号。

三、预期收益

最初的预期收益希望可以达到10%以上，但买了这只股票之后发现它持续上涨并且远远超过预期，现在最终达到23.4%，结果非常出乎意料。

四、买入理由

（1）从公司发布的新闻上看，行业地位很高，在化学——化工制品中排名第一。

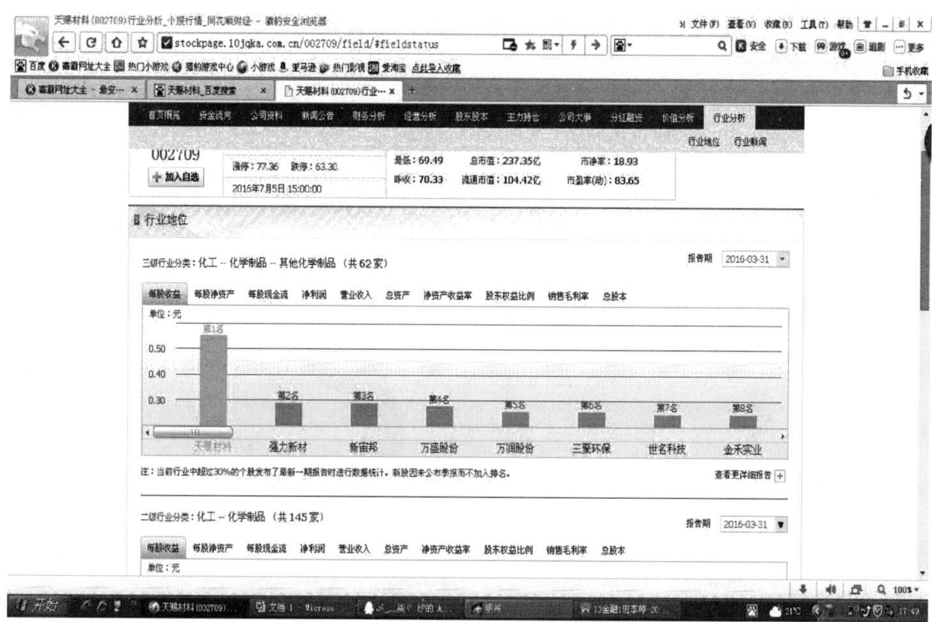

图1　行业地位

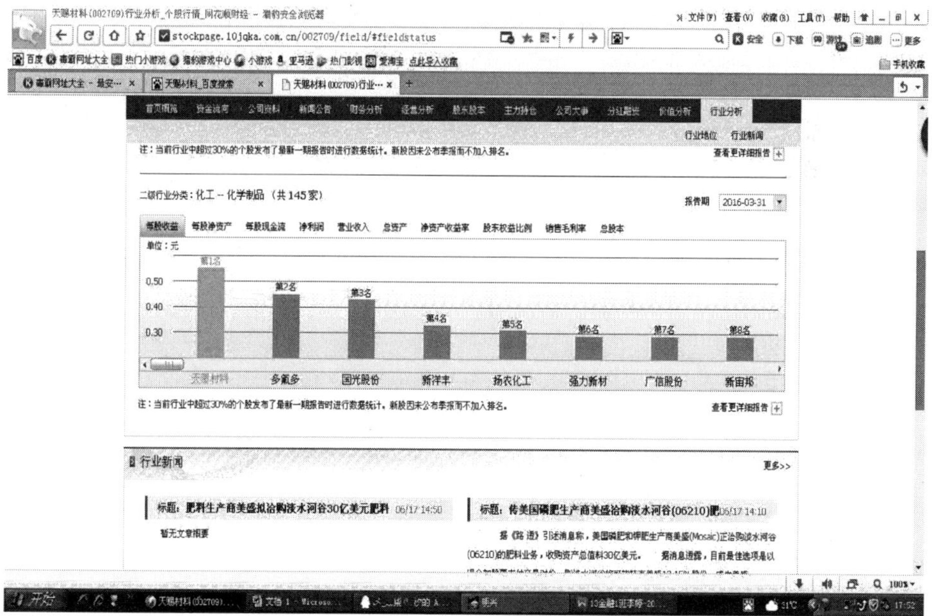

图2　每股收益排名

（2）在资金流向方面，大单流入和流出占较大比例，有利于股票的流通和发行。

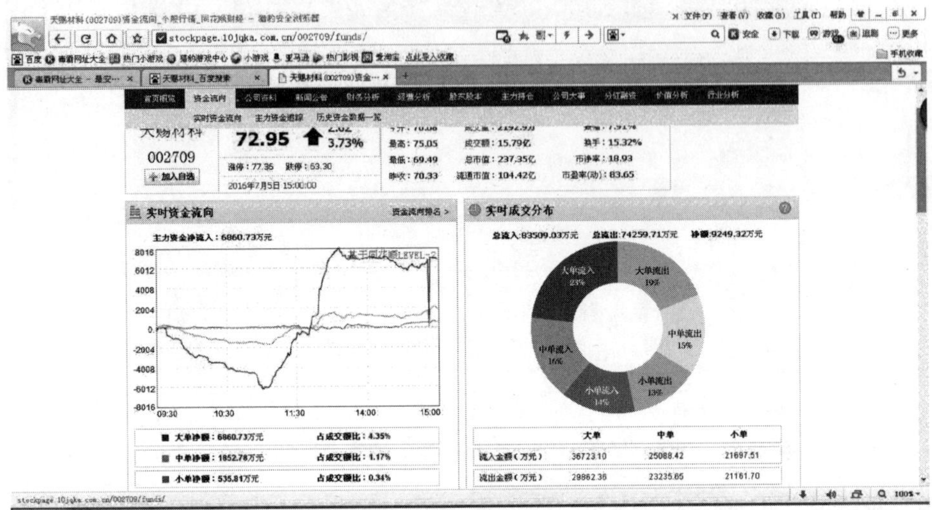

图3　资金流向

（3）机构持股较明确，数量较大，对股票的增长很有利。

机构持股汇总

主力进出\报告期	2016-03-31	2015-12-31	2015-09-30	2015-06-30	2015-03-31
机构数量(家)	17	35	6	12	5
累计持有数量(万股)	715.64	1335.27	756.55	555.93	790.53
累计市值(亿元)	5.76	10.42	2.64	2.19	3.15
持仓比例(%)	12.58%	23.48%	13.30%	9.80%	13.94%
较上期变化(万股)	↓ -619.63	↑ 578.72	↑ 200.62	↓ -234.6	↑ 537.22

注：若当期数据无主力机构持仓或公司定期报告未披露完毕，则不显示。

图4　机构持股

（4）隔一年分红一次，每次的利润很大，有很好的收益。

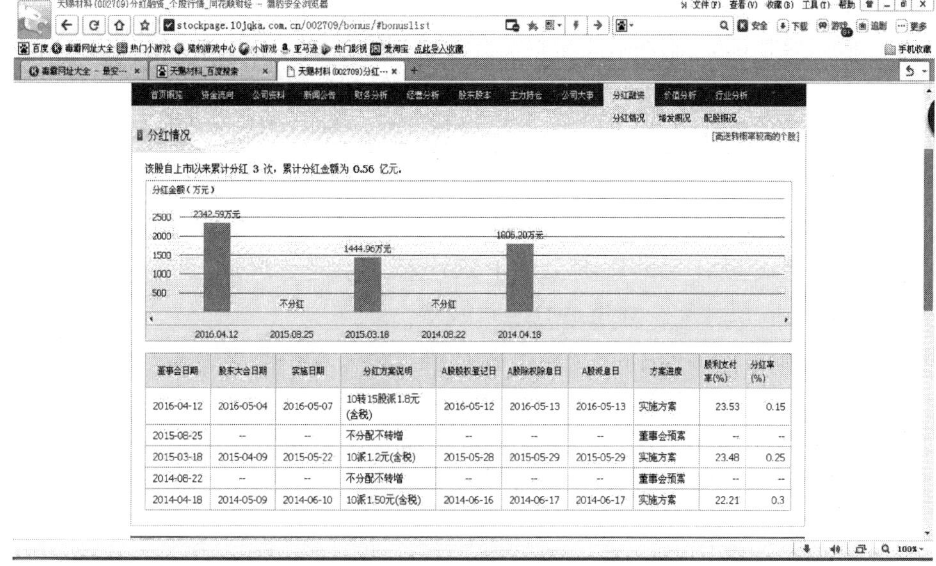

董事会日期	股东大会日期	实施日期	分红方案说明	A股股权登记日	A股除权除息日	A股派息日	方案进度	股利支付率(%)	分红率(%)
2016-04-12	2016-05-04	2016-05-07	10转15股派1.8元(含税)	2016-05-12	2016-05-13	2016-05-13	实施方案	23.53	0.15
2015-08-25	--	--	不分配不转增	--	--	--	董事会预案	--	--
2015-03-18	2015-04-09	2015-05-22	10派1.2元(含税)	2015-05-28	2015-05-29	2015-05-29	实施方案	23.48	0.25
2014-08-22	--	--	不分配不转增	--	--	--	董事会预案	--	--
2014-04-18	2014-05-09	2014-06-10	10派1.50元(含税)	2014-06-16	2014-06-17	2014-06-17	实施方案	22.21	0.3

图 5　分红情况

（5）预测 2016 年每股收益 0.92 元，较 2015 年同比增长 12.2%，预测 2016 年净利润 2.75 亿元，较 2015 年同比增长 176.52%。

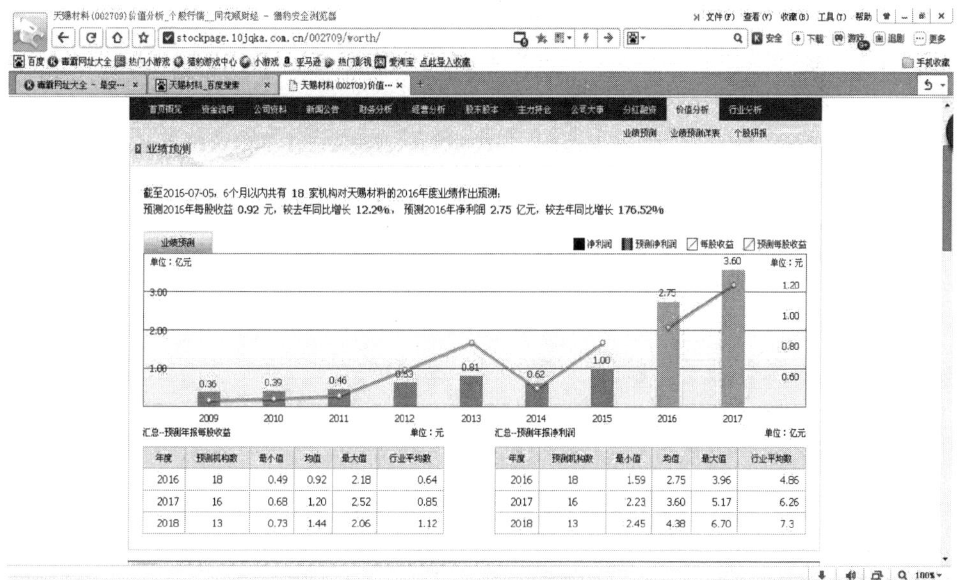

汇总--预测年报每股收益　单位：元

年度	预测机构数	最小值	均值	最大值	行业平均数
2016	18	0.49	0.92	2.18	0.64
2017	16	0.68	1.20	2.52	0.85
2018	13	0.73	1.44	2.06	1.12

汇总--预测年报净利润　单位：亿元

年度	预测机构数	最小值	均值	最大值	行业平均数
2016	18	1.59	2.75	3.96	4.86
2017	16	2.23	3.60	5.17	6.26
2018	13	2.45	4.38	6.70	7.3

图 6　业绩预测

(6) 股票价格通常与股东人数成反比，股东人数越少，则代表筹码越集中，股价越有可能上涨。

(7) 放量稳定，均线稳步上涨；处于波浪理论的低点处，属于低价购入或低位补仓的合理点。

五、卖出时间价格

在7月5日卖出，以23.4%的收益比卖出，成交价为72.95元。

六、卖出理由

(1) 受当时持仓量的影响，由于只持有了半仓，投资组合安排不合理，决定缩减持有股票种类，着重持仓一只股票。

(2) 受当时股市震荡的影响，5月初刚过去一次小股灾，本人在此次低谷中损失较重，故在收益率由负转正后决定清仓，重试一个新的投资方式。

(3) 在5月18日，有一个较大幅度的放量，成交量出现爆发式增长，本人以为会出现震荡，故决定清仓走人。

七、反思与启示

启示：

(1) 市场是有规律的，市场的规律性源于不变的人性！

(2) 耐心地等待市场真正完美的趋势，不要做预测性介入；“时机就是一切”，在恰当的时候买进，在恰当的时候卖出。

(3) 不要奢望买入最低点，不要妄想卖出最高价。

(4) 量能的搭配问题。

(5) 善用联想。

(6) 要学会空仓。

(7) 暴跌是重大的机会。

(8) 保住胜利果实。

反思：现如今是人为的股灾，没讨论的必要。但今后假如只死你一个人，你要检讨；大家都赚了，就你没赚，你也要检讨。

我们炒股随时有可能步入庄家的陷阱，唯一避免的方法是“不炒股”，做得到吗？做不到！因为，我们贪，我们想不劳而获。

这个行情中也会有人侥幸逃脱，但你只要接着炒，套牢是早晚的事。跟鱼一样，这一网你当了漏网之鱼，下一网呢？再下一网呢？我在《从钓螃蟹联想到炒股票》中已下过结论：“你只是个待进庄家盘中餐的肉。”

昨天我的一个朋友跟我说：“我们的问题出在哪里？看来还要检讨啊。”

我直接回答说："这种行情是庄家（且是大庄）存心砸，我们没必要检讨。"

我们做点有意义的讨论吧，先说说学习方法，有些人该较真的不较真，不该较真的偏较真。

比如，有这么一句话："新手套死在山顶上，高手吊死在山腰中，老手磨死在山底下。"大家如教条地记住这几句，一点意义也没有，山顶、山腰、山底，只是事后才知道，你在事先要能知道，你早就是百万富翁了。要这样理解：新手套死在山顶上是因为他爱追高，是3000点时追了6000点的价，且不知获利了结；高手吊死在山腰中是因为买了"落"下来的股，而没买"砸"下来的股，且他不知反弹目标位；老手磨死在山底下因为他买个底卖个底。山顶、山腰、山底都不能买，且问什么时候能买呢？记住：股市中的每一句话，都要加个前提，否则不成立。

但对"砸"和"落"这样的关键词却不去好好理解，举个例子：600717天津港是落，600681是砸。要好好理解中国话：落是指从高处坠落，不用外力，砸是指被砸的处于相对低位，且必须是借用外力的，故买砸的不能买落的。

另外，所有的技术分析也一样，分析得再正确，也得看明天庄家的脸色，否则，那些股评的专家还不都成百万富翁了？同理：股票大赛也不可尽信，炒作时拿的是自己的钱还是别人的钱，根本就是两回事，首先心态就不一样，像他们那样操作，用不了几年，竞赛的前几名以后就不会炒股了。不信，你拭目以待，他们去干什么？去做股评呗。

但现在是底部区域应该没有争议吧？买个底总没错吧。赔了？赔了也得买，现在不买的人，早晚也就是个"赔"！

什么叫"坚持"，只有当别人不再坚持时，你才叫"坚持"，在股市中你必须做一个能"坚持"与众不同的人。我这个人什么都不行，但"与众不同"是我的特色。我的行事原则，决定我的操作，但若问赔了怎么办，那没办法，正因为我按原则行事，我按事实说话，我才挣了钱，如果因为这个赔没了，也是天意。我不会改，改了就不是我了，至死我也要按我的原则行事，反正我的钱都是我赚来的，怕什么？来这一辈子，你赚了什么，又赔了什么？

最后说一句：要怕就别惹别人，惹了就不能怕。要炒股就别怕赔，怕赔就远离股市。

案例分析：以初灵信息（300250）为例①

在叩富网的高校实练平台中，本人账号 scott0119，最终收益 10.88%，达到考核标准，由于本人在股票操作方面实属菜鸟初级阶段，所以其间有幸得到邓老师与同学们的帮助，在此深表感谢。由于操作时间局限，对短期操作的一只股票进行分析。

一、初灵信息（300250）公司分析

1. 公司投资亮点

初灵信息（300250）公司专注于信息接入方案的设计及相应设备的研发、生产和销售。主要产品分为三大类：客户信息接入系统、广电宽带信息接入系统、机房基站核心设备信息管理系统。公司为高新技术企业，拥有浙江省级高新技术企业研发中心和杭州市级企业高新技术研发中心。截至 2010 年 9 月，公司 EoC 产品市场占有率为 14.2%，居全行业第一。

初灵信息（300250）大客户专网市场占有率逐步提高：大客户专网方面，公司早期销售采取 OEM 方式，自 2006 年开始转为“自主销售+运营商合作”方式，市场份额逐年提升，由 2008 年的 2.47% 占有率提升至 2010 年的 3.56%。在未来大客户接入设备升级更新的趋势下，公司市场份额有望进一步提升。

2. 基本面分析

初灵信息（300250）属于小盘股。财务状况较好。管理成本控制在较稳定水平，负债明显增加。为通信交换传输设备业第三大公司。

3. 技术面分析

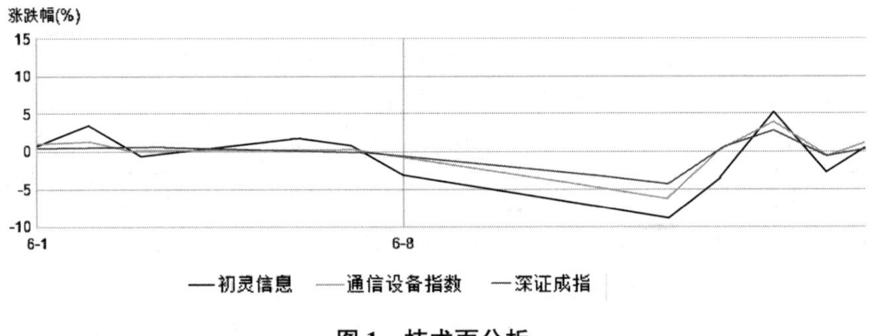

图 1 技术面分析

① 作者为华东交通大学经济管理学院 2013 级金融 1 班 19 号石羽。

在过去几个交易日，该股整体走势相对弱于大盘。

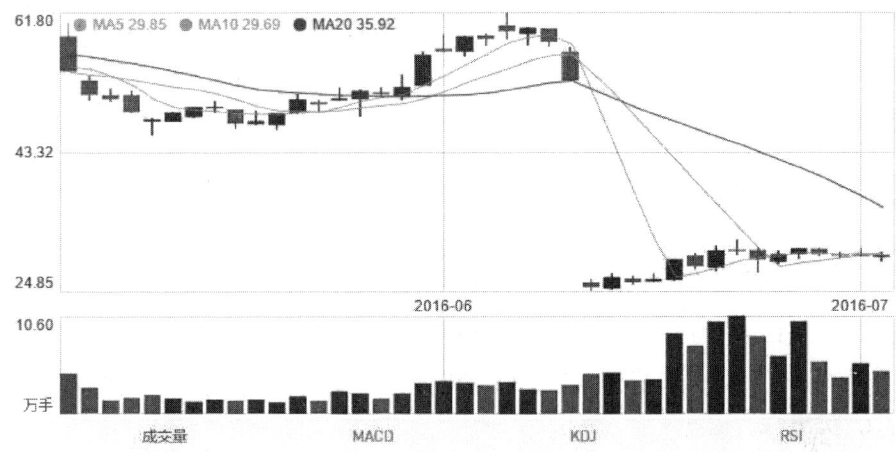

图 2 K 线走势

图 2 为此股股价走势图。由于本人操作时间为 6 月 17~23 日（短期），所以对当时情况进行如下识别：①处于下降趋势，近期持续向下回落；②下跌破位 K 线形态，空头占据相对优势；③出现无量跌停，注意防范风险；④整体走势相对弱于大盘。

此外，资金方面。初灵信息：近 5 日内该股资金流入较多，远高于行业平均水平，行业资金：近 5 日资金总体呈流出状态，投资者应谨慎关注该行业的个股。

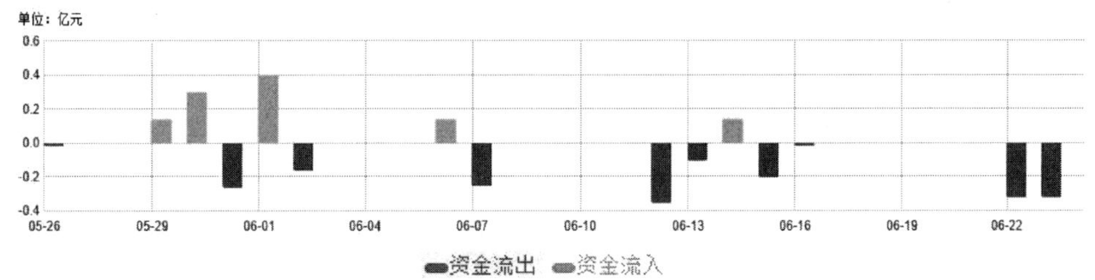

图 3 资金流向

机构评级：最近 60 个交易日，机构评级以增持为主，认为该股票有一定的投资价值。

因此，在 6 月 17 日进行如下操作：先以 26.78 元买入 1700 股，后以 26.71 元买入 3488700 股，预期收益 6%~8%，于 6 月 23 日以 31.41 元卖出 3490400 股，收益 16359504.8 元，即盈利 17.54%。

二、经验与反思

对模拟炒股进行反思，在模拟炒股这段时间里，很真实地感受到“喜红厌绿”的感觉，虽然不是实盘操作，但对金钱的得与失有了不一样的感受，对炒股有了一定的认识：

1. 选股

优选：行业空间大、整个行业增速高、标的企业优势明显确定性高、标的企业迎来转折、标的企业市值小（小于 150 亿元）、估值较低。

次选：行业空间大，标的企业优势明显确定性高，标的企业迎来转折，标的企业市值小（小于 150 亿元，像乐视网这样的企业除外），估值较低。

一般：标的企业优势明显确定性高、标的企业迎来转折、估值较低。

2. 卖出

①转折完成后，②市值达到阶段预期时。一旦达到这两个条件，马上清出，不犹豫。

3. 中途换股

中途要是出现较好的标的，除非确定性和转折幅度远远大于现有标的，否则不考虑换股。因为，换了一次，可能就还有第二次，无形中降低了最后投资利润的确定性。

4. 集中还是分散

能多集中就多集中，越集中，就越说明标的企业非常符合自己的选股逻辑，拿着放心。

投资案例：以新亚制程（002388）为例[①]

摘要：此股算是我投资生涯第一桶金，若是坚持持有到现在恐怕利润惊人，由于早抛后来常常后悔不已，但也时常反思在上升突击过程中的合理抛出点及对于低价启动股的挑选策略。

选择标的：新亚制程（002388）

买入时间：2016 年 2 月 15 日

买入原因分析：

① 作者为华东交通大学经济管理学院 2013 级金融 1 班 21 号朱炜杰，叩富账号：towertower；当前收益：9.9%，参与比赛：大智慧校赛 38 名，省赛 170 名。

1. 基本面分析

最近第一季度的基本面较为乐观，不过当时 2 月左右基本面较为糟糕，收入与毛利率都为负值，不过负债率不高，有借助进一步负债提升盈利能力的可能。市盈率较高但换手率很高引人注意，同时当天的主力流入较为明显。总股本与流通值都较低（3.8/4），盘子小易于拉升，尤其在大盘经历熔断洗劫后，有一定程度上的调整需求。

2. 消息面

本身属于电子信息与原件行业，在当时一周内表现较为活跃，但此股迟迟未动，另外放出股权质押解禁的消息，有再质押的可能。另外大众对于大盘向上调整有一种心理认定，大局上来说较为利好。

3. 技术面

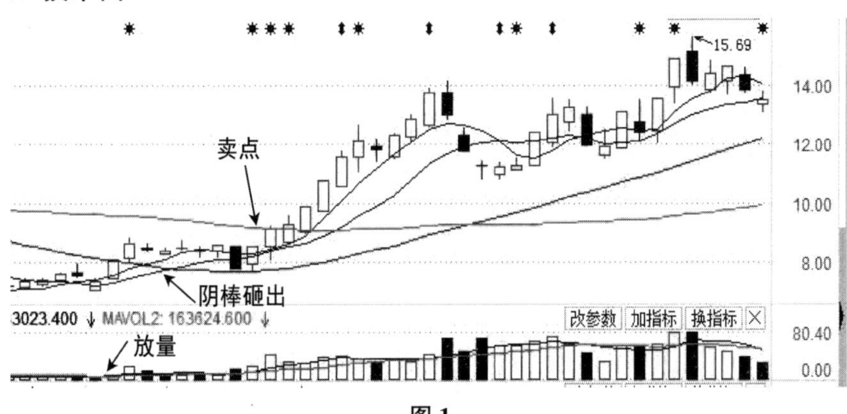

图 1

当期买入价大约在 8 元左右的位置，从图中不难看出当时曲线经过之前熔断下调后开始缓慢回调，2 月 13 日在向上回调过程中收获一根短金针菇，在此基础上 14 日开始筑底翻红，而到 15 日开始相比之前有了一个明显的放量过程。从 K 线上讲，短期日线自熔断下挫以来已初步形成底部姿态，30 日线（绿）当时即将与 5 日与 10 日线相交，有一波底部筑底的可能性，同时，KDJ 也处于中线金叉向上姿态，故不再旁观，开仓入场。

目标收益：10%

后续分析：在买入后经历了一周的横盘，量也放松很多，曾一度以为主力已出，但阶段性的换手率依然高昂，活跃因素并未找到，图中可以看出横盘不久后向下砸出一根大阴棒，同时伴随量升，当时一度想割肉走人但最终坚持，可以看出下砸大阴棒后二次筑底已成，经历了多日的连阳，也判断出前日的下砸为刻意的吓散举动，因此坚持持有了大约 1 周，后续走出了较为漂亮的多头踏浪上升。

卖出时间：2016 年 3 月 3 日

卖出原因：多为忌惮其盈利状况不佳，同时当天股价经历了一个较大的波动，散户占比增加等，自身不再具有足够持有自信，也因为有了一定收益，因而做出止盈，卖出价位大约在 9.5 元左右。

实际收益：16%

反思：后面可以看出我真正收益的只是前面较少的 4 根，而并没能坚持持有到最后，后面可以看到此股一波踏浪二波蓄势后最高能踩到 15 元钱，可以说收益非常惊人，当然前面也提到了由于自身考虑较多出于求稳出局较快，9 块多钱就抛逃，当然也算达到了当期的目标。倘若一直摊放，最终能否爽快脱手也难能可知。

总结：这只股票我将其归为业绩较差的小盘低价股，此类股股价较低，往往容易在底部筑底，当然在行情较好的时候，低价股不易腾飞，但一旦腾飞，容易出成妖股。所以这类股一般风险较小，但容易横盘浪费投资时间，盘子小所以较易爬升但也较易下滑，容易受主力与行情因素所控制，因此作为新手投资者来说或许是一种稍稳妥的选择，但对于行情与主力动向的把控一样至关重要。

案例分析：以北陆药业（300016）为例①

摘要：本案例描述了对整个医药行业的整体分析，通过数据报表详细罗列了北陆药业的财务状况，进而写出了自我的感受。企业财务分析报告是对企业经营状况、资金运作的综合概括和高度反映。

关键词：北陆药业；财务报表；自我感受

1. 引言

参加了大智慧的比赛，再加上之前的几次经验，对炒股的了解也慢慢的扩展开来，本文着重描写了北陆药业的具体状况，以此来相互借鉴其他的股票情况。

2. 公司发展及现状

1992 年，公司前身是北京市北陆医药化工公司，2001 年变更为股份有限公司，2008 年被科技部认定为高新技术企业，2009 年 10 月在创业板上

---

① 作者为华东交通大学经济管理学院 2013 级金融 1 班 22 号陈威麟。

市，公司实际控制人也是公司创始人王代雪先生目前持有公司 23.13%的股权。

公司控股公司中的新先锋主要是负责药品经销业务，易佳联主要是负责网络服务和软件业务，公司也利用它来完成主营业务对比剂在医院进行学术营销、推广和售后服务的一个技术平台。公司参股的中技经投资顾问公司主要从事生物技术、信息技术、能源等各类投资，目前无利润贡献。

3. 行业背景

医药行业是一个多学科先进技术和手段高度融合的高科技产业群体，涉及国民健康、社会稳定和经济发展。回顾中国医药行业近年的发展情况，全国医药生产一直处于持续、稳定、快速发展阶段。1978~2008 年，历经 30 年改革大潮洗礼的中国医药行业发生了翻天覆地、日新月异的变化。30 年来，中国医药工业增长速度一直高于国内生产总值（GDP）。1978~2007 年，医药工业产值年均递增 16.8%，成为国民经济中发展最快的行业之一。中国已经具备了比较雄厚的医药工业物质基础，医药工业总产值占 GDP 的比重为 2.7%。维生素 C、青霉素工业盐、扑热息痛等大类原料药产量居世界第一，制剂产能居世界第一。中国药品出口额占全球药品出口额的 2%，但是中国药品出口的年均增速已经达到 20%以上，国际平均水平是 16%。与此同时，中国药品市场地位不断提升，占世界药品市场的份额由 1978 年的 0.88%上升到 2008 年的 8.25%。但是中国医药企业目前还普遍存在“一小二多三低”的现象，即大多数生产企业规模小，企业数量多，产品重复多，大部分生产企业产品技术含量低，新药研究开发能力低，管理能力及经济效益低。不过总体看来，在新医改环境下，中国医药行业今后 5 年世界药品市场增长的重心将从欧美等主流市场向亚洲、澳洲、拉美、东欧等地区逐渐转移。中国医药行业仍然是一个被长期看好的行业。到 2013 年中国将超过日本成为世界第二医药大国，2020 年前中国也将超过美国，成为世界第一医药大国。

4. 上市公司的投资价值

医药行业的高投入、高技术含量的特点决定了其高附加值的特性。一种新药一旦研制成功并投入使用，尽管前期投入巨大，但产生的收益也是巨额的。据统计，一个成功的新药年销售额可以多达 10 亿~40 亿美元；世界排名前 10 位的医药企业利润率都在 30%左右；专利产品在专利有效期内由于能垄断该产品市场，因此，在受益期内能获得巨额垄断利润。

5. 面临的投资风险

（1）高投入性。

医药行业的高投入性在新药上要比普药表现得更为明显。一般，普药具有生产工序简单、投入低、产品科技含量低、市场需求量大的特点。而新药的开发和生产则需要大量投入，而且生产工序复杂，研制期长。通常开发一种新药平均需要耗资 2.5 亿美元，有的高达 10 亿美元，从筛选到投入临床需要 10 年的时间。

（2）高风险性。

医药企业经营业绩悬殊，且易波动。由于药品特异性强，市场空间主要受其性能决定，技术含量高、性能好的药品往往有极广阔的市场和优厚的价格，开发出这类药品的企业能够取得高额利润，相反对于性能一般的药品即使价格下降也不会增加市场规模，一旦供应量增加就意味着企业效益的快速滑坡。由于一种药品的畅销周期一般只有 3~5 年，而许多医药企业依赖于一两种产品，其风险可想而知，即使是国际上一些大公司，其业绩也经常发生大幅波动。尤其是那种依赖单一品种获得高额利润的公司似乎更容易出现这样的风险。

医药行业的高风险性也非常明显，主要表现在：

1）一种新药一旦临床中或上市后发现其有严重的副作用或药效提升有限，将很快被市场取消或淘汰，由此造成的损失是无法挽救的。

2）专利新药的垄断具有局限性和暂时性的特点。由于药品种类的广泛性，因此，一个企业无论如何尽其所能也只能垄断某个专利新药市场，但不可能垄断整个医药市场甚至某一类药品市场。并且由于专利具有时效性，这种垄断是暂时的，一旦专利保护期限解冻，竞争优势将迅速下降。随着制药技术的不断升级，药品市场也不断更新换代、推陈出新，任何一种新药在市场上都随时存在被药效更佳、功能相似、价格相近的新药取代的风险。

（3）高收益性。

医药行业的高投入、高技术含量的特点决定了其高附加值的特性。一种新药一旦研制成功并投入使用，尽管前期投入巨大，但产生的收益也是巨额的。

据统计，一个成功的新药年销售额可以多达 10 亿~40 亿美元；世界排名前 10 位的医药企业利润率都在 30%左右；专利产品在专利有效期内由于能垄断该产品市场，因此，在受益期内能获得巨额垄断利润。

（4）市场进入壁垒高。

由于医药商品与人类的健康和安全紧密相关，因此，世界各国无一例外地对药品的生产、管理、销售、进口等均采取严格的法律条款加以规范和管理。未经等级规范论证的药品和企业很难进入药品市场。同时，制药行业高技术、高风险、高投入的技术资本密集型特征也加大了新企业进入的难度。在我国的医药产业政策中，也对市场进入做出了若干规定，对某些医药的生产和经营设立了特许制度，如毒性药品、麻醉药品、精神药品、毒品前体、放射性药品、计划生育药品由国家统一定点、特许生产，并由国家特许定点依法经营；同时还规定，外资暂不能参与国内药品批发、零售业经营。因此，相对来说，医药行业的进入门槛是比较高的。

（5）集中程度高。

从世界范围来看，医药行业是集中程度最高的行业之一，首先是医药企业管理极其严格，任何新药问世以前，必须经过长期、复杂的临床试验，被淘汰的可能性极大，因而新药的研制费用极高，国外研制一种新药一般要花费 2 亿~10 亿美元，这是一般企业无法承担的，只有少数制药巨头才有能力组织医药的研究和开发，并因此在同行业竞争中取得优势和获取垄断利润。当前，葛兰素、默克、辉瑞等制药巨头在世界医药市场上占据着举足轻重的地位，而且行业兼并势头很猛，目前排名世界前 10 位的公司占到市场总量的 1/3 以上。

6. 如何决策

通过对北陆药业 2014~2016 年的财务状况的分析可以了解到，该企业在医药行业中的发展潜力很大，公司在 2009 年 9 月上市后，企业的整体水平都有了很大的提高，如图 1 所示。对于企业未来的发展，我们结合企业所处的内外部环境可以对企业的前景进行以下分析。

该企业作为国内首家成功仿制磁共振对比剂生产企业，通过十多年的不懈努力，逐步掌握了影像诊断技术产品的关键生产工艺，并且通过科研创新，形成有效的监测方法和控制标准，特别在减少金属引入，保证络合效果，提高原料纯度，优化工艺，提高药液稳定性等方面形成了专有的技术特点。通过这种引进、吸收、再创新的方式，公司成功研制多个成熟产品，并推向市场。目前，企业在继续调整和优化对比剂产品结构，保持其在对比剂细分市场的领先地位，力争成为对比剂市场最具竞争力的专业化生产厂商，成为我国领先的对比剂系列产品生产企业。公司的产品及生产工艺均居国内同行业领先水平。

国家政策的大力支持将促进企业的发展。政府为建立一个具有中国特色的

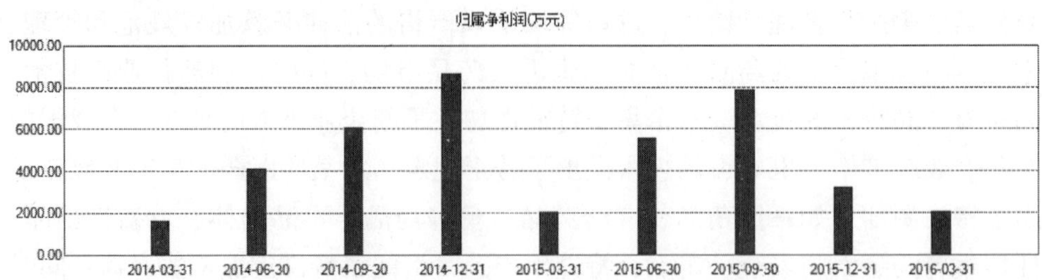

每股指标	16-03-31	15-12-31	15-09-30	15-06-30	15-03-31	14-12-31	14-09-30	14-06-30	14-03-31
基本每股收益(元)	0.0629	0.1100	0.2522	0.1800	0.0656	0.2800	0.1969	0.1300	0.0519
扣非每股收益(元)	--	0.1000	--	0.1800	--	0.2800	--	0.1310	--
稀释每股收益(元)	0.0629	0.1100	0.2522	0.1800	0.0656	0.2800	0.1969	0.1300	0.0519
每股净资产(元)	2.7584	2.6963	2.2326	2.1561	2.0707	2.0021	1.9858	1.9147	1.9237
每股公积金(元)	0.9944	0.9944	0.3419	0.3390	0.3214	0.3185	0.3183	0.3096	0.3009
每股未分配利润(元)	0.6675	0.6055	0.8012	0.7276	0.6744	0.6088	0.5511	0.4887	0.5063
每股经营现金流(元)	0.1045	0.2446	0.2232	0.1243	0.0292	0.1353	0.1234	-0.0005	-0.0532
成长能力指标	**16-03-31**	**15-12-31**	**15-09-30**	**15-06-30**	**15-03-31**	**14-12-31**	**14-09-30**	**14-06-30**	**14-03-31**
营业总收入(元)	1.15亿	4.91亿	3.97亿	2.72亿	1.16亿	4.40亿	2.88亿	1.84亿	7857万
毛利润(元)	8185万	3.55亿	2.87亿	1.97亿	8461万	3.15亿	2.00亿	1.31亿	5515万
归属净利润(元)	2051万	3258万	7845万	5553万	2043万	8677万	6090万	4149万	1585万
扣非净利润(元)	1969万	2980万	7724万	5495万	2048万	8441万	5832万	4041万	1521万
营业总收入同比增长(%)	-0.41	11.69	38.01	47.95	47.57	32.68	22.02	19.82	15.12
归属净利润同比增长(%)	0.41	-62.45	28.80	33.82	28.90	31.52	24.45	26.72	16.66
扣非净利润同比增长(%)	-3.86	-64.69	32.44	35.98	34.60	33.16	17.99	20.20	12.38
营业总收入滚动环比增长(%)	-0.10	-10.54	4.03	10.62	8.50	14.72	5.95	5.87	3.11
归属净利润滚动环比增长(%)	0.26	-68.77	3.48	10.35	5.28	11.33	4.31	9.51	3.43
扣非净利润滚动环比增长(%)	-2.65	-71.16	4.43	10.34	6.24	16.78	2.99	7.86	2.64
盈利能力指标	**16-03-31**	**15-12-31**	**15-09-30**	**15-06-30**	**15-03-31**	**14-12-31**	**14-09-30**	**14-06-30**	**14-03-31**
加权净资产收益率(%)	2.28	4.98	11.90	8.54	3.23	14.74	10.28	7.07	2.79
摊薄净资产收益率(%)	2.25	3.66	11.29	8.28	3.17	13.92	9.85	6.96	2.65
摊薄总资产收益率(%)	2.03	3.16	8.90	6.38	2.47	12.33	9.40	6.53	2.49
毛利率(%)	71.80	73.32	73.52	73.94	74.29	72.67	70.96	72.33	71.51
净利率(%)	18.79	6.29	21.30	21.84	19.60	21.40	21.17	22.59	20.17
实际税率(%)	13.36	35.60	12.84	12.13	12.58	17.38	14.53	14.18	13.23
盈利质量指标	**16-03-31**	**15-12-31**	**15-09-30**	**15-06-30**	**15-03-31**	**14-12-31**	**14-09-30**	**14-06-30**	**14-03-31**
预收款/营业收入	0.01	0.00	0.00	0.00	0.00	0.00	0.00	0.00	0.01
销售现金流/营业收入	1.17	1.07	0.97	0.87	0.85	0.99	0.97	0.86	0.68
经营现金流/营业收入	0.30	0.16	0.17	0.14	0.08	0.10	0.13	0.00	-0.21
运营能力指标	**16-03-31**	**15-12-31**	**15-09-30**	**15-06-30**	**15-03-31**	**14-12-31**	**14-09-30**	**14-06-30**	**14-03-31**
总资产周转率(次)	0.11	0.50	0.42	0.29	0.13	0.58	0.44	0.29	0.12
应收账款周转天数(天)	132.73	120.90	125.53	124.35	132.29	103.64	108.80	119.94	133.12
存货周转天数(天)	245.98	224.67	177.19	171.81	228.45	206.12	164.05	206.82	222.69
财务风险指标	**16-03-31**	**15-12-31**	**15-09-30**	**15-06-30**	**15-03-31**	**14-12-31**	**14-09-30**	**14-06-30**	**14-03-31**
资产负债率(%)	12.35	11.18	25.08	24.69	26.00	26.53	8.40	8.42	8.51
流动负债/总负债(%)	71.89	66.57	78.02	76.91	77.11	77.16	46.21	42.83	42.86
流动比率	5.99	7.01	2.42	2.43	2.28	2.18	13.57	18.85	18.73
速动比率	5.00	5.96	2.13	2.13	1.90	1.74	11.85	16.28	16.45

图 1　财务指标分析

医药卫生体制采取了各项有力措施，引入全民医保制度，确保 2020 年覆盖率达到 100%；医改方案还提出要在全国范围内建立公共医疗服务网络（疾病预防、孕产、卫生教育等）和基本医疗服务网络（疾病治疗），以解决多年来我国人民“看病难、看病贵”的问题，且将政府工作的重心向疾病预防转移。

医疗改革将对医药行业产生深远的影响，必将扩大整个市场的规模，并且推动更规范、更健康的竞争环境的形成。对于行业的参与者而言，除了基本药品以及医疗器械生产企业外，作为诊断用药主体的对比剂生产企业也会因为政府向疾病预防的重点转移而最终受益。近年来，医药行业在产品的审批和质量标准方面都受到了严格的政府管控。虽然这些规定有利于医药行业的长期发展，但也极大地提高了医药企业的营运成本，并且可能迫使一些较小规模及资源有限的企业退出该行业。在过去的几年中，政府出台了一系列药品价格宏观管理的政策，其中包括对药品价格进行的多次调整，这使得医药产品市场整体价格水平下降，在一定程度上影响了医药生产企业的盈利能力。

结论：

根据这段时间的炒股练习，医药板块的上涨幅度并不是太大，远远比不上一些热门的行业，但胜在稳定，买低卖高，打好两者之间的差价，就能有很好的收入。等到医药行业有一点风吹草动，就能够获得巨大的回报！

案例分析：以景嘉微（300474）为例①

摘要：本案例主要描述了我作为一名金融专业的学生在此课程的学习下进行的模拟炒股操作的过程和一些心得体会以及对我所选的景嘉微进行综合的分析。

关键词：模拟炒股；景嘉微；心得体会；综合分析

2016 年 6 月 27 日，离我的目标收益率还有 10%左右，前几笔基本达到了一个持平的效果，而离期末也越来越近了，这时候，我注意到一只股票——景嘉微（300474）。

公司发展及现状：2006 年 4 月 5 日，长沙景嘉电子有限公司经长沙市工商行政管理局登记设立，注册资本 50 万元，其中首期出资 10 万元。饶先宏、胡亚华分别认缴 25 万元，首期各出资 5 万元。2006 年 3 月 20 日，湖南公信会计师事务所有限责任公司对景嘉有限公司设立进行了验资，并出具了湘公信会验字（2006）第 3-041 号《验资报告》。经 2012 年 3 月 30 日景嘉有限公司股东会审议，全体股东一致同意将景嘉有限公司整体变更为景嘉股份，以变更基准日 2012 年 1 月 31 日经审计的账面净资产 100494558.04 元为基准，折合

① 作者为华东交通大学经济管理学院 2013 级金融 1 班 23 号熊威。

8000万股，每股面值1元，余额计入资本公积。天职国际出具了《验资报告》（天职湘SJ［2012］389号）对上述出资情况进行了验证。2012年4月26日，公司在长沙市工商行政管理局完成工商登记，注册号为430193000000102。

公司的发展如图1所示：

图1　公司发展历程

公司的组织结构如图 2 所示：

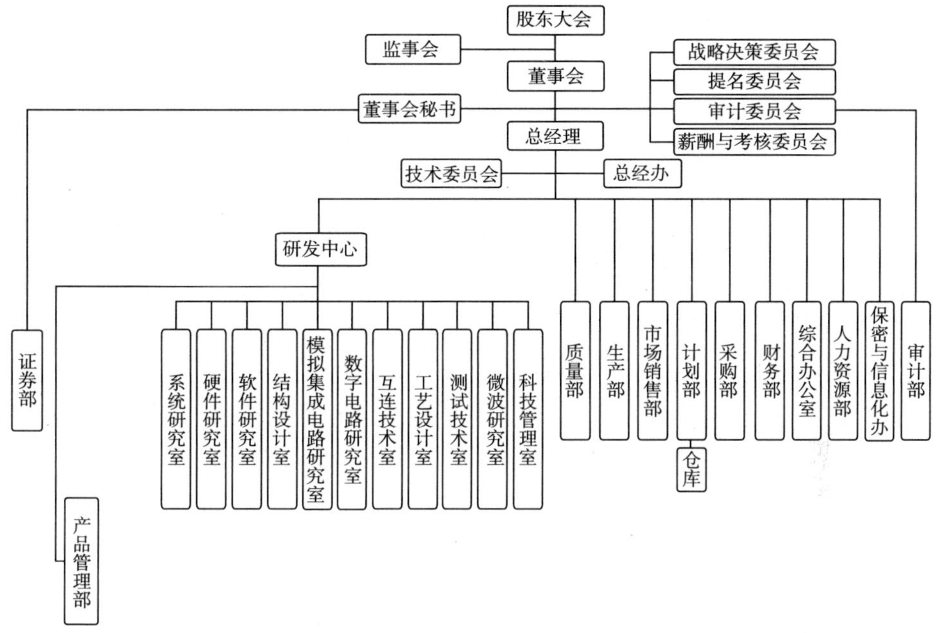

图 2　公司组织结构

行业背景：景嘉微一定要去强烈关注。它未来的价值非常大，充满想象空间。它是一家小特高新股，如果能给出一个好价格，值得长期去拥有。普通的军工股，是不值得长期拥有的，它们业绩容易变脸，而且市场容量小，天花板很容易摸到。景嘉微这样的军工股，这么有底蕴的，在整个证券市场不多见。通过景嘉微这家公司做的一些事情，可以看到一个美好的未来。它做的事情，足可以让几代人去享受它的成果，这不是用钱能够衡量的，这是为中华民族建下了一个长城。景嘉微这家公司是军中的脊梁，更是中国的脊梁。

当时我于 6 月 27 日上午 9 点 36 分以 155.02 元的价格买入，在两天之后，即 6 月 29 日上午 9 点 48 分以 169.84 元的价格卖出，收益率达到 9.51%，再加上之前的一些操作，成功地完成了目标，达到了 10%的收益率。当时我会将视线放在景嘉微上是因为我认为它具有几个投资特点：

（1）公司主营业务为高级可靠军用电子产品的研发、生产和销售，主要产品为图形显控、小型专用化雷达领域的核心模块及系统级产品。公司产品中，图形显控模块、图形处理芯片、加固显示器、加固电子盘和加固计算机等应用于军事装备的显控系统；空中防撞雷达核心组件、主动防护雷达系统及弹载雷达微波射频前端核心组件等主要应用于军事装备的雷达系统。

（2）强大的研发能力，领先的技术优势。公司依托核心团队，建立了一支 204 人的研发队伍，专业构成主要有电子、计算机、通信、自动化测试与控制、现代设计制造等，全面覆盖系统设计、软件算法、硬件电路、结构设计、工艺设计等多个方面，在图形显控、小型专用化雷达等领域积累了丰富的研制经验和资源，形成了相应的产品开发平台和产品线，为后续产品的研制生产提供了强有力的技术支撑。

（3）高可靠性产品优势。公司能够深刻理解客户需求，将恶劣条件下的高可靠性作为产品研发生产过程中最重要的把控方向。通过规范的来料筛选、检验，保证原材料的质量；通过缜密的软硬件设计，保证产品的技术可行性；通过合理的结构设计，保证产品具有良好的宽温适应性、抗振动冲击、电磁兼容性等特性；通过科学的工程工艺实现方式，保证大量新技术的产品化应用；通过严格的出厂前系列试验检验，剔除早期失效，保证产品的质量。

（4）全方位一体化的服务优势。行业特性决定了公司的客户相对集中，而且客户对时间节点控制、快速反应能力和产品质量保障等要求很高，为此，公司聚焦主业，精耕细作，致力于在售前售中售后提供全方位一体化的服务。这种全方位的服务模式使公司与客户的关系更加紧密，公司在做好自身产品和服务的同时，使客户可以集中精力做系统级产品的研发、生产，将客户推升至价值链更高端，很大程度上也增强了客户对公司的信赖和依托性。基于这几点，我觉得这只股票有投资的价值潜力，所以我很果断地购买了这只股票，最后的结果也证明我的看法有一定的正确性。

我在这次的课程作业（模拟炒股）中的心得和体会有很多，虽然这只是一次模拟操作，但是对资金的利用要很慎重，仔细地分析大盘走势，个股走势等情况来进行操作，这种谨慎认真的态度对以后进入实盘操作是有很大好处的，理性的投资才能有理想的回报。另外，该出手时就出手，切莫犹豫不决，摇摆不定，须知机会稍纵即逝，要把握住机会才能笑傲股海！这次的学习对我的帮助很大，我很感谢能有这种锻炼的机会！

案例分析：以盛洋科技（603703）为例①

摘要：本案例描述了本人在模拟操作中的一只投资标的盛洋科技，股票代码 603703（现已停牌进行资产重组）。我选择这只股票来做案例分析，是因为

① 作者为华东交通大学经济管理学院 2013 级金融 1 班 24 号张琼荣。

我觉得它具有很好的投资前景。直至目前，这只股票经历涨涨跌跌后，浙江盛洋科技股份有限公司正在筹划重大事项，该事项涉及购买资产，可能构成重大资产重组。公司已于2016年6月20日起停牌，2016年6月21日发布了《关于筹划重大事项停牌公告》（公告编号：2016-024）。本文将从买入理由，实际收益，卖出理由及价格，停牌重组带给我的反思和启示等几个角度来分析我的投资风格。

关键词：投资前景；风险控制；资产重组

投资标的及其预期收益：盛洋科技（603703），预期收益11%左右。依据大盘情况收益会有小幅度波动。

买入理由：盛洋科技——国内领先的射频电缆制造企业。

公司是国内领先的射频电缆制造企业，规模化优势明显。公司75欧姆同轴电缆产能超过40万公里，位居行业前列，2012年、2013年、2014年全球市场占有率分别为2.23%、1.94%、2.09%。数据电缆2012年、2013年、2014年全球市场占有率分别为0.28%、0.27%、0.24%。

公司主要客户是国际大型通信电缆制造商和综合服务商，合作稳定。国外大客户综合实力强、对产品的需求量较大，且持续稳定。公司的客户定位于这些大型企业，可以有效避免低价竞争，提高销售货款回收率和回款速度。

募投项目提升公司竞争力。公司本次拟募集资金2.27亿元，投入6A和7类数据电缆项目。通过募投项目的实施，公司规模将进一步扩大，产品结构进一步优化，有助于提升公司的综合实力，巩固公司在国内射频电缆行业的领先地位。

盈利预测：预计该公司2015~2017年摊薄后的EPS分别为0.70元、0.86元、0.98元，综合考虑可比公司的估值及公司的成长性，给予15年35~40倍的市盈率，合理价格区间为24.5~28元。

1. 走势预测

三个月的模拟盘操作，可以选择短期多阶段积累，但依我的性格，我决定还是做一次长期投资，争取一次性收益达标。在这种情况下必须选择资产稳定的股票。短期趋势：短期的强势行情可能结束，投资者及时短线卖出、离场观望为宜。中期趋势：有加速上涨趋势。

近期的平均成本为59.91元，股价在成本下方运行。多头行情中，并且有加速上涨趋势。因此我决定入手此股。

实际收益：收益0.69%。

卖出时间：该公司于6月20日停牌，有事耽搁尚未及时出手。

此股现状：此股2月29日开始反弹，于3月17日开始强势涨停，之后一路上扬。至5月20日达到最高价67.57元，5月23日大幅度跳水，暴跌至26.76元。此股6月20日停牌，21日发布公告进行重大资产重组，至今未复牌。

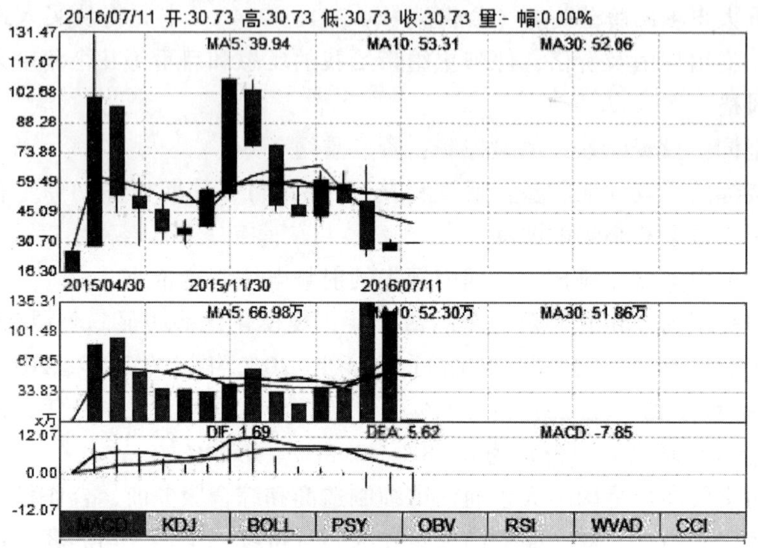

图1 不同周期K线（一）

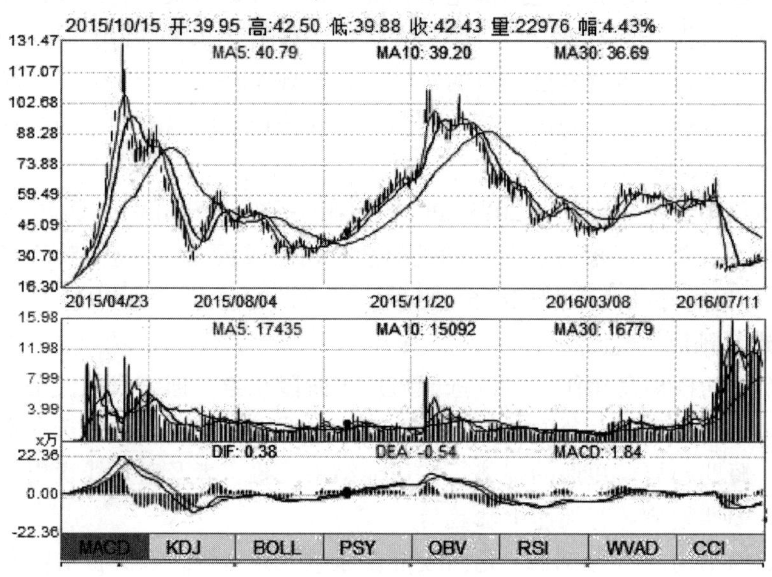

图2 不同周期K线（二）

2. 反思

这次全仓买入盛洋科技，没有太多熟思，寄希望于一搏。该只股票在重组之前趋势不明，收益不大。而近期趋势是短期操作，而我恰恰寄希望于长期收益，违背了大势。虽然股市处于熊市，按照常理来说熊市最好的操作就是不操作，即空仓。但是这不符合我的操作习惯，即使是熊市，也有操作的必要。止损于微，收益颇大，这是熊市的优势所在。

然而我有太多操作失误的地方。没有一开始就入手此股，不然收益能达到目标的10%。入手太晚，错失良机。在此股未来趋势不明的时候，没有及时出手，导致资金被套牢，无法继续操作，丧失了收益的可能性。

3. 启示

第一，趋势很重要，如果入市炒了半天连股市最基本的牛熊都分不清，那无论什么理论再怎么高明，最终都免不了赔钱的下场。

第二，谨慎，保住本金是第一重要的事情，从100万元跌到50万元只需要亏损50%，但是要从50万元重新赚回到100万元却要盈利100%。无论如何要保住本金，哪怕失去再好的盈利机会。以生存为第一原则，当其他原则与它冲突的时候，抛弃一切其他原则。

第三，切忌贪念，无论炒什么股票，都需要设置一条动态止损线，一旦股价跌破动态止损线，也就是跌出了你的承受底线，立即认赔离场，毫不犹豫！无论后市看起来有多么大的机会反弹。设置动态止损线可以有效地在牛熊转换的时候逃出股市，保住剩下的盈利。

第四，无论投资股票，还是基金，切忌不闻不问，你必须对自己的投资负责，你可以不时时关注，但是不可以放任不管。

第五，当熊市不断下跌，似乎要从熊市转到牛市，重新整顿的时候，可以试着买一点指数基金，但是不要买太多，之所以不要买太多，是因为股市可能还没有到底，而且说不定它可能根本就没有底，进入筹码太大可能会损失惨重。之所以选择指数基金，是因为在市场还没有充分恢复的时候，大盘可能会渐渐回转，但是个股的分化比较严重，很难在众多股票当中选择适合投资的股票，那个时候，投资整个大盘是比较明智的选择。当股市渐渐恢复，可以适当地加码，前提是看清楚大方向，看清楚趋势，趋势在逐渐上涨的时候可以这么做。如果你没有足够的实力，不要试着跑赢大盘，跟着大盘走是很明智的选择。当股市恢复得差不多了，开始出现牛市的大涨之后，可以把重心从指数基金上移到个股上，因为到那个时候，整个市场非常狂热，个股一般的表现会比大盘更好，因而投资个股的收益会比大盘好。但是越是在牛市的后期，越是出现疯牛涨势的时候，越要记住第三条原则，设置动态止损线，一旦股价跌破动态止损线，立即认赔离场。不要不舍得那一点点小利益，因为那一点儿小的损失，可能才是刚刚开始，后面的大跌说不定正等着你。只有果断离场，才有可能避开真正最后的熊市大跌的到来。

第六，在资金小阶段，不要总是想着分散投资，本金才一点儿，分散投资没有太大的意义，不如把精力花在研究一只比较优质的股票上，这样了解得更多，坚持持有，赚的概率更大。

第七，我觉得应该保持一个良好的心态，无论是涨是跌，都是自己的选择，未来的路还很长，不必太拘泥于此刻的得失。

案例分析：以南宁糖业（000911）为例①

摘要：本案例描述的是本人对南宁糖业（000911）相关投资的看法和感悟。对南宁糖业的前期投资关注准备、投资过程所采取的措施、投资过程的风险控制、投资结束后对此股的持续关注等方面来阐述本人的股票投资经历。

关键词：南宁糖业；案例分析；启示心得

1. 引言

本案例选择的投资标的是南宁糖业（000911），买入时间：2016 年 6 月 8 日；价格：20.66 元/股；卖出时间：2016 年 6 月 14 日；价格：23.3 元/股；收益率：12.72%。

对于此股票的买入基于当时国内外制糖市场的供需变化，因世界主要产糖国家巴西连降暴雨导致糖原料的短缺，这势必对国内外糖价产生重大影响。卖出的原因是在 8 日以来此次投资经历两个涨停板后，在 14 日下午开盘时，股价冲到 23.30 元时因判断其股价会下降，故全部抛出，但之后却以 24.81 元/股收盘。并在 6 月 16 日达到 26.08 元之高。

2. 投资背景

（1）国际背景。

进入 6 月以来，期货市场上糖类接近历史新高，消费的旺季来临，国内的糖价将逐步启动，糖企的业绩改善幅度十分可观。在 6 月的前两周内，国际原糖主力合约 ICE11 号糖累计涨幅达到 8%，升至逾两年半高位，而刺激原糖上涨的主要原因为全球最大的产糖国巴西中南部地区 5 月底以来持续降雨，影响主要蔗产区收割，并导致港口发运延迟。此前国际糖业组织曾多次上调全球糖

① 作者为华东交通大学经济管理学院 2013 级金融 1 班 25 号冯钢，叩富网账号：buniangren，收益率：15.65%。

供应短缺预期量。

（2）公司背景。

此外，南宁糖业（000911）在6月6日的公告中提出，拟以16.59元/股非公开发型股票，募资10亿元，公告披露广西农村投资集团有限公司拟认购6.9亿元，广西新发展交通集团有限公司认购3.1亿元，两者均为广西国资委控制公司。6月13日的公开信息显示，买入前五和卖出前五的机构资产高达8004.27万元，占比达19.29%。本人根据这些信息预计在未来的几个交易日内制糖行业相关股票将会有较好的收益。

3. 操作过程

（1）股票的选择。

南宁糖业主要业务是：生产、销售机制糖、酒精、文化用纸、蔗糖浆；出口本企业生产的产品，进口本企业生产、科研所需的原辅材料；主营业务制糖业，2015年的制糖收入为26.74亿元，收入占比为85.21%，毛利率达到14.30%。其总股本和流通股本均为3.24亿股。在6月7日的公司公告中指出，两家广西国资委控制公司认购公司发行的股票，这将使得公司的资本结构得到改善，提高经营的安全性，降低财务风险。由此我做出本次投资的决定。

（2）技术分析。

自5月11日以来，南宁糖业（000911）股价保持持续上涨趋势，5日、10日、20日股价走势图均体现出上升趋势。而上证指数在6月8~14日的行情不容乐观，在13日跌落94.09点，跌幅3.21%。仅就我自己的模拟炒股中的自选股来说，大部分股票价格下跌，而南宁糖业能够保持较好的收益，说明之前的判断分析是正确的。

而在6月14日，因为股价上涨达到我所预期的水平，并且看大盘趋势略微有上扬趋势而南宁糖业却呈现出下落趋势，故而放弃继续持股。但是之后的事实证明这一决定是错误的。在6月16日，南宁糖业股价最高达26.68元，而且大盘走势也是比较强势的。虽然在16~27日南宁糖业股票有所回调，但之后又呈现出一波上扬趋势。

案例分析：以北斗星通（002151）为例[①]

摘要：案例中选取的是北斗星通（002151）来进行分析，首先由于本人

① 作者为华东交通大学经济管理学院2013级金融1班26号刘敏。

对该股的研究时间比较短暂故持股时间不是太长，但是这只股票确实具有研究价值。本案例中将仔细阐述我持股的一切过程，使读者能够从中借鉴一些投资收获。

关键词：北斗星通；短线；收益

1. 引言

本案例选择的投资标的是北斗星通（002151），买入时间：2016 年 5 月 5 日；价格：26.76 元/股；卖出时间：2016 年 6 月 28 日；价格：34.65 元/股；收益率：29.5%。选择该股可以说是从消息层面上做主要决策的，在偶然间发现不久之后第十九届中国北京国际科技产业博览会会展部分将会正式开展，各种新奇炫酷的中国“智造”产品齐聚老国展。发现这个问题后我就仔细研读了该股的走势图，利用技术简单分析了一下确实符合短线投资，最后比较自信地买入了该股。卖出的原因主要是由技术层面决定的，毕竟有些消息层面的信息更新的不是太快，由于在 6 月 17 日左右，该股实在是难以冲上高点，本人又属于稳健型投资者，故及时将该股卖出。从买入到卖出时间差不多两个月，但是实际的收益率已经达到了 30%，收益确实比较满意，本案对本人来说具有学习之处，故与大家分享。

2. 投资背景

消息面上，5 月中共中央、国务院印发了《国家创新驱动发展战略纲要》，其中提到深化军民融合，促进创新互动。纲要提出，按照军民融合发展战略总体要求，发挥国防科技创新重要作用，加快建立健全军民融合的创新体系，形成全要素、多领域、高效益的军民科技深度融合发展新格局。技术面上，从 5 月 15 日左右公司产品呈多元化态势，但主营业务集中，盈利能力太差，管理成本控制在较稳定水平，不具成长性，负债明显增加。近期走势相对强于大盘和行业，源于国家政策的影响。之前的疲软走势必将给后期短暂时间带来一些促进作用。

3. 操作过程

（1）股票的选择。

该股走入本人的视野时，可以说本人是比较自信的，因为毕竟在消息面和技术面上都是十分具有可行性的。在 5 月 10 日该股还是 24.34 元时，我还在观察该股的走势，当时该股还是比较疲软，心里还是比较虚的。但是，后面几天该股开始强劲反弹，又加上消息面的配合，第二天就买进了该股，价格是 26.76 元/股，之后该股确实在一路上升。

（2）股票的技术支持。

该股在 5 月 10 日左右达到了最低峰值，看起来有向上起来之势，且股票的走势也是十分的强劲。5 天以后就是阶段的波浪走势，其形态也是十分地平缓，故可以判断大概有一波长时间的增长态势。在大概 20 日前后，增长的趋势角度不足 45 度，故这使我更加确信了选择该股的准确性。一周以后在小幅度回落以后，增加的趋势更为明显。随着时间的推移，一直到 6 月 28 日前后，股票才放缓增长步伐甚至说已经有下降的可能，故及时平仓了。

图 1　K 线走势

4. 启示与心得

在本案中投资启示还是有的，只不过是对读者作用大小之区别。在股市中“快进快出”有利有弊。但是我认为只要能精确挑选个股和抓得准买入、卖出时机，也是可以在短时间内频繁进出短线获利的。否则，很有可能会血本无归的。但是要做到这一点需要有耐心和平稳的心态，能牢记刚进股市时惨败的教训，做到“不割肉、只输时间不输钱”，盈不贪、输不惧。我只做自己熟悉的个股，而且无一定的时间限制。我是随着个股的股价和各项技术指标的回落基本到位而买进，反之就卖出；抓住机会就趁势做它个 T+0，或者“只吃中间、不吃两头”降低风险，这样不断反复地顺势而为，做高抛低吸，收益也不错。

案例分析：以维宏股份（300508）为例①

摘要：实盘炒股需要准确地买入和卖出，或者在收益不合理时能有理性的分析及其“割肉”处理。通过3年多金融这一专业的学习，结合了课时所学及一段时间的模拟实盘炒股操作的过程，在此对我在叩富网中所选投的维宏股份这一股进行综合投资分析。

1. 引言

学期初就得到分配模拟炒股收益率尽量达到10%以上的任务，想要快速达到10%的收益率，首要的选择是短期投资，其次是长期投资。短期投资需要时刻关注股市变化，并能够有效、准确地选择买入时间和卖出时间。还有一个快速的捷径就是选择新上市的新股，因此我注意到了维宏股份。

2. 案例分析

为了达到预期的10%的资金收益，我选择的是“打新股”的方式。

打新股价格一般起点都低。新股发行股价相比较于一般的股票起点更有优势，新股连涨是常态，新股一般都是必涨的股票。假如中签（也就是申购到新股）在上市的第一个交易日最少可以得到10%收益，多者200%甚至更多，是无风险做买卖，只赚不赔。另外，网上发行不向投资者收取佣金和印花税，如A股要向投资者买卖时最高收取12‰，这样你就会省去12‰的损失。换句话说，就是抽中了你就有了发行价的股票，就是原始股，新股首日上市不限制涨跌幅，一般新股首日都大涨，那你就赚了，一般申购新股等于零风险，高回报，但是钱不是那么好赚的，申购新股中签概率低。当然你要有大资金的话，中签概率就会高点。从目前或很长一段时间来说，申购新股是几乎没有什么风险的，收益却可能是很大的。

公司上市状况：维宏股份（300508）4月8日深交所创业板发行申购，发行价格20.08元，市盈率22.98倍，行业市盈率93.36倍。

股票代码：300508

申购代码：300508

申购数量上限：5500股

申购时间：2016年4月8日

① 作者为华东交通大学经济管理学院2013级金融1班27号方雍盛，叩富网ID：FourChilde，收益12.53%。

缴款时间：2016 年 4 月 12 日

本次公开发行股票的总量为 1421 万股，包括公司公开发行的新股及公司股东公开发售的股份。公司优先进行新股发行，新股发行数量为 1182 万股。本次公开发行后公司股本总数预计为 5682 万股。

在 4 月底的时候，我关注到了维宏股份，维宏股份刚处于上市状态，一般来说大部分新股上市都能够取得巨大收益。因此在 5 月 6 日以 90.6 元的价格将其大量买入了。从上市之日起 K 线一直处于上涨趋势，每日的交易量也是逐步上升。由此来看，维宏股份将以持续上涨的趋势持续下去。存在着较大的预期收益，因此我将其大量买入以达到目标收益率的目的。6 月 24 日将其卖出，达到了 10%以上的收益率。从购入至卖出，维宏股份都一直处于持续上涨的状态，在此期间都能逐步持续上涨，没有出现连续 2 个或 2 个以上的下跌的交易日，因此我都将其持仓并未将其出售。

6 月 24 日我将其出手了。6 月 24 日是周五，维宏股份出现了稍大的股价下跌，基于 6 月 24 日当天英国脱欧公投结果公布，脱欧阵营最终锁定了胜利，英国成功脱离欧盟。英国脱离欧盟是一个大事件，将会掀起金融业内的风波，影响全球金融市场的走势。加之开放交易日是周五，并且一开放交易股价就下跌，两天休市之后股市走向将会如何并不好判断，既然收益率已足够 10%，我便将维宏股份全仓出售了。但至当日交易时间结束维宏股份又涨停了，这样来看此次出售算是一次判断失误。

3. 反思与总结

通过这次模拟炒股的经历，我学到了很多，也体会到了股市的变化多端及新股可以带来的巨大收益。虽然这是一次模拟的炒股经历，但想要获得收益就要了解股市的基础知识，要注意观察股市大盘的走势，分析个股的走势以此来决定投资的股票。还要多了解国家政策和各类新闻，因为这类信息的发出会影响到相关类股的股价涨跌。就拿我选择的维宏股票来说吧，最后到 6 月 24 日的卖出是一个错误的判断，虽说这不是一次巨大损失的卖出，但是是对新闻信息的判断失误所导致的，没有取得更大的收益，当然在股市中不能一味地追求大收益，要理性地进行买卖处理。另外选择一只股票也要关注到很多信息。个股基本面：每股收益，成长性，市盈率都属于基本面的信息。选择一个好股很重要。要选好股，光看股票软件里的个股信息是不够的，那些信息其实知道用股票分析软件的投资者都会看，那些是没有价值的。报表分析还有行业分析才是最关键的。这些信息可以从网上得到。选一只好的股票，选一个好的买点为未来股票走势打下一个好的基础。通过此次的模拟经历，我受益匪浅！

案例分析：以振华科技（000733）为例[①]

在本学期证券投资分析这门课中，在老师的指导下，我们进行了一次模拟股票操作，在这次模拟中我选择的是振华科技（000733）股票，经过这次的模拟练习我了解了股票操作的基本步骤，并在老师及同学的帮助下获得盈利，以下是我对振华科技股票的分析。

公司前身系中国振华电子集团公司，是由中国振华电子集团有限公司独家发起并以募集方式设立的高科技股份制企业。1997 年 6 月开始进行股份制改组，将原公司的全部生产经营性资产折为国有法人股 10500 万股，经 1997 年 6 月 17 日发行后，上市时总股本达 17500 万股，其职工股（700 万股）将于公众股（6300 万股）在深证所上市交易期满半年后上市流通，股票代码：000733。

2015 年，国内外经济下行压力持续加大，面对困难与挑战，公司上下积极适应经济新常态，坚持改革创新驱动，坚持产业调整升级，持续管理提质增效，顺势而为，迎难而上，圆满完成了年度各项工作任务，成效显著。一是经济效益持续两位数增长。报告期内，公司实现营业收入 50. 64 亿元，同比增长 21. 43%，实现利润总额 22432 万元，同比增长 28. 66%；实现归属于上市公司股东的净利润 17651 万元，同比增长 36. 93%。二是产业（产品）结构调整持续优化。高新电子业务向价值链中高端转移，初步建立了宇航级、高可靠电子元器件产品体系，元器件国产化替代产品项提高到 2266 项，高新电子业务核心、基础作用更加稳固；募投项目的实施，提升了锂离子动力电池的产能和技术水平，企业成功与国内多家电动汽车企业或动力电池 PACK 企业达成战略合作，逐步形成批量供货，为其转型发展奠定了基础。三是企业结构调整取得新进展。完成了振华新云重组振华红云，为实现“阻、容、感”板块整合及平台搭建奠定了基础；继续清理退出低效无效企业 2 户，公司资产质量得到进一步提升。四是资产结构调整进一步优化。报告期公司参与央企首单应收账款证券化项目，所属 5 户企业 1. 90 亿元，应收账款纳入中国电子首期发行规模，资产转让价格 1. 84 亿元，有效盘活了应收账款存量，拓展了融资渠道，优化了资产结构。

① 作者为华东交通大学经济管理学院 2013 级金融 1 班 28 号刘宏伟。

图 1 日 K 线走势

5 月 6 日和 7 日出现了两根大阴线，之后在 2750~2850 这个区域震荡，成交量没有放大，振华科技在这个区间里面成交量也没有放大，在 5 月 15 日出现了放量上涨，本人觉得这是一个买入信号，所以决定在 5 月 16 日以 17.9 元买入，在之后成交量没有减少，股票也处于一个上升阶段，在 5 月 24 日由于出现两根阴线成交量开始减少，所以选择卖出一半的股票，在 5 月 31 日大盘出现大幅拉升成交量也稍微放大，决定加仓，在 6 月 7 日高点处抛出所有股票，抛出价格为 22.25 元，盈利率 24.3%，总体来说是一个成功的投资。

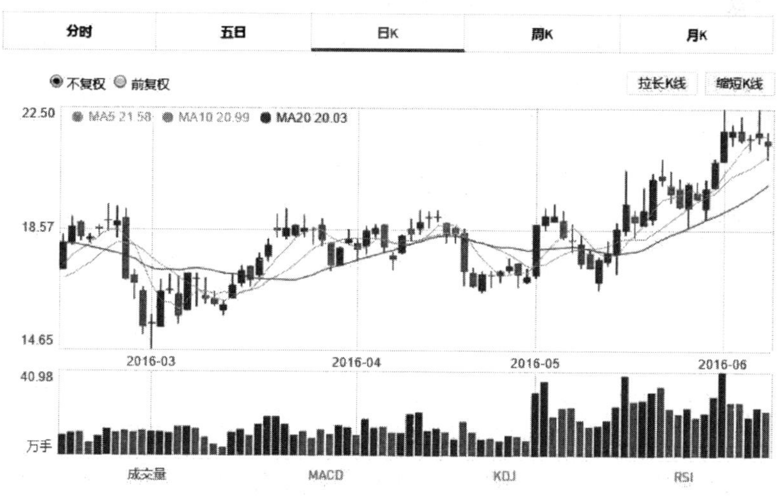

图 2 不复权 K 线走势

大学是一个相对来说空余时间较多的时期，很多的学生都会将这些时间浪费在游戏和无聊当中，很少能把时间留给该留的地方。在理财方面也一样，我认识的很多同学从来不对自己身上的钱财有所计划，有所安排，只知道有钱的时候尽量花，没钱的时候向家里要，或者先“艰苦奋斗”一阵子。这样的习惯一旦养成就很难改变，特别是在大学这个相对自由的空间里！如何能改变这个不良习惯，学习证券投资是其中的方法之一。

经过这个学期对证券投资的学习，我对证券投资有了一定的了解。知道了什么是证券、证券的分类、证券市场的基本功能、融资结构、资源配置、发行方式、发展前景等；了解了股票、债券和基金的定义及它们的运作方式。并能更清楚、更直观地从发展前景及当前数据对它们进行一系列的分析，从而做出我们这些初学者的判断。这其中包括对各种证券投资的收益性、流通性、风险性、流通性、价格的波动性和伸缩性的分析、评价和预期以及宏观经济、政治事件、法律规范、军事冲突、传统文化、自然条件、市场波动等各种因素对证券市场价格的影响。在股票方面，我学会了市盈率、发行价、股票面值、股票市价等的计算，并对股票的价格指数有所了解；在债券方面，学会了对债券的终值、现值，股利贴现估价，市盈率估价等的计算；在基金方面也了解了一些价值分析技巧，而以上这些都是进行证券投资必备的基础知识，若想要更深层次的发展还必须有进一步的学习——对证券市场技术分析的学习。

案例分析：以麦迪电气（300341）为例①

在叩富网的高校实练平台的操作中，由于本人在股票操作方面实属新手，所以期间有幸得到老师与同学的帮助，对股票有了新的认识，由于操作时间局限，对短期操作的一只股票进行了分析。

下面以模拟麦迪电气公司的股票为例，进行分析。

一、基础面

麦迪电气公司拥有一流的生产设备和先进的生产工艺技术，具备优秀的产品开发、结构设计能力，实施国际标准化的生产及全面质量管理，是一家国际领先的环氧绝缘件产品专业制造商，目前具有年产能 100 万件高中低压电器配套绝缘件生产能力，是亚太地区输配电设备配套绝缘部件的最大制造商，与 ABB、施耐德、西门子、库柏、伊顿、三菱、东芝等国际知名输配电设备厂商建立起长期的合作关系，为其提供高级可靠的绝缘件，产品市场范围不仅在中

① 作者为华东交通大学经济管理学院 2013 级金融 1 班 30 号梁伟琪。

国，而且包括整个亚太地区、欧洲和美国。

主要产品为环氧树脂绝缘件，环氧树脂绝缘件是开关电器等输配电设备的关键部件之一，其设计与质量直接影响到输配电电气设备运行的可靠性，确保着输配电系统中稳定的电力供应。

二、技术面

图 1 为 300341 股价走势情况：

图 1　K 线走势

股价在成本上方运行。多头行情中，目前处于回落整理阶段且下跌有加速趋势。

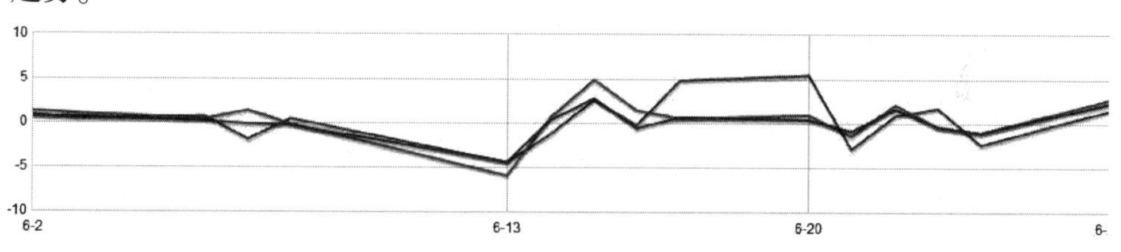

图 2　多头行情

过去几个交易日，该股走势跑赢大盘，跑赢行业平均水平。

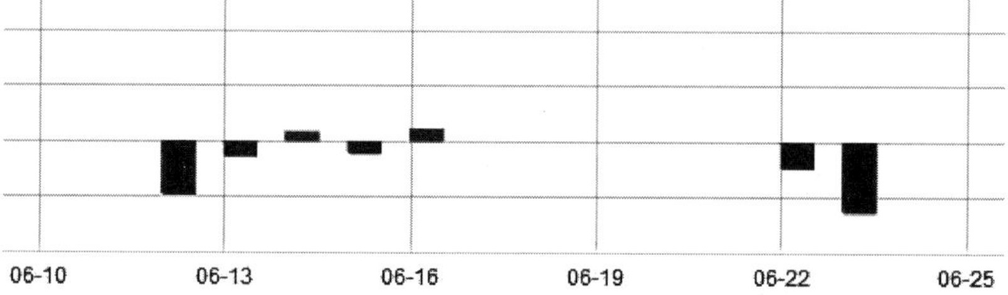

06-10　06-13　06-16　06-19　06-22　06-25

图 3　跑赢大盘及行业平均水平

麦迪电气：近 5 日内该股资金总体无进出，远高于行业平均水平。

行业资金：近 5 日资金流出较多，投资者应该防范该领域的风险。

本人买卖股票时间范围为 6 月 13 日，以 27.6 元买入，买入 30000 股，再于 6 月 21 日以 30.2 元卖出 30000 股，预期收益率 6%~8%，实际收益率为 9% 。

三、经验与启发

股票市场始终是有风险的，不是传说中那么容易挣钱的。作为新手，买股票不是那么简单，股票有好坏之分，要进行筛选，这样所投的股票才能挣钱，如果盲目地买入，可以说 90%都是亏损的。

股票的买入和选择要根据操作想法来决定，是做短线呢？还是做长线呢？在大盘震荡的时候怎么做，在大盘稳涨的时候怎么做。所以不是单一的那么考虑。比如，要做长线投资，就是买了后放 2~3 年，选择这种长线投资的股票就要看该公司的业绩、基本面、成长性、国家政策扶植等方面。一般在中国的股票市场里面，大盘蓝筹基本都适合做长线。如果做短线，就要去看最近的题材炒作，政府短期的消息面，股票市场里面资金的流向等消息。

理论学习和实际操作要结合，作为新手，一开始不应投入太多，尝试少量投入，把理论和实际结合起来，这一小部分资金仅仅当作学费，亏损了也不严重，挣钱了更好，当你感觉自己基本摸清股票市场之后，再慢慢加大资金的投入！

案例分析：以中科三环（000970）为例①

摘要：一直对股票市场处于书本认识的我，在本次课程的进行过程中通过模拟操作，对股票市场有了更切实地了解。以下是基于本次模拟投资的案例分析，本文分别对买入理由的基本面、技术面进行分析，对卖出时间、收益与理由以及这次成功把控买卖点的启示进行展开。

关键词：证券投资；中科三环；短线操作

一、投资标的及其预期收益

中科三环（000970）预期收益 10%。

二、买入理由

1. 基本面分析

（1）公司概况。

北京中科三环高技术股份有限公司是一家钕铁硼稀土永磁生产企业。目前

① 作者为华东交通大学经济管理学院 2013 级金融 1 班 31 号郝中祺。

公司是中国最大、全球第二大钕铁硼永磁材料生产企业。公司有 NEOMAX 和麦格昆磁的钕铁硼专利许可，其专利产品通过北京中科三环国际贸易公司以“SANMAG”商标远销世界各地。公司还参股两家上游原料企业，确保了稀土原材料的稳定供应；在下游产业控股南京大陆鸽高科技股份有限公司，生产由钕铁硼稀土永磁电机驱动的绿色环保电动自行车。

（2）行业前景。

可持续发展的理念已成为世界主要国家的共识，低碳经济、绿色经济已逐渐成为经济发展的主流模式。在节能减排方面，我国制定了 2020 年实现单位 GDP 二氧化碳排放量比 2005 年下降 40%~50%的节能降耗目标，这就给我国低碳经济产业的发展提出了新的要求，也提供了广阔的市场空间。

对此，中科三环提出了公司的经营战略：①控制成本，加强研发，提高稀土金属利用率，调整产品结构，加大技术改造和革新力度，寻找国内节能环保、新能源领域的市场机会，确保公司正常的生产经营和经济效益；②不断开拓高端钕铁硼产品市场。继续加大消费类电子、节能家电、节能电机、新能源汽车等领域的应用，积极推进钕铁硼磁体在其他新兴领域的应用。

（3）公司股权结构。

从图 1 可以看出，第一大股东为北京三环新材料高技术公司，为国有企业控股，持股比例占到了 23.17%，远超其他股东持股比例，因此股权相对集中，信誉力较高，稳定易拉升，抗拒不可控因素能力强，具有传统蓝筹特质，从远期来看发展潜力较大。

十大流通股东

2016-03-31 | 2015-12-31 | 2015-09-30 | 2015-06-30 | 2015-03-31

前十大流通股东累计持有：41599.65万股，累计占流通股比：39.05%，较上期变化：-50.99万股 ↓

机构或基金名称	持有数量(万股)	持股变化(万股)	占流通股比例(%)	机构成本估算(元)[反馈]	实际增减持(%)	股份类型	持股详情
北京三环新材料高技术公司	24685.33	不变	23.17	其它	不变	流通A股	点击查看
TRIDUS INTERNATIONAL INC	4425.93	不变	4.16	其它	不变	流通A股	点击查看
TAIGENE METAL COMPANY L.L.C	4023.18	不变	3.78	其它	不变	流通A股	点击查看
宁波联合集团股份有限公司	3075.07	不变	2.89	其它	不变	流通A股	点击查看
中国证券金融股份有限公司	1313.10	↑ 0.02	1.23	19.68	不变	流通A股	点击查看
宁波电子信息集团有限公司	1090.50	不变	1.02	其它	不变	流通A股	点击查看
中国银行股份有限公司-华夏新经济灵活配置混合型发起式证券投资基金	893.26	不变	0.84	16.86	不变	流通A股	点击查看
全国社保基金一一二组合	800.00	↑ 150.00	0.75	14.18	↑ 23.08	流通A股	点击查看
阿布达比投资局	693.28	不变	0.65	14.88	不变	流通A股	点击查看
中国人民财产保险股份有限公司-传统-收益组合	600.00	↓ -201.01	0.56	18.68	↓ -25.09	流通A股	点击查看

图 1 十大流通股东

（4）公司业绩。

从公司收益弹性方面看——稀土行业供给侧改革超预期，稀土价格已进入上涨通道，因为钕铁硼的价格随稀土价格变动而变动，因而公司赚取了更多的存货收益。并且与同行业的每股存货指标相比，三环、韵升、正海、银河磁体、英洛华的每股存货分别为 0.88 元/股、0.7 元/股、0.8 元/股、0.25 元/股、0.34 元/股，可以看出中科三环存货收益弹性最大，从中获益更多。其次，钕铁硼行业以毛利率定价，销量和售价是公司业绩增长的驱动力，每股产量越高的公司，业绩弹性越大，而在同行业中，中科三环的每股产量最高，因此公司业绩弹性最大，发展潜力大。

此外，在预测业绩方面，经各机构权威人士对中科三环做出的预测显示，经过 2013~2015 年的低迷期，公司业绩在未来几年将呈现持续增长状态，对公司未来的发展持乐观预期。

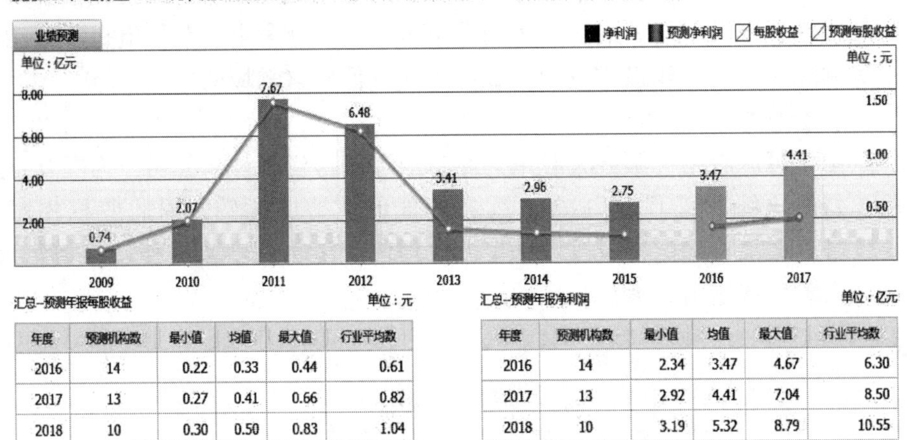

汇总--预测年报每股收益　　单位：元

年度	预测机构数	最小值	均值	最大值	行业平均数
2016	14	0.22	0.33	0.44	0.61
2017	13	0.27	0.41	0.66	0.82
2018	10	0.30	0.50	0.83	1.04

汇总--预测年报净利润　　单位：亿元

年度	预测机构数	最小值	均值	最大值	行业平均数
2016	14	2.34	3.47	4.67	6.30
2017	13	2.92	4.41	7.04	8.50
2018	10	3.19	5.32	8.79	10.55

图 2　预测业绩

2. 技术面分析

从 5 月中旬开始关注该股，自 5 月 13 日左右形成 KDJ 金叉之后，呈持续增长状态（如图 3 所示）。5 月 26 日前历经一周左右的横盘整理后，拔出一根大阳线，挂入涨停板，成为该板块的“领头羊”，量能上也较前日放出倍量巨量，K 线上 30 日线穿越 5 日线、10 日线向上波动，蓄势量能较为强劲。因此，果断在 27 日先以 15.15 元的成交价买入半仓，之后价格波动下跌又以 15 元买入剩余半仓，最终以 15.08 元的均价满仓持有。

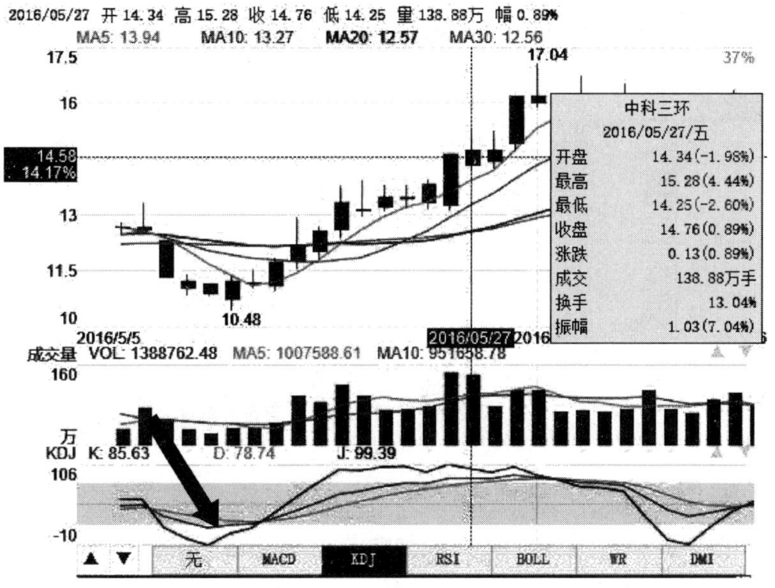

图 3　K 线走势（KDJ 金叉）

三、卖出时间

5 月 30 日，该股持续无力，为降低风险，卖出半仓，以 15.14 元成交价卖出。

6 月 1 日，秉持见好就收的心态，在当天以 16.20 元成交价清仓。

四、实际收益

5 月 30 日卖出半仓，获得 0.38%的收益率。

经过 5 月 31 日的涨停板之后，6 月 1 日清仓，收益率 8.27%。

五、卖出理由

5 月 30 日以 14.35 元开盘，14.66 元收盘，虽然在买进时对该股有乐观预期，但持续无力的发展状态，一度让我认为真的买在了高点。为降低风险卖出半仓，侥幸的是卖出点为该日最高价出现左右时间点，最终以 15.14 元的当日较高价卖出，收益 0.38%。

持有半仓到 6 月 1 日。可以看到持续到 6 月 1 日量能都较大，KDJ 高位交织横动，但有下坠趋势。同时主力运动较为明显，27 日开始一周左右换手率都在 10%以上，十分活跃。至 6 月 1 日当天股价震动较大，最终在高位远线收一根短阳，主力出现分歧，可视为短期拉升阶段性结束，短期卖点出现。

于是，在 6 月 1 日清仓，将剩余持有的半仓全部卖掉。后期的发展趋势也证明，对卖点的把握是正确的——6 月 2 日形成 KDJ 死叉之后呈波动下降趋势。

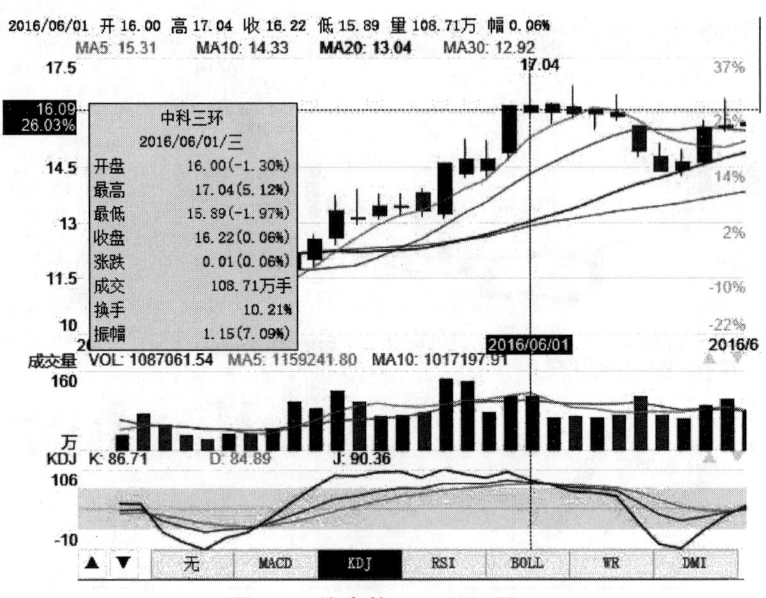

图 4 K 线走势（KDJ 死叉）

六、反思

本次的模拟操作，让我第一次真实地接触到了股票市场，熟悉了股票操作流程，也对自己成功选择卖点感到庆幸。

刚刚开通账号之后，先听从“大神”的建议买进了海联讯（300277）。14.4 元买入之后当天封住涨停板，涨停到 15.31 元。第二天开盘后仍然涨势强劲，但因为自己首次操作，对自己的要求也只是所谓的课程标准 10%，因此在开盘一个小时后就以 15.85 元的成交价卖出。本以为完成了 10%的指标，谁承想一亿元模拟资金的满仓买进卖出成交费用也不可忽视，最终收益率只有 9.8%。为达到目标收益率只得继续努力，但也正是这个遗憾，让我在之后有了自己选股、选买卖点的经历。

下决心买入中科三环的直接原因是一次刷微博的“偶遇”：5 月 26 日在每日经济新闻的微博报道中，因为中科三环在当天挂入了涨停板，作为新材料板块的“领头羊”，《每日经济新闻》对该股进行了一定程度的剖析。在从 5 月中旬开始关注中科三环后，发现了 KDJ 金叉，但 KDJ 又存在高位交织变动，所以一直不敢买进。直到看到这个分析之后认定对中科三环做短期操作也可以获得预期收益，遂在 5 月 27 日买进。

综合分析，买点的选择还是有失误的，说白了还是心态问题，在 27 日初始交易时一直在迟疑，导致错过了最佳买入时机，随着股价的不断上涨，追涨心态不断作祟，最终可以说是买在了当日的高点。借鉴经验，在卖点的选择上，我选择了果断操作方式，无论之后的涨幅如何，当下的锁定收益才是最重要的。

虽然最终对该股的操作并没有达到10%的收益率，但建立在海联讯的收益基础之上，我还是在短时间内就完成了课程预定标准。短时间内赚大钱，这大概也是众多散户奋不顾身投入股票市场的原因之一吧。每个理性投资者都会在入手前对该标的进行或多或少的指标评判，但市场终究深不可测、变幻无常，无论是基本面、消息面还是技术面等的分析，都要基于实际情况的变化而做出及时变更，这样才能及时把握买卖的最佳时点。此外，保持一个乐观的心态，看轻得失也很重要，只有坦然面对盈亏的人才能在股市中走得更远。

案例分析：以雅百特（002323）为例①

早在上个学期来到金融专业得知，班上有不少同学在实盘炒股，但终究只是看个热闹，并未仔细研究参与进去。真正开始接触股票还是从这个学期开设了投资学课开始。老师设立了一个模拟炒股大赛平台，以10%收益作为期末评定因素，于是我开始了模拟炒股的生活。

在叩富平台注册了账号，下载了东方财富客户端，没事捧着手机看推送信息，由于不懂基本面分析，不知道如何去分析企业的内在价值。看着股市的价格走势图，能明白的只是眼前所见的涨和跌。老师从第一节课开始，以黄山旅游为教学案例，贯穿整个学期的课程。恰好课程在上午一二节课，股市开盘的时间点在第二节课，老师会在开盘前带领我们分析股票变化的原因和如何分析股票的长期投资价值。“多看少动”和“注意最新新闻”是老师说得最多的话。带着这几个字，我开始进行模拟炒股。我选的一只股票是雅百特，这也是整个学期模拟炒股亏的厉害的一只股。

雅百特全称江苏雅百特科技股份有限公司，其经营范围主要为金属屋面、墙面维护系统新材料的设计、研发，光伏分布式电站系统的安装调试等，属建筑和光伏行业。中国在“十三五”规划中，提出将要建设260个以上的通用机场，公路实现县县通，重点建设一批便民中小体育馆、全民健身中心。同时推进能源革命，加快能源技术创新，建设清洁低碳、安全高效的现代能源体系。政策的有力支持给建设和光伏行业强有力的保障。

我是在2016年4月7日以每股53.4元的价格买入。我的买入逻辑是：①在2016年3月25日，注意到雅百特发布了一则《雅百特拟定增10亿元

① 作者为华东交通大学经济管理学院2013级金融1班41号黄恬雅。

引入复星、中植等战投》的新闻。②国家政策对建筑和光伏行业的支持。③雅百特在停牌22日后，将于3月25日重新复牌。看着一系列的利好消息，让我不由兴奋，同时又带着些警惕。想着“多看少动”的原则，决定还是多观察几日。在连续7日的涨停板后，终于按捺不住，买涨！以为这个涨幅趋势还会持续几天，这样算下来收益率至少在10%左右。可是后来的事实告诉我并非如此，我恰好在整个浪的最高峰买入，随之而来的是浪的破灭。4月25日，《中国证券报》发布了产业资本一个月减持131亿元的消息，并预计将持续提升。就一般而言，人们普遍认为增值就是利好，减持就是利空。但看到自己所关注的雅百特遭遇一定程度的减持后，股价持续下跌。最后，我以43.66元的价格，在4月25日那天将股票全部抛出。18.2%的亏损不禁让我吸气，庆幸这只是模拟炒股并非实盘。以下是雅百特3月股价走势情况：

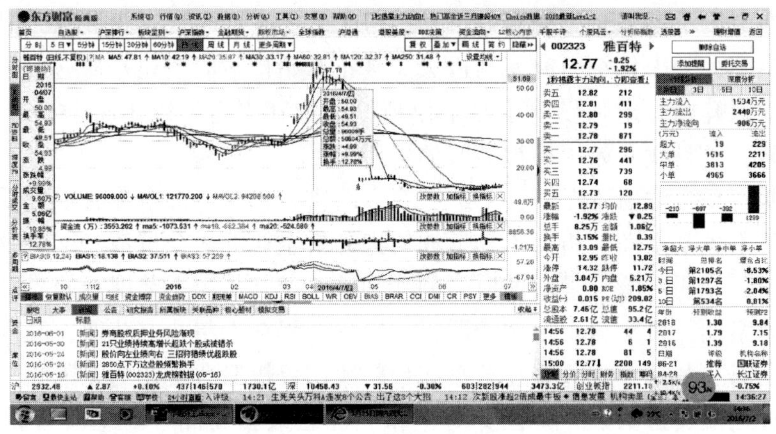

图1　3月股价走势（一）

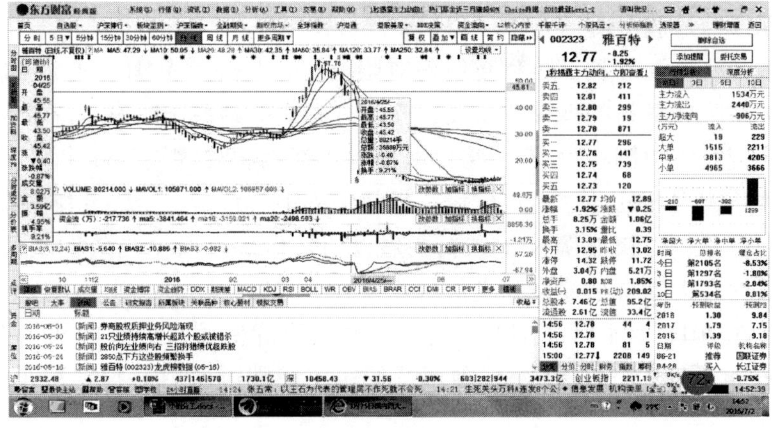

图2　3月股价走势（二）

这次雅百特的亏损之旅，让我明白，“多看少动”是没有错的，但是，错在时机没有把握好，完整的来了一个冲浪。股票投资需多研究，从基础点滴学起，买股票其实就是买公司。对公司多研究，对行业政策多琢磨。做到真正的研究股票，买卖股票时要做到心中有底，而不是瞎炒。

案例分析：以云南铜业（000878）为例①

摘要：从全球来看，2016 年预计主要经济体复苏步伐不一致，全球经济增长乏力，世界主要经济体对宏观政策的取向将不断地明显分化，新兴经济体结构性矛盾将进一步暴露，全球的经济形势将更为复杂，大宗商品价格将继续低迷；而 2016 年是“十三五”规划实施的起始年，中国经济正处在新旧动力转换的关键时期，随着中国经济结构调整不断步入深水区，整体经济增速预计将持续放缓，供给侧改革、化解产能过剩矛盾、寻求新的经济增长动力等矛盾交织，经济形势更为严峻，就铜产业而言，2016 年将面临挑战。

关键词：稀缺资源；有色金属；云南板块

1. 引言

2016 年是选铜业行业发展过程中非常关键的一年，首先，从外部宏观环境来讲，影响行业发展的新政策、新法规都将陆续出台。转变经济增长方式，严格的节能减排对选铜业行业的发展都产生了深刻的影响，另外还有来自通货膨胀、人民币升值、人力资源成本上升等因素的影响；从企业内部来讲，产业链各环节竞争、技术工艺升级、出口市场逐步萎缩、产品销售市场日益复杂等问题，都是企业决策者所必须面对和亟待解决的问题。

2. 公司发展及现状

公司是经云南省证券监督管理办公室“云证办［1997］80 号”文和云南省人民政府“云政复［1997］92 号”文批准，由云南铜业（集团）有限公司作为独家发起人，以社会募集方式设立的股份有限公司。1998 年 4 月 14 日，经中国证券监督管理委员会“证监发字［1998］54 号”文批准，本公司首次向社会公开发行人民币 A 种股票。1998 年 5 月 15 日经云南省工商行政管理局注册登记正式成立。1998 年 6 月 2 日本公司股票在深圳证券交易所挂牌交易。

① 作者为华东交通大学经济管理学院 2013 级金融 1 班 42 号甘源。

（1）公司的发展。

2015 年度，公司实现营业总收入 72999.89 万元，较上年同期减少 27.42%；利润总额 7712.33 万元，较上年同期减少 13.36%；归属于公司普通股股东的净利润 6082.96 万元，较上年同期增加 19.30%；扣除非经常性损益后归属于公司普通股股东的净利润-15604.65 万元，较上年同期下降 48.86%。与上年度相比，公司归属于普通股股东的净利润增 19.30% 。

（2）公司的现状。

公司抓住进口铜精矿原料价格下降而加工费上涨的机遇，满负荷精心组织铜冶炼生产，在 2014 年精炼铜产量创历史新高的基础上，2015 年再创新高，实现精炼铜产量 537329 吨，完成年计划 103.33%，同比增长 4.13%。

报告期内，公司全年生产矿山铜金属 56667（其中：自产精矿含铜 56304 吨、矿山电积铜 363 吨）吨，完成年计划 108%；精炼铜 53.73 万吨，完成年计划 103.33%，比 2014 年增长 4.13%；黄金 10240 千克，完成年计划 170.67%，比 2014 年增长 51.73%；白银 458.1 吨，完成年计划 102.48%，比 2014 年增长 1.47%；硫酸 153.47 万吨，完成年计划 107.1%，比 2014 年增长 7.03%；铁精矿 40.75 万吨，完成年计划 96.4%，比 2014 年降低 18.93%。铁球团 22.03 万吨，完成年计划 36.71%，比 2014 年降低 65.02%。

（3）公司的十大股东。

表 1　公司十大股东

日期	排名	股东名称	持股数量（股）	占总股本比例（%）	增减（股）	股本性质
2016-03-31	1	云南铜业（集团）有限公司	637469718	45.01	25920918	流通 A 股
2016-03-31	2	上海浦东发展银行股份有限公司—长信金利趋势混合型证券投资基金	20813089	1.47	12036961	流通 A 股
2016-03-31	3	中国信达资产管理股份有限公司	20630847	1.46	不变	流通 A 股
2016-03-31	4	中国大唐集团公司	20000000	1.41	不变	流通 A 股
2016-03-31	5	中国长城资产管理公司	10500000	0.74	不变	流通 A 股
2016-03-31	6	中融国际信托有限公司—汇鑫 1 号证券投资单一资金信托	9942707	0.70	不变	流通 A 股
2016-03-31	7	云南省工业投资控股集团有限责任公司	6842980	0.48	不变	流通 A 股

续表

日期	排名	股东名称	持股数量（股）	占总股本比例（%）	增减（股）	股本性质
2016-03-31	8	华鑫国际信托有限公司—华鑫信托·280 号证券投资集合信托计划	5547900	0.39	不变	流通 A 股
2016-03-31	9	中国建设银行股份有限公司—华宝兴业行业精选混合型证券投资基金	4256466	0.30	新进	流通 A 股
2016-03-31	10	东方汇智资产—民生银行—中融国际信托—中融—鑫瑞 1 号结构化集合资金信托计划	3950000	0.28	不变	流通 A 股

3. 行业背景

从全球来看，2016 年预计主要经济体复苏步伐不一致，全球经济增长乏力，世界主要经济体对宏观政策的取向将不断地明显分化，新兴经济体结构性矛盾将进一步暴露，全球的经济形势将更为复杂，大宗商品价格将继续低迷；而 2016 年是“十三五”规划实施的起始年，中国经济正处在新旧动力转换的关键时期，随着中国经济结构调整不断步入深水区，整体经济增速预计将持续放缓，供给侧改革、化解产能过剩矛盾、寻求新的经济增长动力等矛盾交织，经济形势更为严峻，就铜产业而言，2016 年将面临以下挑战：一是大宗商品价格持续低迷不断靠近生产成本形成的挑战；二是汇率波动加大经营风险形成的挑战；三是行业中冶炼产能持续释放，不断增加企业成本比拼力度形成的挑战；四是环保保护要求的不断提高，对持续降低矿山企业经营成本形成的挑战；五是需求持续低迷，有效控制市场风险形成的挑战。

面对严峻的经营形势，2016 年公司将以全面深化改革，增活力强动力为抓手，以全面加减乘除，调结构促升级为重点，以全面精准管理，强能力提效益为基础，为“十三五”打开发展的良好开局奠定基础。

从 2015~2016 年的周 K 线图来看，云南铜业经历了一次大涨和一次大跌，起起伏伏的涨跌次数不胜其数。尽管 K 线表现市场有很强的视觉效果，但它也是存在着一定的缺陷的。

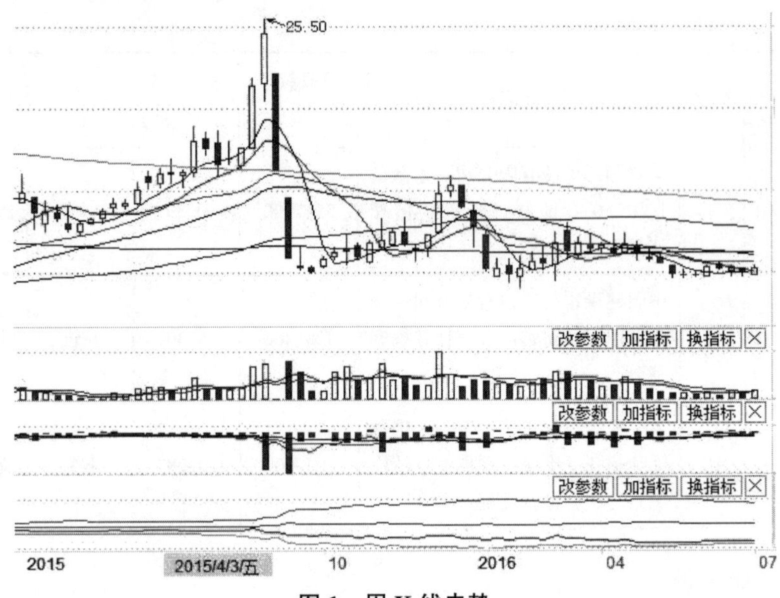

图 1　周 K 线走势

以我自己在叩富模拟盘上的投资对云南铜业（000878）为例，分享一些失败的经验。表 2 是我在 4 月 7 日至 5 月 17 日的六次交易操作表。

表 2　交易操作

云南铜业（000878）	交易时间	成交价格	成交数量	成交金额	手续费	净盈亏
买入	2016/4/7 10:38	11.62	10000	116200.00	116.20	
买入	2016/4/8 9:37	11.06	10000	110600.01	110.60	
卖出	2016/4/13 9:39	11.65	20000	233000.00	466.00	
盈亏				6199.99	580.73	5319.26
买入	2016/4/13 10:23	12.17	100000	1217000.00	1217.00	
买入	2016/5/10 13:24	9.82	100000	982000.00	982.00	
卖出	2016/5/17 10:13	9.99	200000	1998000.00	3996.00	
盈亏				-201000.00	4844.00	-205844

投资标的：云南铜业。

预期收益：有一个 10%的涨幅。

买入理由：

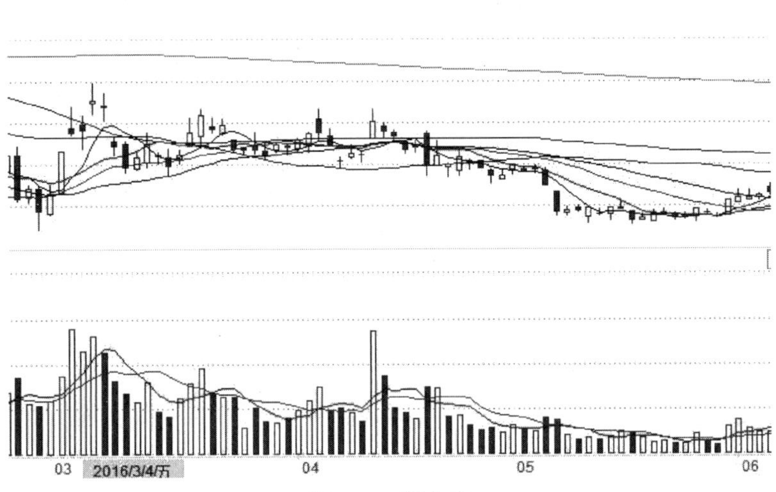

图 2 K 线走势

分析了整个行业的背景，预测有一个上涨的趋势，以及根据 2016 年政策的分析，云南铜业前一季度的涨跌起伏的规律，关注了此只股票。

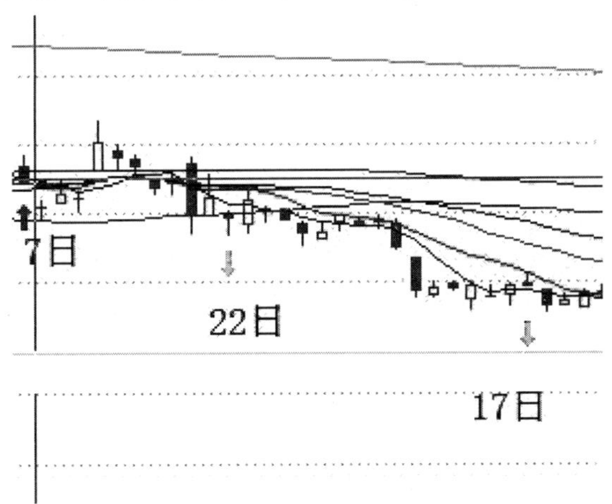

图 3 买入日期

在 4 月 7 日选择买进，出现了带上影线的阴线，表示股价先涨后跌。阳线实体越长，表示空方实力越强。

预判：在 4 月 7 日以 11.62 元的价格买入 100 手云南铜业，预计在 10 天内会有一个一块钱的小涨幅，也就是 8%的涨幅。

实际收益：在第一次卖出后，收益率在 2.66%左右。而第二次卖出后收益率为-10.06%。总体来说是亏损的。

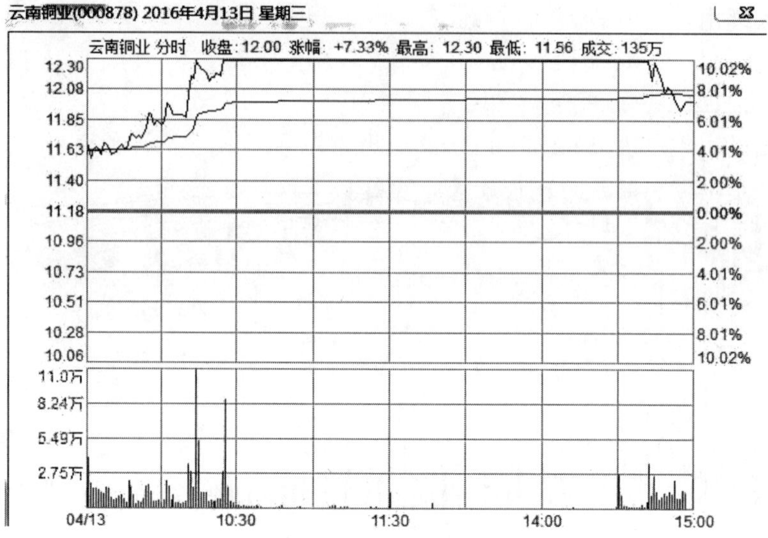

图 4 4 月 13 日分时走势

卖出理由：

第一次卖出，4 月 12 日的收盘价是 11.18 元，而 4 月 13 日以 11.6 元高开，一直呈上涨的趋势，直至 12.3 元涨停持续到下午收盘之前下跌至 12 元。之所以选择卖出，是因为在 4 月 7 日以 11.62 元的价格买入之后，一直处于下跌的状态。4 月 8 日，价格下跌后，以 11.06 元的价格持续买入了 100 手，拉低了成本价。在价格有了小涨的趋势，于是选择了卖出。

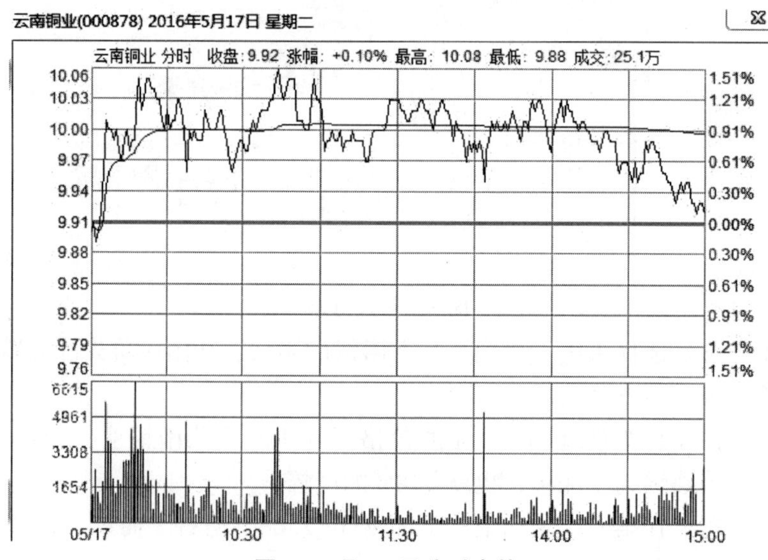

图 5 5 月 17 日分时走势

第二次卖出，在4月13日卖出之后，在10点半之前可以看到有一大笔的成交量，推动了价格持续上涨，又以12.17元的价格买入了1000手的云南铜业，而在下午的两点半之后，陆续有几笔卖出。而当天买入的股票是不允许卖出的。在4月14日以11.92元低开并持续下跌，收盘价为11.74元。当时选择卖出，想要及时止损，但一直处于下跌的状态，股票抛不出去，被套牢。在5月10日，已经跌破了10元，但是选择买入1000手拉低之前的成本。成本价为10.99元，在5月17日，涨至9.99元的时候选择了卖出，尽可能地降低了损失。

反思：

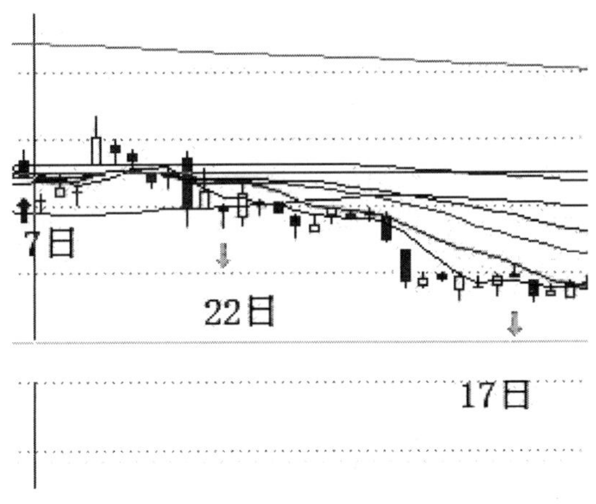

图6 4月7日至5月17日K线走势

以上为4月7日至5月17日日K线的截图，在4月22日可以看到有一个锤头，预示着下跌趋势的结束，在4月25日的确开始了上涨，涨幅有1.83%。此K线的预示还是较为准确的，但是K线还是要结合实际的情况来判断。

此次操作失败最大的原因是没有找准时间点，虽然预判的涨幅达到了，但是自己没有把握好时机，导致了后来的继续跟进失败。

经验与启示：

投资股票应当注意以下几点：

(1) 关注国家宏观经济政策、行业政策、企业发生的大事件，分析这些信息对整个股市和行业的影响，是利好还是利空。

(2) 关注公司的管理水平和业绩。

(3) 学会观察K线图，结合K线组合和均线走势分析，加一点MACD、KDJ、RSI等其他指标，并配合大盘、个股成交量来综合分析，确定是买还是卖。

（4）不要把所有的鸡蛋放在一个篮子里，风险往往大于分开投资的风险，但投资也不要太过于分散，以免顾此失彼。根据自己的业余时间来调整，投资股票只是业务爱好，除非你的能力超常。

（5）在选择买股票前，一定要对风险承受进行预判，要把风险放在头位，一旦超过自己的风险承受范围果断选择离场。

案例分析：以云南白药（000538）为例①

1. 引言

通过 2015 年我国股市的股灾可以知晓股票市场涨跌虽然在短期会存在投机性，但是要想长期获利，必须进行价值投资，如果缺乏价值基础，哪怕股票在短期内出现快速上涨，其股票之后也势必会跌回其价值区间，因此本次笔者选择价值性投资，并以云南白药为投资对象，在今年的 3 月初以 56. 56 元的价格买入云南白药，现今其市场价格达到 64. 6 元，整体涨幅为 14%，而同期大盘上涨幅度为 5. 7%，不仅成功获利而且跑赢大盘，是一次较为成功的投资。

2. 公司发展现状

云南白药全称为云南白药集团股份有限公司，其成立于 1971 年，1993 年 5 月 3 日进行现代企业制度改革，成立云南白药实业股份有限公司，在云南省工商行政管理局注册登记。经过在这个时期的不断改革成长，公司已从一个资产不足 300 万元的生产企业成长为一个总资产 192 亿元，总销售收入 200 亿元的大型企业，经营涉及化学原料药，化学药制剂，中成药，中药材，生物制品，保健食品，化妆品及饮料的研制、生产及销售；医疗器械，日化用品等领域的云南省实力最强、品牌最优的大型医药企业集团。云南白药商标于 2002 年 2 月被国家工商行政管理总局商标局评为中国驰名商标。其产品云南白药在市场的影响力以及消费者接受程度极高，促进企业的长期发展。

3. 公司发展潜力

从 2012 年开始，云南白药为了能够获取更进一步的发展潜能，布局大健康战略，通过产业的兼并以及多元化战略的实施，使得云南白药在原本较为单一的医药生产行业基础上发展成为包含有保健品、日用品、养生以及医药等综合性的企业，尤其是近些年云南白药牙膏以及云南白药沐浴露和洗发液的市场

① 作者为华东交通大学经济管理学院 2013 级金融 2 班 1 号张丹。

占有率持续攀升，云南白药的牙膏市场占有率达到 3.7%，而沐浴露以及洗发液的市场占有率也超过 1%，并且近些年该类产品的市场销量持续走高，并且在 2015 年云南白药包含牙膏等的工业产品其销售额首次突破医药产品，达到 115 亿元，因此随着大健康战略的逐步完善和成功，加上云南白药的金字招牌，未来云南白药的发展潜力巨大，公司可持续发展的势头将会延续。

4. 公司上市基本信息

云南白药于 1993 年 12 月 15 日就登陆了深圳证券交易所，其总股本为 10.4 亿股，现今市场市值为 650 亿元左右，云南白药股票从上市至今基本呈现上涨态势，其发行价格为 3.38 元，而目前价格为 64.6 元，如果对其进行后复权操作其股价为 1208 元，在 20 多年的时间内其股价上涨幅度达到 400 倍，反映了其受到市场热捧的程度。

5. 投资理由（选股思路）

（1）持续分红。

云南白药从 1993 年上市之后保持着优良的分红历史，除了 1998 年之外，云南白药的每一个年度都进行现金分红，实施现金分红一方面意味着股东能够每年获得一定的投资回报收益，另一方面也反映了云南白药企业的经营处于健康状况，每年都能够拿出一定的现金回报给股东，表明其现金流较为充裕，财务的健康自然有利于企业的发展，在过去的 22 个年份中，云南白药分红的次数共达到了 23 次，总共的分红数目为 27.6 亿元，而云南白药从股票市场融资的资金仅为 16 亿元，其分红的数目是融资资金的 1.72 倍，也就是说如果云南白药上市时购入其股票，那么仅仅凭借分红就获取了本金 1.72 倍的收益。因此持续的分红使得云南白药具备价值投资的基础。

（2）财务状况的持续增长。

要想进行价值投资，必须知晓云南白药企业的经营状况，判断其是否具备可持续发展性，那么对云南白药近些年的发展能力指标进行收集得到：

财务指标（%）	2016-03-31	2015-12-31	2014-12-31	2013-12-31
营业收入增长率	9.8013	10.2250	18.9669	14.4735
总资产增长率	18.0077	18.0499	26.8647	19.2217
营业利润增长率	8.8639	11.9589	7.2338	46.9828
净利润（万元）	62192.42	277084.14	250607.65	232145.38
净利润增长率	10.7688	10.5649	7.9529	46.6633
净资产增长率	19.6518	20.0977	23.8822	26.9872

从上述的数据可以直接观察到，云南白药近些年的净利润持续上升，从2013年的23亿元上升至2015年的27亿元，云南白药每年的净利润增长率基本在10%以上，营业收入的增长也维持在10%左右，说明云南白药呈现持续稳定增长局面，公司运营状况良好，同时在净资产以及总资产的增长率方面，云南白药的增长率更是达到近20%，表明云南白药的股东纷纷看好云南白药的发展前景，不断地注入资金使得云南白药整体规模快速增长，因此从云南白药的企业规模以及盈利数据可以明显得出云南白药正处于健康增长态势之中，公司在未来还会有持续增长潜力，因此可以对其进行价值投资。

（3）KDJ分析。

在确定对云南白药进行价值投资之后，就需要选择具体的入场点，在3月初云南白药出现了KDJ的买入信号，在2月底云南白药的KDJ出现超跌现象，其J指标线跌至0水平线，显示市场超卖，之后云南白药KDJ触底反弹，并出现金叉，预示股价短期将会上涨，因此为买入节点。

图1　KDJ分析

（4）切线分析。

从3月9日购入云南白药之后，云南白药便进入一波上涨趋势之中，其下方存在一条明显的向上涨的趋势线，支持着云南白药的上涨，之后云南白药的股价一直未跌破上涨趋势线，表明其股价仍旧处于上升趋势，因此还未出现离场信号，继续持有云南白药。

图 2　切线分析

（5）成交量。

在 2 月底云南白药的快速下跌行情中，其成交量并未伴随着相应的放大，表明该波下跌为无量下跌，不具备有效性，所以促成了日后的反弹，之后云南白药的成交量一直保持在同等水平，表明市场还未出现抢筹局面，如果云南白药日后量能开始放大并股价上涨，那么云南白药股价有可能会进入一波主升浪行情。

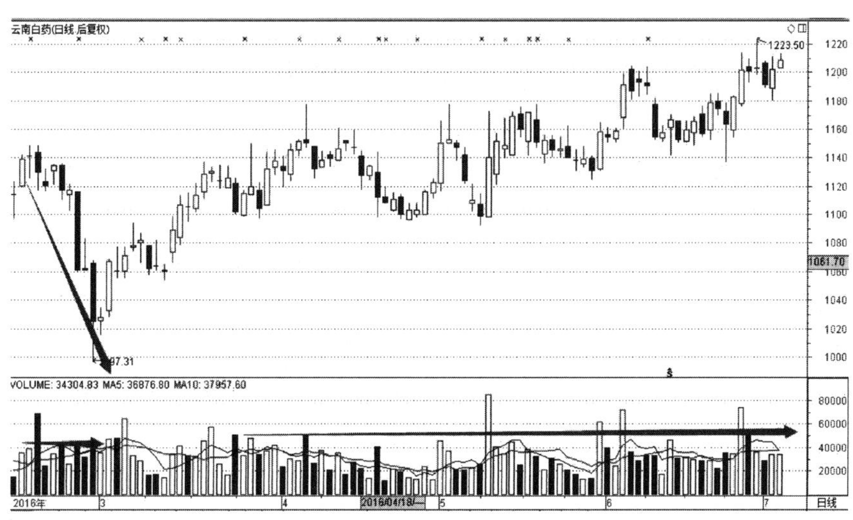

图 3　成交量分析

6. 经验总结与反思

(1) 经验总结。

股票市场中股票的内在价值其实在于上市公司本身的质地，所以如果一家上市公司其本身质地良好并且具备长期的可持续的发展能力，加上有持续分红的现象，只要其动态市盈率在合理的范围之内，那么其就具备相应的价值投资价值，而且采用价值投资的方式能够长时间拿着股票，不必进行日内的反复操作，虽然价值投资股票往往有着股价上涨缓慢的特点，但是其上涨具有可持续性，只要周期拉长，那么价值投资的个股其整体涨幅会远远超过其他质地较差的垃圾股，因此在未来的投资中，本人还以价值投资为理念，进行长期的投资操作，既确保投资的稳健又能够获取持续收益。

(2) 操作反思。

在进行价值投资过程中，首先需要对行业以及企业的发展性进行研究，判断其是否具备价值投资的价值，之后就需要通过技术分析的方式确定具体的入场点，使得交易成功概率得到大幅提升。

在进行技术投资的过程中需要结合多种技术投资的方式，比如本次对云南白药操作中就采取了量能分析和 KDJ 分析，确定了入场点，在入场之后则需要通过趋势分析来判断离场信号，比如本文采取趋势线的操作方式，那么只有等待股价跌破趋势线才考虑离场，否则就一直持有，让利润奔跑。

案例分析：以恒生电子（600570）为例①

一、公司情况

1. 公司简介

恒生电子股份有限公司成立于 1995 年 2 月，注册资本为 4. 45536 亿元人民币，是上海证券交易所主板上市的高新技术企业（股票代码 600570）。恒生电子是国家规划布局内重点软件企业、国家重点高新技术企业以及国家火炬计划软件产业基地骨干企业，为中国十大自主品牌软件供应商。2014 年 4 月 1 日马云控股的浙江融信拟以现金方式受让恒生电子的控股股东杭州恒生电子集团有限公司 100%的股份，合计交易总金额约为 32. 99 亿元。

① 作者为华东交通大学经济管理学院 2013 级金融 2 班 2 号麻敏。

2. 公司资质

一直以来，恒生电子拥有业界公认的出色管理和服务，是国内首批通过ISO9001国际质量认证的软件企业。2007年恒生电子通过CMMI L4评估，2008年通过ISO27001认证，积极准备CMMI L5评估。完善的信息安全、产品研发质量控制体系保证了公司服务市场、服务客户的能力。公司为中国领先的金融软件与网络服务供应商，业务范围包括证券、基金、期货、银行、信托、保险、财资管理、通信、电子商务等。在国内证券行业应用软件开发领域占据了领先的地位，计划进入市场前景广阔的社会保险、电信行业等其他行业应用软件领域。2013年，公司连续第六年入选fintech全球百强榜单，位列第68位，仍是唯一进入该榜单的中国金融软件企业。

3. 公司财务

恒生电子2009年上半年实现净利润0.71亿元（基本每股收益0.1600元），比上年同期增长65.61%。

恒生电子过去3年平均盈利能力增长率为273.61%，在所有上市公司排名为111位，在所在的应用软件行业排名第一，盈利能力较强。

恒生电子过去EPS稳定性在所有上市公司排名为867位，在其所在的应用软件行业排名为13位。公司经营稳定性较差。

2015年，根据东方财富Choice数据统计显示恒生电子的销售毛利率超过90%。

二、选择原因

1. 公司前十名股东持股情况

截至报告期末的股东总数、前十名股东、前十名流通股东（或无限售条件股东）持股情况如表1和表2所示。

表1 前十名股东持股情况

单位：股

股东总数（户）			122307			
前十名股东持股情况						
股东名称（全称）	期末持股数量	比例（%）	持有有限售条件股份数量	质押或冻结情况		股东性质
				股份状态	数量	
杭州恒生电子集团有限公司	128013228	20.72		无		境内非国有法人
周林根	13902455	2.25		未知		未知
蒋建圣	11864974	1.92		无		境内自然人

续表

前十名股东持股情况						
股东名称（全称）	期末持股数量	比例（%）	持有有限售条件股份数量	质押或冻结情况		股东性质
				股份状态	数量	
中央汇金资产管理有限责任公司	10875900	1.76		未知		国有法人
陈鸿	9847100	1.59		未知		未知
中国证券金融股份有限公司	9278737	1.50		未知		国有法人
王则江	7593055	1.23		未知		未知
彭政纲	7100000	1.15		无		境内自然人
全国社保基金四零六组合	5923713	0.96		未知		未知
北京凤山投资有限责任公司	5325389	0.86		未知		未知

表 2　前十名无限售条件股东持股情况

前十名无限售条件股东持股情况			
股东名称	持有无限售条件流通股的数量	股份种类及数量	
		种类	数量
杭州恒生电子集团有限公司	128013228	人民币普通股	128013228
周林根	13902455	人民币普通股	13902455
蒋建圣	11864974	人民币普通股	11864974
中央汇金资产管理有限责任公司	10875900	人民币普通股	10875900
陈鸿	9847100	人民币普通股	9847100
中国证券金融股份有限公司	9278737	人民币普通股	9278737
王则江	7593055	人民币普通股	7593055
彭政纲	7100000	人民币普通股	7100000
全国社保基金四零六组合	5923713	人民币普通股	5923713
北京凤山投资有限责任公司	5325389	人民币普通股	5325389
上述股东关联关系或一致行动的说明	公司未知前十大股东之间是否存在关联关系或属于一致行动人		

2. 财务状况

	2016-03-31	2015-12-31	2015-09-30	2015-06-30	2015-03-31
每股收益(元)	0.12	0.73	0.26	0.34	0.11
每股净资产(元)	3.99	3.94	3.38	3.51	3.29
净资产收益率(%)	2.91%	18.66%	7.69%	9.72%	3.49%
净利润增长率(%)	1.31%	25.66%	19.79%	85.22%	24.96%

恒生电子(600570)技术分析　返回个股资料首页>>

价格分析

	收盘价(元)	最高价(元)	最低价(元)	涨跌幅(复权%)	平均成交量(手)
近5日	65.43	67.99	63.60	-3.02	335198
近10日	65.89	67.99	62.51	0.56	369106
近20日	65.79	71.90	60.62	-3.78	425532
近60日	59.58	71.90	49.85	10.27	403467
2015年平均	84.35	179.80	38.21	11.50	289198
今年以来	52.34	71.90	33.60	6.18	380151

筹码分析

	主力平均成本(元)	盈亏(%)	散户平均成本(元)	盈亏(%)
昨日	28.59	-0.45	28.60	-0.49
5日	28.94	0.14	28.91	0.24
10日	28.84	0.63	28.63	0.80
20日	29.13	0.44	29.12	0.45
60日	28.39	0.40	28.33	0.48
120日	26.10	-0.03	25.05	0.23

筹码分布情况　2014-08-01

图 1　财务状况

通过统计数据看出，恒生电子还是较为稳健的。

3. 股东人数

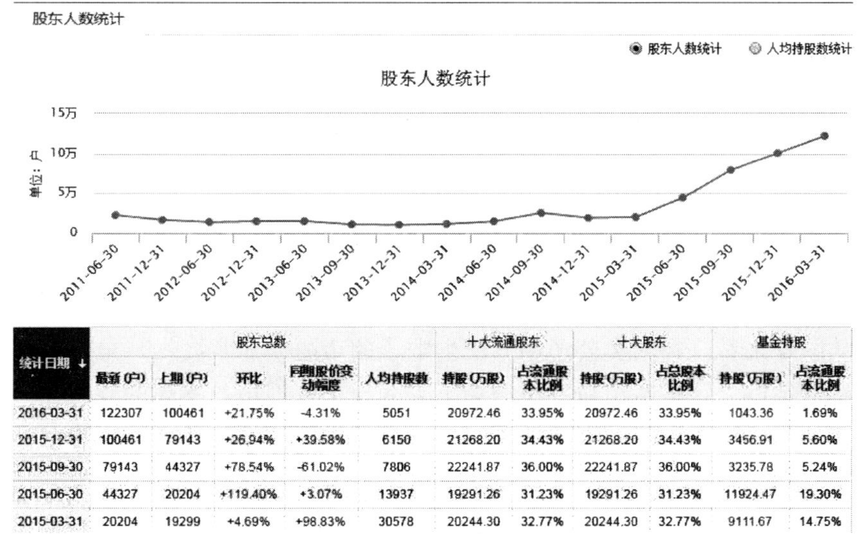

统计日期	股东总数					十大流通股东		十大股东		基金持股	
	最新(户)	上期(户)	环比	同期股价变动幅度	人均持股数	持股(万股)	占流通股本比例	持股(万股)	占总股本比例	持股(万股)	占流通股本比例
2016-03-31	122307	100461	+21.75%	-4.31%	5051	20972.46	33.95%	20972.46	33.95%	1043.36	1.69%
2015-12-31	100461	79143	+26.94%	+39.58%	6150	21268.20	34.43%	21268.20	34.43%	3456.91	5.60%
2015-09-30	79143	44327	+78.54%	-61.02%	7806	22241.87	36.00%	22241.87	36.00%	3235.78	5.24%
2015-06-30	44327	20204	+119.40%	+3.07%	13937	19291.26	31.23%	19291.26	31.23%	11924.47	19.30%
2015-03-31	20204	19299	+4.69%	+98.83%	30578	20244.30	32.77%	20244.30	32.77%	9111.67	14.75%

图 2　股东人数

十大股东占总股本比例在2016年3月31日为33.95%，不是很多，但还是有一定的影响力。从2015年开始，股东人数大幅持续增加。

4. 评级参考

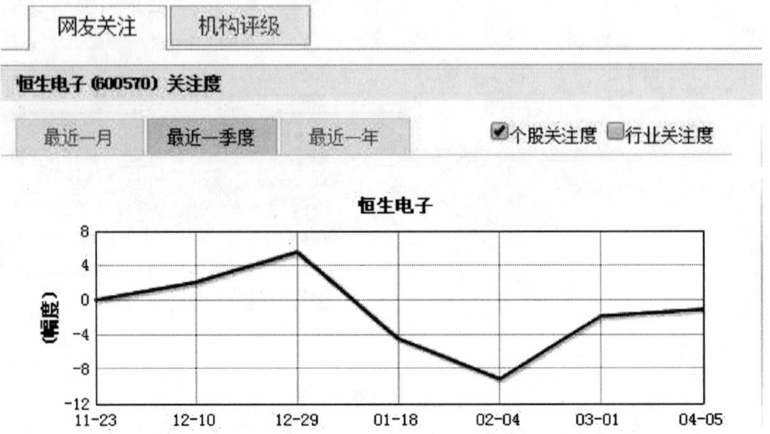

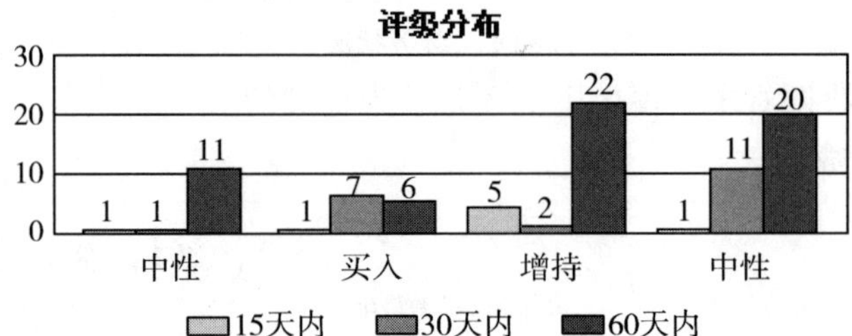

图3 评级参考

评级机构在几个月内对恒生电子的评级中，增持的评级居多，可见机构通过综合分析对这只股票的潜力还是比较看好的。

5. 估值水平

从图4来看，在同类公司中，恒生电子的市盈率非常高，甚至是部分同类公司的两倍以上。虽然市盈率高增加了买入成本，但市盈率高的股票在另一侧面上反映了该企业良好的发展前景，通过资产重组或注入使业绩飞速提升，看好未来发展。

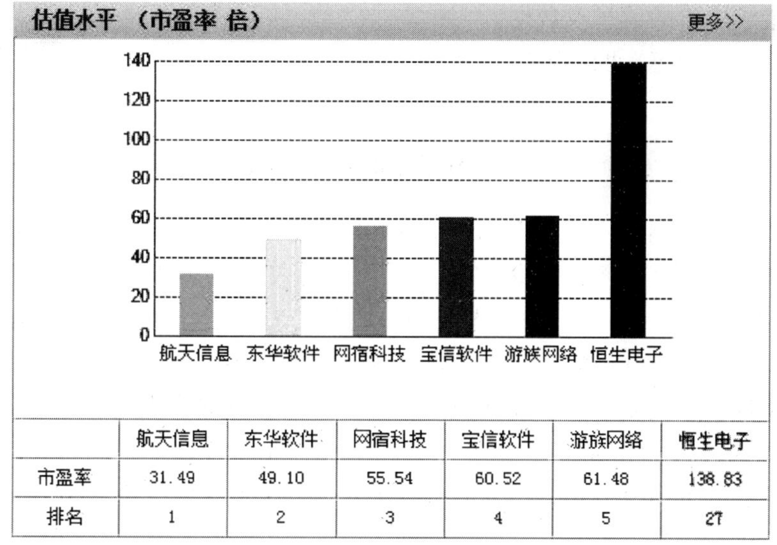

	航天信息	东华软件	网宿科技	宝信软件	游族网络	恒生电子
市盈率	31.49	49.10	55.54	60.52	61.48	138.83
排名	1	2	3	4	5	27

图 4　估值水平

三、投资过程

投资标的：10000 股恒生电子

预期收益：每股收益 5 元

买入价格：57.00 元/股（2016-05-30）

卖出价格：68.50 元/股（2016-06-08）

期间，5 月 30 日以 57 元买进，当日收盘价 56.22 元，但是中期方向不明，虽然有亏损，但还是选择的暂时观望；次日，涨跌幅为 8.8，对未来看好，继续持仓；接下来涨跌幅波动，6 月 3 日为 7.03，创 30 日新高，但接下来横盘震荡，直到 6 月 8 日，涨跌幅为-2.2，我选择了全部清仓。

结果：并没有达到预期收益，但是在多空争夺，股价波动之时，我采取了谨慎的做法，全部清仓。

四、投资回顾与感想

此次投资过程我的技术分析不到位，投资经验少，缺少敏锐度，只能凭借各方面易识别的指标数据进行预测。

对于机构等推荐的所谓“牛股”要仔细辨别，不要盲目跟风，入市需谨慎。

未来走势不明确时，可以谨慎思考，及时清仓止损。

在投资过程中发现股票的一些规律，注意相关股票所属公司近期的重大事件，参与控股和投资的机构，关注行业的发展情况和国家相关政策等一系列会对股价造成影响的信息及数据。

保持好的心态，明白股市无常。

案例分析：以乐视网（300104）为例①

摘要：乐视网是一家具有创新精神和巨大潜力的优秀的互联网公司，它对于自身发展战略开拓范围比较广泛。乐视网不仅是一家视频公司，更是一个“平台+终端+内容+应用”的生态公司。它与传统行业相结合，形成电视、手机、汽车、自行车、电影、娱乐、体育为一体的发展模式。

关键词：乐视生态；互联网概念；资本布局；领导者谋略

2015 年 4 月，我观察到 2015 年第一季度创业板指数不断创新高，但乐视网几乎没涨，价值被低估，因此我在 4 月底以 83 元的价位决定买入，当时是在模拟盘进行操作。

自从 2015 年 3 月行情较好时关注股市，我经过了将近 2 个月的学习和观察，从 4 月底进场以来，2015 年这时候经历了一波股灾，也遭遇了百年一遇的千股跌停，直到现在实盘还有股票被套，近乎腰斩，遍体鳞伤，现已经被迫转为长线，和一些同样炒股的同学交流过一些经验，也讨得一些见解，发现股市真的是妙趣横生，很灵活，捉摸不透但很有意思。说实话，实盘资金投入确实比较少，也就买了几只当时还不错的低价股，像当时的吉视传媒、国投电力，不过国投进去了以后复盘简直心塞到不行，几次跌停，所幸投入不多，现在想想经历了也不算坏事，谁刚进股市就能赚得盆满钵满呢。

到现在也有了我自己一些浅薄的见解。在选择股票时，我的判断标准主要是：①是否属于重点关注的高科技、国企改革或者概念股？②公司目前的市值如何，未来 2~3 年发展潜力如何？③公司股价是否被低估，有没有增长空间？④对公司高层或者老板能力和企业文化的一些了解。

于是我把目光投入到了乐视网，这只股是我从 2015 年 3 月开始一直看着的，一开始是被它的“乐视生态”给吸引了，首先乐视说要做电视，这对传统行业是颠覆性改变，结果传统厂商像康佳、创维包括小米等也开始加入做超级电视；2013 年乐视首先暗中布局汽车，一年后苹果、BAT 才亦步亦趋地跟进造车计划；而当大家在买版权的时候，乐视已经开始搞一些自制的包括电影之类的，可以看出企业的想法相当先进，很有自己的主张。

① 作者为华东交通大学经济管理学院 2013 级金融 2 班 3 号卢妍菲。

一、互联网概念拉动眼球效应

在互联网行业中，乐视网紧随腾讯、阿里巴巴、百度之后。再加上这些年政府对于互联网的政策扶持，李克强总理多次为互联网企业站台，而乐视网是中国的明星企业，已获国家全力扶植。中央电视台也为乐视网点赞，希望更多的企业学习乐视网，引领传统产业升级。

二、停牌期间企业战略布局

2015 年 12 月乐视网经历过一次停牌，而在停牌期间，公司的资本布局也是马不停蹄。2015 年 12 月 11 日，乐视网旗下乐视致新以 18.75 亿入股 TCL 多媒体，成为后者的第二大股东；2015 年 12 月 22 日，乐视手机公布了如期完成 2015 年 300 万台年销量目标，并给出了 2016 年 600 万台年销量目标；2016 年 3 月，成立总规模达到 100 亿的深圳市乐视鑫根并购基金投资管理企业，聚焦产业链上下游投资机会；2016 年 3 月、4 月公布与联通、京东的合作，2016 年 4 月与天猫签订战略合作协议。

数据显示，在乐视网停牌期间创业板跌了 18%，传媒板块下跌 28%，今年 6 月 3 日，乐视网复牌集合竞价阶段跌停，随后开始迅速拉升，盘中一度翻红涨幅超过 3%，随后小幅下挫，午后开盘，乐视网再次翻红，随后震荡下行，截至收盘时，乐视网报收 56.32 元，跌幅 4.17%。可以说给了一度对其复盘看空的人一记响亮的耳光。与此同时，我发现华泰证券和中金公司等一些证券公司趁机吸入大量资金，对乐视发展十分看好。

三、领导者才略

公司创始人贾跃亭比较有野心并极具前瞻性眼光，被誉为中国的马斯克。他曾说，我宁愿去质押股票，也不会减持稀释股权，因此乐视网极少融资，贾跃亭将股权抵押给银行融资及贾跃亭姐姐贾跃芳以卖出乐视网股份筹集资金的方式，无息借给乐视网作为营运资金，说明公司高层十分看好公司的发展并始终牢牢把握对上市公司的控制权。7 月 5 日，公司还公布了一个特大好消息：乐视网信息技术（北京）股份有限公司维护公司股价稳定的公告，公司部分董事、监事、高级管理人员以及其他多位公司核心人员，计划在未来 12 个月内（自 2015 年 7 月 28 日至 2016 年 7 月 28 日）增持公司股份，增持金额不低于 5 亿元人民币，增持所需资金由其自筹取得。

四、当前的竞争优势

乐视网目前相关的概念种类较多，从其涉及的超级汽车、互联网电视、机顶盒等概念机会来讲，它早已不是纯种的网络影视概念股，更像是一个大而复杂的乐视生态系统。

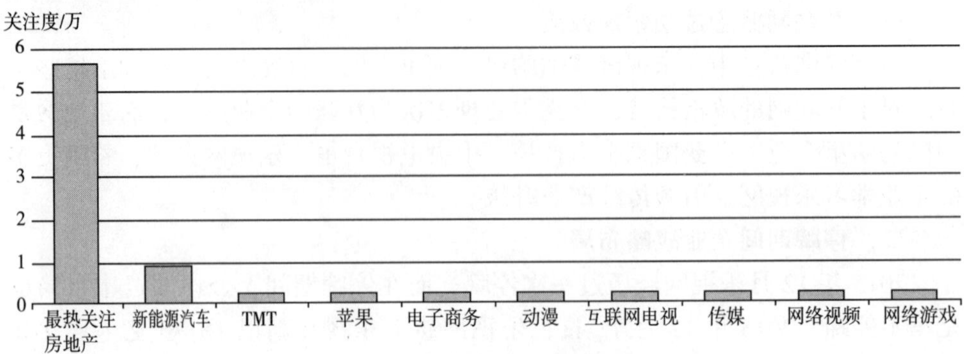

图 1　乐视网投资主题情感

目光聚焦在文化传媒相关的概念板块上，放眼当前，7 月各大高校也正式拉开了暑假的序幕，8 月巴西里约奥运会又跟 7 月的暑假无缝对接，体育相关的传媒产业也顺势加入传媒文化板块。从这个月开始，随着青年消费主力军的涌入，奥运热潮的推动以及各大卫视、传媒类产业对暑期市场争夺的加剧，文化传媒体育相关的产业有望成为今后三个月的热点概念板块。

乐视网无疑是目前中国极具发展潜力、充满活力的互联网公司！同时赶上了好时候，政府支持创新，对于乐视这样的创新公司寄予厚望，希望可以借乐视这样的公司加速传统产业升级。而作为创业板的权重股，我目前看好乐视网股价会在 100~200 元的空间。

案例分析：以全志科技（300458）为例①

一、投资标的——全志科技（300458）

2016 年 5 月中旬以来，创业板的表现可以用强劲来形容，次新股的股价一路上扬。在这样的背景下，我于 5 月 26 日以 80.5 元的价格买入了全志科技（轻仓介入），当天收盘价站上 83.91 元。第二天，收盘价为 88.20 元，突破了前期高点。全志科技是以次新股为题材的中小市值股票，后市表现一直不错。

二、预期收益

15%。

① 作者为华东交通大学经济管理学院 2013 级金融 2 班 4 号丁再飞，叩富网模拟炒股账户名：fern22，最终收益率为 5.35%。另外参加了“大智慧杯”全国大学生金融精英挑战赛，与朱炜杰、苏跃泽同学一组进入到了省赛，最终收益率为 2.55%，全省排名 176 名。

三、买入理由

1. 全志科技有限公司的发展现状

全志科技有限公司的主营业务包括设计智能模拟芯片和制造智能应用处理器。由于拥有在超高清视频编解码、高性能 CPU 多核整合、超低功耗等方面的业界领先水平，全志科技有限公司已经成为全球平板电脑、移动互联网设备、智能电源管理等市场的主流供应商之一。

2. 在行业中的地位

全志科技在三级行业分类中属于集成电路。在第一季度报告中其每股收益达到了 0.24 元，在行业中排名第一；销售毛利率达到了 46.98%，行业排名为第四；净资产收益率达到了 2.51%，排名第三。这些财务指标反映出全志科技的经营状况健康、业绩良好，股票价格有良好的业绩支撑。

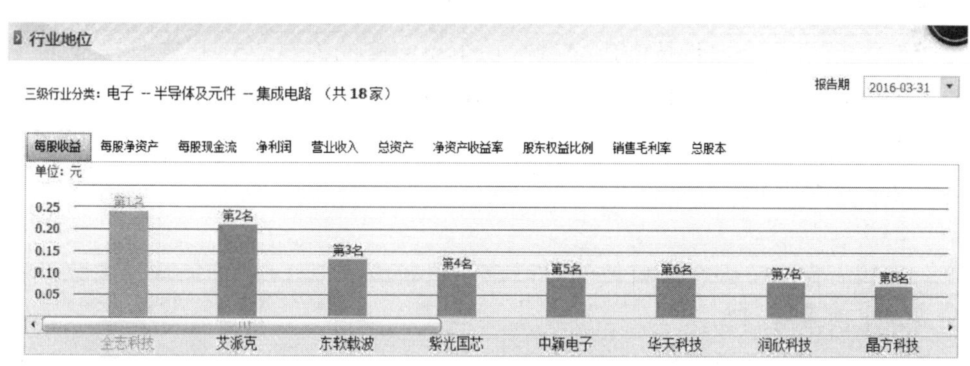

图 1　在行业中的地位

3. 盘口分析

全志科技的总股本为 1.60 亿，流通股本为 7040。与同行业中的其他上市公司比较，盘子小，股价容易拉升。主力的持仓比例维持在 48%左右，属于中度控盘。

4. 移动平均线分析

5 月 25 日，10 日均线和 30 日均线在上升的市价线下方交叉，5 日均线从下方向上穿越了 30 日均线，形成了黄金交叉，表明该股行情形成多头排列，后市可期。5 月 26 日，开盘价为 79.4 元，而后下跌至 78.08 元。下跌没有持续几分钟，10 时左右，股价上扬，从 5 日均线的下方突破了平均线，股价在 82 元上下波动。根据葛兰维八大法则的第一条，这可以视为一个买入信号，因此我以 80.5 元的价格挂单买入了全志科技。

图 2　移动平均线分析

四、预判

5 月 25 日，全志科技的成交量有一个小幅度的提高。5 月 26 日形成多头排列，收盘价站上 83. 91 元，有量价齐升的趋势，看好后市，打算持有至股价到达 95. 5 元时卖出。

五、实际收益

23%。

在持有期间，因全志科技的日震荡幅度较大，以 T+0 的交易方式做了差价赚取了更多的利润。

六、卖出时间及价格

2016 年 6 月 1 日以 96. 82 元的价格卖出。

七、卖出理由

5 月 31 日的成交量较前几天有所下降，股价当日的波动幅度不及前几天的大，交易情况相对来说不太活跃；收盘价远低于 30 日的最高价。对比创业板的整体情况，全志科技在 25～31 日的走势与创业板的走势方向不一致：全志科技连续上涨，创业板的指数却接连几天轻微下跌。5 月 31 日，全志科技低开，而创业板的指数却高开高走，当日涨幅高达 4. 92%。结合当时大盘的情况，个人认为反弹幅度过大，似乎有结束的苗头。此外收益率已经达到预期，根据落袋为安的谨慎心理，所以在 6 月 1 日开市后选择时机卖掉。

八、反思

在这次投资中，个人认为做得比较好的地方一个是把握住了全志科技单日震幅大的特点，运用 T+0 灵活地低买高卖，更大程度地提高了收益率，另一个就是根据预判准确地抓住了买入时机。

但卖出时机没有把握好，原因总的来说归结于落袋为安的谨慎心理。大盘的前期震荡，让我对证券市场的信心有所下挫，因此在创业板指数大涨的时候选择获利退出。很多时候，人的心理状况往往比技术分析得到的结果更能起到决定性的作用，所以在投资过程中克服心理是非常重要的。如果在有效分析的基础上看好某一个投资标的，那么排除心理因素的干扰，坚定持有或许就会带来可观的收益。另外，此次操作是轻仓介入，对仓位的把控有所欠缺。单就全志科技这一只股来说，收益是可观的；但对总体收益率的“贡献”是微不足道的。希望通过这次的投资经历，自己能够更好地把握卖出时机，并合理地控制好仓位以获得更大的收益。

案例分析：以贵州茅台（600519）为例[①]

摘要：本案例介绍贵州茅台的经济发展状况以及投资分析状况，本文从经济发展，白酒行业，贵州茅台基本面分析、技术分析等多个角度对贵州茅台股票进行证券投资分析。

关键词：证券投资；发展状况

1. 引言

贵州茅台位于贵州省仁怀市茅台镇，是“世界三大名酒”之一。贵州茅台酒股份有限公司于 2001 年 7 月 31 日在上海证券交易所公开发行 7150 万（其中，国有股存量发行 650 万股）A 股股票。股票代码：600519。

2. 公司发展及现状

贵州茅台酒股份有限公司是由中国贵州茅台酒厂有限责任公司、贵州茅台酒厂技术开发公司、贵州省轻纺集体工业联社、深圳清华大学研究院、中国食品发酵工业研究所、北京糖业烟酒公司、江苏省糖烟酒总公司、上海捷强烟草糖酒（集团）有限公司等八家公司共同发起，并经过贵州省人民政府黔府函字（1999）291 号文件批准设立的股份有限公司，注册资本为 18500 万元。

（1）公司的发展。

目前，贵州茅台酒股份有限公司茅台酒年生产量已突破一万吨；43°、38°、33°茅台酒拓展了茅台酒家族低度酒的发展空间；茅台王子酒、茅台迎宾酒满足了中低档消费者的需求；15 年、30 年、50 年、80 年陈年茅台酒填补了

---

① 作者为华东交通大学经济管理学院 2013 级金融 2 班 5 号赵潜艺。

我国极品酒、年份酒、陈年老窖的空白；在国内独创年代梯级式的产品开发模式。形成了低度、高中低档、极品三大系列 70 多个规格品种，全方位跻身市场，从而占据了白酒市场制高点，称雄于中国极品酒市场。贵州茅台酒集团公司是全国唯一集国家一级企业、国家特大型企业、国家优秀企业（金马奖）、全国质量效益型先进企业于一身的白酒生产企业。

公司主导产品贵州茅台酒是中国民族工商业率先走向世界的代表，1915 年荣获美国巴拿马万国博览会金奖，与法国科涅克白兰地、英国苏格兰威士忌并称世界三大（蒸馏）名酒，是我国大曲酱香型白酒的鼻祖和典型代表，近一个世纪以来，已先后 14 次荣获各种国际金奖，并蝉联历次国内名酒评比之冠，被公认为中国国酒。

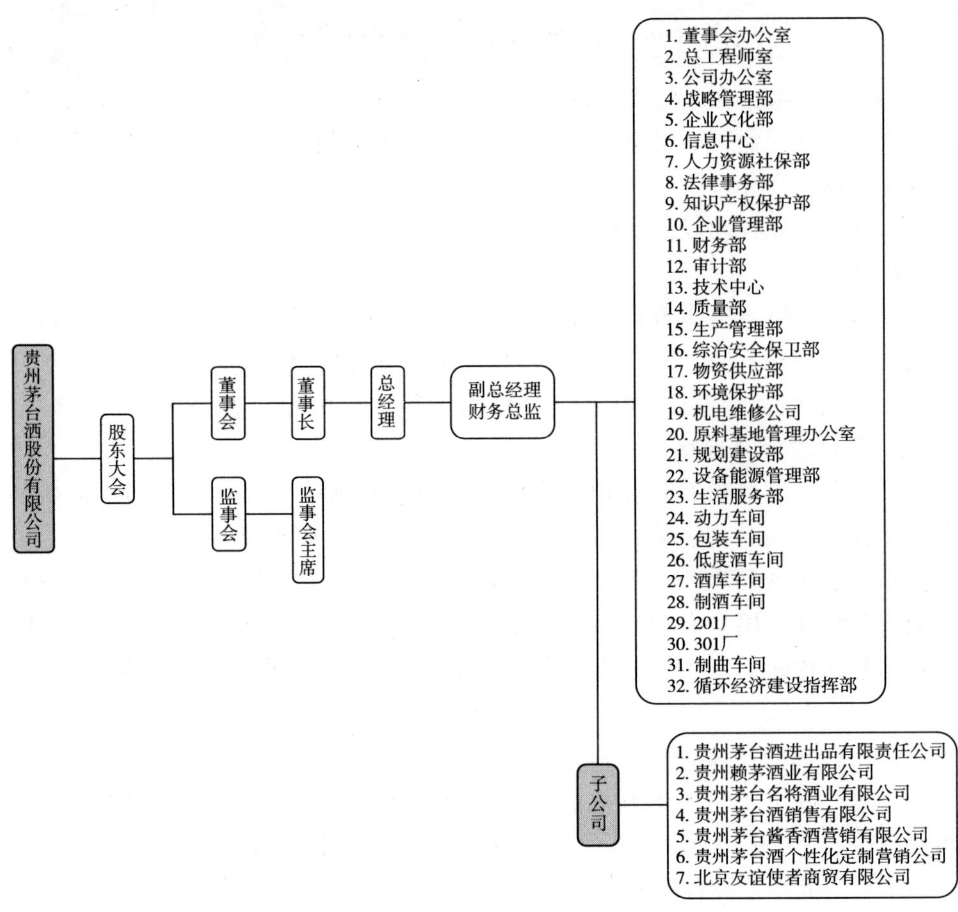

图 1　贵州茅台的公司架构

(2) 行业背景。

中国白酒业正处在一个发展的十字关头，外临红酒、啤酒、黄酒、各种各样的保健酒以及含酒精饮料的打压，上有国家政策特别是税收政策的紧束，内有各地大小无数品牌的搏杀。白酒需求总体上中低档白酒呈现萎缩局面，高档和超高档酒呈现上升趋势。主要原因是：国家产业政策的影响；替代产品的快速增长，即作为白酒替代产品的啤酒、葡萄酒、软饮料快速增长，从而限制了白酒的扩张边界；消费群体的减少和消费观念的转变；国企改革的影响等。较低的进入门槛让白酒行业本身的竞争就十分的激烈。上市公司业绩下降，很多新的企业集团面对 2001 年中国白酒产业大调整的机会，开始进入白酒产业，于是买断经营的现象成了一道风景，如娃哈哈集团、红豆集团、广东鸿森集团、重庆力帆、万达集团等。部分买断品牌也迅速崛起并取得了令人瞩目的成绩，如金六福、浏阳河、金剑南、剑南娇子等，其中金六福用不到四年时间就达到近 20 亿元的销售额。一些小型酒厂开始趁机崛起，白酒产业的竞争日趋激烈。

同行业上市公司　所属行业(饮料制造业)

代码	名称	最新总股本(万股)	代码	名称	最新总股本(万股)
600519	贵州茅台	94,380.0000	000858	五 粮 液	379,596.6720
600300	维维股份	167,200.0000	000568	泸州老窖	139,423.9476
600600	青岛啤酒	135,098.2795	000729	燕京啤酒	121,026.6963
002461	珠江啤酒	68,016.1768	600059	古越龙山	63,485.6363
600199	金种子酒	55,577.5002	200869	张 裕B	52,728.0000
000869	张 裕A	52,728.0000	600779	水井坊	48,854.5698
600132	重庆啤酒	48,397.1198	002304	洋河股份	45,000.0000

图 2　同行业的股本对比

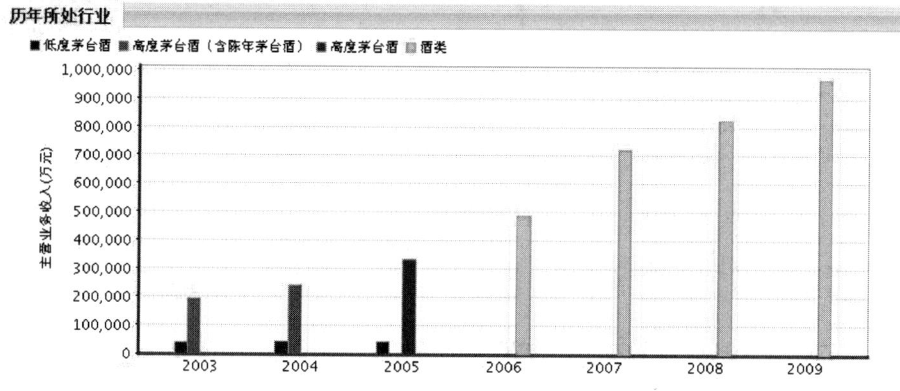

图 3　不同度数的茅台酒的主营业务收入对比

行业地位　　选择报告期：2010-12-31

主要数据指标	本公司数据	行业均值	行业最高	行业最低	行业排名	市场排名
每股收益(元)	5.35	0.29	5.35	-1.82	1	1
每股净资产(元)	19.49	3.77	30.46	-12.38	2	13
总资产(万元)	2,558,757.9941	322,468.5716	4,826,270.0064	1,180.5552	5	155
总市值(万元)	-	-	-	-	NaN	NaN
营业收入(万元)	1,163,328.3740	177,892.5187	2,652,280.2826	-13.4906	8	172
净利润(万元)*	505,119.4218	14,831.1617	505,119.4218	-34,896.5305	1	38
股息率(%)	-	-	-	-	NaN	NaN
市盈率(%)	-	-	-	-	NaN	NaN
同行业上市公司总数(家)	256					
上市公司总数(家)	2314					

* 注：营业收入，该指标在2007年之前对应的指标是“主营业务收入”，2007年定期报告已统一变更为：“营业收入”。
* 注：涉及A/B股的总市值、市盈率指标取的都是近似数据，即：总市值=A股股价*总股本；市盈率=A股股价/一年的每股收益(元)。
* 注：2007年后显示的“净利润”是指“归属于母公司所有者的净利润”的数据。

图 4　贵州茅台的行业地位

从以上图中可以看出贵州茅台在白酒行业处于龙头地位。

3. 上市公司的投资价值

从图 5 中我们可以看出，此走势图有点像对称三角形。成交量居高不下，上涨态势明显。这只股票一直很强势，处于波动上涨状态。

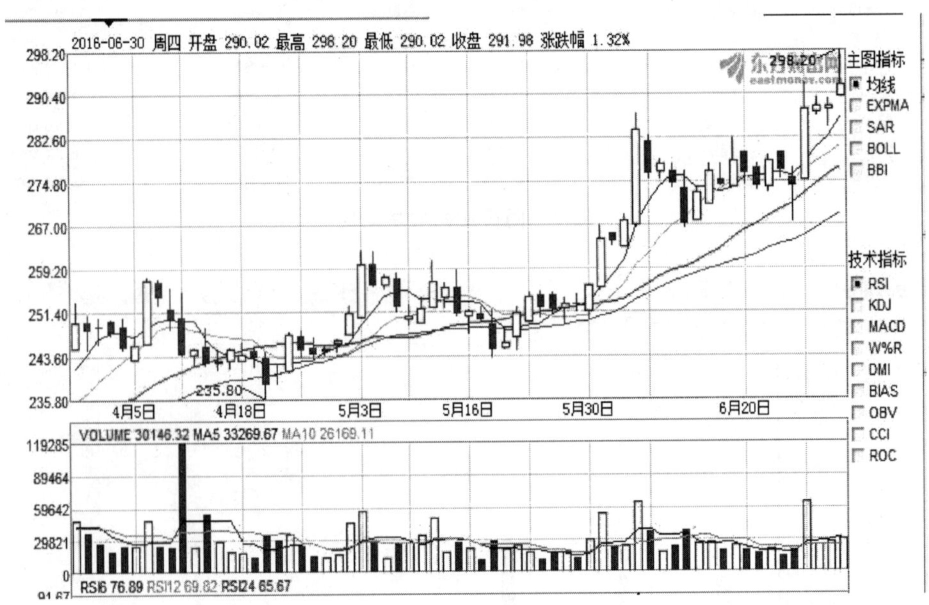

图 5　贵州茅台的形态分析

从图 6 中可以发现在实际持有 1 个月中贵州茅台的股票价格是稳定上升的，可中长期持有。

图 6 模拟交易成果

4. 面临的投资风险

从市场来看，随着人们生活水平的提高，对高档白酒的消费将不断增加。因此，凭着其“国酒”的地位，茅台酒一直处于供不应求的状态。茅台酒由于资源稀缺性，不可能无限制地扩大产能。但是，茅台酒的生产有一个周期，从“十一五”期间开始形成的产能将在今年开始释放，未来几年茅台酒的产能增长还是非常确定。“十一五”期间每年扩产 2000 吨，从今年开始相应产能也将逐步释放。

从公司战略来看，贵州茅台公司逐渐认识到茅台品牌对公司业绩的支撑，根据目前的市场情况着重建设专卖店营销网络项目，加强广告宣传力度，并积极组织产品打假，以维护公司品牌和形象。在通过提升品牌形象挖掘并扩大消费者需求的同时，公司也努力扩大白酒的生产能力，并利用现有品牌的优势兼并其他公司的生产能力开发新品牌扩大市场占有率。

从公司财务状况来看，茅台具有很强的资金调配能力，各项财务指标都显示出公司的财务环境，可以给公司未来经营提供充足和稳健的资金支持。这有利于贵州茅台公司扩大战略选择的范围和战略实施良好完成，有利于公司业务的进一步发展。

综合上述分析，我认为茅台股票适合中长期持有。

案例分析：以白云机场（600004）为例①

广东省白云机场经民航总局民航政法函 638 号文和国家经贸委国经贸企改［2000］826 号文批准，由机场集团作为主发起人，以其所属的航空地面服务主业的优质经营性净资产，与中国国际航空公司、中国民航机场建设总公司、新机场公司及广州交通投资有限公司共同发起设立。公司的注册资本总额为 60000 万元，每股面值 1 元，总股本为 60000 万股，股权性质全部界定为国有法人股。

一、分析

表 1　十大流通股东

十大流通股东	持有比例（%）	本期持有股（万股）	持股变动数（万股）
广东省机场管理集团有限公司	61.96	71259.15	不变
中央汇金资产管理有限责任公司	2.52	2894.12	不变
香港中央结算有限公司	1.20	1376.29	减持 560.72
DEUTSCHE BANK AKTIENGESELLSCHAFT	1.16	1329.73	增持 626.70
中信证券股份有限公司	1.09	1256.00	增持 256.00
海通证券股份有限公司	0.87	1000.02	增持 200.02
瑞士信贷（香港）有限公司	0.86	992.19	新进
钟鸿	0.83	958.60	增持 223.24
交通银行—华夏蓝筹核心混合型	0.78	899.57	减持 70.61
深圳市新智达投资管理有限公司	0.73	836.58	增持 49.78

查看其股东榜，可以发现其机场管理集团股东持股比例极大，占绝对优势。

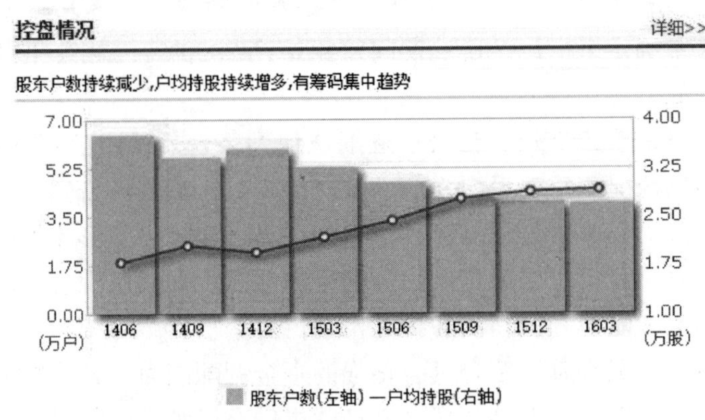

图 1　控盘情况

① 作者为华东交通大学经济管理学院 2013 级金融 2 班 6 号张悦昕。

查看月 K 线图：

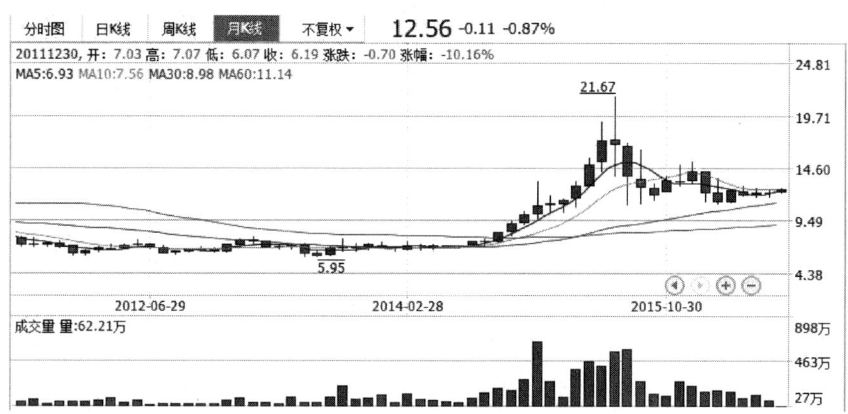

图 2　月 K 线走势

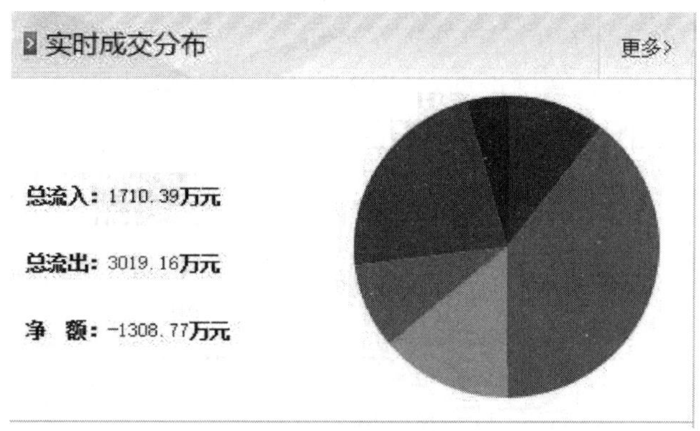

图 3　实时成交分布

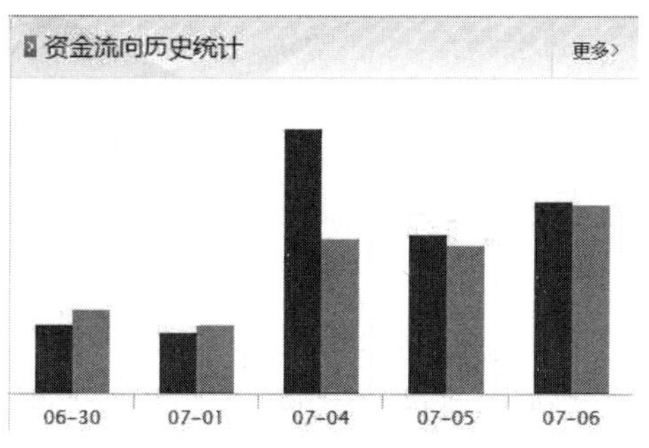

图 4　资金流向历史统计

由图 4 可知近 5 日内该股资金总体呈流入状态，高于行业平均水平，5 日共流入 2422.24 万元。

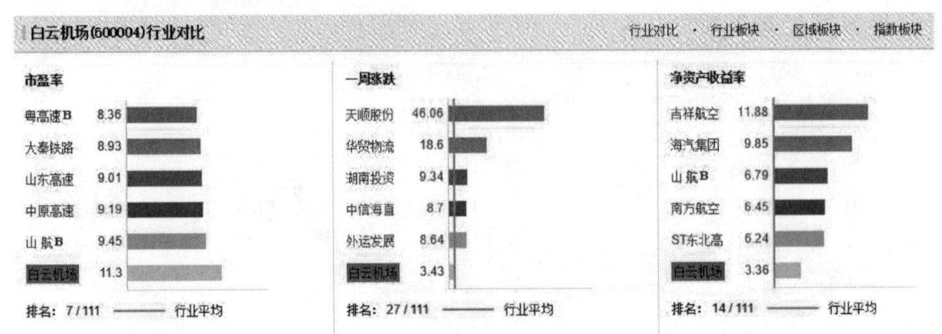

图5 行业对比

2015年实现营业收入56.20亿元（+1.67%）；归属于上市公司净利润12.53亿元（+15.21%）；每股收益1.09元，拟每股派现金0.32元（含税）。2016年第一季度公司实现营业收入14.43亿元（+3.83%）；归属于上市公司净利润3.46亿元（+11.92%）；每股收益0.3元。

由于现有航站楼等基础设施趋于饱和，白云机场于2013年启动了扩建工程。整个工程包括T2航站楼工程和以第三条跑道为主的飞行区工程。目前，第三条跑道已于2015年2月5日正式投入使用。T2航站楼及配套设施计划于2018年竣工。

白云机场自成立以来，资产规模逐年壮大，2014年底资产总额111亿元，增长了9倍，净资产89亿元，增长了10倍；经营业绩逐年稳定增长，2014年营业收入55.3亿元，利润总额15.5亿元，年均复合增长率分别达到15%、12%。今年以来，通过改造、完善工程，补足短板，已经取得了好的成绩。数据显示，白云机场4月起降架次和旅客增长量在全国各大机场排名第一，公司有信心在6月、7月、8月会延续这种增长趋势。

迄今为止，共13家主力机构，持仓量总计8.28亿股，占流通A股72.02%。近期的平均成本为12.60元，股价在成本上方运行。因此中长期来看有加速上涨趋势，该股的长期投资价值十分可观。

二、思考

想要炒好股票，要对整个行业的发展有个粗略的认识，同时必须要有良好的心态，要有赚而不喜、亏而不忧的正确态度，不管是赚还是亏，都要及时总结经验和教训并牢记操作过程中的得与失。

案例分析：以雄韬股份（002733）为例①

一、基本面及情况

深圳市雄韬电源科技股份有限公司，主营业务为阀控式密封铅酸蓄电池、锂离子电池的生产销售，公司 2014 年 12 月 3 日上市，当前总股本 3.06 亿元，总市值 76 亿元，流通市值 24 亿元。

年报：公司 2015 年收入 24.2 亿元（+22.4%），净利润 1.3 亿元（+34.7%）（净利润增长速度还略超券商预期）。其中主要收入来源于 UPS 电源及电池材料。年报可见 UPS 电源营收占比 64.8%，同比增 15.58%，锂电池业务占比并不大，目前只有 4%，锂电池主要看点在于未来（今年下半年开始）的定增项目投产。

一季报：收入 5.43 亿元，同比增长 12.77%，净利润 2.13 亿元，同比增长 15.51%，可见一季报并未受铅酸电池 4%消费税影响太大，依然维持了稳定增速。

二、技术面分析

（1）定增大手笔投动力锂电池：定增价 13.36 元，募资 9.352 亿元，其中 8.25 亿用于 1GWh 动力锂电池项目（达产后动力占 70%，0.7GWh，通信 20%，储能 10%），动力电池价格在 2 元/Wh 左右，这一项目收入将达到十几亿元。

虽然定增刚批准，公司前期已经通过自有资金启动项目，今年下半年就可以释放产能，产能基本已经通过合同消化，今年可能贡献 3 亿~4 亿元收入。

（2）传统业务方面，我国数据中心建设依然维持高增长态势，对数据中心 UPS 电源需求较旺盛。公司主要合作伙伴包括国际 UPS 巨头施耐德、艾默生、伊顽，国内龙头企业科华恒盛、中科恒源等，关系良好。公司 4.7 公告与科华恒盛签署合作协议就是例证，合作内容包括拓展储能、微网业务并积极加速云计算数据中心的布局、加强新能源储能、通信海外市场的拓展，推出纯铅二代等新产品。

（3）行业方面，受制于环保压力，国内铅酸电池的兼并关停整合还在继续，未来集中度会继续提高，这对行业龙头是利好，另外今年起铅蓄电池征收 4%的消费税，公司将湖北雄韬项目中的 1.09 亿元变为了越南年产 120 万 kV · Ah蓄电池，避税的同时还可降低人力和原材料成本。

（4）关于储能电池，是未来重点，但暂时受制于成本因素，还看不到太大机会，此处暂不叙述。

---

① 作者为华东交通大学经济管理学院 2013 级金融 2 班 7 号乔莉。

三、结论

目前动力锂电池、新能源产业、分布式发电储能产业面临政策、市场等诸多风口，动力锂电池产量远未满足新能源汽车需求量。高品质的锂电池在市场上仍然供不应求，在此基础上，预计未来锂电池产业规模有望继续扩大。

案例分析：以华工科技（000988）为例①

摘要：2016 年 3 月，中科院院士潘建伟公开表示我国研制的世界首颗量子通信卫星有望在 7 月发射，基于这一利好消息，我选择量子通信概念股华工科技（000988）作为投资标的。本文分别从基本面、消息面和技术面分析华工科技股票的投资策略以及从买入到卖出的投资历程，并且通过反思从中得到一些投资经验与启示。

关键词：华工科技；基本面；消息面；技术面

引言

2016 年 4 月 20 日大盘从 3055 点开始下挫，华工科技股票也受到影响，股价一路下跌。随后经过长时间的观察和分析，认为股市正在逐渐回暖，遂在 2016 年 5 月 30 日以 18.25 元的价格买入满仓华工科技股票，预计收益 10%。

一、公司概况

华工科技产业股份有限公司是国家重点高新技术企业，国家“863”高技术成果产业化基地，成立于 1999 年 7 月 28 日，2000 年在深圳证券交易所上市，是华中地区第一家由高校产业重组上市的高科技公司，公司下属华工激光、华工正源、华工高理、华工图像、海恒化诚等骨干企业。华工科技目前已建成国内规模最大的激光加工设备生产基地、国内最大的激光全息防伪产品生产基地、敏感陶瓷电子元器件生产基地和一流的光有源器件光收发模块生产基地。其主要业务包括激光器及相关科技产品、电子元件、光学元件以及计算机软件等。激光技术是量子通信的重要技术之一，在国内激光技术稀缺的条件下，本人认为华工科技具有良好的发展前景和投资价值。

二、买入理由

从基本面来说，公司的经营业务和发展水平决定了其具有良好的投资价值。

从消息面来说，今年 3 月发布的关于量子通信卫星将在 7 月发射消息，是一个重大的利好消息，而华工科技负责的就是量子通信卫星的激光技术部分。

---

① 作者为华东交通大学经济管理学院 2013 级金融 2 班 8 号李海莲。

主力控盘，十大股东控盘超过了 50%，非常易于股价拉升。在量子通信概念股中属于真正有实体支撑的股票，而不仅仅是炒作。成交量涨幅巨大，换手率高，符合广大散户的投资心理，板块概念股的炒作，是一只容易把股价抬高的股票。放量稳定，均线稳步上涨，处于波浪理论的低点处，属于低价购入或低位补仓的合理点。

三、卖出时间价格

2016 年 6 月 28 日以 20.77 元的价格全部卖出，获得了 12.19%的收益。

四、卖出理由

实现了预期 10%的收益，当时股价出现小幅震荡，虽然属于可以接受的范围，但还是决定清仓，不可恋战，意识到满仓持股面临着巨大的风险，决定改变投资策略，想要分散化投资。

五、反思与启示

投资心理不成熟，对于股价的小幅震荡比较紧张，缺乏等待的耐心，容易错失获得更大的收益率的机会。当然更不能恋战，要学会适可而止。

要保持一颗平常心，要时刻保持对股市的关注并学会及时止损，由于在前面操作的时候没有保持关注并及时止损，总觉得会涨回来（事实上跌得更多），直接导致了 5%的亏损。

在投资中，不能盲目跟风，别人炒就跟着炒，要逐渐形成自己的投资思路。根据获得的信息以及所学知识去分析投资的可行性及投资策略。

投资组合要合理。不要把所有的鸡蛋都放在一个篮子里是绝对的真理。像本人的这种满仓策略就是不合理的，高收益伴随着高风险。

要多与别人交流，互相学习，在实践过程中不断提高自己的能力，不断积累经验。

案例分析：以众和股份（002070）为例①

一、交易概况

表 1 交易概况

买入股票名称	众和股份（002070）	预期收益	3%
买入价格（元）	26.30	卖出价格（元）	27.74
持股数量（股）	50000	卖出时间	2016 年 6 月 22 日
买入时间	2016 年 5 月 31 日	实际收益	5.42%

① 作者为华东交通大学经济管理学院 2013 级金融 2 班 10 号吴金金。

二、持仓期间动态

我从5月20日开始关注众和股份，当时是在叩富炒股软件上看到一位常胜牛人买入众和股份，当时便开始关注该股票。在5月20日，我从南方财富网了解到众和股份短期趋势上升，中期趋势上升；短期压力位29.91元，支撑位13.71元，量价配合度17.04，处于价涨量缩的状态；个股综合评级★★☆，技术趋势中性。操作建议：多空仍在争夺，谨慎为宜。我结合自己的判断并没有在5月20日立即买入该股票，而是持观望态度，想进一步了解再决策。5月下旬，众和股份股价总体波动比较平缓，资金流入和流出都有小幅波动，总体来说众和股份走势很好！图1是众和股份股价的走势图。

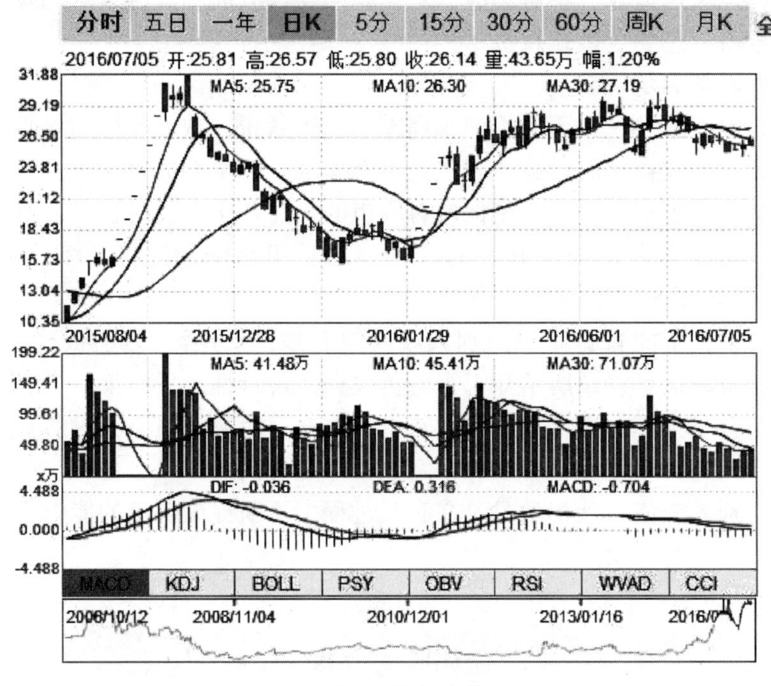

图1 股价走势

三、买入理由

我认为基本面在未来三年确定增长向好的公司，且年增长超过30%，就有潜力。我看好众和股份有以下几个原因：①公司已决定转行，这就是方向。②行业属于朝阳产业，未来十年内暂没有其他替代技术出现（现在暂时没有）。③公司成不成功都不要紧，因为公司的矿山已属国内唯一在采，且属最大，未来储量会有惊人增长。④量价上升：现在已经确定，未来产品还是供不应求，价位不会太低。⑤公司业绩、产量增加。产量年增100%，业绩增加 80%。

从基本面分析，众和是一只非常适合长线的股票，自 2010 年以来，在锂原材料的投资大约 15 亿美元。除了中国外，世界上有数家公司进行可行性研究，至今大多还处在讲故事阶段。只有 3 个项目进入了实施阶段：澳大利亚西澳银河锂业的江苏碳酸锂项目（现在天齐拥有）和加拿大魁北克省的魁北克锂业（后来为 RB Energy）都是锂辉石提锂。第三个是盐湖提锂，也就是澳大利亚布里斯班的 Orocobre 在阿根廷的 Juluy 省的盐湖项目。3 个项目中，只有银河锂业成功大批量生产了电池级产品。RB Energy 魁北克锂业 2014 年 6 月开始出产品到同年 9 月停产倒闭，只生产了 100 来吨产品，无一达到电池级指标。Orocobre 的项目从 2015 年 4 月开始生产，到 2015 年 10 月总共生产了不足 1000 吨产品，电池级产品寥寥。目前还在艰难的爬升阶段，生死未卜。

除了银河资源的碳酸锂项目，十数亿美元的投资打了水漂。这严重地影响了电池原材料方面的投资热情。这就造成了目前碳酸锂和氢氧化锂的涨价。涨价为生产厂商增加了利润，也增加了进一步投资的动力。

四、技术面分析

（1）价格分析。

表 2　价格分析

	收盘价（元）	最高价（元）	最低价（元）	涨跌幅（复权%）	平均成交量（手）
近 5 日	25.75	26.80	24.88	0.11	414808
近 10 日	26.30	28.59	24.88	-6.38	454109
近 20 日	27.12	30.30	24.88	-5.26	660002
近 60 日	23.98	30.30	15.50	35.93	783236
2015 年平均	14.71	31.88	8.70	130.14	490900
今年以来	23.76	30.30	15.50	19.69	770245

（2）买入众和股份成本价格的分析。

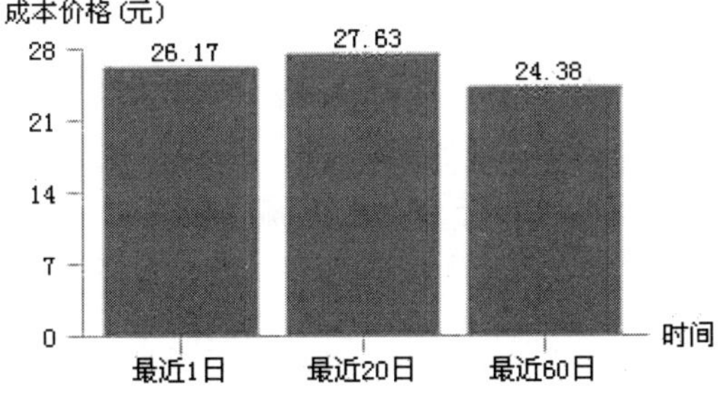

图 2　成本价格

(3) 行业价格分析：制造业，近期涨跌幅情况如下：

表 3 近期涨跌情况

	加权涨幅（%）	平均涨幅（%）	行业内最高（涨跌幅%）	行业内最低（涨跌幅%）
近 5 日	3.33	3.11	111.04	-71.01
近 10 日	4.15	7.38	239.47	-76.83
近 20 日	4.47	7.33	700.79	-76.52
近 60 日	0.03	6.80	1020.11	-81.97
2015 年平均	44.53	77.50	1202.49	-76.87
今年以来	-14.57	-5.12	1095.60	-82.71

同时我从千股千评网站上了解的消息来看，5 月 31 日是买入众和股份的一个好时机，所以我选择买入，同时我预计收益率应该最低也有 3%。以下是千股千评对众和股份的一个预测，对我当时选择在 5 月 31 日买入该股票产生了很大的影响！

22	2016年5月31日	众和股份	跳空强势上扬，持有为宜	5.31	27.16	26.11	27.25	25.91	6984.39	186733
23	2016年5月30日	众和股份	多空仍在争夺，谨慎为宜	-.77	25.79	25.44	26.47	25.33	5163.78	133877
24	2016年5月27日	众和股份	均线多头排列，持股为宜	-4.8	25.99	27	27.25	25.2	7740.66	202956
25	2016年5月26日	众和股份	有抄底资金进入，关注	0	27.3	27.4	27.7	25.91	7525.45	201156
26	2016年5月25日	众和股份	跳空下行，观望	-4.34	27.3	28.52	28.69	26.78	7775.54	215854
27	2016年5月24日	众和股份	多空仍在争夺，谨慎为宜	0.85	28.54	28.49	28.95	27.4	10307.48	291169
28	2016年5月23日	众和股份	可高抛低吸，摊低成本	9.99	28.3	25.89	28.3	25.48	10367.47	278641
29	2016年5月20日	众和股份	控制仓位，静待趋势进一步明确	-5.75	25.73	27.43	28.2	25.33	10688.05	285521
30	2016年5月19日	众和股份	多空仍在争夺，谨慎为宜	1.11	27.3	26.99	27.94	26.66	9631.45	267854

图 3 消息预测

五、卖出理由

6 月众和股份股价总体一直呈现上升态势，这个我们可以从图 4 的股价走势图看出，但是在 6 月 16 日资金放量很大，然后在接下来的 3 天大量资金被抽走，这时我意识到股价可能要下跌了，但是我还是决定先观望观望，6 月 22 日有少量的资金放量，我当时认为这应该是个虚假的信息来吸引投资者买入然后再撤离资金，所以我果断选择卖出，果不其然股价发生下跌。

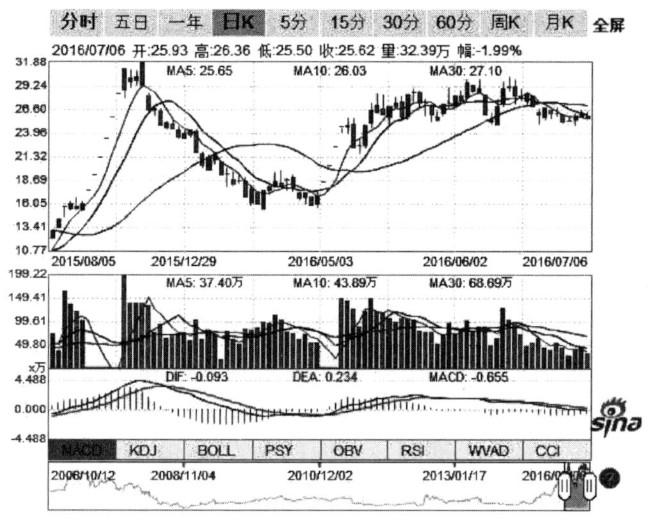

图 4　卖出理由

六、反思

模拟炒股近一个学期，我自己有很多感悟也有很多反思。首先，在选择股票的时候要海量阅读，尽可能去东方财富网和千股千评网站等股票数据比较全的网站多了解一些信息。阅读的态度，应该是不拒绝，不排斥，各学科各学派，兼收并蓄，海纳百川，去粗存精，去劣存优，然后在实战中形成自己动态的操作习惯和风格，接着继续在阅读和实战中修正自己的习惯和风格，如此反复，百炼成钢。其次是谨慎选股，我一般选择的股票有以下特点：①公司股本小，市值小，绝大多数都小于 50 亿元市值。②符合国家经济转型的新兴行业，处于高成长周期的起始阶段。③多数公司具备较强的创新能力，轻资产、高毛利，通过知识产权构造强大的护城河。④内生增长的同时不断进行外延并购。⑤公司创始人具备极强的创业精神，前瞻的战略布局，坚定的执行力，无私的企业家精神。最后就是要有一个良好的心态。不要急躁不要过分地在意投资的盈亏，我们在模拟炒股阶段更多的要注重一个学习的过程！

案例分析：以科华恒盛（002335）为例①

一、交易概况

买入股票名称：科华恒盛（002335）

① 作者为华东交通大学经济管理学院 2013 级金融 2 班 11 号徐可。

买入价格：40.52 元

持股数量：238000 股

买入时间：2016 年 5 月 27 日

预期收益率：10%

卖出价格：48.27 元

卖出时间：2016 年 6 月 27 日

实际收益率：19.13%

二、持仓期间动态

我从 2016 年 5 月 12 日起开始关注该股票，股票价格在 38 元左右波动，至 5 月 25 日达到 40.01 元，之后连续四个小阳线上涨至 43.85 元，接着保持在 43~44 元，到 6 月 8 日上涨到短期内的高点 45.47 元，6 月 13 日开盘后跌破 6 个点，6 月 14 日调整后持续走高，股票价格在 6 月 27 日收盘价为 48.59 元，当日涨幅 3.78%。

三、买入理由

1. 从基本面分析

（1）公司实力雄厚，在同行业中竞争力强。

厦门科华恒盛股份有限公司是高端 UPS 电源制造商与提供商，专注于不间断电源产品的研发、生产、销售和服务。公司拥有信息设备用 UPS、工业动力用 UPS 等数十个系列产品。2008 年统计数据，在中国市场上包括国外品牌在内的全部 UPS 产品销售额排名中，公司位居第四，在本土品牌中排名第一；在中国市场上包括国外品牌在内的全部大功率 UPS 产品销售额排名中，公司位居第三，在本土品牌中排名第一。

（2）公司业绩良好，发展迅速。

公司发布 2015 年年报和 2016 年第一季度报告显示，公司 2015 年实现营业收入 16.7 亿元，同比增长 12.39%；归属于上市公司股东的净利润 1.46 亿元，同比增长 14.94%；2016 年公司第一季度实现营业收入 2.90 亿元，同比增长 35.06%，实现归属于上市公司股东的净利润 0.23 亿元，同比增长 125.23%。

（3）量子通信行业前景广阔。

2015 年底国家“十三五”规划建议中提出将量子通信列为重大科技专项之一。国家对于量子通信的专项投入和政策扶持，将为其快速发展注入强劲的动力。目前，量子通信产业链生态已逐渐成形。据业内人士测算，2020 年量子通信市场规模有望突破 200 亿元，将广泛应用于国防、金融等领域。

（4）量子通信卫星即将发射带来利好消息。

中国科学院院士、中科大常务副校长潘建伟5月9日出席“新未来人工智能论坛”时表示，量子通信卫星将按照原定计划在7月发射。如果此次卫星成功发射，中国将在全球首次实现卫星和地面之间的量子通信，结合地面已有的光纤量子通信网络，将初步构建广域量子通信体系。

（5）公司“一体两翼”布局完善，推动公司长期可持续发展。

公司2016年5月25日研报表明，目前公司已经完成了能基+云基+新能源三大战略布局，能基业务以传统UPS为主，涵盖信息用UPS、工业用UPS；云基业务主要指IDC业务，以及后续衍生云计算业务；新能源以光伏发电为基础，持续拓展储能微网、充电桩产品及运营。公司以能基为主体，以云基和新能源为两翼的“一体两翼”布局为其后续腾飞奠定坚实基础。

2. 从技术面分析

根据趋势分析理论，观察日K线图发现5月23~26日呈现一个横盘趋势，虽然空间较小且操作难度大，但我判断在27日会有上涨可能，因此27日开盘轻仓买入。

该股票日K线波动幅度不大，属于稳健型股票，适合长线持有。在大盘动荡调整时期，我判断短线买入该股票亏损风险相对较小，因此买入。

四、卖出理由

该股票价格在6月27日达到短期高点，突破48元，实际收益率已经达到19%，超过预期收益率10%，我进行止盈操作。

该股票上涨幅度小，速度慢，在风险相对低的同时也代表了收益相对较低。短时间内该股票的收益率无法达到一个迅猛的增长，不适合短线投资，我希望挑战涨幅较大的股票。

五、经验与反思

（1）新手在前期选股的时候，可以选择垄断行业或者是龙头行业，这些行业资金都较为雄厚，并且具备较大的运作空间，股价具有上升的潜力。除此之外，一些由庄家实际操作的股票也是较为理想的选择，这些股票不仅具有较高的话题性，而且不会被官司缠身，也没有较大亏损现象的出现，因此，具有较大的购买价值。

（2）人的性格会决定炒股的风格，我的性格比较乐观也比较急于求成，回过头来看，科华恒盛这只股票确实还有很大的潜力，但我因为自己偏爱高风险的性格持有一个月后就卖出，从长期来看收益还是远远不够的。而我的急于求成，很有可能会造成相当大的亏损。这让我意识到，在股市中要摆正心态，首先要能够在股市中生存，不能一味地追求收益而不考虑可能存在的风险。要学会通过股票的内在价值判断一只股票是否值得投资，无论是牛市还是熊市，价值投资才能在股市中立足。

案例分析：以建设银行（601939）为例[①]

一、引言

案例投资标的——建设银行（601939），本案例就实践中股票标的的选择，预期收益：28.8%。

实际收益：9.1%。买卖时间的把握，基本数据分析，以及对整个过程的投资做总结。

经过2015年A股市场动荡的下半年，现在市场正在进行自我修复，震荡整理的阶段。进行股票的买卖，最重要的就是对大趋势的判断。新一届的证券监督管理委员会正在对金融市场进行规范和整顿。所以目前的趋势就是震荡整理，对整个过程的判断成为了非常重要的投资环节。

二、案例分析

自2015年股灾以来，以救市为目的的国家队的目标一直是稳定指数。但是参考美国股灾和日本股灾都可以得知，历史上没有一个国家是救市成功了的。于是国家队另辟蹊径，控制银行以及证券这些大盘权重股，来进行指数的调节。我国的宏观经济是处于下行空间的，这也就意味着在股市中的投资应该首先是出于保值为目的，其次是进行投机。随着市场中基础货币越来越多，流动性的泛滥导致对货币保值的需求是高于投机需求的。此时在A股市场中进行保值的标的有有色、食品、白酒、银行等。但是回顾股灾时期，千股跌停的现象屡见不鲜，这也就意味着对于现在的A股市场，系统性风险还是存在的，在千股跌停的时候泥沙俱下，这个时候“国家队”需要保障指数，所以对于上述四种避险保值品种只有银行是符合要求的。

对于供给侧改革，其中银行等金融机构需要对市场释放活力，这也就意味着要想市场中的企业可以活络起来，完成供给侧改革，银行在资金配置上起着举足轻重的作用。进而可以直接理解成要想完成供给侧改革银行就会先于市场活跃起来。故而看多银行股。

对于熊市市场而言，就算套利失败，对于银行股而言，每年高额的股息是

① 作者为华东交通大学经济管理学院2013级金融2班12号王冬英。

高于每年银行定期存款的机会成本的。

所以从机会成本角度，从保值避险的角度银行皆是首选。

三、技术分析

企业简介：建设银行是我国四大国有银行之一，公司是一家在中国市场处于领先地位的股份制商业银行，为客户提供全面的商业银行产品与服务。主要经营领域包括公司银行业务、个人银行业务和资金业务，多种产品和服务(如基本建设贷款、住房按揭贷款和银行卡业务等)。拥有广泛的客户基础，与多个大型企业集团及中国经济战略性行业的主导企业保持银行业务联系，营销网络覆盖全国的主要地区，于 2010 年末，本行在中国内地设有分支机构 13415 家，在我国香港、新加坡、法兰克福、约翰内斯堡、东京、首尔、纽约、胡志明市及悉尼设有分行，在莫斯科设有代表处。

技术分析寻求买点：由于是大型大盘蓝筹股，建设银行中的庄家只有一种可能就是国家队，除此之外对于这种大盘蓝筹股进行控制筹码需要的资金量是天量的，并不符合市场中进行投资机构的短差进行套利的目标。所以可以完全避免庄家进行控庄，只需要考虑市场中的投资者对于该股的看多看空情绪。当然在系统性风险爆发时，作为庄家的国家队还会用大量资金进行护盘，此时进行日内套利交易也是可以的。

KDJ 指标的应用：

如图 1 所示，在 4.4 元的价位上，建设银行的 KDJ 指标已经明显钝化，此

图 1　KDJ 分析

时成交量是逐渐缩量的，在下跌空间中缩量说明下跌开始减缓，市场中的做空力量开始变小了。之后在 4.4 元这个价位开始横盘，说明之前的钝化以及市场中做空力量的衰减的结论是成立的。此时 4.4 元可以看作是市场做空的低点了。那么等的是市场再次放量。

如图 2 中两个方框中所显示的，KDJ 指标和 K 线已经出现背离，此时等待的是一根放量的长阳线，之后再突破 4.6 元的平台时，出现了放量的长阳，就是买点了。

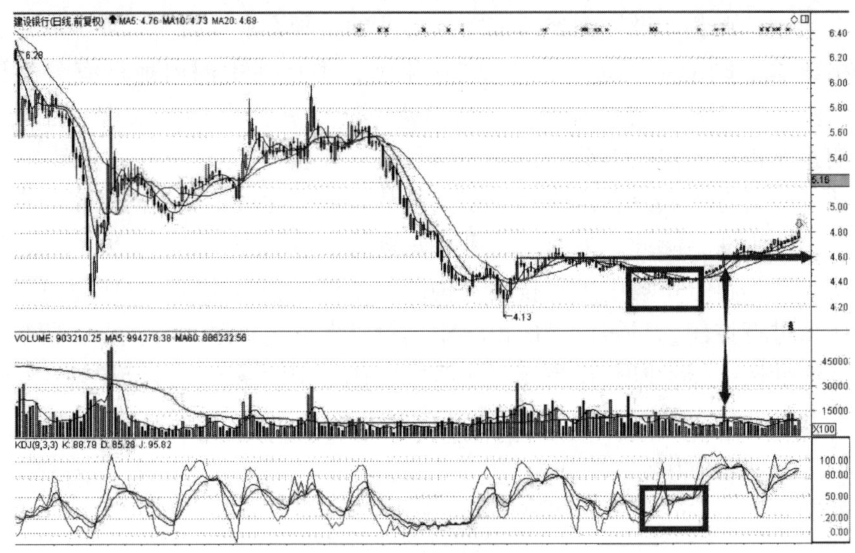

图 2　指标背离

卖点：市场中不缺少故事，所以卖点定义为止损 。一方面本就是避险品种，对于套利的要求并不是很高，所以更重要的是进行保值。什么时候到达止损点，即是卖点。

四、经验总结

当前市场，保值需求高于投机需求。

从基本面分析来进行投资标的的行业筛选，再从市场风险角度进行二度筛选。

技术面分析再来确定买点。对于卖点的选择，则是认为只要故事足够股价是可以创新高的，此时单纯的设止盈点是不合理的，而是选择在止损价位止损出场。

案例分析：以华友钴业（603799）为例①

摘要：本案例描述了此次模拟炒股的经历以及着重对有色金属板块中华友钴业的分析。从该公司的发展及现状、行业市场分析、投资价值、投资风险以及准确运用威廉指标分析股票等方面对此次投资于华友钴业（603799）的成功进行分析。对本次模拟炒股进行反思，获得的经验与启示。

关键词：证券投资；华友钴业；威廉指标

1. 引言

2015~2016学年下学期开学初，老师要求我们在叩富网进行证券投资学课程的模拟炒股，那时候对投资知识只是略知一二。在上课的时候，老师给我们分析了2015年他对天齐锂业（002466）的预测的准确性，老师简直就是股神啊！接着老师对黄山旅游（600054）进行分析，全班人都“爱上”了黄山旅游（600054）。一开始，并没有直接在叩富网进行操作，而是在同花顺APP上面以22.39元的价格买入黄山旅游（600054），发现它有上涨的趋势，便去叩富网以24元的价格买入5000股。后面发现，自己太“小气”，对于账户当中的金额来说5000股根本不算什么，没有大户投资的胆量。等到后面再追加的时候，股价已经上升到25.93元，虽然已经错过了好的时机，但是老师同学都对它表示看好，个人也觉得会继续涨，就一下子买入很大的数量。后来发现，它完全没有很明显的上升数量，便开始其他的投资。完全没有经过思考，直接参考“五分钟快速涨幅”里的股票和一些牛人的股票，先后入手了腾邦国际（300178）、世纪游轮（002558）、海南瑞泽（002596），不幸的是买入的时候都是股票已经要下跌的时候了，一买入，股价就急剧下跌。不忍心割肉，就一直在等待，对每只股票都寄予一丝丝希望，心存还会涨的侥幸心理，可是结果和心里所想的完全不一样。后面发现其他同学的账户都在增值，而自己的账户却一直在骤减，最猛的时候是账户资产减了600多万元，想着不能这样继续下去，与其等着它不可能的涨价，倒不如舍弃它重新买入其他标的。后来买入的赣锋锂业（002460）虽然是亏了，但是海立美达（002537）、新文化（300336）、中飞股份（300489）、强力新材（300429）以及华友钴业（603799）的准确预测，冲销了前面的亏损，也使得自己的账户收益率达到了老师的10%的要求。华友钴业（603799）是我在操作中收益率最高的一只股票，接下来我将从该公司的发展及现状、行业市场分析、投资价值、投资风险以及准确

① 作者为华东交通大学经济管理学院2013级金融2班13号陈薇。

运用威廉指标分析股票等方面对此次投资于华友钴业（603799）的成功进行分析。

2. 公司发展及现状

浙江华友钴业股份有限公司成立于2002年5月22日，于2015年1月29日上市，发行总市值4.34亿元，发行市盈率为22.94，总股本5.35亿元、流通股2.64亿元。该公司是一家专注于钴、铜有色金属冶炼及钴新材料产品深加工的高新技术企业，产品主要用于锂离子电池正极材料、航空航天高温合金、硬质合金、色釉料、磁性材料、橡胶黏合剂和石化催化剂等领域。公司是中国最大的钴化学品生产商，钴综合产能规模排名中国第二，世界前列。公司始终坚持科技创新和科学管理。在钴铜湿法工艺、钴新材料、环境保护领域拥有了中国一流的自主核心技术，通过了ISO9000、ISO14000、OHSAS18000、GB/T19022和GB/T15496管理体系的认证，为公司做强做大钴产业提供了坚实保障。2006年起，公司在非洲进行钴矿资源的开发，通过在非洲间接和直接的投资，已建立起独立、完整的钴铜矿产资源的采、选、冶产业链体系。未来，公司致力建设成为资源节约、环境友好，集采、选、冶、新材料深加工为一体的科技型跨国企业。至2015年，公司将分别完成刚果（金）资源开发基地及国内钴新材料制造基地的跨国经营布局，力争成为全球钴行业的领先企业。

3. 行业市场分析

需求爆发钴价有望上行：随着新能源汽车产业的发展，动力电池对“比能量”的要求越来越高，三元正在逐步取代磷酸铁锂，而钴作为三元电池的上游原材料之一，将明显受益。2015年全球钴消费量大约是9.28万吨金属钴当量，电池用钴约为5.17万吨，占比约56%。预计电池用钴量占总需求的比重会不断上升，届时将对整个钴的供需平衡起到关键作用，并对钴的价格产生重要影响。

（1）分布集中，稀缺性强，行业龙头已现。

储量方面，全球已探明陆地钴储量约为710万吨，其中，刚果（金）的钴储量占比达47.9%，而中国仅占1.1%。钴的稀缺性强于锂，若按2015年钴需求量计算，全球钴储量仅能维持70多年供应，若长期按2020年钴需求测算值计算，仅能维持40年供应，相比锂来说更加紧缺。

产量方面，2015年全球钴矿产量为9.81万吨金属当量，与2014年的9.55万吨基本持平，增长速度放缓。

“4外2内”占据行业龙头地位，其中，嘉能可、自由港、诺里尔斯克镍业以及卢本巴希集团（GTL）四大国外生产商产量占比达到47.8%，形成全球第一梯队；国内生产商中金川集团和华友钴业的产量居前，形成国内第一梯队。

（2）供需反转在即，钴价上涨有望重现。

2016年全球钴需求约为10.44万吨，考虑减产、收储带来的减少量以及回收利用带来的增量，预计供需弱平衡，若2016年下半年新能源汽车再度爆发，很可能出现供需反转拐点。而2017年需求将进一步增长，但供应量的增长情况仍不明朗，或将出现明显供不应求的局面。

钴属于小金属，全球经济、供需关系、市场预期、投机炒作等因素都将对钴价产生影响。历史上钴价有过剧烈波动，2006年因受智能手机需求爆发，钴价大幅上涨。2016年5月6日MB钴的最新报价为11.05美元/磅，相较2015年12月10.3美元/磅的最低钴价有小幅提升。若电池需求爆发，历史有望再度重演，从供需上看2016年下半年钴价有望开始上行。

4. 投资价值

华友钴业公司主要从事钴、铜有色金属采、选、冶及钴新材料产品的深加工与销售。华友钴业公司主导产品为四氧化三钴、氧化钴、碳酸钴、氢氧化钴和硫酸钴等钴产品；由于矿料原料中铜钴伴生的特性及业务拓展原因，华友钴业公司还生产、销售电积铜、粗铜等铜产品。就产销规模而言，华友钴业公司是中国最大的钴化学品厂商之一，钴化学品产量位居世界前列。随着未来锂电池的大量应用，预计钴在电池领域的需求仍将维持快速增长。华友钴业相比其他有色股，该股明显低估，还会有不少上升空间。

5. 投资风险

（1）钴价短期内仍将低迷。虽然目前锂电池行业发展迅速，特别是乘用车领域的需求有大幅度增长，但目前动力电池对钴的需求冲击仍较弱，而且，由于前期钴库存较高，短期内钴价仍将底部复苏，行业反转为时尚早。

（2）铜板块盈利能力下降。2015年公司铜板块业务收入占比依然较高，但铜价的持续下行导致铜板块业务盈利能力下滑明显。

（3）产品价格大幅下挫导致公司亏损。受国内经济下行影响，2015年第四季度产品价格呈现加速下跌的趋势，MB钴价格从8月的12.97美元/磅跌至12月底的9.2美元/磅，跌幅为29%，全年跌幅8.8%；其中包括铜、镍产品2015年价格跌幅分别为19.8%和29.8%。产品价格的下跌导致公司盈利大幅下降，公司产品综合毛利率为11.05%，较2014年同期下降6个百分点，其中第四季度公司主营毛利率下降至-7.26%，环比下挫了近20个百分点，价格大幅下挫是公司亏损的主要原因。

（4）运用威廉指标分析投资华友钴业（603799）。

投资标的：华友钴业

预期收益：10%

买入理由：

短期横盘调整，有色板块迎来利好。

股东抛出减持计划，这势必会拉高出货。

威廉指标由超卖区向上爬升，表示行情可能转向，一般情况下，当威廉指标突破 50 中轴线时，市场由弱转强，可以追买。

如图 1 所示，在 6 月 2 日的时候，WR 自下而上突破 50%中界线，可以看作买进信号，在 6 月 3 日时，WR 进入 80~100 区间时，是 WR 指标的超卖区，表明市场处于超卖状态，股票价格已近底部，因此，可买入 3 日的 WR=99.67%。

图 1　WR 分析

不仅使用 WR 指标来判定超买超卖区，同时结合 RSI（相对强弱指标）来判定是否买入。如图 2 所示，6 月 2~3 日，RSI 在 20~50，这是弱势空头区，说明多头力量较强，股价可能上涨，可以买入。

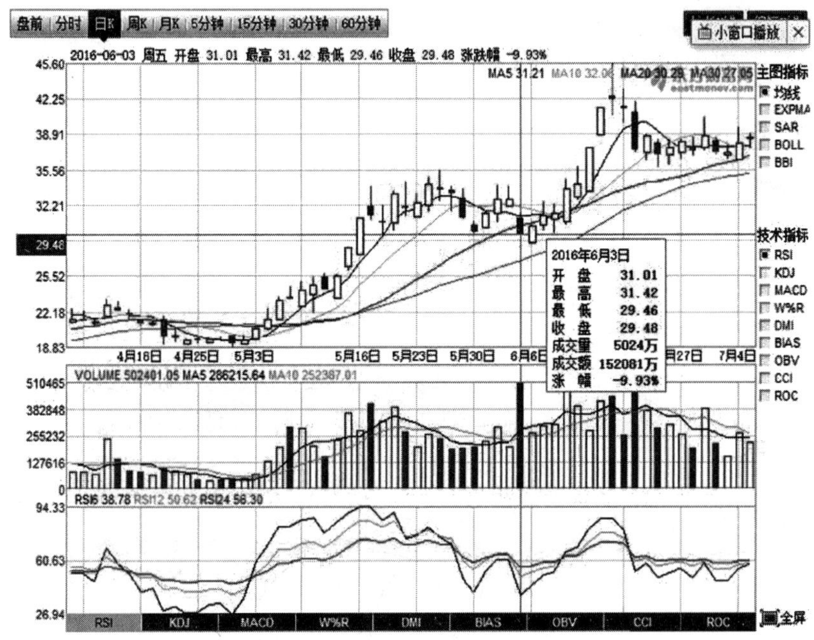

图 2　RSI 分析

实际收益率：9.97%。

卖出时间：6 月 13 日。

卖出价格：32.9 元。

当前持仓　当日委托　当日成交　历史成交　　到　　搜索

股票名称	股票代码	买入/卖出	成交价格	盈亏成本	成交数量	成交金额	成交时间	收益率	交易盈亏
华友钴业	603799	卖出	32.90	29.92	3372400	110951960.00	2016-06-13 10:11	9.97%	10059869.20
华友钴业	603799	买入	29.80	0.00	1645900	49047820.00	2016-06-03 13:25	–	–
强力新材	300429	卖出	120.66	111.97	407300	49144818.00	2016-06-03 13:24	7.76%	3541066.20
华友钴业	603799	买入	30.00	0.00	1726500	51795000.00	2016-06-03 13:17	–	–

图 3　历史成交记录

6. 卖出理由

当威廉指标由超买区向下滑落，跌破 50 中轴线时，市场跌势加剧，可以追卖。如图 4 所示，在 6 月 3 日的时候，WR 达到 99.67%的高值后，从 6 月 4 日开始 WR 不断下降，在 6 月 8 日时，WR 自上而下突破 50%中界线，开始进入 WR 指标的超买区，表明市场处于超买状态，在 6 月 13 日的时候，跌至 20%左右，此时可以开始抛掉手中的股票。

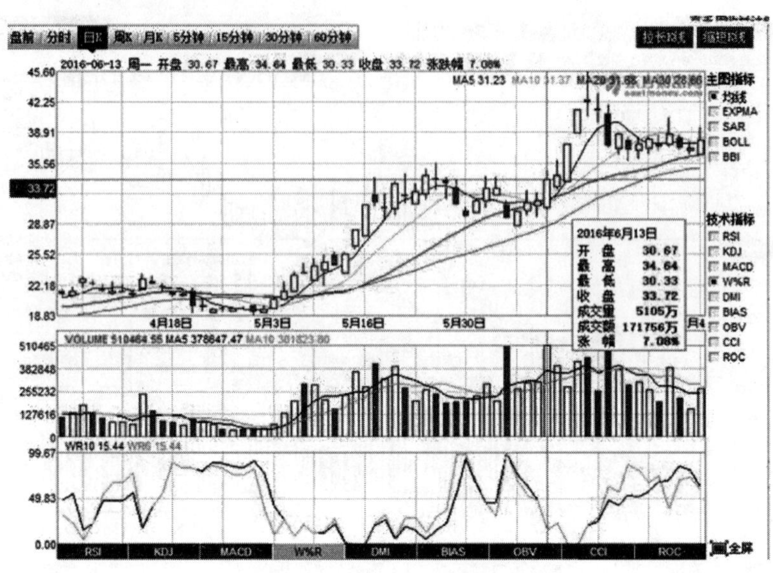

图 4 **WR** 分析（卖出）

不仅使用 WR 指标来判定超买超卖区，同时结合 RSI（相对强弱指标）来判定是否卖出。如图 5 所示，6 月 3~13 日，RSI 逐渐自下往上突破，超过 50 区间，考虑抛掉。然而，这时 RSI 的值是在 50~80 区间，这是强势多头区，表明多头力量强，股价可能上涨，是可以继续持有的。可惜当时只考虑了威廉指标，没有结合 RSI。

图 5 **RSI** 分析（卖出）

7. 反思

此次操作购买华友钴业（603799），主要运用威廉指标判定了超买和超卖区，根据威廉指标研判的基本技巧：

（1）当威廉指标高于80，市场处于超卖状态，行情即将见底，表明可以买入，威廉指标由超卖区向上爬升，表示行情可能转向，一般情况下，当威廉指标突破50中轴线，市场由弱转强，可以追买。准确地预测到超卖区，在6月3日抓住机会买入华友钴业（603799），享受涨幅时机。

（2）当威廉指标低于20，市场处于超买状态，行情即将见顶，表明可以卖出，威廉指标由超买区向下滑落，跌破50中轴线，市场跌势加剧，可以追卖。在经历6月4~12日的跌落，在6月13日的时候将股票售出。

（3）使用威廉指标时最好能够同时配合以相对强弱指数来加以验证，当威廉指标线向上、向下突破50中轴线时，亦可用以检验相对强弱指数信号是否正确，发挥两者的互补功能，对大势的判断极有好处。而当时在卖出股票之前，并没有将RSI和WR结合起来，否则再继续持有到6月20日，股价在43.15元时再抛售，即可获得更高的收益。

8. 经验与启示

开始投资前，不能随便跟风，别人的投资标的只能用于参考而不是别人买什么就买什么。不论是在课程的模拟炒股还是自己参加的模拟炒股大赛中，犯过这些低级错误，已经得到了深刻的教训。

在发生连续重大的亏损以后，应当立即判断，是否还要继续持有。只要不适合，应该要懂得放手，狠下心来割肉。如果当时在高价购买黄山旅游、世纪游轮、海南瑞泽后，发生严重的亏损，而我却没有走出来，那肯定就不会达到这门课程的考核收益率。

在购买股票之前应当关注公司成长性是否高，产品是否被市场广泛地接受并应用；公司的管理水平如何，是否有品牌优势；关注公司的业绩如何，是否为绩优股；全面了解公司的发展情况，从基本面、技术面、信息面的“三结合”全面分析股票是否需要买入。

一次不要把所有的资金用在一只股票上，因为鸡蛋在一个篮子里的风险永远大于分开放的风险，但也不要买太多只股，以免照应不过来。这个我深有体会。在课程的模拟炒股当中，开始的时候我把所有的资金投在了黄山旅游（600054）这只股票上，而且当时是以高价投入的，它后来没有涨几次，而是一路走下坡。在学校的模拟炒股大赛中，我意识到这个问题，便把资金分散在各只股票上，我发现，这样的收益远远低于别人看准一只股票全投或者投资有效的证券组合中。

抱着一颗平常心学习证券投资知识或者模拟炒股，注意循序渐进，不要期望过高，端正自己对投资的态度。

在决定选择买股票时，一定要控制好风险，要把风险放在首位，超过自己的风险承受范围果断选择离场，有钱赚时不要妄想自己能够在最高点把手中的股票抛出。这两种心理在真正的炒股中必须要克制，要发现自己个性中的脆弱点，控制自己个性中的贪婪和恐惧，在一个平和的心态下进行证券投资会有一个成功的结局。

案例分析：以川金诺（300505）为例①

1. 投资标的的选择

2016 年 5 月中旬，我结合市场情况，在次新股涨势较好的情况下，选择了次新股+高送转这一概念板块，并选中了川金诺（300505）作为投资标的，在 5 月 18~27 日期间，以 38. 8 元左右的价位买入，直至半仓。而后在第一目标价位 44. 03 元左右卖出，获得了 13. 5%左右的收益率，一次便成功地达到了老师要求的 10%收益率。

2. 买入理由

（1）公司上市基本信息。

川金诺于 2016 年 3 月 15 日在深圳证券交易所创业板上市，采取网上定价，网下询价配售的方式发行。首次公开发行后总股本为 9336 万股，首次公开发行股票增加的股份为 2335 万股，盘子小，发行总市值为 2. 39 亿元，流通市值小。

（2）公司发展现状。

昆明川金诺化工股份有限公司创始于 2005 年 6 月，是一家专业从事磷化工产业的股份制企业。公司坐落于素有“千年铜都”之称的昆明市东川区，总资产已达 3. 5 亿元，年产“裕殖”牌饲料级磷酸钙盐 25 万吨（其中饲料级磷酸氢钙 15 万吨、磷酸二氢钙 10 万吨）；肥料级磷酸氢钙 10 万吨，铁精粉 10 万吨，配套硫酸 22 万吨，浓缩净化磷酸 6 万吨，工业石灰 4 万吨，3000kW 余热发电机组；拥有职工 700 余人，各类专业技术人员 260 多人。川金诺公司

① 作者为华东交通大学经济管理学院 2013 级金融 2 班 14 号明兴，叩富网模拟炒股最终收益率为 24. 94%，账户名：tingli0102。

的快速发展，被行业内誉为“后起之秀”、“最具行业竞争优势”、“最具成长性”的磷酸盐生产企业。

目前公司的竞争优势主要体现在：第一，通过中低品位磷矿的浮选和利用技术，可以采购低价的中低品位高杂质的磷矿进行生产，原材料采购成本较低；第二，利用湿法磷酸的分级利用等关键技术，降低单位产品原材料消耗，进一步降低了成本；第三，生产场地位于矿区，采购原材料的运输成本低；第四，产品结构灵活，能适度根据市场变化，不断生产新的分级产品，从而使主导产品在主要原材料上涨的情况下，仍然可以保持毛利率的基本稳定。

公司在该行业三级分类中的每股收益名列第一。

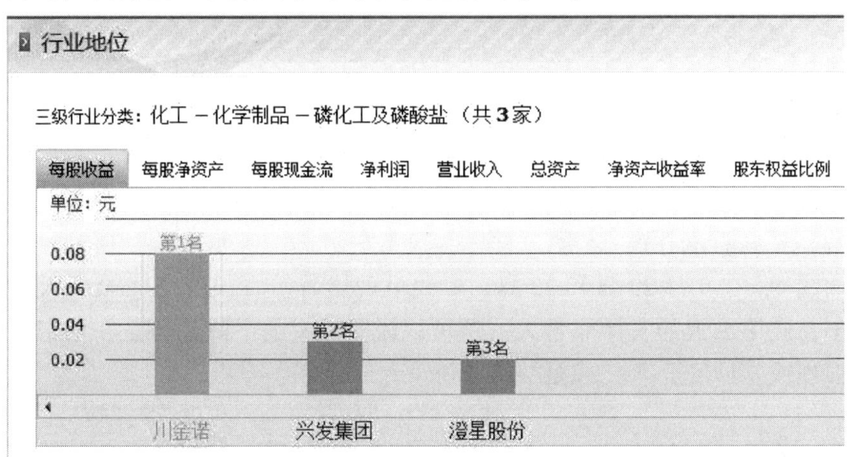

图1　行业地位

（3）股东持股。

2016-03-31

主要股东持股变动公告

机构或基金名称	持有数量(万股)	持股变化(万股)	占总股本比例(%)
刘甍	4137.32	新进	44.32
深圳昊天股权投资基金管理有限公司	501.00	新进	5.37
魏家贵	438.14	新进	4.69
刘明义	344.25	新进	3.69
唐加普	281.66	新进	3.02
訾洪云	219.07	新进	2.35
訾洪德	156.48	新进	1.68
陈启智	156.48	新进	1.68
陈泽明	156.48	新进	1.68
刘和明	156.48	新进	1.68

图2　主要股东持股变动公告

2016-03-31

前十大流通股东累计持有：164.57万股，累计占流通股比：7.06%，较上期变化：164.57万股 ⬆
变动原因1:2016-03-15实施限售解禁2335.00万股致本期流通股本基础值较上期增长25.01%

机构或基金名称	持有数量(万股)	持股变化(万股)	占流通股比例(%)
何映红	36.38	新进	1.56
张菲菲	27.35	新进	1.17
陈春明	17.00	新进	0.73
朱延秋	13.93	新进	0.60
涂美燕	12.50	新进	0.54
艾长民	12.37	新进	0.53
逄军	12.05	新进	0.52
苏伟昂	11.79	新进	0.50
张庆莲	11.00	新进	0.47
曹晓燕	10.20	新进	0.44

图 3　前十大流通股东

前十大股东持股占比达到 70. 16%，主力属于高度操盘之中，非常易于股价的拉升。

（4）K 线看涨吞没。

如图 4，在 5 月 22 日和 23 日，K 线呈现出看涨吞没形态，第一天的实体非常小，而第二天的实体非常大，这可以说明原有的下降趋势正在消退，买入信号强烈或是抄底介入，或是买入暴涨。

图 4　K 线看涨吞没

（5）OBV 指标。

在 5 月 17 日，OBV 线缓慢上升，股价下降，表示买盘较强，为买进信号，于是我在当日买进半仓。果不其然，从 5 月 17 日后几天开始，股价一直连续上涨，仅仅 10 天，就涨了 14%左右。遗憾的是，我没有继续追加仓位，而是看收益率达到了自己的预期便在 5 月 28 日做了空仓。事实上，根据成交量净额法（OBV），当 OBV 缓慢上升时，表示买气逐渐加强，为买入信号，而我却在那个时候做了空仓，实属失策。从后来川金诺的走势图中，我们也可以看到，其股价一路上升，截至 2016 年 7 月 5 日，其收盘价已经到了 67 元，若我从 5 月 17 日一直持有并不断加仓，收益率应该在 76%左右，相当可观。

3. 反思与教训

（1）投资方面的知识、经验不足，因而没有足够的自信，明明可以有更可观的收益，而我却仓促抽离。从之前的 K 线图中可以看到，本人在 5 月 27 日出售股票后，错失 50%左右的收益率，此后，川金诺呈现爆发式增长状态，所以一定要做到有耐性，长期持股观察走势。

（2）稳健的投资比投机好。我自己始终倾向于寻找真正有内在价值、经得起时间考验的股票。因此，在买一只股票时，尽可能地对该公司有更大程度的了解及分析，而不是盲目地跟风。

（3）要保持一颗平常心，学会及时止损。有时候要学会承认自己的失败，并善于从中总结经验，而不是过于在乎得失。

（4）尽可能地从多角度去分析一只股票，而不是仅仅从某一指标去判定，每一个指标都有其局限性，我们要多观察、多总结。

（5）如果时间充裕的话，真的可以尽可能多的去了解公司的具体情况，这种知识储备会让我们以后在投资标的的选择上有更大的信心。

（6）投资过程中，不能随便组合，组合是有其技术性的，由于是新手入门，在开始的时候总是以很少的持仓比例持有很多种类的股票，以至于在某一只股票拉涨停的时候并不能将收益率提上去，也无暇顾及所有股票，像是有一个难以摆脱的沉重的尾巴。而股市遭遇冲击的时候，会出现所有股票一起跌的局面，难以控制，所以要想把股票玩好，一定要有一个合理的投资组合。

案例分析：以世嘉科技（002796）为例①

一、投资实例分析

根据老师上课讲解，对世嘉科技进行虚盘操作，完成预期收益率 10%的目标。对世嘉科技进行财务分析以及技术指标分析，并对世嘉科技进行未来估计。此次操作使我学会很多。不再盲目听从他人，不跟风，更多运用技术指标来分析股票。在实践中依据过去和现在，修正技术分析，结合基本分析、运用多种指标交叉分析互验。以后操作中，会找出适合自己的部分，使用自己熟悉的技术分析和理论指标。知识尚不完备，望老师谅解，并加以指教。

二、世嘉科技公司简介

苏州市世嘉科技股份有限公司成立于 1990 年，总部位于苏州市国家高新技术产业区，在苏州及广东中山都建立了生产基地，在杭州、株洲设立了办事机构。公司是一家集研发与生产于一体的综合性企业，主要从事定制化精密箱体系统的研发、设计、生产、销售以及服务，是专业的精密箱体系统制造与服务供应商。历经多年发展，公司已经形成包括技术研发、定制化设计、精密数控加工、表面处理、检验检测、组装配送和技术服务支持在内的精密箱体系统全流程业务体系，产品广泛应用于电梯制造以及新能源及节能设备、半导体设备、医疗设备、通信设备等专用设备制造领域。

三、对世嘉科技的财务分析

▸ 主要指标对比

报告期	2016-03-31			2015-12-31			2015-03-31		
主要指标	公司	行业	沪深300	公司	行业	沪深300	公司	行业	沪深300
毛利率	19.05%	28.50%	32.58%	20.98%	32.78%	33.18%	18.93%	29.94%	34.37%
营业利润率	8.54%	-9.34%	27.10%	12.38%	-2.19%	41.15%	8.75%	-221.83%	21.93%
净利率	7.05%	-8.62%	22.91%	11.65%	8.81%	34.77%	7.91%	-221.37%	37.34%
流动比率	2.69%	2.80%	2.04%	2.53%	3.07%	1.91%	--	2.64%	2.20%
净资产收益率	2.31%	0.89%	1.75%	18.83%	15.05%	8.08%	4.95%	1.34%	2.15%
总资产周转率	0.27%	0.10%	0.12%	1.40%	0.72%	0.55%	0.54%	0.14%	0.13%
应收账款周转率	1.16%	0.88%	166.27%	7.02%	6.22%	97.08%	3.23%	1.20%	24.43%
存货周转率	2.91%	0.59%	17.11%	14.99%	3.84%	45.19%	5.52%	0.67%	7.10%

▸ 增长指标对比

增长指标	公司	行业	排名	沪深300	排名	沪深两市	排名
收入(TTM),亿元	4.10	6.54	114	164.03	281	24.68	1403
收入(MRQ)同比增长率	8.72%	18.80%	122	1.42%	101	20.09%	1320
收入(TTM)同比增长率	—	20.47%	0	10.15%	0	155.76%	0
收入(TTM)3年平均增长率	—	6.80%	0	11.96%	0	22.10%	0
每股收益(TTM)	—	0.31	0	0.64	0	0.37	0
每股收益(MRQ)同比增长率	—	-66.16%	0	-132.08%	0	-24.37%	0
每股收益(TTM)同比增长率	—	-33.07%	0	-16.51%	0	8.13%	0
每股收益(TTM)3年平均增长率	—	-10.04%	0	-7.76%	0	-1.23%	0

图 1　财务分析

① 作者为华东交通大学经济管理学院 2013 级金融 2 班 15 号王璐瑶，用户名：jinrong0215，收益率：11.89%。

从图 1 可以看出：

（1）最新季度净资产收益率 2.31%，高于最近一期行业平均值 0.89%，说明世嘉科技在该行业还有较强的盈利能力。

（2）净利润增长率 7.05%，而该指标的最新一季度行业平均值是-8.62%，表明该公司增长力强，发展前景还不错。

（3）最新季度营业利润率 8.54%，高于同行业的-9.43%。其他核心财务指标大都优于同行业。

由于其 2016 年 5 月 10 日正式发行上市，主要增长指标还有待观望。

世嘉科技 2013 年起资产、负债、股东权益等都呈现一个较稳定状态。资产收益率和净资产收益率增加，说明企业的规模在扩大。从资产负债表中可以了解到，该企业负债在总资产中的比例较小，低于 25%。债权保障程度高，长期偿债能力强，财务风险较小。

短期偿债能力分析：流动比率＝流动资产/流动负债；该项比率从流动资产对流动负债的保障程度来说明企业的短期偿债能力，其比率越高，表明企业流动资产对流动负债的保障程度越高，企业的短期偿债能力越强。世嘉科技的流动比率在 2%以上，说明其短期偿债能力强，且盈利能力较好。

四、对世嘉科技的技术分析

1. 世嘉科技 60 分钟 K 线走势、成交量

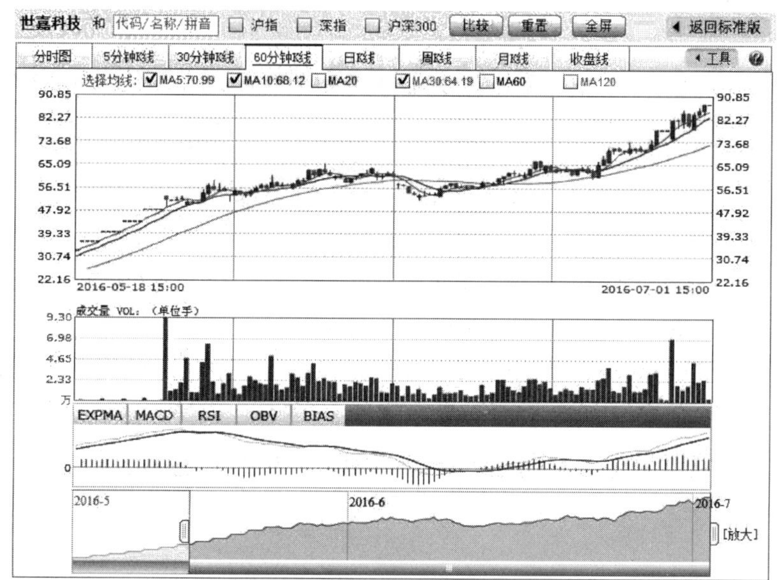

图 2　60 分钟 K 线走势

从图 2 来看，世嘉科技自发行以来的行情呈上升趋势线，底部逐渐抬高，每个后面的峰和谷都逐步高于前面的峰和谷，说明股价的总体趋势是见涨的，阳线的实体逐渐增长，买方的优势越明显说明此时股票的趋势还有一定的机会见涨，还没达到上升趋势疲软的状态。后期成交量也根据大盘形势走。前一天股价趋势逐渐上涨，后面一天虽然先升后跌但是跌幅还是小于上涨的幅度，且收盘价高于开盘价，可以知道股票在后面的短时间内可能还会有一定的上升趋势，出现大跌大落的机会不大。

2. 世嘉科技 MACD 图形分析

根据 60 日 MACD 图形来看，DIF 线和 DEA 线多同处正值，则短期线在长期线之上，属于多头市场。6 月 6~15 日，DIF 向下跌穿 DEA，认为价格下跌，但因为其新股上市，投资者可实时根据情况补仓。

3. 世嘉科技随机指标 KDJ 分析

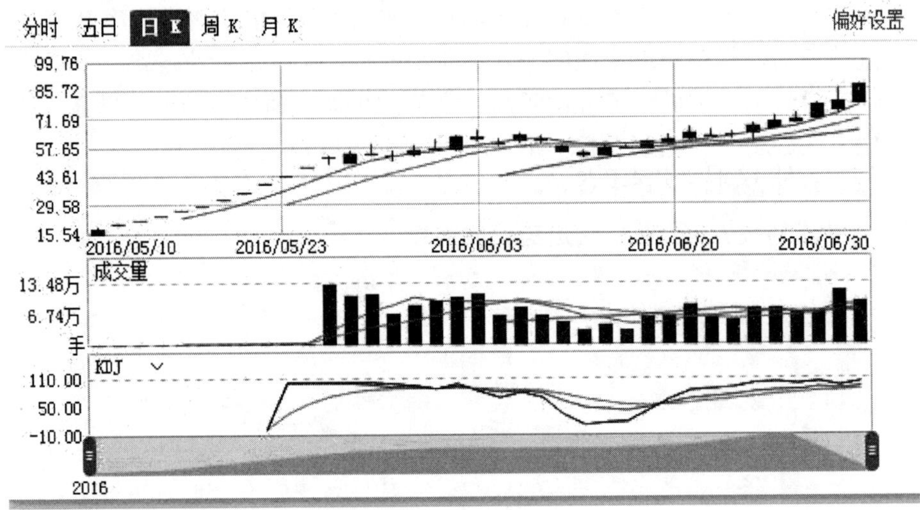

图 3　KDJ 分析

根据 KDJ 指标，举例 6 月 17 日至 7 月 1 日：

（1）6 月 7~17 日，股价持续下跌时，K 值、D 值不断下降，市场处于弱势。

（2）6 月 16~20 日，K 值、D 值在 50 附近徘徊，市场信号不明。

（3）6 月 20 日，K 线在低位自下而上突破 D 线，形成黄金交叉，发出买进信号。

（4）此后股价一直上涨。

4. 世嘉科技相对强弱指标 RSI 分析

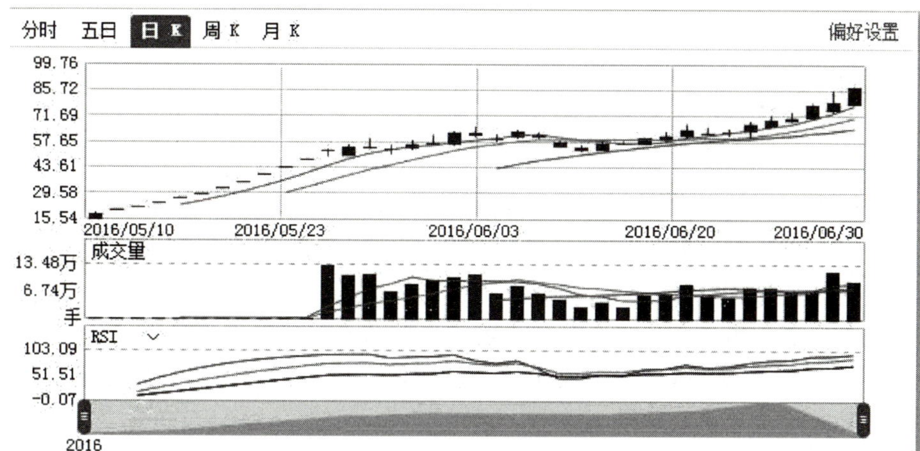

图 4　RSI 分析

根据 RSI 指标，举例：

（1）5 月 27 日，RSI 处于高位，一峰比一峰低的两个峰，但股价却对应一峰比一峰高，发出强烈的卖出信号。

（2）6 月 13 日，RSI 在底部抬高，股价依然下跌，发出买入信号。

五、未来估计

世嘉科技来源于电梯制造领域的收入占主营收入的比例分别为 87.48%、92.05%和 92.70%。下游行业电梯行业的市场集中度较高，包括迅达、蒂森克虏伯、通力、奥的斯在内的外资品占据了国内市场的重要份额。公司短期内来自于电梯制造领域的收入仍将是公司收入的最主要来源，其业务发展也将与电梯行业发展持续密切相关。业内人士认为，业务过于集中，对大客户过于依赖，这无疑不利于公司经营风险的控制。一旦大客户转换合作对象，对公司将形成致命的打击。

个人预估，短期持有，逢低买进，不追高。暑假两个月会继续跟进研究。

案例分析：以五粮液（000858）为例[①]

投资标的：五粮液（000858）

预期收益：30%

① 作者为华东交通大学经济管理学院 2013 级金融 2 班 18 号田超。

实际收益：18%

方法案例：20 日线与 60 日线和轨道线的应用、量价分析。题材、预期、基本面结合选股。

题材选定投资行业，基本面选定投资标的，消息面是助推器。

企业简介：

五粮液（000858）是我们熟知的白酒行业的龙头企业，是白酒行业内少数兼具浓香、酱香、兼香型白酒规模化生产及果酒产品生产能力的大型白酒企业。

核心看多逻辑：

（1）在国企改革又重新回到炒作风口时，五粮液作为老牌国企非公开发行获省国资委批复。

（2）在 3 月深港通今年一定会开通的消息放出后，白酒行业本身也因为品种的稀缺性（因为香港没有生产白酒的企业），成为深港通受益股。

（3）全年在通胀抬头的预期下，白酒行业也成为抗通胀、防御性较强的品种之一。五粮液作为行业龙头也将主营产品价格提升，市场回暖的背景下，量价齐升可期。

（4）业绩扎实，现金充裕，基本面向上，大幅分红。

通过基本面和消息面选择标的：

财务指标	2016-03-31	2015-12-31	2014-12-31	2013-12-31
审计意见	未经审计	标准无保留意见	标准无保留意见	标准无保留意见
净利润(万元)	290311.22	617611.93	583491.53	797281.50
净利润增长率(%)	31.9117	5.8476	-26.8149	-19.7492
加权净资产收益率(%)	6.4800	14.9300	15.4200	23.7100
资产负债比率(%)	22.3513	15.6080	13.0919	16.1122
净利润现金含量(%)	26.1622	108.3377	13.6174	18.2986
基本每股收益(元)	0.7650	1.6270	1.5370	2.1000
每股收益-扣除(元)	—	1.6240	—	—
每股收益-摊薄(元)	0.7648	1.6270	1.5371	2.1003
每股资本公积金(元)	0.2511	0.2511	0.2511	0.2511
每股未分配利润(元)	8.7752	8.0104	7.2738	6.7610
每股净资产(元)	12.1793	11.4145	10.3874	9.5082
每股经营现金流量(元)	0.2001	1.7627	0.2093	0.3843
经营活动现金净流量增长率(%)	-60.6961	742.1039	-45.5371	-83.3261

图 1　财务指标

从基本面上来看，五粮液一直低估且分红较高。从第一季度季报表来看，现超预期，高端酒全面复苏。

从消息面上来看第二季度阶段，利好消息不断。包括年报和一季报销量大幅超出预期；改革加速，非公开发行获批；拟引入员工及经销商持股；五粮液“耀世之旅”巡展起航，全球限量收藏酒以及深港通消息等都成为吸引投资者目光的利器和行情的助推器。

技术分析寻找买卖时机——均线战法与量价分析。

主力资金参与的判别：

2015 年 8 月到 2016 年 3 月以来 21.92~28.35 元做箱形整理，3 月 6 日到 4 月 7 日开始以阳线小碎步的形式出现增量资金参与，主力开始显现出吸筹迹象。

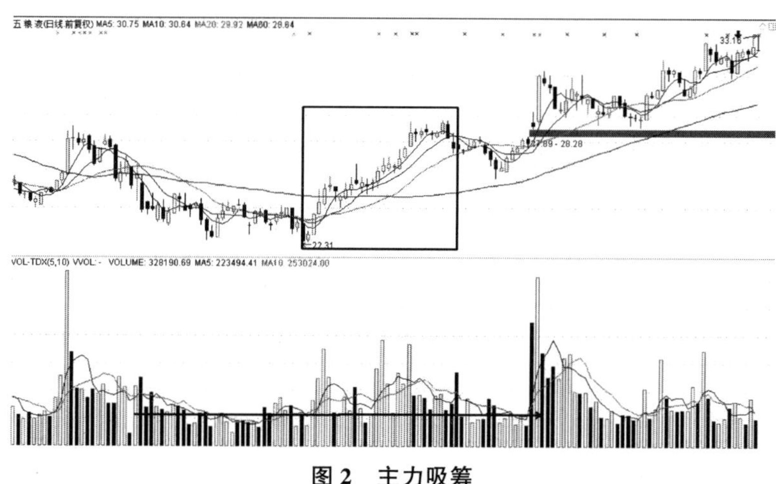

图 2 主力吸筹

买点一：

4 月 6 日到 6 月 20 日进入回调阶段，缩量下跌，考验 60 日均线支撑，并且支撑完好，说明中长期的趋势依然良好，且回调充分，下跌过程的持续缩量也预示着下一轮上攻的开始。所以 4 月 20 日确定为第一买点，可以开始介入。

买点二：

4 月 27 日站稳 20 日均线，宣告中期向上行情开始。为第二加仓点。

买点三：

4 月 29 日带量向上出现跳空缺口，次日长阳也宣布突破成立，激进的投资者可以在此位置加仓。保守的加仓点在触碰上轨线回调后 5 月 30 日形成的十字星，回踩并确定缺口以及上行通道下轨的支撑时买入。

卖点：

在挑战 35 元附近的历史压力位时可开始减仓，但是股价仍保持在 10 日以及 20 日均线上方，上行通道保持完好，所以仍然可以以持股为主。

案例分析：以新宙邦（300037）为例①

投资标的：新宙邦（300037）

公司简介：深圳新宙邦科技股份有限公司是一家专业从事新型电子化学品的研发、生产、销售和服务的高新技术企业。主要产品铝电解电容器化学品、固态高分子电容器化学品、超级电容器电解液及锂离子电池电解液，生产规模、产品质量和技术开发能力居国内同行领先。公司产品先后通过了ISO9001：2000质量管理体系认证和ISO14001：2004环境管理体系认证，已成为国内外著名行业用户的长期合作伙伴。公司产品批量出口日本、美国、东南亚等国家和地区，逐渐成为全球电子化学品一流的供应商。“CAPCHEM”、“宙邦”被评为“广东省著名商标”；“新宙邦”被评为“深圳市知名品牌”。

预期收益：20%

买入时间：2016年6月13日

买入价格：60.9元

新宙邦（300037）K线从2月开始呈现多头向上突破形态期间配合回调洗盘吸筹等小调整，6月3日、5日、8日皆创历史新高，主力上涨意愿较强，而6月13日上证A股下跌将近100点，新宙邦（300037）为创业板仍未跌停，但跌幅较大，是较好买入时机。

2016年1月20日至2016年6月27日新宙邦（300037）股价走势图及成交量如下：

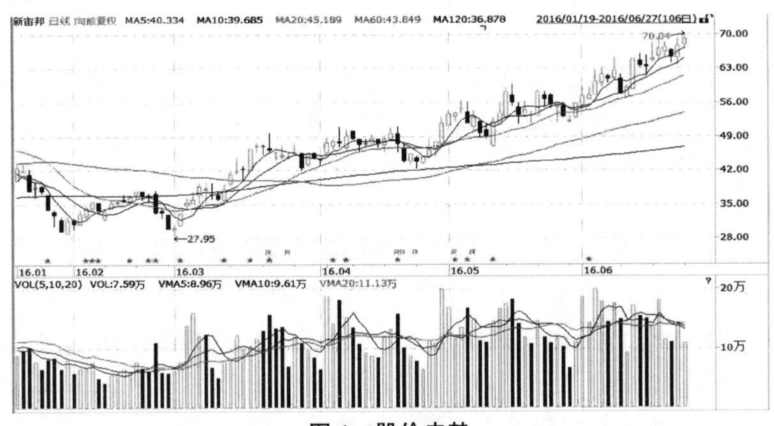

图1 股价走势

① 作者为华东交通大学经济管理学院2013级金融2班20号苏跃泽。叩富网账号：fangKangci，收益：10.60%。

买入理由：其一季报显示营业利润同比增长 317.85%，营业收入同比增长 73.90%。

	2017-12-31	2016-12-31	2016-03-31	2015-12-31	2014-12-31	2013-12-31
报告期	年报	年报	一季报	年报	年报	年报
数据来源	盈利预测	盈利预测	合并报表	合并报表	合并报表	合并报表
⊟ 利润表摘要						
营业收入	187,234.58	147,362.75	29,901.05	93,425.67	75,678.20	68,435.22
同比(%)	27.06	57.73	73.90	23.45	10.58	3.50
营业成本			17,652.03	60,308.81	48,413.34	45,399.29
营业利润	34,180.90	27,976.70	6,377.68	14,970.17	15,702.50	14,136.30
同比(%)			317.85	-4.66	11.08	-4.99
利润总额	34,311.11	28,423.33	6,487.90	15,456.55	15,934.61	14,401.55
同比(%)			318.61	-3.00	10.65	-5.92

图 2 利润表分析

而且其所属板块有锂电池（图 3 为锂电池板块走势）：

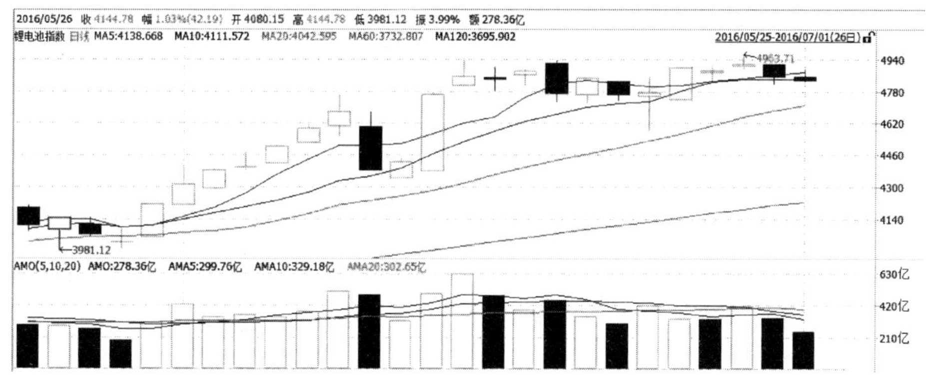

图 3 锂电池板块走势

化学制品（图 4 为化学制品板块走势）：

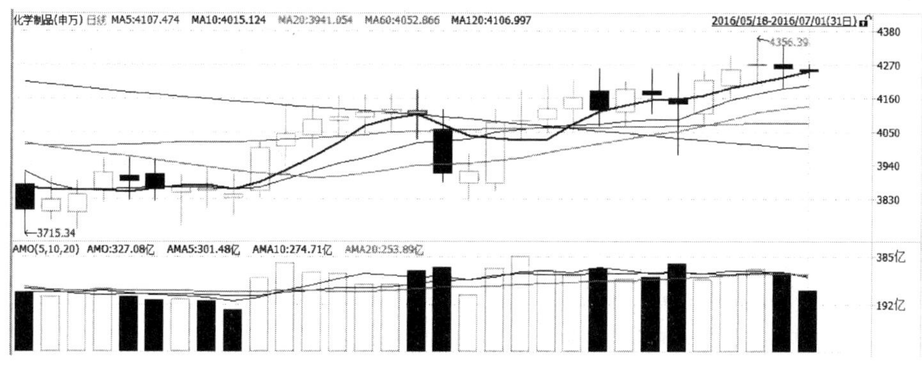

图 4 化学制品板块走势

OLED 等板块走势较强，都呈多头排列。而且当天上证 A 股大跌是持币买入的较佳时机即抄底，2016 年初熔断令中国股市全盘大跌，从 3600 多点跌至

2600多点，而后2月初开始的一波反弹，上证A股指数在2800~3100点震荡徘徊，在2016年6月13日大跌至2833点（图5为当天行情）：

2016/06/13 收2833.07 幅-3.21%(-94.09) 开2897.27 高2911.16 低2832.51 振2.69% 额1985.48亿

图5 当天行情

持有理由：与预期结果较为吻合并有超出预期涨速之势（6月14日涨2.43%、6月15日涨停9.98%涨至64.89元），6月15日长阳线尽吞6月13日阴线，多头方占据强势，所以继续持有看后两天走势，后两天呈现较大波动，上下影线都较长，猜测为主力洗盘，所以继续持有。

预判：未来一周内会和当升科技一样突破70元。

实际收益：10.60%

卖出价格：67.50元

卖出理由：6月20日冲高回落但仍收红，所以继续持有，此时已赚取6个多点，次日仍冲高回落。达到考核收益10%时挂单卖出。

涨幅：15%~20%

经验和启示：

首先股市是有风险的，炒股所得收益即你风险承担的补偿，没有树立良好的心态是无法承受由于亏损所带来的压力的，同时亏损很容易使我们丧失理智，难以做出明智决策，难以在卖与留之间做出抉择。

标的的选择要经过深思熟虑，一段时间观察之后才可以作出决策，基本面和技术面较好且属于热门板块再加上利好消息出现及K线走势较好的作为首选。但其中也有许多选择。一是追涨，我认为追涨在牛市较为适合，熊市持币待观最好。追涨如果踏着主升浪最好，此种操作不宜长期，适合短期1~3天。未涨则应果断割肉。二是抄底，此种选择应选择横盘调整较长时间（1~2个月）K线走势有向上突破之势时布局建仓，我认为此种适合1个月以上的投资，波动较大的可以做高抛低吸赚取差价，仓位控制要到位适时减仓、加仓等。

止盈止损点要有，若股价不向有利方向变化时要果断作出决策。

在我看来，交流心得可以，投资选择还是自己亲自来的好，只有亲自经历股市牛熊沉浮，才能锻炼出强大的心态，形成自己特有的选股思路和操作技巧。

案例分析：以当升科技（300073）为例[①]

摘要：5月11日，上证指数“触底”接近2800点，基于对目前经济局势的看法和坚信历史会重演的市场经验，果断选择了时下热点板块锂电池的龙头企业之一当升科技，以46.22元价位买入。持有37天后，在67.4元价位出售标的套现，获得了惊人的44.28%的收益率。

关键词：当升科技；锂电池；龙头企业

引言

标的：当升科技（300073）

买入价格：46.22元

卖出价格：67.4元

实际收益：44.28%

出于实践意义，通过模拟炒股软件进行虚拟盘操作，以帮助认识股市及其运行规律。基于对股市大盘和公司所处行业及自身现状等多方面的考量，选择了当升科技作为持仓标的，最终获得了可观的收益以及对股市深刻的认知。

1. 公司发展和现状

（1）公司的发展。

北京当升材料科技股份有限公司（简称“当升科技”，股票代码：300073），成立于2001年，起源于国务院国资委管理的国家首批创新型中央企业——北京矿冶研究总院。

当升科技是一家以新能源材料研发和生产为主的集团化公司，现有员工750余人。公司进入锂电正极材料行业后，率先成为国内出口锂电正极材料的供应商，与全球前六大锂电巨头建立了稳定的合作关系，是国内锂电正极材料的龙头企业之一。公司于2010年4月成功登陆创业板，成为国内唯一一家锂电正极材料上市公司。公司积极拓展业务领域，形成集团化发展模式。2011年投资湖南星城石墨科技股份有限公司，正式进军负极材料领域；2012年成立江苏当升材料科技有限公司，着力发展新型高端动力锂电新能源材料，成为国内最前沿的动力锂电正极材料供应商；2015年4月成功并购北京中鼎高科自动化技术有限公司，将公司的业务领域拓展至智能装备领域。公司多项产品技术达到国内领先、国际先进水平，荣获“国家重点新产品”称号，陆续申请了90余项专利并拥有多项专有技术，2011年被评为“北京市专利示范单位”。

---

① 作者为华东交通大学经济管理学院2013级金融2班24号刘钦。

（2）公司现状。

北京当升材料科技股份有限公司所属行业为复合材料，同行业公司有63家，注册资本18303万元，法人代表李建忠，上市股票所属板块为智能制造、新能源汽车、锂电池、智能手机、国资委整合、原材料。

公司经营范围为：生产锂离子电池正极材料、电子粉体材料和新型金属材料、非金属材料及其他新材料；研究开发、销售锂离子电池正极材料、电子粉体材料和新型金属材料、非金属材料及其他新材料、计算机、软件及辅助设备；技术咨询、技术服务，技术推广服务；租赁模切机械设备；组装计算机软、硬件及自动化产品机；货物进出口（涉及配额许可证、国营贸易、专项规定管理的商品按照国家有关规定办理）。

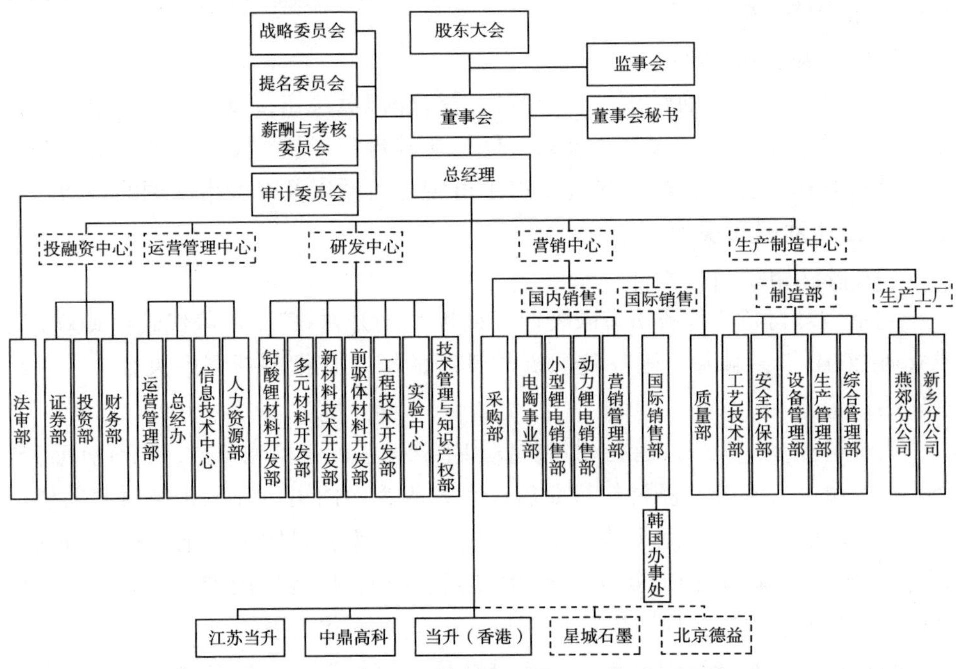

图1　北京当升材料科技股份有限公司组织结构

2. 行业背景

目前，中国是世界最大的锂电池生产制造基地、第二大锂电池生产国和出口国。锂离子电池的应用领域十分广泛，目前在手机、笔记本电脑、电动工具、数码相机、音频设备和游戏机等领域都有重要应用。手机市场和手提电脑市场一直是锂离子电池的最主要市场，这一趋势在短期内仍然不会改变。但长期来看，未来随着新能源汽车的推广，汽车用锂离子动力电池将迎来高速增长，锂离子市场的传统格局或将被打破。锂电池已逐步向电动自行车、电动汽车等领域拓展。全球锂电池需求量随着应用领域的不断扩展而逐年递增。锂电材料景气高，国内正极材料需求激增。

3. 上市公司的投资价值

（1）国内正极材料龙头企业。

公司在 2015 年新能源汽车的行情下迎来了业绩大爆发，2015 年公司实现营业总收入 8.6 亿元，同比增长 37.67%，归属于上市公司股东的净利润 1328 万元，归属于上市公司股东的扣除非经常性损益的净利润为 621.5 万元，同比扭亏为盈。2015 年公司锂电正极材料销售量同比增长 37.89%，多元材料销量同比增加 161.24%。从目前来看国内市场上锂电材料仍然处于供不应求的状态，核心材料尤其是高端产品的价格持续上涨，公司作为国内唯一批量生产车用高镍多元材料的企业，将充分享受这场锂电盛宴。

（2）锂电材料景气高，公司业绩大幅增长。

国内新能源汽车市场自 2015 年以来进入快速发展期，2015 年中国正极材料市场规模达到 134.27 亿元，同比 2014 年增长 40%，全国正极材料出货共 11.29 万吨，同比 2014 年增长 46.8%，2016 年第一季度正极材料产量 28560 吨，同比增长 68.5%，继续保持高速增长。公司目前具备 10000 吨正极材料产能和 12000 吨负极材料产能，拥有高镍多元正极材料 4000 吨产能，是国内唯一一家可以批量生产 NCM622 产品的公司，公司在高镍多元动力正极材料领域的龙头地位将继续加固。

新能源汽车市场在 2015 年增长显著超预期，公司借东风大力发展车用动力电池正极材料业务，业绩得到明显改善。2016 年新能源乘用车增速将超过新能源客车，公司在车用锂电池领域的优势地位仍将保持，市场占有率有望进一步提升。车用动力电池材料较高的利润率仍将带动公司产品毛利率改善。

4. 面临的投资风险

（1）投资的建议。

考虑到新能源汽车的快速发展，车用锂电池需求量将进一步扩大，公司作为国内高镍多元正极材料的龙头企业将继续收益。另外公司的智能制造业务发展迅猛，销售收入不断提高，完善了公司产品结构，提高了公司盈利水平和抗风险能力。公司 2016 年以高镍三元材料为优势产品，以并表精密模切装备提高经营综合毛利率，主营业务会有明显改善；另外，公司负极材料参股企业星城石墨产能利用率相对充足，2015 年销量增长 20%，2016 年将给公司带来更多盈利。预计公司前景向好，建议买入持有。

（2）投资的风险。

经济形势变化；原料成本及产品价格波动；公司经营治理等。

5. 投资决策

（1）宏观经济分析。

5月11日上证指数当日最低达2818.7点（见图2），在当前经济形势下，个人认为股市指数应当在2800~3000点往复上升，因此当上证指数下挫至接近2800点时，果断决定建仓持有股票。

图2　5月11日上证指数日K线

（2）行业分析。

尽管A股接连大跌，但仍有多只锂电池概念股创出了历史新高。在调整行情中，有限的资金涌向了处于高景气阶段的锂电池个股，也让这一题材牛气冲天。截至5月6日，最猛的天赐材料、天齐锂业，前者股价从67元涨到最高的134.88元，短短两个月上涨了120.97%，天齐锂业收报175.7元，比去年7月最低的36.1元，上涨了近5倍。多氟多、赣锋锂业、当升科技等涨幅也超过80%。新宙邦、融捷股份、智云股份、中信国安、沧州明珠、深圳惠程、江苏国泰、西部资源、亿纬锂能等多只个股涨幅超过了50%。天赐材料、鹏辉能源、多氟多也都成百元股。

从锂电池上市公司的财报来看，整个行业处于高景气阶段。以涨得最猛的天赐材料为例，第一季度营业收入3.45亿元，同比增长122.86%，归属母公司净利润7093万元，同比增长485.11%，扣非后归属母公司净利润7046万元，同比增长507.86%。其他的锂电池概念股第一季度业绩表现相当出色，多氟多第一季度净利润同比增长1245%；当升科技的业绩增幅也高达5倍，赣锋锂业增逾3倍，融捷股份则增逾1倍。

5月的第一周，A股市场再次出现大幅下跌，各类题材概念股票陆续熄火，但是锂电材料犹如黑暗中的明灯，在逆势中实现大涨。受益下游新能源汽车市场的持续火热，锂电材料也维持了超高的景气度，2016年一季报，板块重点关注的15家锂电材料公司中，仅众和股份一家出现亏损，净利润同比下滑也仅一家，为杉杉股份，主要因为去年第一季度出售宁波银行股权，投资收益较高所致，锂电池已成为新材料领域甚至A股市场盈利能力最强的板块。

（3）公司分析。

当升科技发布2016年一季报，报告期内，公司实现营业总收入2.29亿元，同比增长46.91%，主营业务收入2.25亿元，同比增长68.69%，实现净利润1575万元，同比增长508%。

报告期内，江苏当升一期工程车用高镍多元材料保持满负荷生产，销量同比增长364.82%，业务收入同比增长492.16%，实现扭亏为盈。旗下中鼎高科第一季度销售量同比增长47%，业务收入同比增长68%，极大地提高了公司的营业收入，丰富了公司产品结构。考虑到收益新能源汽车的快速发展，车用锂电池需求量将进一步扩大，预计公司2016~2018年的EPS将持续上涨。

（4）卖出时机。

5月11日，上证指数“触底”接近2800点，基于对目前经济局势的看法和坚信历史会重演的市场经验，果断选择了时下热点板块锂电池的龙头企业之一当升科技，以46.22元价位买入。持有37天后，在67.4元价位出售标的套现，获得了惊人的44.28%的收益率。

从买入价格看，该标的已经明显处于大涨位置了，但个人出于三点考量仍旧选择了当升科技：锂电池行业前景一片大好；同板块其他个股“妖股”频现；当升科技属于板块龙头企业，涨势潜力不可估量。

6月17日，该标的已然涨至67元以上，涨幅超过40%，与此同时，股价开始盘整，难以突破至新高，锂电池行业热点依旧，但随着上证指数的复苏，资金已然开始流出，短期内股价攀升的希望渺茫，且风险加剧，在标的第二次下跌的情况下，决定当机立断，将账面收益套现，防止股价下跌带来的收益受损，同时可以选择其他标的进行投资，既避免了风险也提高了在其他标的取得收益的可能性。

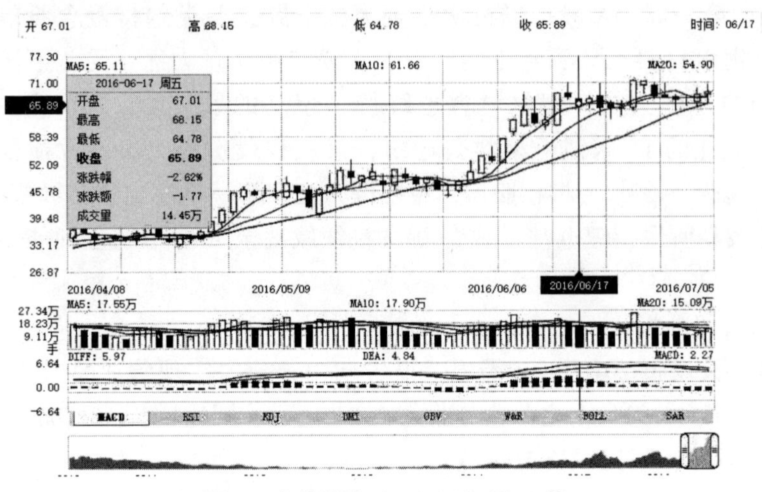

图 3　当升科技（300073）日 K 线

6. 总结

在资本市场上，充斥着大量的谎言和骗局，没有自己的理念和信心，是难以在股市的沉浮中取得收益的，面对海量的信息，有人不知所措，面对股价的波动，有人患得患失。在股市中，想取得收益，就必须要有自己的看法和坚定的信心，从市场上俯拾皆是的巨量信息中挑出真正的有价值的信息，组成还原事件的真相，果断出手买入卖出。就当升科技而言，首先要对大盘走势有坚定的信心，其次积极把握板块热点和规律，伸手紧握收益，该套现就套现，绝不犹豫、后悔。

案例分析：以雷柏科技（002577）为例①

选择标的：雷柏科技（002577）

买入时间：2016 年 5 月 19 日

买入原因分析：

基本面：今年以来，国家高度重视互联网相关行业，并提出了互联网+的国际战略。互联网行业属于朝阳产业，正处于快速发展阶段。雷柏科技属于信息设备行业，其主营业务有机器人、无人机、网络游戏等业务，都属于当下市场的热门题材，是未来发展的方向。在行业内处于老二的位置，并与腾讯公司大力合作，对竞技类游戏有着极强的合作前景。第一季度毛利率为 27.59%，

① 作者为华东交通大学经济管理学院 2013 级金融 2 班 25 号肖文伟。

净资产收益率为 13. 27%等，各项财务指标表现较好。

消息面：本身属于信息设备行业，当时著名的苹果公司正在招募经验丰富的无线充电专家，计划 2017 年为 iPhone 和 iPad 带来无线充电功能，受此消息影响，作为国内该领域的相关公司雷柏科技买方力量持续增强。

技术面：当期买入价大约在 40. 63 元的位置，从图 1 中我们可以看出雷柏科技股票经过一段时间空头行情，在价格波动的低点附近出现了十字星，暗示了跌势的结束；短期的 MA20 由下往上穿越了较长期的 MA30，形成了黄金交叉，此为买入信号；成交量也开始增加并持续放大；同时，KDJ 值为 75，为强势买入时机，故入场买入股票。

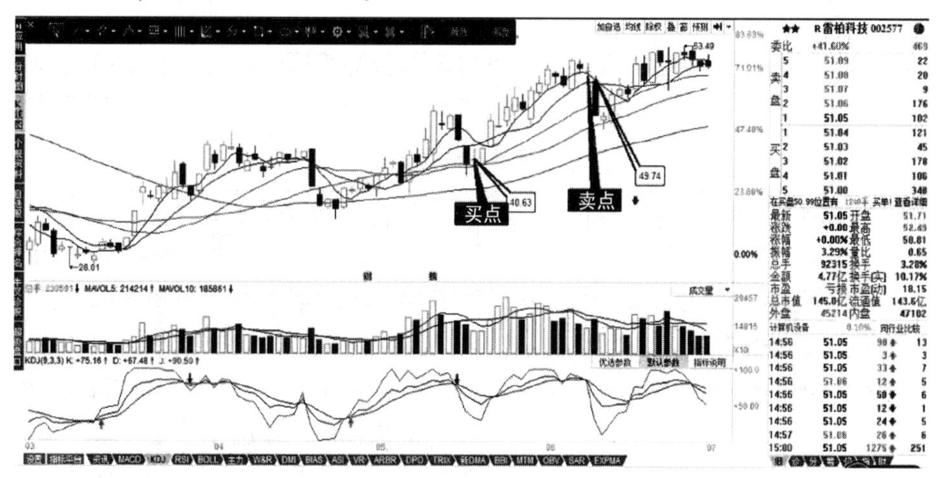

图 1　K 线分析

目标收益：15%

后续分析：在买入后经历了五六个交易日的交易，成交量从持续放大之后开始减少，在 5 月 20~26 日，成交量持续增大，从 5 月 27 日成交量突然大幅减少，当时想抛售股票，但是发现 KDJ 指标和 MACD 指标并没有转向，并继续持有股票，后期，成交量继续扩大，价涨量增，多头行情，因而继续持有。

卖出时间：2016 年 6 月 8 日

卖出原因：此时发现 KDJ 指标和 MACD 指标开始转向，并且在价格波动的高点出现了十字星，暗示着多头行情的结束，再加上此时成交量迅速萎缩，因而卖出股票。

实际收益：22. 39%

反思：抛售后，可以发现我的主要收益在于开始的几天，后面几天市场行情并不太稳定，有吞噬之前的收益的过程。在观察后期行情转向时没有结合多种指标，过于依赖单一指标，最终导致我没有较早地判断市场行情的变化，本来可以早点抛售股票，这样收益就比较高了，但是目前 22.39%的收益率还是挺不错的。现在看来要是往后两个交易日再抛售，估计亏的非常厉害，想想获得 22.39%的收益率还是很惊险的，但总的来说还是挺不错的。

总结：这只股票是市场上的热门题材，选择热门题材意味着其换手率也高，流通性好，交易活跃，但是总的来说，这只股票价格略高，与其当前关注的热点有关，也与其经营业绩有关，经营状况好，又是热门题材其价格上涨也是必然的，可能短期有波动，但是长期来看，其未来必定有很大潜力。选股时，我们要基本面分析和技术分析相结合，不能偏于一方面，无论是短期投资还是长期投资；还有技术面分析的时候，要综合考虑多种指标进行研判，不能依赖单一指标，否则很容易会造成误判，影响投资收益。还是那句老话，投资有风险，入市须谨慎。

案例分析：以海顺新材（300501）为例①

摘要：本案例描述了海顺新材（300501）在 2016 年 2 月 5 日上市至年中（6 月 30 日）的市场表现，以得出其带给投资者的启示。当前中国 A 股市场上的投资者普遍认同一种说法，叫“打新”，而笔者所选案例就是为了研究新上市公司在经历了一轮的“打新”连涨之后的股票，也即次新概念中的个股研究。

关键词：证券投资；创业板；医药包装材料

引言

信息技术的发展为现在金融学专业的大学生提供了一个接触证券市场的平台，同时，各大证券公司还经常会举办各种大学生模拟炒股大赛，增加了他们关注或者进入证券市场的可能性，笔者平时就会关注这种比赛，所以也会关注 A 股市场。在 2016 年 3 月，笔者接触到了海顺新材。

1. 公司发展及现状

上海海顺新型药用包装材料股份有限公司专业从事直接接触药品的高阻隔包装材料研发、生产和销售，主要产品包括冷冲压成型复合硬片、PTP 铝箔和 SP 复合膜。上市公司前身海顺有限成立于 2005 年 1 月 18 日。2010 年 10 月 20 日，经海顺有限股东会审议通过，同意海顺有限整体变更为股份有限公司。

---

① 作者为华东交通大学经济管理学院 2013 级金融 2 班 26 号张玉文，叩富网收益率 13.14%，列第 15 名。

公司十分注重产品研发，公司企业技术中心被上海市松江区经信委评定为松江区级企业技术中心，苏州海顺的工程技术研究中心被苏州市科技局认定为“苏州市药用包装新材料工程技术研究中心”。

（1）公司的发展。

主营业务：从事直接接触药品的高阻隔包装材料研发、生产和销售		
产品名称：冷冲压成型复合硬片　、SP复合膜　、PTP铝箔		
控股股东：朱秀梅、林武辉（持有上海海顺新型药用包装材料股份有限公司股份比例：21.30、38.34%）		
实际控制人：朱秀梅、林武辉（持有上海海顺新型药用包装材料股份有限公司股份比例：21.30、38.34%）		
最终控制人：朱秀梅、林武辉（持有上海海顺新型药用包装材料股份有限公司股份比例：21.30、38.34%）		
董事长：林武辉	董　秘：童小晖	法人代表：林武辉
总经理：林武辉	注册资金：5338万元	员工人数：251
电　话：86-21-37017626	传　真：86-21-57674077	邮编：201619
办公地址：上海市松江区洞泾镇蔡家浜路18号		

图 1　海顺新材（300501）上市公司的概况

（2）行业背景。

海顺新材（300501）属于药用包装材料行业，当前该行业发展是有潜力的，尤其是当下随着人们收入水平的提高，对身体的健康也就越来越重视。这样，医药行业的发展还是很有潜力的，随之带动了药用包装材料行业的发展。

2. 上市公司的投资价值

截至 2016 年 7 月 5 日，6 个月内共有 4 家机构对海顺新材的 2016 年度业绩做出预测；预测 2016 年每股收益 1.2 元，较去年同比下降 18.37%，预测 2016 年净利润 0.64 亿元，较去年同比增长 9.26%。

业绩预测如图 2 所示。

截至2016-07-05，6个月以内共有 **4** 家机构对海顺新材的2016年度业绩作出预测；
预测2016年每股收益 **1.20** 元，较去年同比下降 **18.37%**，预测2016年净利润 **0.64** 亿元，较去年同比增长 **9.26%**

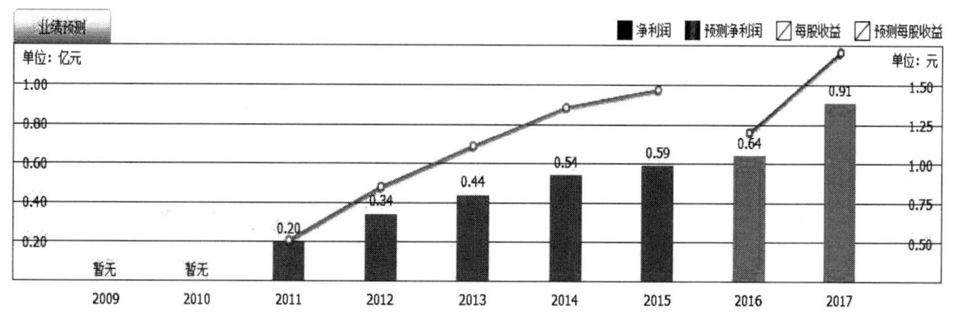

图 2　业绩预测

预测的详细指标如图 3 所示。

详细指标预测

预测指标	2013（实际值）	2014（实际值）	2015（实际值）	预测2016（平均）	预测2017（平均）	预测2018（平均）
营业收入（万元）	27736.68	28984.97	29397.84	32235.00 +	42400.00 +	-
营业收入增长率（%）	31.93	4.50	1.42	9.65 +	33.38 +	-
利润总额（万元）	5389.21	6389.85	6849.00	7599.33 +	10803.33 +	-
净利润增长率（%）	30.56	21.94	8.38	9.25 +	43.99 +	-
每股现金流（元）	0.71	1.57	1.33	1.44 +	1.46 +	-
每股净资产	4.86	5.76	6.78	15.42 +	17.98 +	-
净资产收益率（%）	0.00	0.00	0.00	9.89 +	13.41 +	-
市盈率（动态）	-	-	-	98.70 +	71.28 +	-

图 3　详细指标

3. 面临的投资风险

不管投资标的是经营表现多好的公司，投资都是有一定风险的。但这里还有投资领域的一条定律：风险与收益成正相关。

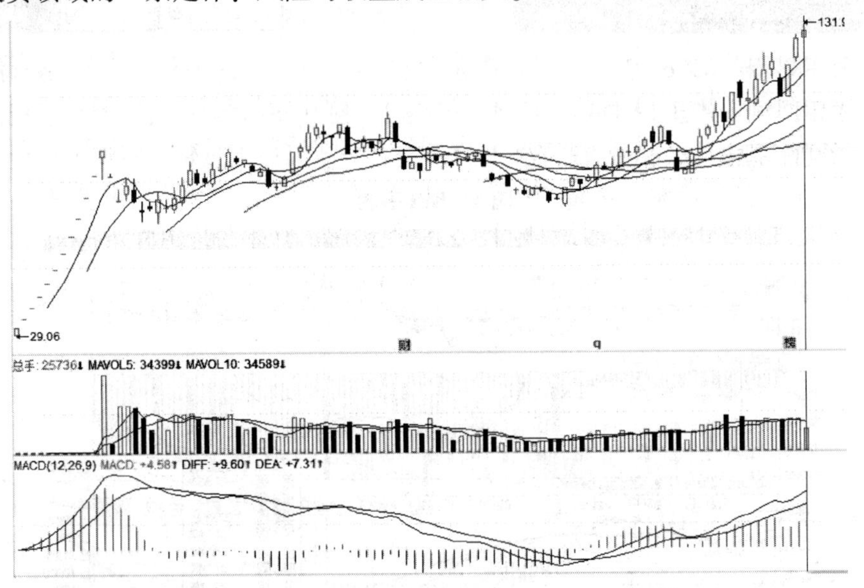

图 4　截至 7 月 5 日的海顺新材（300501）K 线

（1）投资的建议。

从 6 月 14 日到 7 月 5 日，虽然鲜有回调，但股价已经经历了一轮大长阳，并在 7 月 5 日日中到达历史最高点 131. 99。有一定风险，同时机会也存在。

（2）投资的风险。

从图 5 可以看出，在 2016 年 6 月 14 日到 7 月 5 日的 17 个交易日内该标的已经有了 55. 48%的涨幅，换手率达到了 388. 27%。所以，有理由推断该标的可能有冲高回调的风险。

图 5　K 线区间统计

4. 如何决策

对于激进型的投资者，应该继续买入该标的，因为 MACD 线仍是向上的趋势，并且均线更是很强劲的向上冲。

对于保守的投资者，若是已经持有该标的，那就要抛出提现，因为前期涨幅太多；若是未持有该标的，可以保持关注。

行业分析：药用包装材料属于一个高科技行业，该行业发展潜力巨大。

尤其是随着经济的发展，人们对医药事业的重视的提高，该行业会慢慢步入春天。

公司竞争力分析：公司地处我国经济活跃的长三角地区，区域内交通物流基础设施完善，医药包装相关配套产业较为齐全。目前公司在上海和苏州分别建立了生产基地，拥有面积超过 6000 平方米的十万级净化车间，是国内药包材主要生产企业之一。公司拥有较强的研发和产品创新能力，通过不断将技术优势转化为产品优势，确立了公司产品在新型医药包装领域的优势地位，为公司主导产品，产销量逐步占据行业前列，并进一步为扩大品牌知名度和市场占有率提供了充足的技术保障。

综合来说，海顺新材所处行业是一个高技术含量的行业，发展潜力足，而该公司自己也有足够的竞争力。所以基本面看好。

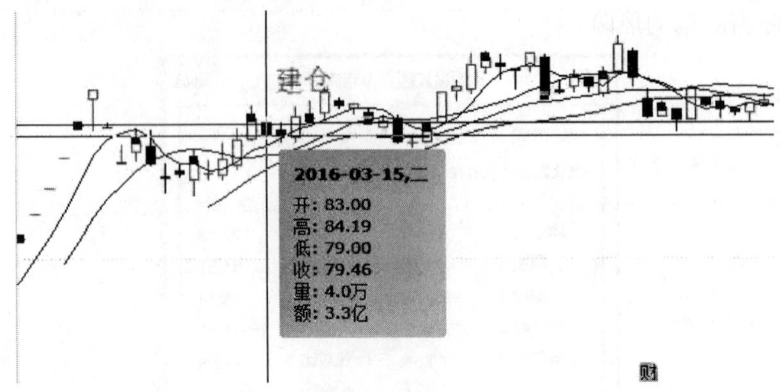

图 6 建仓点

而在叩富网的模拟操作中，我从 3 月 15 日开学初开始建仓，成本在 83 元。通过研究 K 线图，可以看出在 3 月 15 日之前，已经有了一个幅度稍小的回调。所以此时正是建仓的良机。基于 3 月 15 日之前已经有了三连阳，我还是认为有上升空间，没想到建仓第一天就收阴，真是应了那句话：三连阳必调。

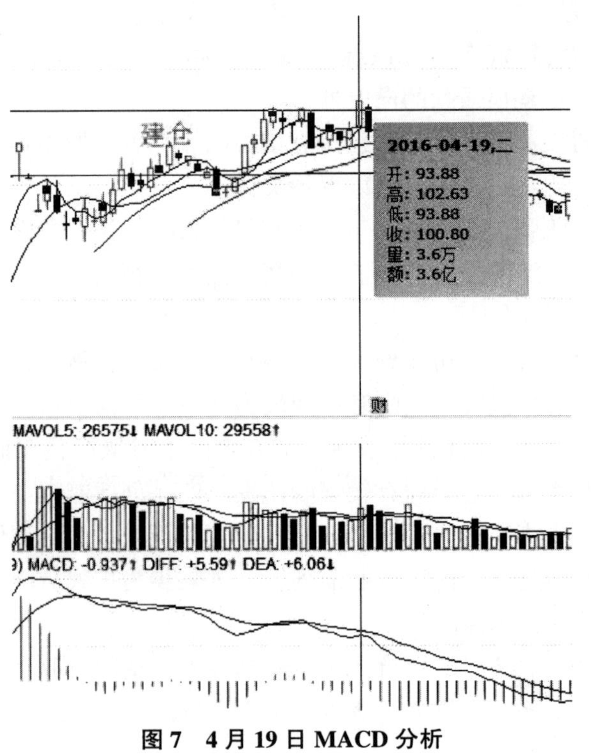

图 7 4 月 19 日 MACD 分析

如图 7 所示，到了 4 月 19 日，从下方的 MACD 可以看出，都是往下探的，其实这种时候就应该抛出避免回撤的，但我看到当日一直在高位（涨了 8%），就没有抛出，结果 4 月 20 日果真是个大阴线收盘。

后来就一直回撤到 5 月 19 日 73.5 元每股收盘。当日的 K 线收了个小十字星，意味着已经回撤够了，多方力量开始占据主动；并且如图 8 MACD 也有开始转向向上的趋势，所以此时又是个绝佳的建仓时机。

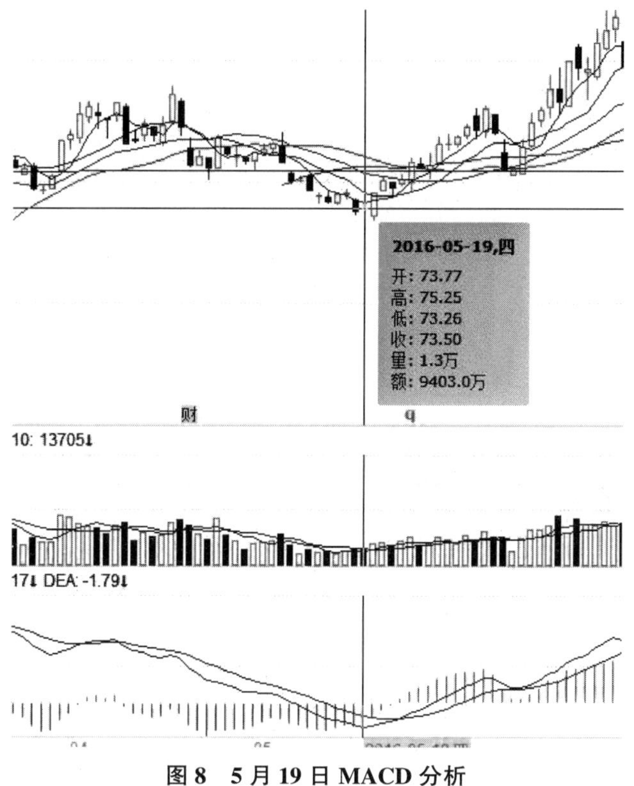

图 8　5 月 19 日 MACD 分析

果真，在探明了 73.5 元的底后，该标的开始一路向上，形势一片大好。而涨多必调也是投资界的一大定律，于是我们看到 6 月 7 日，达到 97.96 元每股的新高后，隔天又来了个回调，所以我们可以在这种时候——MACD 线虽然还是向上，但幅度没有大变化，而是有向下缩短的情况下平仓保收，如图 9 所示。

在经历了几天的急调，过完端午节回来之后，该标的在主力的控盘下，越显成熟，随着下方交易量的缓慢增长，该标的也在慢慢向上，偶尔来一次微调，以至于达到了 7 月 5 日的 131.99 元的新高点，如图 10 所示。

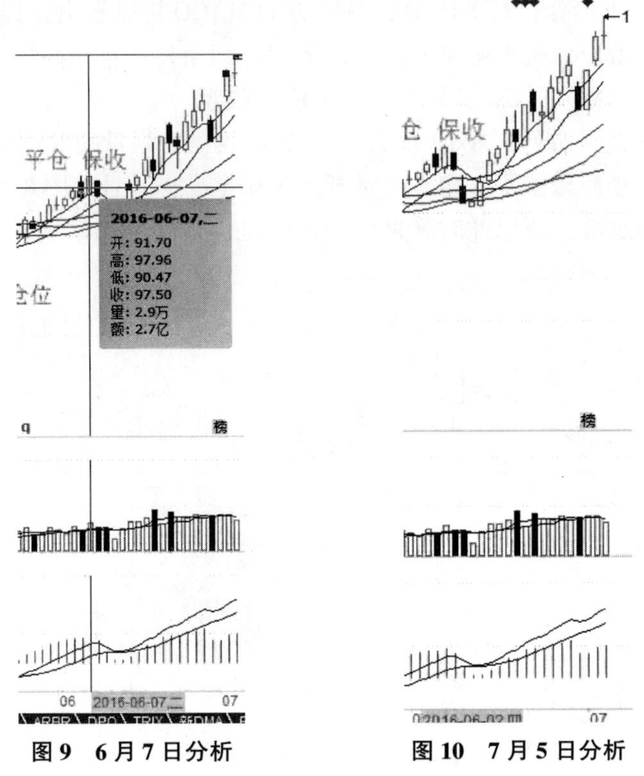

图 9　6 月 7 日分析　　　　图 10　7 月 5 日分析

我从 3 月 15 日 83 元成本的建仓，到 7 月 5 日收盘的 127.05 元，已经累积了 53%的收益，其间没有躲过数次回调，也没有把握充分的回调时为降低成本的补仓机会。所以，在此总结以下几点：

（1）炒股灵活不代表频繁的操作，一切视情况而定。

（2）多看少动。

（3）坚定自己的最初感觉，并且一定不要在大盘不稳的时候匆忙补仓或平仓。

案例分析：以光华科技（002741）为例①

引言

2015 年 11 月，笔者结合市场背景，选择了次新股+高送转这一概念板块，并选中了光华科技（002741）作为投资标的，在 11 月 10~11 日两个交易日，以 23 元左右的价位不断买入，直至满仓。而后在第一目标价位 32 元左右减至

① 作者为华东交通大学经济管理学院 2013 级金融 2 班 27 号卢其旭。

半仓，在股价上攻到44元时，量增价跌，感觉上涨乏力，遂予清仓。在短短8个交易日获得了60%以上的巨幅收益。以下为整体操作思路的详细介绍。

1. 公司发展现状

广东光华科技股份有限公司（002741）创建于1980年，是一家行业内技术领先的国家高新技术企业，国家火炬计划重点高新技术企业、国家创新型企业、广东省优秀民营科技企业。现已逐步形成了以高性能电子化学品和高品质化学试剂为主导的专用化学品的研发、生产、销售和服务为一体的产业体系。

公司建立了以珠三角、长三角为核心，面向全国以及世界多个国家和地区的市场网络格局。为所有的新老客户提供全面的技术解决方案，是电子、表面处理、化工、日化、陶瓷、食品、生物医药、环保能源等领域标杆企业的供应商。

2. 公司发展潜力

光华科技是国内PCB制造一体化解决方案的龙头企业。受益全球PCB产业加速向大陆转移（目前中国全球占比超过40%），同时国内企业加速“进口替代”，双重效应促使国内PCB化学品产业的年增长率将达到13%以上。目前PCB专用化学品行业集中度低，2013年公司PCB化学品规模市占率国内第一，但也仅为2.8%，未来提升空间较大。公司于2015年10月23日宣布了每10股送20股派现2元的权益分派方案。

3. 公司上市基本信息

光华科技于2015年2月16日在深圳证券交易所上市，采取网上定价、网下询价配售的方式发行，发行量为3000万股，盘子小，发行总市值为3.69亿元，流通市值小。

4. 投资理由（选股思路）

（1）股东榜。

十大流通股东(2015年09月30日)　　更多>>

名次	股东名称	股份类型	持股数(股)	持股比例	增减(股)
1	罗远良	A股	250,000	0.83%	新进
2	中国银行股份有限公司—华宝兴业先进成长混合型证券投资基金	A股	200,000	0.67%	新进
3	林华忠	A股	196,800	0.66%	新进
4	王家密	A股	177,525	0.59%	新进
5	毛瓯越	A股	145,500	0.49%	新进
6	刘小林	A股	122,200	0.41%	新进
7	沈振国	A股	120,000	0.40%	新进
7	黄偶文	A股	120,000	0.40%	新进
9	赵宝杰	A股	116,000	0.39%	新进
10	中国建设银行股份有限公司—浦银安盛精致生活灵活配置混合型证券投资基金	A股	110,400	0.37%	新进

图1 十大流通股东

十大股东（2015年09月30日）					更多>>
名次	股东名称	股份类型	持股数（股）	持股比例	增减（股）
1	郑创发	流通A股	43,060,000	35.88%	不变
2	陈汉昭	流通A股	7,830,000	6.53%	不变
2	郑侠	流通A股	7,830,000	6.53%	不变
2	郑韧	流通A股	7,830,000	6.53%	不变
5	汕头市锦煌投资有限公司	流通A股	7,200,000	6.00%	不变
6	汕头市创为投资有限公司	流通A股	5,000,000	4.17%	不变
7	郑若龙	流通A股	3,600,000	3.00%	不变
8	郑家杰	流通A股	3,150,000	2.63%	不变
9	广东众友创业投资有限公司	流通A股	2,250,000	1.88%	不变
9	广东新价值投资有限公司	流通A股	2,250,000	1.88%	不变

图 2　十大股东

我们留心查看其股东榜，可以发现极其不寻常的、但不为一般人所注意的细节，主要有：①原始股股东持股比例极大，占绝对优势；②发起人十大股东持股，与十大流通股东持股比例极其悬殊，例如最少的众友创业投资，仅此一家持股也大于十大流通股东之和，表明此股高度控盘；③十大流通股东全是第三季度新进的，林华忠、王家密等三人是第一次出现的新面孔（注意：首次现身即大手笔出手的神秘股东，往往是重要线索）。

汕头创为投资有限公司，是光华的员工持股公司；另外几个机构都在潮汕地区，可以猜测其或许有资本往来。

这些异常，表明运作正在加速，股价上涨是大概率事件。

（2）主力控盘。

主力属于高度控盘之中，十大股东控盘 75%。非常易于股价的拉升。

（3）KDJ 分析。

股价走势在 20 日线上方运行，D 线由下转上，K 线上穿 D 线，形成金叉，为买入信号。而在前期均线混杂，很有可能是以时间换空间。KDJ 都在 50 多空均衡线上方运行，说明做多力量充足。

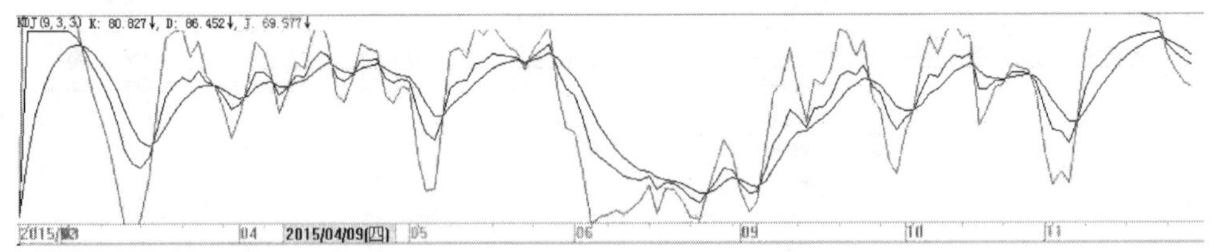

图 3　KDJ 分析

（4）周线布林。

布林线有三根：上轨、中轨、下轨。我们计算股价的空间，一般采用周线布林上轨。周线布林上轨 72 元。然后上涨压力位置的计算：底价 15.72 元，第一压力位置翻番价 31.44 元，已经成功越过，第二压力位置底价三倍 47.16

元，第三压力位置除权缺口 52.68 元，第四压力位置翻两番 62.88 元。这四个压力位置也即是我们的四个目标价位。

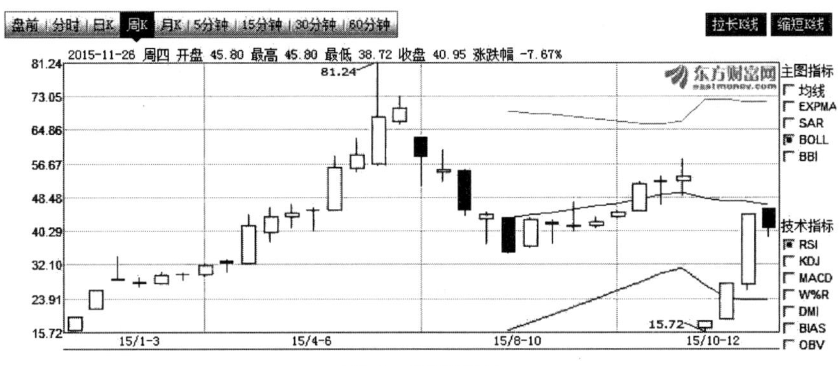

图 4 周线布林

(5) 成交量。

成交量从 11 月 8 日开始逐步放大，并维持这种放大趋势，量价齐升。说明主力没有耐心和时间慢慢进货，将股价一路推高边拉边吸。

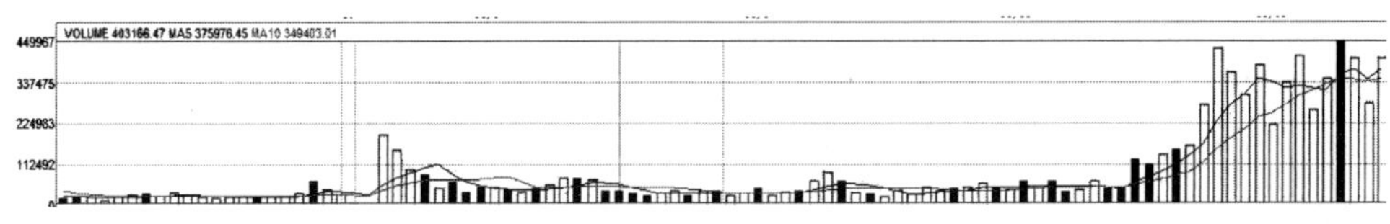

图 5 成交量

(6) 龙虎榜单。

在龙虎榜单中，我们可以看到明显的游资介入，加剧炒作。在 11 月 13 日，大的市场背景下次新股一片倒下的时候它仍然坚挺，俨然已成牛股。

2015-11-17 星期二　类型：当日涨幅偏离值达7%的证券
收盘价：33.32元　涨跌幅：10.00%　成交量：3384.75万手　成交金额：110301.29万元

序号	交易营业部名称	买入金额(万)	占总成交比例	卖出金额(万)	占总成交比例	净额(万)
买入金额最大的前5名						
1	中信证券股份有限公司上海溧阳路证券营业部	3664.46	3.32%	18.08	0.02%	3646.38
2	中国银河证券股份有限公司重庆民族路证券营业部	3334.13	3.02%	0.00	0.00%	3334.13
3	华泰证券股份有限公司深圳益田路荣超商务中心证券营业部	3315.76	3.01%	65.00	0.06%	3250.77
4	国泰君安证券股份有限公司上海分公司	2000.83	1.81%	0.00	0.00%	2000.83
5	国信证券股份有限公司深圳福中一路证券营业部	1145.78	1.04%	8.38	0.01%	1137.40
卖出金额最大的前5名						
序号	交易营业部名称	买入金额(万)	占总成交比例	卖出金额(万)	占总成交比例	净额(万)
1	海通证券股份有限公司南京广州路营业部	603.47	0.55%	4666.14	4.23%	-4062.67
2	华泰证券股份有限公司宁波柳汀街证券营业部	34.23	0.03%	4326.26	3.92%	-4292.03
3	国泰君安证券股份有限公司南京中央路证券营业部	26.53	0.02%	3397.70	3.08%	-3371.17
4	江海证券有限公司哈尔滨邮政街证券营业部	0.00	0.00%	2751.00	2.49%	-2751.00
5	华泰证券股份有限公司盐城分公司	27.88	0.03%	1703.66	1.54%	-1675.78
买入前5名与卖出前5名总合计：		14153.06	12.83%	16936.21	15.35%	-2783.15

图 6 龙虎榜单

5. 经验总结与反思

（1）经验总结——挖掘此类牛股的方法。

①大股东或重要股东来路不简单，且临近解禁等运作重要时间窗口，这是内在的市值管理运作要件；②大股东或重要运作方高度控盘，股东榜有新的面孔出现，预示时机临近；③有一定的业绩保障，利于高送转等运作；④最好是次新股，或上方历史套牢压力较小的个股；⑤十大股东中背景较深厚，尤其是与沪浙闽粤等游资聚集地相关的，需加注意。

（2）操作反思。

首先，投资很重要的一块，在于信息的获取和信息的处理。笔者基于当时市场分析，认为年末一般有炒作次新股的预期。做出自己的基本判断后，以光华科技为标的，坚决进行了实战操作。其实，投资要慢慢形成自己的思路，无论什么方法，可能你只要掌握一种就够了，把这种方法用精、用绝，你就会从中受益。

其次，不折不扣的执行力。所设定的止盈止损指令，坚决执行。笔者对当时所设定的目标价位，进行了坚决的执行，在第一目标价位的卖出行为，可能没有使投资获取最大的收益，但笔者不但缩小了面临的风险，也保住了胜利的果实。这样的操作确实是可行的。买卖股票要果断一点儿，而不能像在菜市场买菜一样，讨价还价。

最后，心态要好，以玩为主。赢了固然高兴，输了也照样坦然。在股票市场摸爬滚打，得意与失意都需要淡定。

案例分析：以彩虹精化（002256）为例①

笔者于 2016 年 6 月 14 日，股价突破前期高点时，大胆跟进，全仓买入。观望了近 2 周，静待着它向上突破的时机，结合彩虹精化财务状况分析，认为在盈利增幅相差较大的情况下，具有所谓的高送转潜力，所以在技术形态出现买点之时“进行豪赌”。在 2016 年 6 月 17 日，彩虹精化实际控股人向股东大会递交了每 10 股送 30 股的高送转权益分派方案。在随后 5 个交易日中，彩虹精化区间涨幅约 40%。

深圳市彩虹精细化工股份有限公司成立于 1995 年，是一家以环保节能新材料新能源为主线，核心业务涉及环保功能性涂料与辅料、环保汽车美容护理

① 作者为华东交通大学经济管理学院 2013 级金融 2 班 28 号黄文睿。

用品、环保家居用品、钢结构长效防腐涂料、空气污染治理、生物降解材料、太阳能光伏新能源应用等高科技领域的公司。从这几年化工行业的发展来看，2011~2013 年化工产品始终保持快速增长，从 8. 19%增长到 24%。营业收入同比增长在 5. 7%~23. 6%。从各产品收入占比来看，环保功能涂料和辅料始终占主营业务收入的 50%以上，其次是汽车环保节能美容护理用品占比 20%。2014 年后，由于宏观经济增速放缓，化工行业整体也随之增速放缓，公司在保持传统化工业务升级改造的同时，开始转型升级，进军新能源行业。公司 2016 年化工和新能源业务结构有望从 9∶1 变为 5∶5 的业务结构，新能源业务也许会成为公司的主业。

我当时的想法是新能源行业的迅猛发展得益于两方面因素：第一，能源演化规律——传统资源边际收益递减规律加速新能源替代，这是内因；第二，政策释放+技术进步+环境改善助力光伏行业发展，这是外力。光伏是一种新能源选择的方向，国家对光伏行业的战略布局明显，光伏行业呈现出大发展的态势。这也是中报预增 100%~120%的一个主要原因，其次该公司的主营业务是环保涂料，前景以及市场需求方面可以说是平稳发展。为开拓新业务提供了前期的资本需求，将主营业务所获得的利润进行再投资，这也就解释了为什么在 2016 年公司的年报之中没有高送转的分配方案而在中报之中却出现了这样的“利好”。

以上的分析应该属于基本面的选择，也就是选择标的是投资成功的第一步；其次就是把握好介入的时机，股票价格的运行向来有诸多理论要去解释以用来预测，但是技术分析也存在着有效性的问题，通过彩虹精化的年报显示，它的股东人数下降了 29. 11%，而一季报呈现增长趋势，增幅为 19. 55%。股东人数减少指向着筹码逐渐集中，而跟风盘在日常的观察之中注意到这只股票，便逐步建仓，如果 1~3 月的走势是在消化年报盈利能力的下降带来的预期受损，那 3~6 月的接近 70%的涨幅则是在主力建仓后通过抬高股价使股价迅速脱离自己的建仓成本区，使市场的平均成本提高。了解到了这一点，接下来也就是最后的盛宴。因为股价已经有了一定的涨幅，而这时候需要的是什么？是能够吸引更多资金介入的理由，让大家都想来分一杯羹。所以中报的高送转看似是一种巧合，实则是一种所谓的“必然”。筹码从集中到分散是需要时间和空间的，我们无法在主力建仓的时候跟庄，因为自身的思维和看法是需要慢慢改变的，接盘也是慢慢完成的。所以笔者在第一个一字板的时候卖出，因为比赛要求的收益率是 10%，也就是止盈点是 10%，到点走人，基本操作。

案例分析：以强力新材（300429）为例[①]

1. 公司发展及现状

常州强力电子新材料股份有限公司成立于1997年11月22日，总股本0.8亿元，流通股0.3亿元。是一家以应用研究为导向，立足于产品自主研发创新的高新技术企业，专业从事电子材料领域各类光刻胶专用电子化学品的研发、生产和销售及相关贸易业务。公司始终注重研发创新，经过十年多的发展，形成了自身的核心技术，已经成为国内及国际高端光引发剂领域的知名企业。公司以对国家的科学技术发展做贡献为己任，密切跟踪最新的产业发展动向，积极研发新技术、新材料的基础性高性能原料。公司与北京化工大学、常州大学、江南大学等知名高校建立了长期的基础研究、应用研究、合作开发及学术交流关系。公司还和国际知名的多家客户建立了开发合作关系。公司的目标是发展成为国际一流的电子化学品供应商。

强力新材[300429.SZ]-营运能力

	2016-03-31	2015-12-31	2015-09-30	2015-06-30	2015-03-31	2014-12-31	2014-09-30	2014-06-30	2013-12-31
报告期	一季报	年报	三季报	中报	一季报	年报	三季报	中报	年报
营运能力									
营业周期	206.51	163.49	153.02	167.11	168.56	141.18	141.14	151.57	121.52
存货周转天数	157.81	122.60	111.02	130.01	130.62	102.45	93.93	107.82	76.47
应收账款周转天数	48.70	40.90	42.01	37.10	37.94	38.74	47.21	43.76	45.05
存货周转率	0.57	2.94	2.43	1.38	0.69	3.51	2.87	1.67	4.71
应收账款周转率	1.85	8.80	6.43	4.85	2.37	9.29	5.72	4.11	7.99
流动资产周转率	0.25	1.26	0.92	0.57	0.24	1.91	1.42	1.01	2.14
固定资产周转率	0.45	2.13	1.60	1.04	0.52	2.27	1.67	1.06	2.43
总资产周转率	0.13	0.65	0.49	0.30	0.14	0.86	0.65	0.43	0.92
应付账款周转率	1.48	6.49	6.16	3.37	1.74	6.92	5.75	3.57	5.30
应付账款周转天数	60.82	55.49	43.84	53.47	51.86	52.02	46.98	50.46	67.90
净营业周期	145.69	108.01	109.18	113.64	116.70	89.16	94.16	101.12	53.62
营运资本周转率	0.29	1.72	1.21	0.75	0.34	4.18	3.16	2.18	4.69
非流动资产周转率	0.25	1.35	1.06	0.66	0.35	1.57	1.19	0.74	1.61

图1　公司运营能力

2. 上市公司的投资机会

（1）截至2015年10月，公司已持有佳英化工100%的股权。收购上中游中间企业，短期增厚利润，中长期有助于提升产业链协同，据预测，佳英化工

① 作者为华东交通大学经济管理学院2013级金融2班29号王智翔，叩富网账号：29Jachinwang，截至2016年6月20日涨幅16%。

2016~2018 年扣非后归母公司的净利润分别不低于 2600 万元、3050 万元、3300 万元（含现金和股份补偿条款），结合 2.7 亿的交易对价，预测本次收购一定程度增厚公司 EPS。维持“增持”评级。

（2）强力新材的主要产品为光刻胶专业化学品，光刻技术工艺流程要求精细，技术壁垒高，国产化需求强烈，至今光刻胶专用化学品仍主要被日美公司所垄断，下游光刻胶行业市场空间极其巨大。其次公司已变更募投项目，积极向 LCD 转型，企业品质稳步提升。给予“买入”评级。

（3）牵手昱镭光电，切入 OLED 领域，OLED 目前处于高速发展期，公司此次切入升华后发光领域，在 OLED 领域具有稀缺性，公司作为行业龙头，未来发展空间广阔，有望在承接海外产能中持续收益。公司为 OLED 材料和电子化学产品方向标的，且前期员工持股计划购买提供了较高安全边际，重申“增持”评级。

3. 投资分析和建议

关注时间 2016 年 3 月 11 日到 7 月 1 日。买入价位 73.7 元。总股本 0.8 亿元，流通股 0.3 亿元，该股最新报告显示，基金持股比例较大，表明机构投资者看好公司未来发展，看多后市。该股作为一只小盘股，业绩增长空间较大，股价弹性也较大，未来值得期待。流通盘较小，易于机构拉升，盈利能力强，

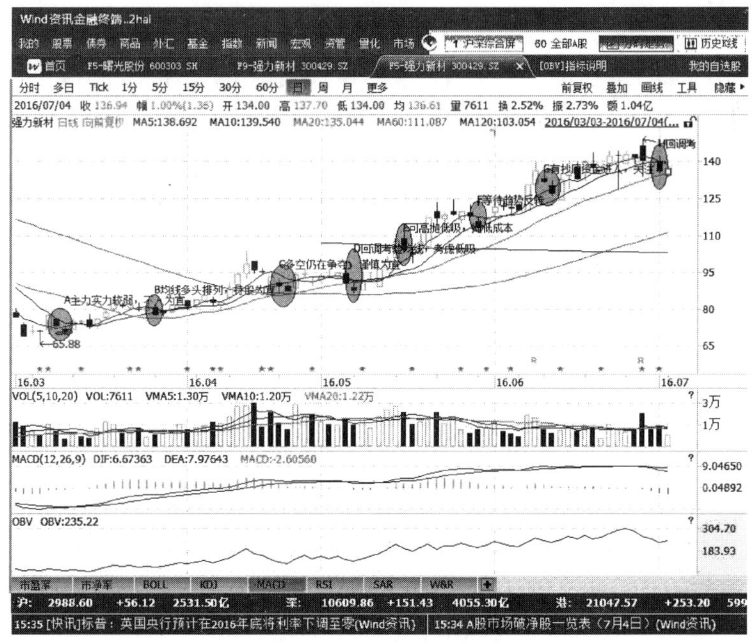

图 2 强力新材 K 线图

发展前景好，且在整体环境不断转好的情况下，高送转预期比较强烈。再加上良好的投资评级，建议中长线投资者对该股后市走势可持乐观态度，可持有20~30天。

此股与大盘的阶段调整一致，但又能走出独立行情，根据本人实际操作经验，此股不仅适合做中长线，同时也适合做超短线的投资，从4月25日到6月30日，该股票平均每两天会创造一个新高，基本没有过涨停，每天早上9:30~10:30会有2%~5%的涨幅，并且走出前几个交易日的新高，下午会根据大盘的走势进行调整，一般都会红收但低于早盘的最高价。如果集合竞价阶段出现超过3%的涨幅，则当天高点已现下午会绿收。建议短线投资者下午进场，次日早上逢高出货，下午再重新布局，如此操作，获利颇丰。

图3 大盘走势

总结：

（1）买股票前，要对个股进行宏观面分析与技术面分析。在选股时要多关注一些《财经新闻》，了解国家最近颁布的政策，选择“利好”股票领域，只买自己熟悉的股票，选择几只股票作为自选股坚持每天观察其走势图，利用K线与成交量，以及MACD、OBV、KDJ等指标进行分析，关心该公司的一切公告信息，运用专业知识判断公司的生产经营状况以及发展前景，再决定是否买进。

（2）要树立一个正确的投资理念，做到不怕、不贪、不因市场的短期波动而惊慌失措。由于我们炒股时间短，多数是短线操作，所以要学会控制仓位，尽量不满仓，最好是半仓和1/3仓位，设定止损和止盈点，到了止损位和止盈位就坚决卖出。买卖股票不要企望买到最低、卖到最高，因为最低和最高可遇而不可求。要学会多看、多想、少操作，就会熟能生巧，保证资金安全是盈利的基石。

（3）要锻炼良好的心理素质。买卖股票是对人性缺点的最大考验，我们要沉着冷静地分析，要有耐性，相信自己的判断力，保持五分乐观七分警觉。在形势不利的时候及时抽身而退，从而最小化损失。

案例分析：以万业企业（600641）为例[①]

摘要：本案例主要探讨此次模拟炒股，对国际板块概念股中的万业企业进行分析。本文的作者主要是从该企业的发展前景、行业市场分析、投资价值和投资风险等方面对投资该股票的投资动机、预期收益、买入理由和实际收益、卖出理由及价格进行了详细的阐述，以及对本次模拟炒股中的操作进行了总结和反思，并从中获得启示和经验。

关键词：个股分析；万业企业；股票投资

一、个股分析

1. 企业前景

万业企业全称上海万业企业股份有限公司，万业企业原名中远发展，曾是中国远洋集团的上海区域房地产公司。中远集团在上海开发项目累计达五六百万平方米，一度登上上海本地排名第一的宝座。2002 年印尼三林集团通过三林万业（上海）投资有限公司向中远集团受让中远置业集团 45%股权，并将其改组成为中外合资企业——上海中远三林置业集团有限公司。通过三林万业，印尼三林集团间接持有中远发展 56.16%的股权，成为公司实际控制人，正式入主中远发展并于 2006 年股改后将公司改名为万业企业。主营范围有实业投资、资产经营、房地产开发经营、国内贸易、钢材、木材、建筑材料、建筑五金。

2. 行业市场分析

（1）三林万业拟将其持有的上市公司 2.27 亿股股份转让与上海浦东科技投资有限公司（浦东科投），股份转让完成后，浦东科投占公司总股本的 28.16%，成为公司第一大股东。三林万业仍持有公司 1.8 亿股，占公司总股本的 22.38%。

（2）标的股份的转让价格经协商确定为 9 元/股，交易对价合计为人民币 20.43 亿元。

---

① 作者为华东交通大学经济管理学院 2013 级金融 2 班 31 号潘娜。

（3）不排除在未来浦东科投 12 个月内进一步增持万业企业股份的可能性。

（4）浦东科投没有在未来 12 个月内改变万业企业主营业务或对万业企业主营业务进行重大调整的计划。但其将借助上市公司平台，整合优质资产，增强上市公司盈利能力，提高上市公司价值。

3. 投资亮点和风险

公司的投资亮点主要在于“积极拥抱新经济的大股东入主，中长期转型空间打开”，风险因素有“转型迟迟悬而不发或被证伪”“市场估值中枢下移”；未来可能超预期的点及催化剂是“转型的方向和力度超预期”。

二、投资动机和预期收益

我是在选股的时候无意中看到万业企业（600641）的，万业企业是属于房地产板块的股票，我觉得近年我国的房地产股票走势都还不错，所以我认为投资房地产业的股票应该可以获利。而且还到网上百度了一下万业企业的企业背景，万业企业股份有限公司是上海颇有实力的房地产业，这更增加了我购买这只股票的兴趣。于是我把它加入了我的自选股里，等待在它低价时买入。我对这只股票预期收益在 10%左右，并且预测在持股期间应该跌幅不大。

三、买入理由

（1）个人认为该企业业绩不错，性价比高，在房地产板块和上海本地板块中比价偏低，补涨空间大。

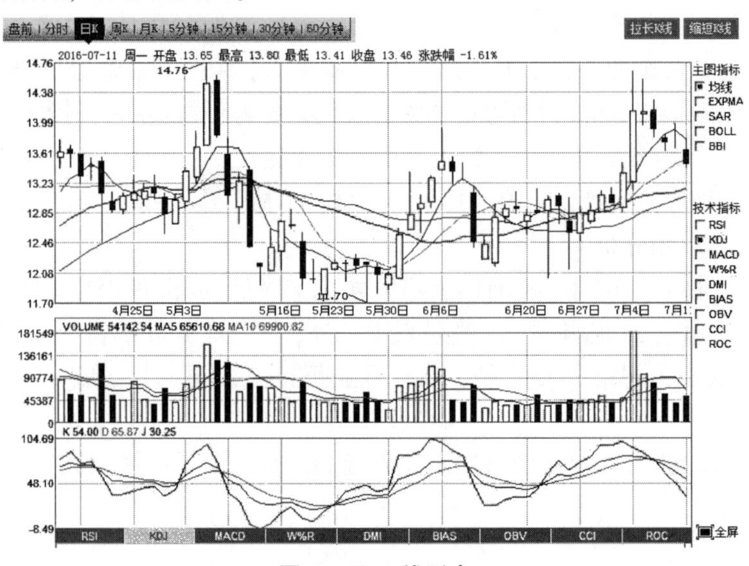

图 1 日 K 线形态

（2）该公司运营状况良好，多数机构认为该股长期投资价值较高。

营运能力：较强，高于行业平均，两项指标的行业排名分别为 23/165，44/165。

总资产周转率　存货增长率

—— 总资产周转率　—— 行业

0.5%
0.4%
0.3%
0.2%
0.1%
0%

2016-03-31　2015-12-31　2015-09-30　2015-06-30　2015-03-31

	2016-03-31	2015-12-31	2015-09-30	2015-06-30	2015-03-31
总资产周转率(次)	0.07	0.35	0.19	0.14	0.07
行业(次)	0.04	0.48	0.14	0.13	0.03

该指标值越高，营运能力越强，行业排名越靠前。

图 2　运营状况

（3）可做短期投资高抛低接。

（4）机构评级以增持为主，个人认为有一定的投资价值。

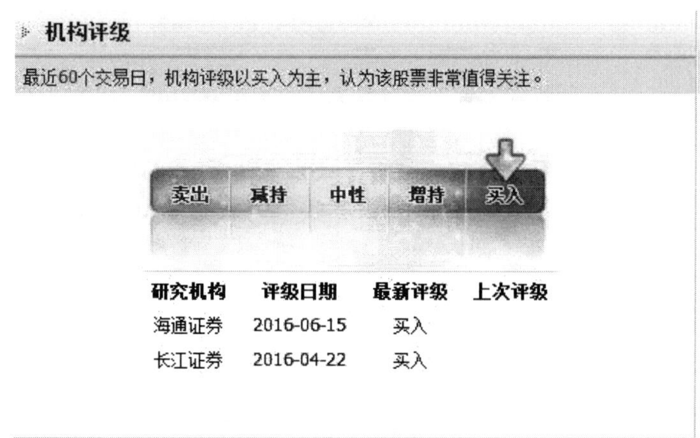

图 3　机构评级

经个人多日跟股分析，认为万业企业是一个发展趋势较为稳定的股票，稳中有升，机构也看好该股持有增持态度。所以经过多方面考虑，最终在 2016

年 4 月 21 日以 12.92 元买入万业企业 300 万股。

四、实际收益

卖出时间是 2016 年 6 月 6 日，卖出价为 13.46 元，盈利 4.73%。

五、卖出理由

（1）见好就收，该股近期平均成本在 13.61 元，在成本下方运行。多头行情中，上涨趋势有所减缓，应适量做高抛低吸（见图 4）。

图 4　平均成本

（2）该股资金方面呈流出状态，主力筹码较分散，呈低度控盘状态（见图 5）。

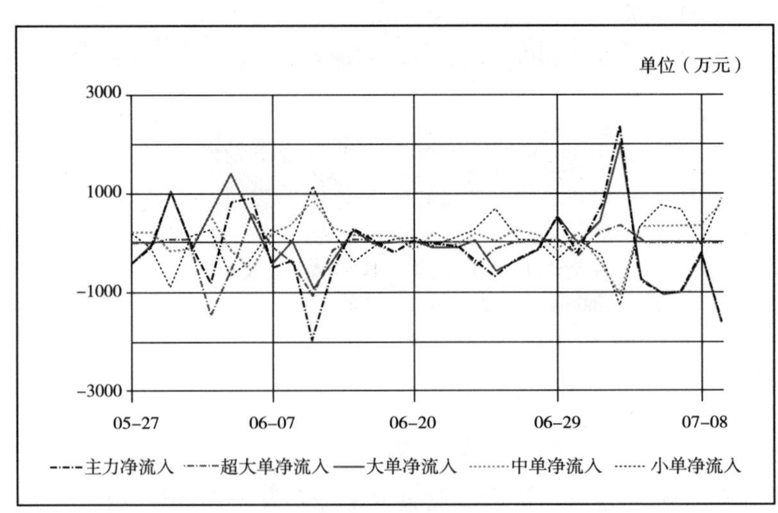

图 5　万业企业资金流向趋势

（3）近期该股消息面总体多空平衡，没有较强的利好或利空趋势。

消息列表

一般消息	股东大会	年度股东大会	2016-06-01
一般消息	募资投向	公司出售资产	2016-06-01
一般消息	重大事项	关联交易	2016-06-01
一般消息	高管变动	因个人原因	2016-05-30
一般消息	重大事项	公司股东股份解押	2016-05-26

一年消息统计

	所有消息	重大消息	非重大消息
利好	1条	0条	1条
利空	0条	0条	0条

图 6　消息列表

六、反思

在投资万业企业这只股票时，过于依靠机构分析，认为机构持增持态度的股票不会跌幅太大，在持有过程中盲目信从机构预测分析，虽然 4 月中旬到 5 月初该股确实如机构预测分析在稳中有一定的增长趋势，但是因为没有把握好卖出的时机只能继续持有该股，所以股票在没有成功卖出前所获利益都还不是自己的，它只是以一个数字的形式存在而已。所以炒股时把握住卖出股票的时机也是很重要的。有的人在没炒股前理所当然地认为，炒股就是低价的时候买入，高价的时候卖出，但是当你真正地炒起股来，什么时候买入该股，应该以什么价位买入最合适，又在什么时候卖出该股获利最大，这就成为一个很难的问题。根据多数人的投资心理来讲，有时候股价下跌时，他认为该股应该不会再下跌了应该还有回升的时候，结果就被套牢了。也有的人认为该股连续两日上涨是应该卖出的时候，结果还有涨停而为自己卖出该股感到遗憾。这如我在持有万业企业的时候应该参照万业企业近期的走势和 KDJ 线来分析该股票，应该在它涨势较强的时候舍得割弃，在它跌幅回落时再把它买入。对于近年来股市走势呈一种股票高涨时就是适时卖出的时候，股票一直处于低迷状态的时候，就有可能有上涨的状态，当然也要结合 KDJ 线看其是否有真的放量趋势，而不是盲目地跟随机构预测。

案例分析：以中飞股份（300489）为例[①]

引言

案例投资标的：中飞股份（300489），买入时间：2016 年 6 月 2 日，时价：82.01 元，卖出时间：2016 年 6 月 21 日，时价：96.05 元，盈利：17.11%。本案例就实践中股票标的的选择，买卖时机的把握，基本数据分析，笔者尝试对其研判的正确性作总结。

1. 背景介绍

经过 2015 年 A 股市场动荡的下半年，现在市场正在进行自我修复、震荡整理的阶段。进行股票的买卖，最重要的就是对大趋势的判断。在本文中，笔者故意隐去“投资”这个词汇，主要就是从逻辑出发，目前的中国证券市场处于一个“蛮荒时代”末期，新一届的证券监督管理委员会正在对金融市场进行规范和整顿。所以目前的趋势就是震荡整理，把握这个大趋势才能对股票的买卖做最基础的判断。

2. 个案分析

本案例采用中飞股份作为分析的标的，有一定的代表意义。主要是从板块、趋势、技术指标确定的个股选择。

3. 股票选择

沪深市场一共有几千家上市公司，如何选择标的，是进行买卖的第一个步骤。目前来说，市场不可能存在普涨的现象。所以板块的选择很重要，A 股市场是一个以资金和消息为主导的市场。所以跟住资金的流向和消息面的利好方向进行标的的选择应该放置在买卖原则的首位。中飞股份（300489），在基本资料的所属板块是属于次新股，高送转，核能核电，黑龙江，金属制品，军工，证金持股。从每年的 5~8 月，高送转板块的强势是有记录和根据的，主要还是由于半年报的影响。而次新股又一向是市场追逐的热点。在板块的联系方面，中国核建（601611）在 6 月 6 日进行上市交易，同属于军工板块，在目前市场热点稀少的情况下，以中国核建带领的军工板块很容易出现资金大量流入的情况。而证金持股又代表了公司的基本面好，在股灾中得到了证金公司持股。综合来看，公司可上涨的空间大。

4. 技术分析

技术面的分析开创是来自西方发达的证券市场。目前对 A 股市场的参考

---

① 作者为华东交通大学经济管理学院 2013 级金融 2 班 32 号钱益斌。

价值并不是很大，A 股市场需要把握资金走向。中飞股份（300489）的股价在 82 元，上面资金出现了连续的缓慢的放大（从 5 月 30 日开始到 6 月 13 日），往前翻看，这个价格的前期亏损的持仓相对较少，因此并不会出现股票上升，大量卖单的情况（见图 1）。

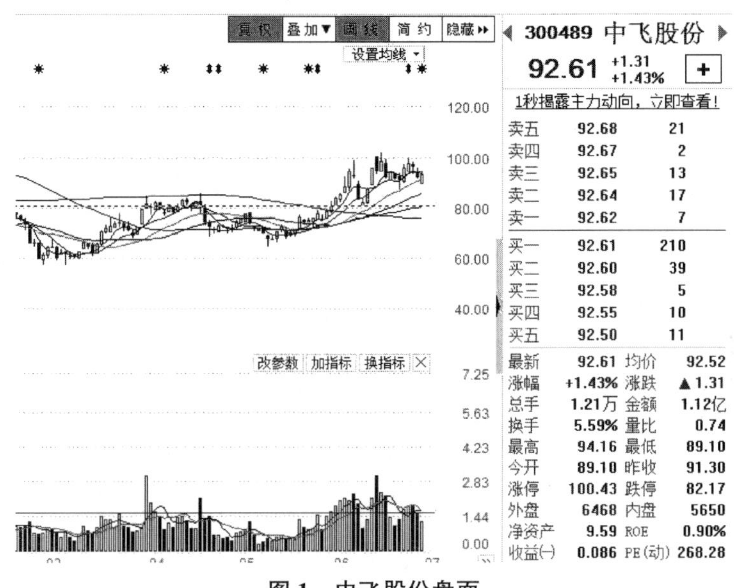

图 1 中飞股份盘面

从 2016 年 4 月 1 日到 6 月没有出现大的资金水平的波动，因此判断 5 月 30 日开始的资金缓慢放大，可能是异动的征兆。

当配合 K 线，5 月 31 日的向上带量突破也顺利冲击 120 日线。在那个时间点，当突破了前期（2016 年 4 月 1 日）设下的压力位，向上的突破也有一定的技术面的支持。

5. 基本面

所有的股票进行上涨还是恶意炒作，公司的本身都有一定的业绩和发展的潜力，在这基础上才能进行庄散配合，股价才能出现一个较大幅度的上涨。中飞股份（300489）作为国内核燃料加工专用铝材设备独家民营供应商，是国内三大核燃料加工专用设备铝合金材料供应商之一，专门从事高性能铝合金材料及机加工产品的研发、生产和销售，主要为核燃料加工专用设备提供高性能铝合金材料和机加工零部件。与中核集团的紧密关系更加有利于公司的发展。

图 2 为公司盈利预测，虽然 2015 年的利润出现了下降，但是对于未来的盈利能力公司给予了充分的肯定。

从盘面的角度，如图 3（截至 2016 年 7 月 2 日）所示，虽然动态的 PE 由

预测指标	13A	14A	15A	16E	17E	18E
每股收益(元)	0.7454	0.7936	0.6405	0.9200	1.6000	2.5600
净利润(元)	3382万	3601万	2906万	4180万	7260万	1.16亿

图 2　中飞股份财务数据

于时间问题数值虚高，在 6 月初的数值大概在 250 左右，这一水平的市盈率横向来看并不是很突出，只能算作中等水平。主要看总值和流通值，流通值只有总值的一半，约 20 亿元左右，从目前的市场来看，20 亿元的流通盘只能算作小盘股，因此给予大资金很大的想象空间。

净资产	**9.59**	ROE	**0.90%**
收益(一)	**0.086**	PE(动)	**268.28**
总股本	**4538**万	总值	**42.0**亿
流通股	**2169**万	流值	**20.1**亿

图 3　中飞股份盘面

综合以上的分析，中飞股份有充分的理由进入上涨的通道。

6. 经验总结

在长时间的股票买卖中，就算是在弱市中，交易机会并不是很多的情况下，也是可以把握为数不多的机会。

总结弱市交易的第一准则，切勿持仓时间过长（本准则只适用于短线交易，中长线交易不作考虑）。持仓即代表了看好，在弱市的情况下，就算公司的基本面再好，一旦大盘出现下拉，个股很难保持涨势，所以过长时间的持股带来的风险过大。

第二准则——逻辑。所有的东西都要讲究逻辑性，在 A 股市场这样一个被股民戏称为赌场的地方，也要讲究逻辑性。这一点要求交易者必须有全局观，对世界经济有自己的见解，同时时刻掌握市场的动向，并实时做出自己的判断。在危机时刻懂得止损，懂得避开风口。

在市场交易，观察市场是首选之道。只有去了解一个市场，才能在这个市场中进行交易，每一个妄图控制市场和对抗市场的参与者，必然会遭到市场的淘汰。

案例分析：以中青旅（600138）为例①

摘要：本案例以中青旅股票（600138）为例进行分析，通过证券投资学的学习，结合模拟炒股平台的操作，深化巩固知识。综合运用多种方法，参照社会时政问题，分析和预测中青旅股价。

关键词：证券投资

引言

自 2016 年 3 月起，在模拟炒股平台叩富网进行模拟炒股操作，分析 3~6 月的中青旅股价，因近期的旅游板块行情较好。

2 月底以来中青旅股价虽然涨跌幅度不大，但是一直处于下跌趋势，预测有由近期谷底向上攀升的趋势，所以我于 3 月 10 日以 18.90 元的价格买入中青旅。

预计行情稳定可以涨到 22 元左右，结合实时的股价和动态，于 6 月 8 日以 19.35 元的价格卖出。虽然每股收益增加了 0.45 元，但没有达到预期收益。

持有期间：在 4 月 15 日时达到 20.81 元，接近我的预期收益，但由于新闻和炒股网站的信息导致我依旧保持持有，在 6 月初中青旅的股价收益不太理想，并且在 6 月 8 日再次下跌，导致我对该股的信心不足，决定卖出。

通过查阅资料和结合课本知识，回顾从买入到卖出的过程，我做了如下分析：

1. 公司发展及现状

中青旅控股股份有限公司是以中国青年旅行社总社（现已更名为中国青旅集团公司）作为主发起人，通过募集方式设立的股份有限公司，1997 年 11 月 26 日公司创立，12 月 3 日公司股票在上海证券交易所上市，是我国旅行社行业首家 A 股上市公司、北京市首批 5A 级旅行社，现有总股本 4.1535 亿元。

股权结构：公司由中国青旅集团控股。集团隶属于共青团中央。公司拥有 13 家旅行社类子公司，其中四家获“全国百强国际旅行社”称号。拥有 5 家

① 作者为华东交通大学经济管理学院 2013 级金融 2 班 33 号阮宇炜。

旅游相关产业子公司，围绕旅游主业，配合景区、酒店和旅游车辆等高效资产，将上市公司的综合优势转化为产业竞争优势。拥有5家高科技和房地产类子公司，通过资本运营，提升旅游业务科技含量，形成了利润增长的稳定支撑。

公司的发展：2013年公司实现旅游服务收入36.16亿元，占总营业收入的42.94%，景区综合经营贡献利润4.2亿元，利润占24.36%。公司两大支柱产业为创新型旅游服务及文化旅游景区。

在2014年第一季度报告期内，公司观光旅游业务通过对渠道建设、大项目管理、资源采购、市场推广的持续整合，协同效应进一步提高，营业收入较去年同期增长31%；度假旅游业务根据市场需求不断调整产品并加强资源采购能力，业务持续快速增长，营业收入较去年同期增长54%。

中青旅在行业中的地位（2016年3月最新报告）：

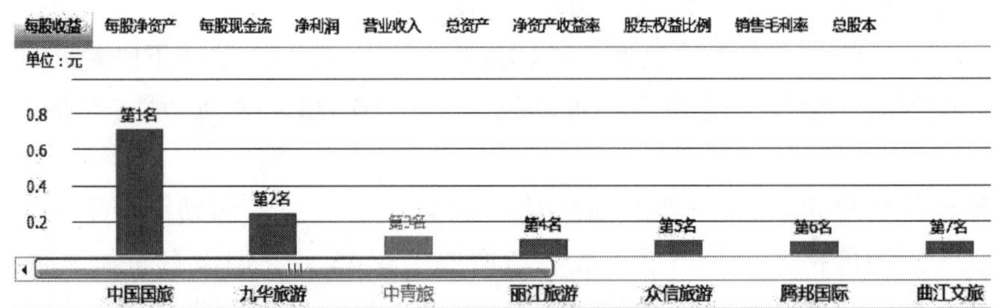

图1 每股收益

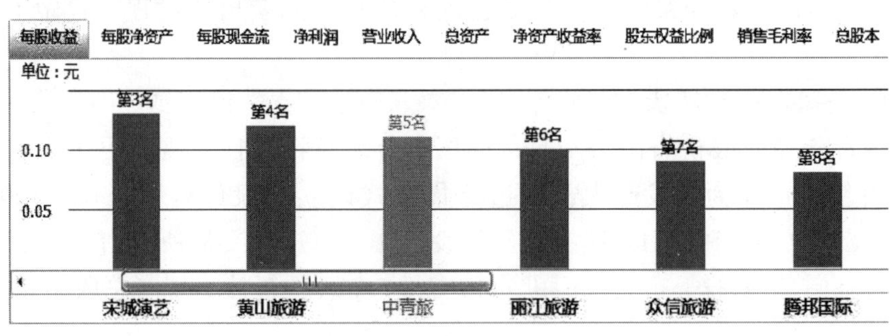

图2 二级行业中地位

纵向看，每股利润率近年来呈上升趋势；横向看，在整个行业利润率较高，发展比较好。

2. 行业背景

国家政策明确支持旅游业的发展，明确指出旅游业是国民经济的重要产业、是扩大就业的重要渠道，并提出了“发展旅游促就业”的具体任务和措施。业内人士预计，在未来七年时间内，旅游业将获得更大发展空间，并带动就业问题的有效解决。发展旅游业促进就业是一项重要而艰巨的任务，国家在政策上给予了支持，基本面向好，主张长线持有。

纵观2015年旅游板块行情，2015年申万28个一级行业，休闲服务业以78.45%的涨幅排名第四。休闲服务行业34家上市公司2015年全部上涨，其中世纪游轮（002558）被史玉柱的巨人网络以131亿元借壳，让其2015年涨幅称冠全行业，去年全年上涨412.13%排名第一；去年旅游行业上涨最小的为全聚德（002186），但也获得21.53%的涨幅。

3. 上市公司的投资价值

财务分析：中青旅处于稳步增长中，值得关注。

流动比例：企业的短期偿债能力在逐年降低。但是流动比率自身也存在一定的局限性，需要结合其他数据综合分析。

速动比率：本年中青旅偿还流动负债的能力不强，但在逐步好转。

结合分析：中青旅的状况为1<中青旅流动比率<2，0.5<中青旅速动比率<1，说明中青旅的资金流动性一般。中青旅的短期偿债能力比较弱。

盈利能力：中青旅的主营业务利润率呈逐年下降趋势，销售净利率五年内增减幅度较大，但总资产收益率和净资产收益率呈缓慢上升趋势。

应收账款周转率：中青旅应收账款率有所提升，但大大低于行业平均值，收账速度相对较慢。

存货周转率：中青旅的存货周转率增长较快，存货周转越快越好，变现速度加快。

总资产周转率：总资产周转率总体较为平稳，没有太大改变，说明中青旅资产管理水平能力基本比较稳定。

综合财务分析：中青旅是成长型公司，在2016年某事件发生对于中青旅的业绩股价影响相对较大，并且进一步提高盈利能力和营运能力，我认为未来还是会具有更大的发展潜力和良好的市场前景。

公司技术面分析：

图 3　2012~2016 年月 K 线

2012~2013 年一直处于相对稳定状态，在 2014 年 4~5 月，2015 年 3~6 月有较大起伏，但自 2008 年高位下跌后一直处于波浪理论的调整状态。

2016 年行情：2016 年以下跌开始，1 月初至 2 月中旬呈 M 字形，3 月开始整体呈现上升趋势，但是幅度并不大，如图 4 所示。

图 4　日 K 线走势

2016 年 3 月底开始整体有一波上升趋势，4 月中旬出现近月高值达到 21.42 元，4 月底开始又出现波动下降趋势。

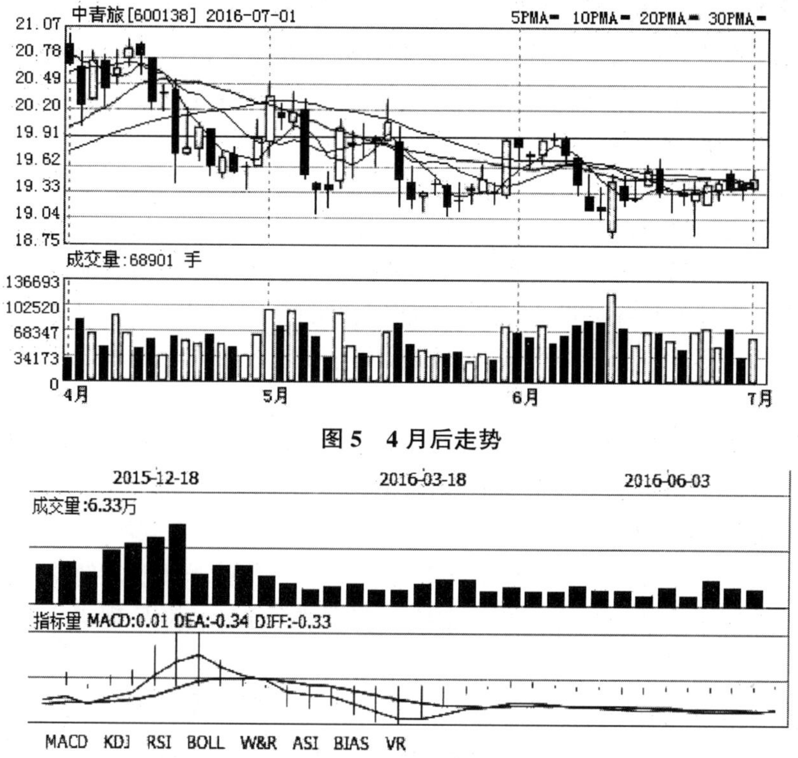

图 5　4 月后走势

图 6　MACD 分析

MACD 分析，指标从正值转入负值则是卖出的信号，投资者应该在出现该信号时减持该股，避免遭受大量损失。同时，随着夏季避暑风兴起以及毕业旅游，很快就将迎来新一轮的旅游旺季，因此在 3 月买入时我认为有估值优势。

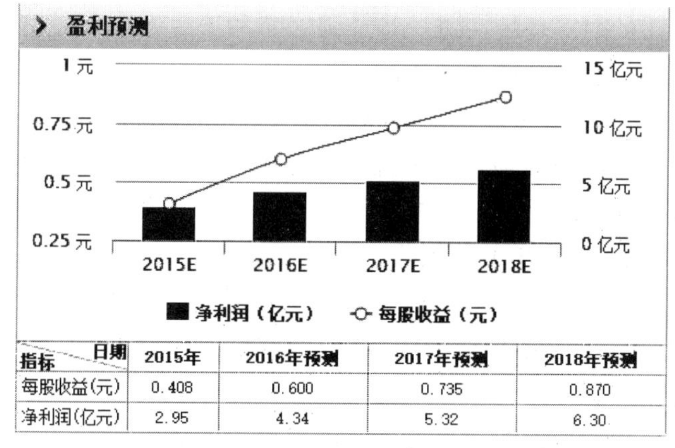

指标　日期	2015年	2016年预测	2017年预测	2018年预测
每股收益(元)	0.408	0.600	0.735	0.870
净利润(亿元)	2.95	4.34	5.32	6.30

图 7　盈利预测

分析 2013~2016 年的每股收益以及同花顺网站对于中青旅的盈利预测，公司的每股收益在近四年来虽有波动，但总体看来波动范围并不是很大，说明公司的收益水平还是比较稳定的，但收益成长性不是很大。

4. 面临的投资风险

出入境旅游是公司的强项，由于入境旅游产品大都需要提前报价，而人民币处于升值周期将可能会给公司造成汇兑损失。同时人民币长期升值也可能会影响中国旅游产品在国际旅游市场的价格竞争力，从而对公司业绩造成影响。

政府对房地产行业调控力度的不断加大可能会对公司地产项目未销售部分的房价有不利影响。公司对股票市场的投资存在较大的风险，如投资失误将造成损失。

“旅游+”的发展是机遇也是挑战，网上预订、在线服务等推动了旅游行业的竞相发展，也增加了投资旅游业的风险。

（1）投资的建议。

分析发现，当前经济大气候有不稳定的方面，各种矛盾亟须解决。但人们对于休闲生活的追求和政府的政策支持，使得整个旅游行业呈现出一片蓬勃的发展朝气。

宏观政策可以看出，整个国家的经济处于转型期，作为第三产业的旅游业的政策红利效应还会继续生效。在此情况下，中青旅作为资深的旅游企业，企业经营管理比较稳定，基本不会出现大衰落的情况。有宏观政策的支持，我认为旅游业普遍都有所提升，在接下来的几个月内，若不出现不可控制的突发事件（自然灾害等），股票价格应该是会略有上涨的。

从公司财务状况可以看到，中青旅的资金调配能力在进一步加强，各财务指标显示出公司的财务环境在进一步加强。有利于中青旅公司扩大战略选择范围和战略实施，有利于公司业务的进一步发展。

新《旅游法》以及《关于完善民航国内航空运输价格政策有关问题的通知》的颁布，对于中青旅而言既是挑战也是机遇。2015 年虽然上涨幅度不大，且近期该股呈持续下降趋势，降幅较小，是一只稳健股，也是我在 4 月买入后上涨到接近 21 元仍未卖出的原因。

通过对当前宏观经济环境、行业前景、公司背景、财务指标的分析，总体来说中青旅的股票还是可以买入的，但是大涨的可能性不大。

（2）投资的风险。

生态风险：旅游资源的过度开发；游客对生态的破坏等。

社会风险：旅游安全性；背包客、穷游文化对传统旅游行业的冲击等。

经济风险：旅游行业的黑色收入负面影响等。

风险提示：经济、突发事件对旅游市场的影响。

5. 如何决策

结合股市的情况对中青旅和旅游行业的主要事件分析。

3~6月影响中青旅股价的主要事件。

3月10日18时：据发改委网站10日消息，今年将按照部署推动我国旅游业转型升级、提质增效，加大投入建设旅游基础设施和旅游产品。国泰君安指出，旅游行业短期景气和长期成长均维持，短期看好年报和一季报的业绩释放，中长期看好旅游消费在半径、内容和方式上的升级以及旅游资源和流量的价值重估。看好出境旅游、文化旅游、自然景区。推荐黄山旅游（600054）、宋城演艺（300144），及未来3个月内可能复牌的凯撒旅游（000796）、众信旅游（002707）；长期增持中青旅（600138）、中国国旅（601888）等。

3月11日10时：随着迪士尼和环球影城等一批具有国际IP或IP授权的主题公园在中国落户，以华强方特、宋城演艺（300144）、海昌海洋公园为代表的国内主题公园也迎来了一股向海外市场进军的潮流。

国家政策的支持能够带动股价的上升，也是我于3月10日买入中青旅的原因。

3月28日："乌托邦　异托邦"乌镇国际当代艺术邀请展开幕，古镇文化与当代艺术融合碰撞，提升乌镇文化魅力。古北水镇景区通过长城马拉松等系列活动的举办和童玩馆等配套设施的投入不断丰富景区内涵，第一季度接待游客人次和营业收入较去年同期分别增长216%和197%。中青旅山水酒店运营平稳，第一季度营业收入略有增加。

4月15日11时：国家旅游局公布2016年完成旅游投资1175.5亿元；旅游演出2015年票房35.7亿，观演观众达4713万。第一季度旅游投资也显示出行业的高景气度，投资额达1175.5亿元，同比增长10.38%。其中，民营企业实际完成投资746.44亿元，占比高达63.5%。结合数据、政策预期以及基本面，同花顺网站推荐宋城演艺（300144）、大连圣亚（600593）、中青旅（600138）。

在3月中青旅股价略有上升后，对于国家旅游局发布的消息，近期4月15日股价达到我买入该股以来的最高，虽然中青旅并没有黄山旅游涨幅大，但我仍较有持有信心。

近期的平均成本为19.43元，股价在成本上方运行。空头行情中，目前正处于反弹阶段，投资者可适当关注。该股资金方面呈流出状态，需要谨慎投资。然而我在这个阶段已经持有该股，从 5 月至 6 月中旬又开始呈下跌趋势，导致我对长期持有此股信心不足。

短期趋势：该股进入多头行情中，股价短线上涨概率较大。

中期趋势：正处于反弹阶段。

长期趋势：迄今为止，共有 34 家主力机构，持仓量总计 3.06 亿股，占流通 A 股的 43.50%。

6. 启发与思考

（1）中青旅控股股份有限公司的内在价值。

结合 2015 年和 2016 年的股价分析，中青旅虽没有大涨，但中青旅内在价值并没有丢失。

中青旅的价值有这么几点：

第一，“中”字概念股。中青旅控股股份有限公司是由中国青年旅行社总社、苏州太湖国家旅游度假区发展集团公司等五家公司共同发起。其背后大股东和实际控制人是共青团中央。1997 年 11 月 26 日，成立中青旅股份有限公司（现中青旅控股股份有限公司）时，时任团中央书记处第一书记李克强等领导出席公司成立仪式，李克强为公司成立揭牌。是典型的“中”字概念股。中青旅背靠共青团中央，在全国各地都有自己的联系通道，扩展业务有得天独厚的条件，这是其他上市公司所不具备的。

第二，上海迪士尼概念股。上海迪士尼是中国大陆第一家迪士尼，迪士尼概念股必定火爆。中青旅控股的乌镇景区距离上海 140 公里，处于迪士尼辐射范围之内，中青旅必定会在乌镇景区内和迪士尼园区内设立双向旅游通道，中青旅会依托自己的旅游资源组织游乌镇景区的各地游客去上海迪士尼游玩，同时又可以组织在上海迪士尼游玩的各地游客去乌镇景区游玩，两个景区可以形成互动。既方便了游客，又能为中青旅带来不菲的收益。

第三，中国旅游托拉斯概念股。中青旅与一般旅游公司不同，它有自己的旅游景区、旅游网站、旅游酒店及餐饮、演艺、会展等内容。乌镇、古北水镇是目前中青旅两个最大的景区。中青旅在未来有可能成为一家旅游资源最丰富、旅游项目最全面的优质中国旅游托拉斯公司。

（2）中青旅投资选择。

中青旅属白马股，非创业板股票，因此前期并没有暴涨且涨幅远远滞后同类同题材公司，牛市到一个阶段性位置出现选股困难时，绩优、滞涨股特别是前期有一个月平台整理过的股票就成为主力和散户趋向一致的介入标的。

从题材来看，在线旅游遨游网潜力巨大，因为品牌的原因，定会胜过同类网站；旅游景点乌镇、古北效益非常好，这个模式一定会快速复制，从而保证每年盈利有较好的绝对增长；新兴产业白马股往往走势稳健，不会飙涨，我认为中长线的投资会使得收益相对乐观。

（3）机构投资者决策。

近 10 日来该行业走势不明显，跑赢大盘。最近 120 个交易日，机构评级以增持为主，认为该行业有一定的投资价值。

参考文献

[1] 李磊宁，高言，戴韡．固定收益证券［M］. 北京：机械工业出版社，2014.

[2] 林苍祥，郑振龙等．金融工程理论与实务［M］. 北京：北京大学出版社，2012.

[3] 王中华，陆军译．Anthony Saunders，Marcia Millon Cornett. 金融风险管理［M］. 北京：人民邮电出版社，2012.

[4] 张亦春，郑振龙，林海．金融市场学［M］. 北京：高等教育出版社，2012.

[5] 张元萍．金融衍生工具教程［M］. 北京：首都经贸大学出版社，2011.

[6] 郑振龙，陈蓉．金融工程（第二版）［M］. 北京：高等教育出版社，2009.

[7] 叶永刚．金融工程概论（第二版）［M］. 武汉：武汉大学出版社，2009.

[8] John C. Hull，王勇．期权与期货市场基本原理［M］. 北京：机械工业出版社，2008.

[9] 陈晓经，杨艳军，王宗润．金融期货投资学［M］. 北京：清华大学出版社，2007.

[10] 谢百三．证券投资学［M］. 北京：清华大学出版社，2005.

[11] 刘玉操．国际金融实务［M］. 大连：东北财经大学出版社，2002.

[12] http：//www. cmegroup. com/cn-s/.

[13] http：//futures. hexun. com/2015-03-23/174289516. html.

[14] http：//options. hexun. com/2015-07-27/177837124. html.

[15] http：//futures. jrj. com. cn/2015/09/07070019762998. shtml.

[16] http：//futures. xinhua08. com/a/20151207/1584993. shtml.

[17] http：//www. zjfco. com/research/case/14166299. html.

[18] http：//www. treasurer. org. cn/webinfosmains/index/show/30027. html.

[19] http：//futures. cngold. org/qhzs/c3679239. html.

[20] http：//www. chinaacc. com/new/287_290_201208/29su492117690. shtml.

[21] http：//3y. uu456. com/bp_5czx80iuth97tl37ll5c_1. html.